La hoja de mar (:)

La hoja de mar (:)
Efecto archipiélago I
Juan Carlos Quintero Herencia

ALMENARA

Consejo Editorial

Luisa Campuzano
Adriana Churampi
Stephanie Decante
Gabriel Giorgi
Gustavo Guerrero
Francisco Morán

Waldo Pérez Cino
Juan Carlos Quintero Herencia
José Ramón Ruisánchez
Julio Ramos
Enrico Mario Santí
Nanne Timmer

© Juan Carlos Quintero Herencia
© Almenara, 2016

www.almenarapress.com
info@almenarapress.com

Leiden, The Netherlands

ISBN 978-94-92260-08-6

Imagen de cubierta: Mark Catesby, *circa* 1731-1743
Wellcome Library, London

All rights reserved. Without limiting the rights under copyright reserved above, no part of this book may be reproduced, stored in or introduced into a retrieval system, or transmitted, in any form or by any means (electronic, mechanical, photocopying, recording or otherwise) without the written permission of both the copyright owner and the author of the book.

1.A. Introducción. Por un efecto archipiélago ( )-(a):
Poéticas, políticas y sensorium en el Caribe

    Tras los barruntos 9

1.B. Por un efecto archipiélago: ( )-(a)

    La falta del archipiélago: la emoción de las arenas 45
    La cierta manera de *La isla que se repite*..72
    El no de las aguas: marear la mirada...89

2.A. Islas interpuestas ( ) mar adentro, tierra abierta 113

    El espacio y el tiempo medios: corrientes submarinas
    en *Insularismo*.. 129
    El espacio y el tiempo medios: «Caldo denso de
    civilización que borbollea en el fogón del Caribe».
    Del ajiaco de Fernando Ortiz... 149

2.B. Islas interpuestas ( ) mar adentro, tierra abierta 163

    El espacio y el tiempo medios: escritura de la resaca.................. 163
    Lo cubano acuario: «El planeta es el ojo» 185
    Playas de Lezama.. 204

3. «Es yo misma borrando las riberas del mar»:
   Teoría de la imagen (archipiélago) en Julia de Burgos 211

    Un paréntesis de agua ( ) para el «Río Grande de Loíza»:
    («Río Grande de Loíza») 213
    Recorrer un trópico sin riberas: El mar (yo) tú......................... 226
    El regreso del río.. 241

4. «Dije al mar mi sublime desventura»: hacia la «mar
   inédita» del *Tuntún de pasa y grifería* (1937-1950) 245

   Tiempo del litoral: porosidad ( ) absorción 245
   El cuerpo del mar: Orto azul ( ) costa difícil 264

5. «Luchando por salir de su agujero»: poéticas
   marinas ( ) paisajes digestivos
   en el *Tuntún de pasa y grifería* (1937-1950) 287

   «Canción de mar» 287
   La tarea del sabor: el estómago de Palés Matos 303
   Agarrado al agua 319
   Política del alelamiento 324
   Política de la sinestesia: el sabor del ojo, la mirada del estómago 336
   Aires bucaneros 346

6. «Del agua por todas partes»: carne, sensorio
   y *natura* política en Virgilio Piñera 357

   Los modos de la carne 357
   El olor sabe arrancar las máscaras
   de la civilización: la nariz de Virgilio Piñera 379
   Sobremesa: La patria adentro 392
   Isla 399

   Bibliografía 405
   Agradecimientos 417

Dadme esa esponja y tendré el mar.
El mar infatigable, el mar rebelde
contra su sino de forzado eterno,

Luis Palés Matos, «Canción de mar» (1995: 610)

Al pensar pertenece tanto el movimiento como la detención de los pensamientos. Allí donde el pensar, en una constelación saturada de tensiones, llega a detenerse, aparece la imagen dialéctica. Es la cesura en el movimiento del pensar. Su lugar no es, por supuesto, un lugar cualquiera. Hay que buscarlo, por decirlo brevemente, allí donde la tensión entre las oposiciones dialécticas es máxima. Por consiguiente, el objeto mismo construido en la exposición materialista de la historia es la imagen dialéctica. Es idéntico al objeto histórico; justifica que se le haga saltar del continuo del curso de la historia. [N 10 a, 3]

Walter Benjamin, Libro de los pasajes.
Apuntes y materiales (2011: 478)

1.a. Introducción

Por un efecto archipiélago ( )-(a):
Poéticas, políticas y sensorium en el Caribe

> Y brotas a mi deseo
> como espléndido miraje,
> ornada con el ropaje
> del amor con que te veo.
> Te miro, sí, placentera
> de la Isla separada
> como una barquilla anclada
> muy cerca de la ribera,
>
> José Gautier Benítez,
> «A Puerto Rico (Ausencia)»
> (1960: 72)

Tras los barruntos

> The vision, the «democratic vista», is not metaphorical, it is a social necessity.
>
> Derek Walcott, «The Muse of History»
> (1998: 40)

La dificultad de escribir este libro no ha sido implacable. El aprieto, sobre todo, de organizarlo como un conjunto ligado al trance de iniciar sus sentidos surgió, por igual, de una negativa como de un trabajo ya finalizado. En alguna medida, el comienzo de este libro se relaciona con una, hoy, lejana premonición que entre múltiples entusiasmos ancló una pausa hecha años atrás. Me refiero a este momento mismo del teclear, expongo mi deseo por una teoría sobre las lógicas de lo sensorial[1] en el Caribe a partir de la lectura de experiencias poéticas y literarias desatadas por lo que aquí se llamará el efecto archipiélago. Sin embargo, nunca imaginé que este libro terminara siendo un libro sobre el mar, su imaginario o sus avistamientos en el litoral de las letras caribeñas. Mucho menos imaginé que mi reticencia a presentarlo a alguna editorial hace más de un año fuera tan reveladora de mi situación marina ante este proyecto. Decía entonces que antes que amasar al tuntún una colección de ensayos era mejor dejarlo *marinar por algún tiempo*.

Este libro no desea mediar, ni saldar los diferendos o polémicas en torno a cuál teoría define mejor al Caribe, cuál teoría «lo representaría mejor», sea esta una teoría insular, geopolítica o continental-telúrica. *La hoja de mar* abandona dicha escena y propone una teoría metafórica, una teoría de la imagen surgida de cierta experiencia literaria que se aproxima y trabaja con lo caribe. Y «lo caribe» o «lo caribeño», como un modo singular de este efecto archipiélago, irá así en minúsculas, cosa de evitarnos confusiones subjetivistas o totalizaciones. Además de subrayar que la noción del archipiélago es un texto, es un trazo[2].

Desde los comienzos de mi investigación sobre los discursos e imaginarios institucionales de la Revolución cubana, me había dedicado a leer poesía escrita, editada o discutida en la Cuba de los años sesenta del pasado siglo. En verdad era otro avatar de mi condición *crónica* como lector. Entonces creí posible dedicar un capítulo de mi libro *Fulguración del espacio* a los efectos del triunfo revolucionario en Cuba sobre las poemáticas de entonces. Acompañaba mis continuas lecturas de poesía con

---

[1] Michael Syrotinski define el empeño lector que guía su compilación de ensayos críticos *Sensual Reading. New Approaches in Its Relationships to the Senses* del siguiente modo: «"Sensual Reading" denotes various modes of re-reading, a critical fare of second sights and double-takes, a listening that is attentive to echoes and stuttering, a savoring of foretastes and aftertastes» (Syrotinski & Maclachlan 2001: 9).

[2] «The notion of trace or of text is introduced to mark the limits of the linguistic turn. This is one more reason why I prefer to speak of 'mark' rather than of language. In the first place the mark is not anthropological; it is prelinguistic; it is the possibility of language, and it is everywhere there is a relation to another thing or relation to an other. For such relations, the mark has no need of language» (Derrida & Ferraris 2001: 76).

esta otra poesía afectada por las intensidades revolucionarias. Desde esa poesía lidiaba, de algún modo, con la prosa encendida de los guerreros, sus funcionarios o la obligatoriedad del sacrificio como imagen (falsa) de la política revolucionaria. La lectura de esos poemas devino entonces aparte en mi investigación y generó, además, una serie de notas muy precarias sobre lo que en aquel momento percibía como el parpadeo incitante de una intuición (por cierto nada original). Entre las letras de ciertos poemas, uno que otro ensayo, entre ciertas narrativas se albergaban las imágenes y los cuerpos de otra forma de participación y sensibilidad política trabajada por la literatura. Creía entrever otras maneras literarias del decir y del hacer político, inaudibles, quizás *insensibles, insensatas*, entre los modos discursivos que hegemonizaron el discurso y el *quehacer político* durante esos años tan intensos. Pero el aparecer de estas señas estaba y no estaba ahí, entre las letras del texto que leía y el contexto que las viera emerger. Aquellas notas revoloteaban sobre una certidumbre frágil. Intuía que la cualidad política de estos textos merecía leerse de otro modo, paladearse con otros sentidos. Esta sensación contrariada en torno a cómo leer estas políticas desde otra constelación de resonancias fue responsable de que, por unos instantes, dejara a un lado la escritura de mi estudio sobre la Revolución cubana. Más tarde, luego de publicado mi «tratado cubano» (la frase es de Ricardo Piglia) y retomadas esas viejas notas, la no menos cierta necesidad de precisar mi sentido de «lo político» me obligó a dejar de escribir sobre aquellos poemas y reanudar una investigación sobre el binomio poesía y política. Esta intuición abriría el ojo y paladearía otros cuerpos en un intento por registrar las maneras de ciertas escrituras dedicadas a generar sus perspectivas y ensamblar subjetividades políticas de difícil o ninguna verificación en el archipiélago caribe, igual desacatar los modos de subjetivarse en el archipiélago. Abrir el ojo fue también intervenirlo y saturarlo con los modos de los otros sentidos buscando desquiciar las señas predecibles que cierta escena disciplinaria monta al momento de postular imágenes para lo caribeño. Este dar y abrir el cuerpo a ciertas experiencias literarias que trabajarían, aunque fuese por un instante, un sensorio afectado por el archipiélago responde también a un deseo por incorporar (ya que no intento glosar) proposiciones caribeñas que llevan décadas adelantando que el imaginario de las tierras caribeñas no es siempre la figuración exacta de lo aislado, de lo fijo, aquello desentendido de su inmediatez o de espaldas a su lejanía. Páginas incontables de ensayistas tan diversos y por igual provocadores, cuando no polémicos, como Antonio Benítez Rojo, Édouard Glissant, Jamaica Kincaid, C.L.R. James o George Lamming se han ocupado de subrayar la interconectividad indecisa, la atomización, incluso las imposibilidades entre «las aguas y las tierras» del archipiélago y la inestable complejidad de cualquier evidencia racial, socio-económica, política, telúrica y hasta cultural que pueda conjugar dicho archipiélago[3].

Aun así fantaseaba con las maneras de algunas escrituras para dejar dispuesta en las arenas oscuras del poema, en algún pasaje narrativo o en la voz en alguna performance, otro orden sensible para lo político. En fin, soñaba (qué más puedo decir) con la posibilidad (dígase playera) de toparme con un tesoro escondido. Con los años aquellas notas adquirieron la forma de ensayos y, en otros casos, sirvieron de trampolín para lecturas de textos poéticos y literarios, incluso de canciones producidas en contextos disímiles a los de la Revolución cubana. En medio de tantas lecturas, sin embargo, comencé a presentar ensayos marcados por esa intuición distante. Quienes me escucharon o leyeron decían que algo anunciaba ya el libro pero, aun así, no percibía el lomo ni el pelambre del mismo. Algo seguía deteniendo la cocción de los ensayos: *marinaba*.

Tras publicar mis estudios *Fulguración del espacio. Letras e imaginario institucional de la Revolución cubana* (2002) y *La máquina de la salsa. Tránsitos del sabor* (2005) me propuse que el siguiente libro de ensayos fuera un ejercicio de libertad. Se ha escrito con rapidez: *ejercicio* y *libertad*. Me interesa desatar con estas palabras la potencia de la lectura y no las simplezas de la consigna. Con ellas quisiera también alejar el lugar sobrentendido con los que, en ocasiones, se las asocia. Ensayar, practicar, no simplemente *obtener* maneras para la libertad, para liberarse de ciertas genuflexiones retóricas ante la literatura son actos de pensamiento que este libro desea explayar ante sus textos. La crítica como un ejercicio de libertad no me parece una entelequia, alejada del aquí y ahora de mi cuerpo o del contexto donde vivo y trabajo, sino una actividad que

---

[3] Véase Benítez Rojo 1998, Glissant 1997, James 2013 y Lamming 1991.

habilita, al menos como posibilidad, un sentido de comunidad o una comunidad de sentidos: un conjunto de lectores e imaginarios abocado a otro modo de vivir y a otro modo de relacionarse con el pensamiento. La lectura cual libertad, por lo tanto, significa apostar por la potencia de existir (para citar el título del estruendoso libro de Michel Onfray con quien no siempre estoy de acuerdo), por el paladeo lento que demandan ciertos textos[4]. La lectura como un modo de habitar, pugnar y gozar el presente; la crítica como un modo de replantearse las relaciones del saber literario con la vida, la potencialidad infinita de atreverse a pensar de otro modo desde esa otra temporalidad que nos entregan las imágenes. No proclamo ni estoy seguro de haberlo logrado. Quise un ejercicio paradójico y también, cómo dudarlo, un ejercicio lleno de querellas como toda actividad política, pero sobre todo deseaba ensayar un acto de insumisión ante las condiciones de sometimiento de la palabra literaria en el mercado editorial actual, sus relaciones públicas o en medio del gueto de los especialistas académicos. Esta escritura también podría figurar mi retirada de aquellas tarimas institucionales donde lo literario es *procesado* por variados protocolos disciplinarios, terapéuticos, ortopédicos, mercantiles, identitarios. Con este libro, además, dejaría atrás esas plantillas, tan queridas en demasiados ruedos académicos, para la normalización y liquidación de intensidades. Acariciaba, al menos, desde esta contemporaneidad dominada por la alharaca y la velocidad, más que por la conversación, un trabajo con mi pasión por la poesía, la

---

[4] Onfray 2007. En un apartado titulado «Toda potencia es impotencia», Giorgio Agamben por su lado lee la «constitutiva copertenencia» de potencia e impotencia en las proposiciones de Aristóteles: «"Toda potencia es impotencia de lo mismo y con respecto a lo mismo [de lo que es potencia; *toû autoû kaí katà tò autò pâsa dynamis adynamía*]". *Adynamía*, "impotencia", no aquí ausencia de toda potencia, sino potencia de no (pasar al acto), *dynamis mè energeîn*. La tesis define, así, la ambivalencia específica de toda potencia humana, que, en su estructura originaria, se mantiene en relación con la propia privación; es siempre –y respecto de la misma cosa– potencia de ser y de no ser, de hacer y de no hacer. […] El viviente, que existe en el modo de la potencia, puede la propia impotencia, y sólo en este modo posee la propia potencia. Puede ser y hacer, porque se mantiene en relación con el propio no-ser y no-hacer. En la potencia, la sensación es constitutivamente anestesia; el pensamiento, no pensamiento: la obra, inoperosidad» (Agamben 2007: 293).

teoría y por la literatura y ante sus retos, de algún modo, *explayar* mi deseo crítico. La fantasía continúa, no lo negaré, asentada en *esa playa imposible*, formada en parte con las intensidades y roturas que arrastró la escritura de este libro. Presiento que sólo he logrado hasta ahora que mis fantasías entren en un registro muy, pero muy menor de lo conmovedor. Esta playa además no me refugia de nada.

La lectura crítica de poesía me parece, hoy, una vuelta allí donde quizás me encuentro en mejores términos con mis intensidades, una *re-vuelta* al lugar donde pienso la ficción de mi voz y sus apetencias. Y si bien este libro no es un libro dedicado con exclusividad a la poesía caribeña, la libertad que practica es también un modo poético de abrirle una circunstancia al entusiasmo polémico de algunas de mis maneras críticas. Creo que ciertas demandas de otro orden todavía insisten en mis primeros ensayos de crítica. Mis respuestas, entonces, a dichas demandas no me parecen irrefutables como tampoco absolutamente desacertadas y, por consiguiente, quisiera mantener, al menos, la vehemencia que acompaña mi creencia en la disponibilidad tonal de la polémica cuando se entra al campo público a pensar algo más allá de las aritméticas del sentido común, espectacularizado hoy, en parte, por una ideologización avasallante del mercado. Aún más, que perciba en estos días esas demandas dentro o fuera del terreno de mis singularidades como lector, tampoco me parece una situación de la cual deba huir. La inevitabilidad de todo esto es, por igual, brumosa como histórica.

Así mientras releía los ensayos que comprenden este libro me convertí en la escucha de ese sujeto que ha presentado más de una descarga ante ciertos interlocutores, escrituras, protocolos e instituciones. Algunas de estas tiradas fueron, tal vez (aunque no lo sabré nunca con certeza), eficaces en la medida que abrieron campo para otro tipo de conversación, para otra perspectiva. También supusieron un precio a pagar. Otras tiradas cercanas a la ansiedad y al arrebato dicen muchísimo de mi voluntad de diálogo y de reconocimiento como lector. Lo que intento dejar atrás, con este libro y ante la interpelación de esas demandas, sin embargo, es mi consentimiento ante la binariedad adversativa que se nos impone como condición irremediable para alguna discusión. No reniego de las polarizaciones en tanto condensación de tensiones propias de todo conflicto, sino de la cristalización de lo conflictivo llevada a cabo por las naturalizaciones idiotas de lo dicotómico, por las lógicas simplonas de lo binario. De igual manera, más que insistir con algún afán polémico como mero gancho para, a duras penas, concertar un diálogo tenso, y lejos de querer la polémica como un modo destemplado de llamar la atención sobre mis textos, decido reflexionar sobre las circunstancias que animan algunas *escenas polémicas* y pensar, sobre todo, en las maneras que ensayan ciertas poéticas para responder, insertarse, contender o alejarse de esas situaciones[5]. Esta escenas son por igual textuales como contextuales, si se me perdona la redundancia. De la polémica me interesa, entonces, más su configuración de fuerzas en los textos que el acto de verificar su existencia en la provincia del calendario o en las personalidades iluminadas en el escenario. Me gustaría aquí «des-datar» los tiempos, des-clasificar los espacios literarios y pensar en los modos difíciles a través de los cuales textos claves del Caribe devienen *sensibles*, han adquirido *sentidos* entre nosotros.

Una vez decidí encarar no a las personas que allí gesticulan, sino esa circunstancia múltiple que hace perceptible un cuerpo tomado por *Polemos*, por primera vez, aprecié mejor donde se alojaba esa dificultad que pospusiera —marinando— la escritura de este libro. Para apreciar esta trabazón no era necesario enumerar los solares intelectuales o los escenarios académicos, en específico, donde el término «polémica» está asociado con la pelea fútil o es el sonido de la garata inconsecuente, de la algazara moral de quien ataca o responde para demostrar algún tipo de superioridad, magisterio o desprecio inaplazables. Se trata de palpar, de sentir el cuerpo atravesado por las intensidades afectivas, efectivas, de la polémica. Su carga etimológica ata el vocablo polémico a la guerra, al arte de hacer la misma o al *daimon* que agita las batallas. También el término y su atmósfera son vistos con ojos de sospecha por la mediocridad cortés, son confundidos con los contratiempos propios del personalismo,

---

[5] La lectura de Jacques Rancière sedimenta, en parte, la pausa que potencia este libro. Mi lectura de Rancière comienza con mi estancia como investigador asociado en el Departamento de Estudios Hispánicos en la Universidad de Brown, Providence, Rhode Island, durante los años 1997-1998. Allí encontré y leí su ensayo «Transports de la liberté» (Rancière 1992).

la naturalización de lo mediano, la sananería familiar o alguna versión intransitiva del narcisismo. De igual modo, cómo olvidar los diagnósticos que trivializan este ímpetu crítico con un simplísimo «querer matar al padre» o con la moralizante coartada de que la «envidia» o la «arrogancia» movilizan estas páginas. Consciente de todo lo anterior había que hilar fino para mantener a raya estas bocanadas de la simpleza y avivar el pensamiento crítico que la literatura hace posible una vez ésta dispone en sus *términos*, el cuerpo, las imágenes específicas de su luchar por los sentidos múltiples de una ética abierta de las significaciones. Me temo que la expulsión de la verdadera polémica de tantos escenarios intelectuales, su anulación en tantos debates, es un signo doble: de la potencialidad política que exhibe todo desacuerdo relevante, y de la ansiosa domesticación del mismo por discursos que rápidamente instauran dispositivos de silenciamiento ante lo que presagia en su emergencia lo polémico. Ya sea a través de protocolos de gentileza multicultural, o como parte de una distribución de remesas estatales, universitarias o mercantiles, esta policía supervisa los buenos modales que deben exhibir los participantes en el juego crítico. Y aunque la polémica no sea necesariamente una decisión personal, ni un proyecto deliberado que anhela concertar algún intercambio, este libro acude a polémicas imaginarias, a conflictos entre imágenes, para calibrar el *potens* político que allí, desde sus palabras, se podría desatar entre nosotros.

Ahora bien, ¿cómo presentar al archipiélago como una experiencia que desatienda (feliz) el reclamo de nominación geográfico, inclusive demográfico como condición de visibilidad histórica para lo caribe? ¿Por qué aquí el archipiélago es una experiencia? ¿Cuándo o cómo esta presentación de lo archipelágico es también una meditación sobre la imagen en el Caribe? En tanto experiencia sensorial, el archipiélago es un *modo de exposición del cuerpo* a los traspasos del mar en la tierra, del cuerpo de la tierra ante y sobre los efectos de la mar. Esta experiencia sensorial no es la del ciudadano aislado, entregado al placer o a sus goces secretos, ni la sanación vitalista de alguna persona de veraneo por el Caribe. La experiencia archipiélago que me ocupa no se dedicará a representar al Gran Caribe, el inventario étnico de la zona, las culturas marcadas por la plantación esclavista, ni tan siquiera una defensa idílica

1.A. Por un efecto archipiélago ( )-(a): Poéticas, políticas y *sensorium*   17

de la excepcionalidad insular. *La hoja de mar* se niega a lo anterior, no porque estos tópicos carezcan de relevancia, sino porque al interior de las comunidades y de los archivos que trafican con dichas representaciones apenas se ha generado un nuevo contrato político caribeño, un contrato entre lenguajes que produzca efectos de largo alcance en la experiencia cotidiana e imaginaria de dichas comunidades. La experiencia archipiélago que medita *La hoja de mar* intenta ser un modo de desanudar las naturalizaciones y sometimientos perceptivos y subjetivistas que asientan el sentido del presente en el Caribe[6]. El efecto archipiélago es ante todo una experiencia que hace posible el lenguaje, que antecede, en este caso, lo literario desatándolo en la medida que entrega una temporalidad caribe para un imaginario corporal como histórico. Lo archipelágico no salva, ni reivindica, ni redime nada (dejémosles estos asuntos a los curas, a los pastores, profesores, poetas o a escritores con sotanas invisibles). La experiencia sensorial que acicatea el archipiélago es por lo tanto una activación estética[7] de la belleza como contradicción, de la belleza como rotura, de la belleza de las partes, de lo partido, de lo roto, de los rotos que no se someten al todo. Los ensayos que comprenden el libro buscarían desacomodar y desautorizar las relaciones de poder que ciertos lenguajes sobre el Caribe han apuntalado en el archivo caribeño. Los saberes que podría generar no tendrían que conformarse con el mapa, el *paper*, los contra-itinerarios de viaje o la transfiguración ideológica. La experiencia archipiélago aspira, inspira y respira un espacio comuni-

---

[6] «El subjetivismo en política es siempre excluyente, siempre particularista, incluso allí donde el sujeto se postula como un sujeto comunitario, e incluso allí donde el sujeto se autopostula como representante de lo universal. De hecho, la reivindicación de universalidad es siempre síntoma de sacerdotismo político, pues sienta el afuera de tal universalidad como siempre ya inhumano, y así marcado para su conversión o liquidación» (Moreiras 2006: 14).

[7] «Este proyecto supone, desde luego, una explicitación previa en cuanto a la noción misma de "estética". Para mí, no designa la ciencia o la disciplina que se ocupa del arte. "Estética" designa un modo de pensamiento que se despliega a propósito de las cosas del arte y al que le incumbe decir en qué sentido éstas son objetos de pensamiento. De modo, más fundamental, es un régimen histórico específico de pensamiento del arte, una idea del pensamiento según la cual las cosas del arte son cosas del pensamiento» (Rancière 2006: 24).

tario inlocalizable donde, sin embargo, se saborea el gusto, afectividad e intensidad complejísima de estar vivos. Sus imágenes desatarían una lucha y un desacuerdo con aquello que se ha cristalizado (ya sea a manos del mercado, del capital o del izquierdismo jurásico) como el horizonte único de la felicidad caribe.

En efecto, mi querella crítica reflexiona sobre la temporalidad sensorial que ocupa una voz literaria: el espacio de un imaginario en estado de disensión archipelágica. Pues la experiencia del lenguaje sedimenta toda imagen del tiempo. Adelanto que este libro carga la mano ante textos que de alguna manera inscriben la afectación de una experiencia sensorial entre las aguas marinas. Quizás porque se trata de poéticas que no aspiran a representar *fielmente* lo que esta experiencia significa. De igual manera, no aspiro a representar o a incluir todos los textos que me ayudarían a exponer esta teoría. Así, esta pasión, como se verá luego, lidia con su *pathos* y acepta su inclinación por ciertos *paths*, por algunas direcciones y recorridos. También por esos recovecos se acepta que no hay temas o figuras esencialmente caribeños. El archivo archipiélago no es un muro o una bóveda sellada por los aspavientos de sus albaceas o retóricos, donde además se protege una Verdad Idéntica a sí Misma. La brecha del archipiélago ( ) concede que lo caribeño ha sido producido y dicha producción es ya un modo de interpretarlo. En la brecha del archipiélago ( ) no sólo la mar ha insistido, también insisten diversas fantasías jerárquicas, violencias y vaciamientos. Desjerarquizar cualquier *sensorium* que privilegia «el nacimiento por la imagen» es lo que mueve a la hoja de mar. Ese es su mejor efecto. Esta labor del mar se percibirá en esas polémicas, en esas luchas de sentidos que aparecen cada vez que se coronan sensaciones (ya sea de la vista, el oído o el olfato, cualquiera de ellas) como técnicas para la bienaventuranza histórica, para el advenimiento glorioso de los días de lo puro, de lo claro, de lo perfecto en el Caribe.

La intuición estética del archipiélago es la imaginación que dispara un situar(se) el cuerpo en el Caribe, como proceso incesante de corrosión, de porificación que no debe imaginarse como un nuevo determinismo geográfico, el ascenso auroral de un nuevo Sujeto, sino como una nueva condición para lo determinante en tanto experiencia y corroboración

I.A. Por un efecto archipiélago ( )-(a): Poéticas, políticas y *sensorium*

de lo finito o infinito en el Caribe. Se trata del tanteo caribeño de su caducidad, de su paso por el tiempo, de su estar siempre ahí, inmediato y *abocado* a la muerte. ¿Cuál es el añadido del archipiélago a esta lógica de sentido humana? Su aderezo de sal, el pensamiento de la sal, las técnicas del yodo, del *detritus* que es la arena, de la luz, de la sombra en la tormenta, los minerales volátiles que atraviesan nuestros cuerpos y nuestros espacios. Una escena polémica entre estas aguas puede ser, en efecto, una constelación de fuerzas políticas donde no se ausentan el azar ni la contingencia. La potencialidad de estas apariciones políticas no deben entenderse como meras afirmaciones, proyecciones de modelos o evidencias aurorales sino *una relación con la penumbra*, una relación con la impotencia que también actúa e irrumpe, *en la sombra*, en todo aquello que *puede* hacerse o sentirse de otro modo. Esta potencialidad política que se me antoja archipelágica es la capacidad de transformarse y transformar simultáneamente el tejido de sus singularidades. Dichas transformaciones pudieran hacer sensible un modo alterno, otra temporalidad sensorial e histórica donde experimentar lo caribe. En el pensamiento de Édouard Glissant esta movida potenciadora puede encontrarse en su abrazo a la *opacidad caribeña*. Opacidad que Glissant en *El discurso antillano* propone necesaria si se desea percibir la «trama oscura donde habla el silencio» de los pueblos[8]. Esta opacidad no es un obstáculo a rebasar o una contrariedad que debe esclarecerse, mucho menos idealizarse. La «opacidad» es, de un modo simultáneo, un reclamo de justicia descolonizadora, como el trazo de una especificidad poética alojada en los objetos del archipiélago. Esta opacidad no habría que confundirla con el alambicamiento o el hermetismo con el que trabajan algunas estéticas, y ella misma tampoco es una fórmula mágica con la cual enfrentar algunos de nuestros retos

---

[8] «Pues el intento de acercarse a una realidad tantas veces ocultada no se ordena de inmediato en torno a una serie de claridades. Exigimos el derecho a la opacidad, con el cual nuestro empeño de existir con reciedumbre tiene el alcance del drama planetario de la Relación: el impulso de los pueblos anulados que hoy oponen a lo universal de la transparencia, impuesto por Occidente, una multiplicidad sorda de lo Diverso» (Glissant 2005: 10).

políticos[9]. En ausencia de algún consentimiento ante lo opaco, el deseo de lectura que recorre este libro moviliza algunas rarezas implicadas por eso que se resiste a lo evidente u obvio que movilizan algunas disciplinas como horizonte hermenéutico. De igual manera habría que seguir preguntando si las pretensiones históricas de claridad y transparencia epistemológica, que Glissant ve cristalizadas en el Otro colonizador, han sido o son tan «claras» o si exhiben incluso zonas oscuras. De esta forma, este libro inventa conversaciones y polémicas literarias que podrían tenerse a partir de los sentidos o sinsentidos que pulsa en el imaginario de lo opaco, pero no hace de la opacidad su fetiche disciplinario. Este libro apuesta, además, por una potencialidad literaria cuyas incertidumbres no queden liquidadas mediante alguna aplicación teórica. En resumidas cuentas, atender una verba polémica sin cortapisas podría redimensionar la particularidad política de una actividad literaria, en tanto manifestación de otro tipo de lectura que, interpelada por su contemporaneidad, se niegue a ser categorizada bajo algún protocolo de filiación. De lo que se trata es de imaginar ideas en torno a la corporalidad, el saber político y a la escucha. En fin, desearle otras imágenes al *sensorium*[10] que gusta de activarse por este archipiélago.

---

[9] «La única claridad en definitiva, que fue la de la presencia trascendental del Otro, de su evidencia –colono o administrador–, de su transparencia mortalmente propuesta como modelo, debido a la cual nació quizás en nosotros un gusto por lo obscuro, y en mi una necesidad, que es la de provocar lo opaco o lo no evidente, la de reivindicar para cada colectividad el derecho a la opacidad recíprocamente consentida» (Glissant 2005: 305).

[10] Un *sensorium* o sensorio no es la mera suma orgánica de los sentidos de un cuerpo abstracto o biológico. No habría tampoco que confundirlo con alguna compartimentación moderna de los sentidos o con el doble «hecho carne» del «yo» parlante del individuo. Un sensorio es la consecuencia de un sinnúmero de experiencias sensibles *vividas por un sujeto*. Un sensorio es, por igual, la superficie perceptiva del cuerpo, sus cinco sentidos, y la capacidad de combinación imaginaria de las experiencias sensitivas que dichos sentidos, en parte, componen. Es el *sitio* donde se producen las estéticas, como el espacio donde se despliega el trajín imaginario para representar aquello *percibido y trabajado* por los sentidos. El laboreo sensorial enfunda las aberturas orientadas hacia el afuera que son los sentidos del cuerpo con los objetos que estos perciben. El paso a la representación poética del oscuro límite corporal entre *lo que se siente* y *el*

I.A. Por un efecto archipiélago ( )-(a): Poéticas, políticas y *sensorium*

La política, hemos leído en Jacques Rancière, es indistinguible sin las prácticas del disentir. Ante la bruma del archipiélago y entre la estela de sus imágenes se multiplican no sólo los disensos, las digresiones, e inclusive los naufragios. Una política archipelágica lucha por des-naturalizar los sentidos de este paisaje. La política *no se hace* sin ese diferir abierto ante los modos ya naturalizados por ciertos debates o meros intercambios de opiniones e intereses. No se trata de automática, casi mecánicamente, distanciarse de las fáciles representaciones del poder o que los poderosos le han dedicado al Caribe. Diferir, polemizar, cuestionar sin cortapisas es un modo de revolver la naturalidad del presente caribeño. La polémica es política porque no es exactamente un debate en el sentido electoral o televisivo del término. El debate en tanto partición de posiciones y opiniones no es necesariamente una ocasión política[11]. La búsqueda obligada de los consensos es el acabose de la política. Pues la política no es el tinglado de las administraciones, las fantasías de la toma de poder de alguna organización política, las intervenciones estatales que «organizan» lo social ni, por supuesto, alguna estilización de «respuestas contestatarias o reivindicativas» que se le oponen a alguna administración caribeña. La política es la irrupción de un conflicto que, en tanto aparición inédita, desorganiza, agujerea y traba éticamente el arreglo de las partes concertadas por las instituciones del orden social para administrar los conflictos entre las islas, las tierras y su mar. Para Rancière *se hace política* a partir de una situación de desacuerdo que quiebra y estropea las representatividades vigentes hasta ese momento. Con este acontecer político emerge además una subjetividad, una comunidad en el palpamiento mismo de un vacío en su sensibilidad política. Son justa

---

sentido de las cosas deviene espacio de experimentación; en ocasiones, el asunto de alguna escritura atenta a su sensorio.

[11] «The essence of politics is *dissensus*. Dissensus is not a confrontation between interests and opinions. It is the demonstration (*manifestation*) of a gap in the sensible self. Political demonstration makes visible that which had no reason to be seen; it places one world in another –for instance, the world where the factory is a public space in that were it is considered private, the world where workers speak, and speak about the community, in that where their voices are mere cries expressing pain. This is the reason why politics cannot be identified with the model of communicative action» (Rancière 2010: 38).

y precisamente ocasiones para la política aquellas ocasiones dedicadas a la querella, a la exhibición de daños que constituyen el «reparto» o la «partición» que hasta ese momento dimensionaba lo social. Esta lógica de la política es indisociable y está siempre en pugna con una legalidad que Rancière denomina como un *orden policíaco* (*La Police* o *L'Ordre Policier*), en tanto actividad que identifica y canaliza a los sujetos y sus disputas a través de la distribución sensible de las *partes* de la comunidad[12]. En una sociedad esta policía (no la uniformada) regula el «orden de lo sensible», distribuye lo que puede decirse, verse, sentirse, en fin, pensarse en determinado momento ya que regula los modos de circulación de los sentidos, tanto de lo que se siente como de lo que puede devenir significado. Se puede decir que toda lógica política deviene policíaca cuando aceita con cuotas de poder los espacios de representatividad y maximiza —al estandarizar— los modos de transporte a través de los que la palabra y los cuerpos políticos aparecen en el espacio social y cobran allí algún sentido. El perímetro que defiende esta policía no necesita obligadamente de la coerción para llevar a cabo su trabajo. El Caribe no está exento de su propio perímetro policíaco, donde hasta los reclamos de justicia más urgentes, inclusive milenarios, han comenzado a participar de las ceremonias donde se los neutraliza, llámense estas folclor, representatividad, pueblo, originalidad, autenticidad, activismo huero, historiografía o tradición contracultural.

En consecuencia, son aquellos que difieren, aquellas que disienten ante los otros una vez aceptan, en ese instante, la *comunalidad* de la voz de todos, los que logran activar la arena siempre conflictiva de la política[13]. Diferir en esta arena (cosa que sobra en las playas) es poner en

---

[12] El término «parte» o «partición» en la obra de Rancière hace resonar varios sentidos que van desde las acciones que separan una unidad espacial, un acto que excluye o incluye como también aquello que estimula la participación en tanto intervención de un sujeto.

[13] Toda comunidad es la posibilidad de un proyecto común, no es un lugar concreto. Copio del glosario, preparado para la edición inglesa de *The Politics of Aesthetics. The Distribution of the Sensible*, la entrada Community of Equals (*La Communauté des égaux*): «A community of equals is not a goal to be attained but rather a presupposition that is in constant need of verification, a presupposition that can never lead to the establishment o fan egalitarian social formation since the logic of inequality

entredicho la naturaleza misma de las tomas de la palabra, luchar con los modos de pensar el asunto, pues en demasiadas ocasiones, con ellos mismos se reproduce el daño que la discusión busca reparar. Quizás se trate incluso, de ir más allá de esta arena y comunalidad rancieriana, de la decantación glissantiana, y abrirnos a la multiplicidad de sujetos y objetos que arriban a las playas como un modo de agujerear la dialéctica identitaria que la apuntala en el Caribe desde la proximidad de algunos no-sujetos en el Caribe[14].

No se trata, entonces de contradecir las opiniones del otro ya que en archipiélago no existe o pre-existe un Uno claramente demarcado y re-conocible. Se difiere en reunión con *los sin parte* hasta el momento de este inaugural desacuerdo. Esa reunión de lo(s) que hasta ese momento no forman parte en la distribución comunal de lo sensible constituye y convoca la comunidad democrática (*demos*)[15]. Esta reunión no es una verdad comprobable sino una posibilidad democrática, anclada sobre un vacío que hace a la política posible.

---

is inherent in the social bond. A community of equals is therefore a precarious community that implements *equality* in intermittent acts of *emancipation*». «History and the Art System»; *The Ignorant Schoolmaster* 71-73; *On the Shores of Politics* 63-92» (Rancière 2004: 83).

[14] En *Línea de sombra. El no sujeto de lo político*, Alberto Moreiras describe sus esfuerzos como lector como la posibilidad negativa de imaginar para la política lo que Moreiras denomina un no-sujeto: «En cuanto dimensión de lo humano, el no sujeto es lo sacrificial mismo, lo siempre de antemano sacrificable como conjura de lo que oscuramente amenaza. Lo que amenaza es lo inhumano. Pero el no sujeto no amenaza: *solo está, y no excepcionalmente, sino siempre y por todas partes*, no como el inconsciente, sino como sombra del inconsciente, como, por lo tanto, lo más cercano, al mismo tiempo como lo ineludible y como lo que más elude» (Moreiras 2006: 14-15).

[15] Aquí no se encontrará el pueblo que tantos populismos cargan de luz e ideal: «El pueblo (*demos*) existe solamente como ruptura del *arkhé*, ruptura de la lógica del comienzo/mandato. No podría identificarse ni con la raza de quienes se reconocen en el hecho de que tienen el mismo comienzo, mismo nacimiento, ni con una parte o la suma de las partes de la población. Pueblo es el suplemento que desune la población de sí misma, suspendiendo las lógicas de dominación legítima. [...] No es el populacho laborioso y sufriente quien viene a ocupar el terreno del actuar político y a identificar su nombre con el de la comunidad» (Rancière 2006: 66-67).

> Lo que es identificado por la democracia con el todo de la comunidad es una parte vacía, suplementaria, que separa la comunidad de la suma de las partes del cuerpo social. Esta separación primera funda la política como acción de los sujetos suplementarios que se inscriben como excedente con respecto a toda cuenta de las partes de la sociedad. (Rancière 2006: 67)

Esta comunidad democrática no debería confundirse con los modos de organizar la vida social o las maneras de gobernarla en la República o Confederación Antillana de Todos Nosotros los Sabrosos, sino como un acto de subjetivación plural, no identitaria, impersonal, dedicado a exhibir un quiebre, una rotura, entre las distribuciones policíacas dominantes. El archipiélago es en demasiados ocasiones la primera imagen para el horizonte, el horizonte que avista un posicionarse humano, en ocasiones una comunidad ante lo que exponen las aguas. Esta comunidad parece en el Caribe obstruida por la potencialidad misma de su heterogeneidad de lenguas y discursos. Esta comunidad además aparece expuesta en esa rotura, y exponiéndose y siendo ella la misma rotura. Demás está decir que la exposición de este daño es inseparable de la necesidad de polemizar con los parámetros estéticos de percepción, pensamiento y acción establecidos. Es esto lo que hace posible el surgimiento de un acontecimiento político. La literatura no se cansa de registrarlos.

Lo que «nos sería común» en este territorio, por lo tanto, en esta o aquella partida, no es un *telos*, alguna habilidad comunicativa, algún contenido, alguna identidad, la coparticipación sanguínea o pigmentográfica, alguna ideología, los supuestos absolutos o transcendentales que se nos atribuyen allí, en la arena de la discusión. La aparición de «comunitario» no yace cristalizada en algún Estado existente o sujeto por venir. Lo que hace a la política una ocasión para lo común, un acontecimiento para la comunidad es la disposición para lidiar por y con lo que se puede sentir, la potencial particularidad sensible que emerge una vez aparece algún hueco ético que reclama justicia y no ser excluido. En específico, se trata de una lucha estética (*aisthaesis=sensación*) pues pugna por hacer sensible, por exponer y afectar el cuerpo de una singularidad que apenas se ha *dejado sentir*, que tal vez se resiste y todavía no deviene sensible en la arena democrática[16]. Esta pugna estética se encuentra siempre implicada en la manifestación de un evento negativo y bajo los efectos de algún daño, de alguna lesión ética que la comunidad aún no ha convertido en experiencia significativa.

Surgen varias preguntas. ¿De qué modo aparecería una comunidad democrática en un archipiélago como el que se recoge en el piélago Caribe? ¿Cuáles serían las ocasiones históricas para estas comunidades exhibir las imágenes de sus roturas? ¿Qué tipo de saber exhibe, por dar un ejemplo, la literatura en sus litorales? ¿Es, eso expuesto, un saber? ¿Cuáles serán las formas que asumirán estos reclamos políticos que singularizarían históricamente alguna comunidad en el Caribe? ¿Qué cuerpos se dejan sentir en el archipiélago cuando abre alguna perspectiva para la procesión de sus lesiones y brechas? ¿Qué cosa es y no es un archipiélago? Un archipiélago no es un concepto que totaliza la realidad que recogen las tierras y las aguas de las islas. Un archipiélago no es el opuesto perfecto de un continente, sino la consecuencia de las actividades y experiencias que entretejen las interpretaciones abocadas a las islas y sus aguas, a las tierras y sus mares. Habría que adelantar que el archipiélago es ya materialidad y forma en imantación y dispersión, la intermitencia sensorial que habilitan las consecuencias de una variada saturación de momentos abiertos, rajaduras de sentido donde una comunidad caribeña se presenta. El archipiélago cuando es tropical es la alta mar para las redundancias trópicas, la mar donde el *tropos* (del griego, cambiar, trocar, voltear) (se) expone (a) la heterogeneidad de sus figuras, donde se materializa, incluso sobre la tierra la potencialidad metamórfica de las aguas. De igual manera este mar es una permuta de volúmenes imposibles, de cohabitaciones

---

[16] En conversación con Maurizio Ferraris, Jacques Derrida vincula la «singularidad» a los excesos de la justicia: «That which defies anticipation, reappropriation, calculation —any form of pre-determination— is *singularity*. There can be no future as such unless there is radical otherness, and respect for this radical otherness. It is here –in that which ties together as non-reappropriable the future and radical otherness– that justice, in a sense that is a little enigmatic, analytically participates in the future. Justice has to be thought of as what overflows law [droit], which is always an ensemble of determinable norms, positively incarnated and positive. But justice has to be distinguished not only from law, but also from what *is* in general» (Derrida & Ferraris 2001: 21).

imaginarias inverosímiles donde es perceptible la emoción de la verdad *extraña* del archipiélago:

> El mar, el verdadero mar,
> casi ya mío...
> el mar, el mar extraño
> en su propio recinto...
> el mar
> ya quiere ser el mar sobremarino... (Burgos 1981: 11)

Un archipiélago tropical es el registro de intensidades de esos cambios para los cuerpos, el remeneo de sus comunidades, la transformación de sus espacios, sujetos y no sujetos sometidos a la intemperie, a la apertura de las aguas ( ). El efecto archipiélago en ocasión tropical es una reverberación sensorial en tensión y calma, en remedo o radical diferencia con la condición atmosférica de sus aguas entrabadas entre sus tierras ( ). Este efecto es, además, una seña de la plataforma de ensamblajes que agiliza históricamente y es todo archipiélago[17].

El archipiélago que serpea entre estas páginas es la aceptación de la rotura, de las aberturas, de la discontinuidad que registran las averías y quiebres entre las sociedades caribeñas. Este abismarse en la brecha archipelágica no remienda ni recupera algún *hilo roto* que nos ate y

---

[17] La traducción española del texto de Deleuze y Guattari escoge, no sin aciertos, el vocablo agenciamiento para el término *agencement*, el inglés opta por *assemblage*. Juan Duchesne Winter en su reflexión sobre la obra de Manuel de Landa define así la categoría: «los ensamblajes son *todos* cuyas partes son *autosubsistentes*, se relacionan entre sí de manera externa y no constituyen una unidad orgánica. Los átomos, las células, los organismos, las personas, las sociedades, las instituciones, los fenómenos atmosféricos, los lenguajes, son ensamblajes; se pueden descomponer en ensamblajes distintos y autónomos y además se articulan a otros ensamblajes. Hay ensamblajes materiales, energéticos e informáticos. Los ensamblajes se auto-organizan de abajo a arriba, a partir de sus partes autónomas, es decir, son emergentes. Además tienen facultad de expresión. Sean humanos, animales, vegetales, químicos, o tecnológicos, o combinaciones de lo anterior, los ensamblajes se expresan, ya sea en sus capacidades químicas, físicas o, como los humanos, lingüísticas. La identidad del ensamblaje es histórica y contingente, no está vinculada a propiedades fijas o determinantes, ni a esencias dadas» (Duchesne Winter 2012: en línea).

devuelva al Caribe. En otra dirección subjetiva este abismarse coloca, palpa y saborea la duración expansiva como los vacíos que potencian al archipiélago como evento por venir. Lo que podría entonces llevarse a cabo *ahí* se sabrá atravesado por un imaginario en condición archipelágica ( ) en tanto perspectiva de sentidos por venir pero siempre próximos. Dicho imaginario dedicado a desplegar alguna época en el Caribe mostrará asimismo la corrosión marina que lo atraviesa, la temporalidad tropológica vinculante *de las aguas* ( )-(a).

Por lo tanto, allí donde un ojo imagine orígenes aurorales desde el lecho marino, la mar impondrá su horizontal y paradójico cuerpo de relaciones con las islas. Más que un horizonte el archipiélago imanta la necesidad del sujeto que desde la orilla sólo puede aspirar a alcanzarlo con algún sentido. El archipiélago es el paréntesis que emerge de la utopía sensorial que reúne al cenit con algún horizonte marino. Quizá se trate de una imposible disposición submarina o de un molusco cuya ética salvaje esconde pretensiones aéreas. En otras palabras, el trabajo real e imaginario de las aguas marinas *daña* o imposibilita discernir los límites entre la isla y el continente, el cuerpo y sus perspectivas. La avería de cualquier protocolo de exactitud epistemológica es el signo que expulsa cualquier pretensión de autenticidad al momento de imaginar al Caribe, y desata luego la apertura que es todo comienzo. Dice Deleuze sobre la isla: «Es una isla o una montaña, o las dos cosas a la vez, la isla es una montaña marina, y la montaña una isla seca» (2005: 20). Sin duda el cuerpo marino desecha la exactitud y, de igual modo, le comunica la diferencia ( )-(t) a cualquier territorio tocado por las aguas marinas. También se sabe que el cuerpo marino y sus violencias no se detienen en las orillas, por ejemplo, de la isla. La isla es un pluriverso cuando la recoge el archipiélago, *la verdad del mar*[18], al decir mediterráneo

---

[18] Un efecto archipiélago opera sobre el castellano puertorriqueño, donde se registra una inconstancia lingüística y de género en el uso de los artículos ante la palabra «mar». Para algunos puertorriqueños se trata de «el» mar, mientras para otros de «la» mar. Al nombrar el mar los puertorriqueños ejecutan un vaivén, desatan una ola semántica que recorre el territorio de la isla perturbando la identidad de género de lo marino. En este libro se alternarán ambas maneras de nombrar lo marino. Véase «El mar y la mar» (Navarro Tomás 1999)

de Massimo Cacciari[19]. La iniciación en los recorridos, en los desparramamientos es la posibilidad sensorial que singulariza un archipiélago y lo que «sensibiliza» el cuerpo histórico y poético de sus tierras expuestas al mar.

La metáfora-archipiélago, dicho sea de paso, no habría que entenderla tampoco como un pretexto para parafrasear, en otro registro (discursivo o disciplinario) el sentido de las cosas caribeñas. Con esta metáfora deseo evitarme el compendio de zonas y realidades llámense islas, el Gran Caribe, el Caribe continental o el Caribe insular. Pues la metáfora es una manera de afectar y de efectuar el lenguaje, un *tropos*, una manera de usarlo que efectúa la materialidad de sus figuras. Que el archipiélago sea y no sea, fuera de toda exactitud, una metáfora expone que su condición no es asunto exclusivo de los usos figurativos del lenguaje. La metáfora-archipiélago no es una proposición abstracta que condiciona o una proposición gentilicia que enmarcaría el sentido *de lo que se quiere decir ante el Caribe*. La metáfora y sus reverberaciones posibilitan el trazo de las condiciones que sostienen las poéticas y prácticas que en este caso el archipiélago afecta y traspasa. El sentido en todo archipiélago es siempre un asunto del lenguaje por ser éste último un asunto del cuerpo, un asunto de *tropos* (vueltas, vuelcos, giros), un asunto *tropical* en la medida que nombra una experiencia de significación sensibilizada histórica y corporalmente por alguna exposición a los elementos. Los asuntos del archipiélago conforman la posibilidad de reconsiderar el trabajo subjetivo y material que recogen sus exposiciones y fuerzas, también desde ellos es posible retar los hábitos hermenéuticos de diversos estudios de áreas, temarios y disciplinas que apenas cuestionan los axiomas perceptivos que operan en sus modos de constituir sus objetos de estudio. Como el oleaje o las marejadas, el efecto archipiélago es un evento constitutivo de las lenguas, el símil que entregarían algunas poéticas caribeñas para el

---

[19] Massimo Cacciari señala: «Del Mar no nacen ni vides ni olivos, pero sí las islas, que dan sus raíces. Este mar no está abstractamente separado de la Tierra. Aquí los elementos se reclaman, tienen nostalgia el uno del otro. Y el Mar por excelencia, el *archi-pélagos*, la *verdad* del Mar, en un cierto sentido, se manifestará, entonces, allí donde él es el lugar de la relación, del diálogo, de la confrontación entre las múltiples islas que lo habitan: todas distintas del Mar y todas entrelazadas en el Mar, todas nutridas por el Mar y todas arriesgadas en el Mar» (Cacciari 1999: 23).

ondulante diferir de presencias y exactitudes que es la historia caribeña. Estas dispersiones tampoco son abstracciones o florilegios verbales; son el meollo sensorial donde comienza una percepción del trabajo marino que sostendría los comienzos de un saber sobre la materialidad del archipiélago. El vaivén metafórico del archipiélago aquí no es péndulo bipolar sino inscripción perforante y multidireccional de sus corrientes posibles para lo sensible. Lo archipelágico no es un escamoteo de contextos, otro naturalismo, un nuevo determinismo geográfico o una floritura de lo histórico. El archipiélago desorganiza metodologías disciplinarias en la medida que literalmente arrastra y descompone los modos de pertenecer, identificar y nombrar una ciudadanía, una modernidad o una soberanía caribeña. Digamos que complica o facilita (da igual) los modos de pensar en dichas categorías en la medida que dilata sensorialmente las técnicas hermenéuticas, los maneras interpretativas que tradicionalmente han nombrado el archipiélago ya como un espacio ya como una zona geopolítica.

Los movimientos que hacen posible aprehender la extensión del mar abierto, los devenires que materializan su percepción son indiscernibles de cualquier experiencia reflexiva que sintonice el tiempo histórico de las islas, las temporalidades entre ellas. En el archipiélago se cuaja una trabazón superficial, sensorial entre las aguas del mar y las significaciones posibles: esa es la cresta salina que levanta su contemporaneidad. Los campos abiertos, los horizontes vacados de tierra, los trazos desparramados por las aguas develan cómo estas extensiones marinas le dan cuerpo a las cesuras, a las aberturas que son la historia entre las islas. El mar abierto, la mar afuera que es también todo archipiélago *alegorizaría*[20] aquello que siempre desaparece, que está y no está allí a perpetuidad, o que tal vez ha sido ya incorporado. Inclusive, al adquirir algún emblema, a pesar de los énfasis de los autores, la falla, lo que siempre falta en las grandes historias o teorías del Caribe deja correr esta condición compartida por el archipiélago y su devenir alegórico. Ahora, cuando el archipiélago es presentación de intemperie vacía (rayada diría Eduardo Lalo), de una perspectiva que «sujeta» la producción de un signo caribeño, el sur-

---

[20] Véase de Benjamin *El origen del drama barroco alemán*, 1990.

gimiento de una imagen caribeña formaliza (allí) el estremecimiento potencial de alguna singularidad entre las islas. La captación de lo distante que ofrece el horizonte-archipiélago altera los encuadres bipolares que han dominado los modos de percibir los espacios, los interiores, los exteriores de la materialidad caribe. Esta efectividad archipelágica ante lo distante es una práctica histórica con una considerable obra en la historia del Caribe. Manuel Ramos Otero lo señala del siguiente modo: «toda distancia es un mar, un arrebato de cielos» (1994: 14).

Figuración para lo distante inmediato y para la indistinción, la materialidad entre aguas del archipiélago prepara el *sensorium* que re-inscribirá la *artificialidad* del mismo archipiélago en textos, canciones y performances. La perspectiva archipelágica, pero igual vale su acústica o su sabor, conforma ese lugar expuesto por la corrosión. Toda situación donde el *archi-pélagos* ejerza sus potencias acicatea, súbita o entre ondulaciones, el tejido afectivo de algún sujeto. Ante esa apertura significante ( ) no se puede sino percibir como se estropean las distinciones cartográficas y verosímiles que han polarizado las particularidades del mar y de la tierra caribeños ( )-(a). ¿Qué significará, entonces, lo archipelágico como *preparación* del sentido, como aderezo sensorial para el sujeto entre las aguas? ¿Dónde o cómo se conectan el cuerpo que lo siente y las consecuencias significantes de su sensación? El archipiélago que se recoge en ciertos textos y estéticas dispone lo que podría denominarse la disolución y el vuelco de las causalidades que figurarían un imaginario caribeño. En tanto pantalla horadada por indiferencias (tan indiferente es el horizonte marino, luminoso o sombrío, como la oscuridad que cobijan sus abismos: las *fallas* o *trincheras* ante las que se alzan las Antillas), el archipiélago marea y cuece las lógicas de comunicación como también las lógicas herméticas, las irrupciones y los alineamientos, los silencios y las disonancias. Aquí la opacidad, además de participar de una voluntad descolonizadora, es la grafía negativa que agitan sus aguas. La forma de su fluidez es irrepresentable en los mapas, reto indiscutible de sus cuerpos porque el plano se presta para cuantificar dimensiones o volúmenes, no para representar agitaciones o campos de fuerza. Aún así es el archipiélago lo que *puts the islands on the map*. Ante todo archipiélago se insinúan los medios, las naves, los puentes que vincularían a los sujetos o a las islas que lo habitan. Los medios, los entre-medios, lo que queda entre ( ) se prefiguran en el mar abierto como invitación indiferente que hace su extensión dilatada. Como ante un *Litoral*.

Pienso: –Si esta hora crepuscular se detuviera eternamente, como isla dorada por el sol que agoniza, entre sus dos océanos de sombra. (Palés Matos 2013: 86)

Ante la imagen archipelágica nos hallamos frente al límite mismo de los protocolos de representación convencionales en tanto esta pantalla se niega a cancelar la multiplicidad del tiempo de sus sensaciones, de sus sentidos. Es más, la imagen archipiélago es siempre una situación liminal y contrariada. La singularidad equívoca de la imagen marina, por el vaivén y por el afán metamórfico de sus marejadas, no es el ejemplo escolar que cristalizará en alguna poética «auténtica». No podría decirse que *esta* es una imagen verdadera del archipiélago y *aquella* no lo es, sino todo lo contrario: la imagen es la condición archipelágica en tanto esta desata su situación estética, su anzuelo sensorial. Toda imagen *efectuada-afectada* por el archipiélago exhibe su condición hecha cuerpo, devuelta sentido y estética. Ante el archipiélago no podrá decirse primero fue el verbo o el conuco, el barco o la canoa, la letra o la máquina que nos des-cubrirían el *ser Caribe*. Ante el archipiélago primero es el cuerpo que habrá de afrontarlo. El archipiélago no Es. El archipiélago (no) es; el archipiélago emerge cuando algo o alguien *le da el cuerpo* a sus aperturas ( ) o cuando en la apertura algún cuerpo pide paso. Su imagen es la condensación de una discontinuidad, la fijeza de un celaje, de una disolución perceptiva que no comienza por la soledad de alguna «personalidad» sensibilizada ante el litoral. El comienzo de la imagen-archipiélago se da en el *cantazo* (ese golpe dado por un *canto*) que la mar descarga sobre los cuerpos y los objetos de la historia ( )-(a). Se trata de una situación paradójica, cuyo carácter límite no se cansa de subrayar negativas. Pues allí, en el litoral, por ejemplo justo cuando se percibe el límite del territorio se abre el descampado marino, el confín inabarcable de las aguas. Mirar allí es siempre situarse ante una lejanía que se niega a precisar un perfil, que ondula formas tanto para lo próximo como para la retirada. Se trataría, quizás, de la materialización marina de una percepción contemporánea, pues en el paladeo de esa lejanía el entorno inmediato deviene plataforma de afectación, fuga y extrañamiento.

La negatividad-archipiélago, sus propensiones a la inoperancia, a la avería y a la dispersión, no cancelan siquiera los énfasis de los protocolos realistas. Esta negatividad es un modo de apreciar la persistencia estética de algunos de sus objetos para la cercanía y carencia de finalidad, la destrucción de afanes teleológicos de algunos de sus imaginarios. Un protocolo verista ha hegemonizado sus modos entre las teorías de lo caribeño, aunque se lo adjetive de fantástico, maravilloso o transcultural. En otras palabras, el archipiélago Caribe ha sido leído, en demasiadas instancias, como un hecho que ontológica y geográficamente antecede cualquier interpretación sobre el mismo. Así un archipiélago realista deviene medio o determinación última de las representaciones disciplinarias que recibe el Caribe y contra esta imagen (que de hecho no se nombra a sí misma como imagen) se califican las «verdades», «autenticidades» o «falsedades» que contendrían sus representaciones. En fin, el aparato retórico o trópico que se utilicé desde algún *template* disciplinario rígido instrumentaliza una versión del archipiélago, nunca un modo de actuar o de estar en el mismo. El hecho topográfico de este archipiélago enfermo de realidad causa irremediablemente un discurso vero*símil*. El archipiélago verista origina un orden discursivo como efecto causal de sus verdades, anterior a cualquier palabra o estética.

De hecho el objeto realista afectado por la negativa archipiélago registra la perdida de límites que, por ejemplo, la ola ejecuta sobre el litoral cuando su llegada a tierra hace desaparecer, aunque sea por un instante, tanto a la orilla que la recibe como a la ola misma. Entre ola y ola, y en la ola misma, aparece esa pausa, esa superficie en rotación que prepara la escena para la siguiente imagen. Esta paradoja parentética, incisiva, es un movimiento del archipiélago (no es el único) que algunas escrituras trabajan al generar sus poéticas, sus políticas y el límite incluso de las mismas. Más bien el paréntesis en tanto brecha coloca en otra meseta perceptiva los términos de la ecuación-(archipiélago); allí los marea, los exhibe y los oculta, los tras-*torna* entre corrientes, salitres y resacas. En sus mareas y acosos, caricias y abrasiones, el archipiélago amalgama y corroe, permite sentir (repensar) las retóricas para lo caribe no como medio o instrumento para la representación de una verdad Superior o Anterior al mismo archipiélago. El efecto archipiélago es una (a)-parición textual de descargas no subordinadas a alguna originalidad metafísica. Si se quiere, este efecto en particular, como toda consecuencia que emana del uso de la lengua, efectúa un tiempo, es la efe(a)ctualidad de sus imágenes, efectúa la actualidad de un tiempo para la imagen, una actualidad donde se exhibe aquello que singulariza un sensorio contemporáneo en el Caribe. Esta aparición de sus tiempos por igual comporta estéticas como detritus históricos. La imagen archipelágica es una coyuntura de efectos y afectos, una efe(a)ctualidad de lo contemporáneo inscrita en un sujeto allí expuesto como en los objetos que trabaja. Así textos y performances marcados por el *tropos* del archipiélago cargan tanto trazos de las retóricas y estéticas que los han hecho posibles como llevan marcas de las distensiones (fallas, aberturas) negativas (-) que también los sobredeterminan.

A diferencia de una consideración culturalista que reduce el archipiélago a una condición gentilicia gobernada por algún Principio Rector Absoluto, el tejido de corrosiones, su palabra salitrosa es la presentación agujereada ( ) inestable, abandonada a su propio aparecer en flujo, fraguada por las mareas. La metáfora-archipiélago no es el predicado verosímil, la ornamentación verbal que enmarca algún sentido geográfico o histórico del Caribe divorciado a perpetuidad de la materia del lenguaje. La metáfora-archipiélago es el horizonte sensorial que lleva al acto el efecto archipiélago, nunca su resolución o equivalencia, más bien el espacio distendido entre la enunciación de la imagen –el archipiélago– y sus efectos posibles. El efecto archipiélago es lo causado por la descarga metafórica del *tropos caribe*, no el sentido de la misma sino la potencialidad de un saber, de un afecto o un hallazgo sensorial que sólo reverbera desde la metáfora que se sabe *mareada*, entre mareas movilizada por *un sujeto en marejada*.

La hoja de mar es una teoría de la imagen, una teoría del litoral que es una teoría sobre algunas de sus poéticas marinas, nunca una palabra sobre sus Verdades últimas y definitivas. Dice Lezama en «Playas del árbol» de *Tratados en La Habana*: «¿La poesía? Un caracol nocturno en un rectángulo de agua» (Lezama Lima 1977: 510). Sumergida o diagramada por el rectángulo acuático esta imagen para lo poético expone de un modo contrariado su oscuridad en el recorrido humedecido, entre los trazos visibles de la lentitud *acuosa* del caracol. Más que la descripción de sus atributos, la poesía es el encuentro de formas y sensaciones que retiran, como el movimiento (in-narrado *in extremis*) del caracol. La poesía no es la facilidad perceptiva, la fácil comprensión de una evidencia. Es apenas un modo más, no el único, de repensar un *sensorium* en el Caribe. El efecto archipiélago es un efecto sin causa, pues la abertura marina es hundimiento o pérdida, condición sin pivote, llamado de la carne de la marejada. Bajo el árbol playero, en la noche, el archipiélago acentúa la penumbra que alebresta a los animales nocturnos. Marea, marejada, mareamiento también por ausencia de luz, estética de las mareas son algunos de sus disfraces, pues allí se consigna que esta teoría del mareo no es una disfuncionalidad simple, sino la marca de un orden sensorial tan expuesto a sus aguas como a las formas de la *con-fusión* donde se tornan indistinguibles el agua del rectángulo, la baba o el caracol.

Lo singular compartido por el archipiélago y el *sensorium* que excita es esta capacidad de trabajar una potencialidad de experiencias al interior y en las afueras de su mar. El efecto que aquí se persigue, como el oleaje, construye y destruye simultáneamente en las orillas del texto las imágenes de historicidad que se le adjudican a las islas. El efecto archipiélago permite descomponer las pretensiones de eternidad o trascendencia que algunos relatos construyen, como también develar las formalizaciones que han constituido saberes, eventos y artefactos en el Caribe.

Dicho esto y ante preguntas eminentemente políticas ni clasifico ni jerarquizo los daños que testimonia el archipiélago. Lidiar con el daño en(tre) las islas es, por qué no, asomarse allí, a instancias donde la razón delira y no ha concertado argumentos o convicciones para tomar la palabra en la arena pública. Igual no habría que des-metaforizar el carácter imaginario que habilita el hecho geográfico llamado isla o lo que toda tierra con litoral *padece* gracias los efectos de lo marino. Como se verá el *a-isla-miento* es por igual un devenir-isla como una relación con la mentira de la isla, con las tipificaciones de la isla. De todos modos, la política que haría posible el archipiélago se constituye donde algún sujeto inscribe sus experiencias perceptivas (averiadas) a través de tejido metafórico que ha allegado o dispersado dicho archipiélago. La política archipelágica no es una irrupción histórica decantada de los efectos estéticos que trabaja el sujeto o la comunidad que los ha vuelto sensibles. El efecto, sus metáforas son apenas un intento por inscribir algo que nunca será igual al contenido de su representación. Incluso, no habría que pensar la relación comunidad-imagen-Caribe en términos morales. La efectividad de dicha relación rebasa la acostumbrada disposición dicotómica, identitaria, que coloca en bandos enemigos «la buena» *versus* «la mala imagen» del archipiélago caribeño. Un cuerpo comunitario en el Caribe remitirá a una condición colectiva donde bulle un cardumen de imágenes, donde se transforma algo que no cesa en su inquietud o en su pasmo. La condición archipelágica de la comunidad caribeña es indisociable del cruce de dispositivos sensoriales que nos produce como sujetos contemporáneos: un relevo en tránsito de relaciones entre lo sensible, lo pensable y lo que podría enunciarse. En esta red relacional se han inscrito a través de la historia las potencialidades e imposibilidades del archipiélago. Este *estar en común* del archipiélago sería el efecto de alguna *traza* que ocasiona la abertura ofrecida por la mar y la posibilidad de sentir e incorporar, asumir o escapar de las imágenes que agita fuera de las administraciones perceptivas dominantes.

 El archipiélago que imaginan estas páginas es la activación de un *sensorium* que por allí parece haber sido interpelado por las perforaciones de su presente. El sensorio, la materialización física de una actualidad perceptiva, de un *estar entre* ( ) las islas puede nombrarse como archipelágico en la medida que el sensorio que afecta no es, sino que sucede en las impresiones desatadas sobre sus sentidos. Los sentidos son umbrales dispuestos en la piel del cuerpo donde se registra y se re-produce la materialidad del presente. Según esta materialidad es percibida, *contactada*, la imagen, lo entrevisto y lo intuido son algunas de las consecuencias de dichas sensaciones. Así este archipiélago es más un evento estético, una relación con las fluctuaciones y vaivenes de la corrosión marina en su paso por el mundo, que una zona geográfica o alguna identidad identificable en algún mapa. De aquí que, en tanto evento perceptivo, inscrito en textos y formas, insista en aparecer desde avatares del desconcierto, la retirada, el daño o la pérdida. La eventualidad del archipiélago no supone meramente ir allí donde el piélago recuerda su *arché*, donde la mar gruesa, la alta mar existe como totalidad original con la cual *religarse*. El archipiélago surte sus efectos desde la desubicación del sensorio que lo imagina; el archipiélago mismo es el signo mismo de una condición excéntrica de las poéticas caribes. Cuando un sensorio se posiciona en el litoral, entre las palabras y las imágenes que figuran lo marino, la textura de potencialidades archipelágicas arquea sus signos entre las aguas y por las tierras. Aún colocado sobre la alta mar esta sensorialidad exhibe la paradoja perceptiva de todo sensorio; las delimitaciones del adentro y del afuera carecen de sentido para apreciar la tesitura misma de lo perceptible.

Este archipiélago, como fenómeno de la sensorialidad humana, se percibe mejor como el trazo de alguna forma de existir, de vivir, que como una región precisa en algún mapa; el texto, la voz o el cuerpo que lo percibe es la relación misma que lo hace sensible, que le da cuerpo y materia a sus imágenes. Situación y subjetividad en archipiélago dada a la experiencia continua de un cuerpo proteico, de otro *sensorium* en dirección a ese hueco ( ) que de algún modo le dice no a su originalidad. Lo que hace aparecer el archipiélago es la disolución de su extensión o exactitud cartográfica; lo que se afirmaría desde el litoral, por ejemplo, es como este niega lo inequívoco. Esa incertidumbre en estado archipiélago la estética caribe la expone desde las condiciones materiales que erigen esa incertidumbre, no a pesar de ella. Lo real del archipiélago es la irrupción de una imposibilidad para alguna jurisdicción identitaria. Este aparecer en fuga negativa sólo se *avista*, sin embargo, una vez se suspende la confianza particularista de nombrar-nos algo en común. Esta doble puesta en suspenso de las identidades cristalizadas o de alguna obligada tarea común, se registra saturando de extrañeza y lejanía lo que nos rodea desde siempre. Allí donde lo familiar y cercano se disuelve en su aparente contrario está lo que llamamos archipiélago. La poeta Aurea María Sotomayor, en su natación playera incluida en *Diseño del ala*, recoge la efectividad archipelágica bajo lógicas de sustracción:

> Sustrayéndome de la firmeza del territorio,
> el vaivén del mar, que no del agua,
> me situará siempre en el corazón
> de aquel recorrido delirante buscando huellas,
> pistas, razones del acaso, seducciones, carnadas. (Sotomayor 2005: 14)

Para percibir la aparición de este cuerpo y sus imágenes no es necesario entregarle la primacía de su registro al calendario de las guerras de independencia, a la verdad de los números, el inventario demográfico, las tablas o a los debatibles logros institucionales en las tierras caribes. Me interesa subrayar, no obstante, que las prácticas de colonización, desmonte y barrida tanto de las poblaciones «originales» como de sus territorios, el traslado de lenguas y culturas en la creación de un nuevo orden colonial y, sobre todo, la atroz y compleja maquinaria discursiva que echó a andar la trata de negros africanos marcan irreparablemente las inscripciones poéticas del archipiélago Caribe. El mundo que emerge de esa compleja experiencia, sin embargo, no tiene que vivir como condena o destino lo que recibiera (y recibe aún) de dicha experiencia. Tampoco los saberes caribeños dedicados a pensarla y transformarla tendrían que ensayar a perpetuidad invocaciones, idealizaciones o lamentos antes o después de trabajar dicha experiencia histórica.

Haití y su revolución de 1791, cómo dudarlo, constituyen un vórtice ineludible de imágenes que corroe tanto la imagen de universalidad que se da a sí mismo el proyecto ilustrado occidental, como cualquier proyecto regional o alguna voluntad utópica en el Caribe. Con la Revolución haitiana, al decir de C. L. R. James, los pueblos del archipiélago, por primera vez, se reconocen como comunidad histórica y hallan también en el proceso haitiano el perfil de una otredad superlativa. Evento fundador de una subjetividad y de una historiografía para la región, James imagina a la Revolución haitiana *de regreso* entre los eventos de la Revolución cubana de 1959:

> Castro's revolution is of the twentieth century as much as Toussaint's was of the eighteenth. But despite the distance of over a century and a half, both are West Indian. The people who made them, the problems and the attempts to solve them, are peculiarly West Indian, the product of a

peculiar origin and a peculiar history. West Indians first became aware of themselves as a people in the Haitian Revolution. Whatever its ultimate fate, the Cuban Revolution marks the ultimate stage of a Caribbean quest for national identity. In a scattered series of disparate islands the process consists of a series of uncoordinated periods of drift, punctuated by spurts, leaps and catastrophes. But the inherent movement is clear and strong. (James 1989: 391)

Este «comienzo haitiano» para el «pueblo de las Antillas» en demasiadas ocasiones facilita y a pesar de sí rehabilita una denegación (en su sentido psicoanalítico) al intentar llenar un vacío histórico que paradójicamente constituye zonas claves de la historicidad y la modernidad del Caribe y lo que esto representa para Occidente[21]. También la Revolución haitiana podría subrayar esa otra tradición archipelágica que insiste con sus lógicas discontinuas, sus chisporroteos, saltos y catástrofes. Las negativas y el vacío del archipiélago en ocasiones pretenden ser colmados con la mejor de las investigaciones y el acopio de los mejores archivos. Por ejemplo, en el interesantísimo apéndice de 1962 al impostergable *The Black Jacobins* (1938), James lee el acontecimiento cubano de 1959 como *la resurrección* del evento revolucionario haitiano. Allí James, además, le atribuye a los escritores antillanos la capacidad de *descubrir* la identidad nacional del archipiélago. Como si toda resurrección fuera obligadamente la cancelación de lo mortal, de lo que tendrá final y el comienzo de un tiempo eterno para las utopías por venir que develarán siempre los descubridores. James apenas vislumbra otras figuraciones para el pueblo caribe que no pasen por la cedazo de la guerra o la espiritualización de la historia[22]. En ese mismo «Apéndice», los elogios dedicados a lo que James denomina un «claro y fuerte movimiento» en búsqueda de la identidad caribeña (cristalizado para James en la figura

---

[21] Sibylle Fischer ha pensado el carácter moderno de la Revolución haitiana y su inédita concepción política de lo racial. Fischer, además, lee las lógicas de desautorización y silenciamiento que han operado sobre la significación histórica de la Revolución haitiana y cómo estas lógicas son medulares en la definición occidental de lo moderno y su noción de poder político (véase Fischer 2004).

[22] Para la lectura del «levantamiento del cuerpo» que firma la resurrección cristiana como condición de la imagen, véase Nancy 2006.

de Fidel Castro y la revolución que ya regentaba) comparten el espacio con una apretada conceptualización de los deberes de la literatura en las Antillas. La literatura operaría, según James, como un espacio de visiones, de entregas imaginarias, lógicas, éticas y políticas que adelantarían la causa antillana: la *négritude*, la presencia constitutiva de África en las Antillas y, sobre todo, el trabajo de los escritores como descubridores de la identidad de sus pueblos. El uso de textos de Aimé Césaire, Vic Reid, V. S. Naipaul, George Lamming y Wilson Harris a manos de James reitera esta labor descubridora que firmaría la impronta literaria de los autores en las *West Indies*[23]. En lo que respecta a esta imagen de Cuba como un Haití resucitado (ya que no es exactamente un zombie lo que figura allí el autor), el apéndice de James se une a una larga lista de textos que pensaron o se solidarizaron con la Revolución cubana desde un poderoso discurso espiritualizante, sacrificial, que sedimentó tanto un discurso sobre el espacio y la luz revolucionaria como una cultura antidemocrática, tanto en la isla como entre diversas organizaciones de izquierda en América Latina[24]. Cultura política que, entre otras calamidades, se niega a reflexionar sobre la supervivencia del racismo, la opresión y la tiranía en Cuba[25]. Es sobresaliente que, a pesar de esta

---

[23] «The West Indian national identity is more easily to be glimpsed in the published writings of West Indian authors» (James 1989: 413). «The West Indian writers have discovered the West Indies and West Indians, a people of the middle of our disturbed century, concerned with the discovery of themselves, but without hatred or malice against the foreigner, even the bitter imperialist past. To be welcomed into the comity of nations a new nation must bring something new» (James 1989: 417).

[24] Esta creencia antipolítica fue registrada por algunos *testigos* a través de un incesante discurso espacial que confirmaba el descenso y la superioridad de un Sol Histórico que reeditaba en Cuba un aparato óptico. La implementación institucional de esta visualidad permitía corroborar la autenticidad política de «las verdades latinoamericanas» implicadas en la lucha por el futuro y exhibidas en la tarima histórica de la Revolución. Desde ella «seríamos» capaces de identificar moralmente no sólo «quiénes éramos», sino cuál es «nuestra familia» y claro está, quiénes eran «nuestros amigos» y «nuestros enemigos». La quemadura y la iluminación que *revelaba* esta experiencia revolucionaria marcó innumerables voluntades públicas del intelectual o del escritor de paso por Cuba. Véase Quintero Herencia 2002.

[25] Para una discusión sobre cómo la oficialidad revolucionaria cubana prolonga la muy moderna historia oficial de silencios y ninguneos ante el tópico racial y racista

reapropiación del motivo del «descubrimiento» por los colonizados, este mismo «Apéndice» merodee la potencialidad archipelágica que pensamos en estas páginas. Me refiero a esa serie (negativa) de fragmentos desordenados, dada a los saltos, las derivas, sobre todo a las catástrofes que anota James al final de la cita.

Interesa ser consecuente con la impronta polémica que delata a la política y no privilegiar éticas marciales, no idealizar ni tampoco desestimar las grandes alzadas revolucionarias o los épicos afanes tras el vellocino de la identidad. No me interesa tampoco hacer de las identidades, cualquiera de ellas, escenarios aurorales donde alguna comunidad caribeña expondría mejor las imágenes y la lengua de sus políticas. La exposición archipelágica es lo que registra por vez primera el trabajo inconsciente de las aguas sobre los pueblos del Caribe. Se trata de un descubrimiento ya bien ominoso como inmediato. En los versos de Virgilio Piñera, en su poema bitácora «La isla en peso», por ejemplo, se asedia críticamente una obviedad identitaria que ha tornado invisible su trabajo político; el agua marina en la isla de Piñera no es solamente límite, circunferencia carcelaria, frontera, sino sobre todo un efecto circunstancial ubicuo. La maldita circunstancia del agua no se queda en las orillas, sino que se extiende *por todas partes*: «La maldita circunstancia del agua por todas partes» (Piñera 2000: 37), cuestionando las formas de la mismidad y gloria que recubren el salón de genuflexiones de la casa cultural cubana.

Totalizar (masculinizar) algún evento o lógica «auténtica» no es el asunto que acicatea *La hoja de mar*. Más que el perfil de cualidades de algún autor, la literatura o las estéticas afectadas por este archipiélago *harían* política cuando faciliten, entre sus imágenes, el estímulo de un *sensorium*, de una perceptiva donde un cuerpo[26], en el presente de su

---

en Cuba, véase Fuente 2001.

[26] Y este cuerpo plagia la situación elemental que manifiesta todo archipiélago: «El cuerpo es fluido y gaseoso tanto como sólido. Es gaseoso en el intercambio rítmico de la respiración, de las aletas de la nariz a los bronquios hay un incesante intercambio de lo impalpable con lo impalpable –el aliento, la infra-ligera [*inframince*] suspensión en el más volátil estado de la sustancia (la naturaleza, la cosa, lo real)–. En el seno de este intercambio, el cuerpo es fluido, fluye de venas a arterias, circula por todas partes,

lectura, materializa otro modo para el aparecer histórico de esas señales que lo singularizan en medio de violencias, daños o desastres de todo tipo. La constitución de esta experiencia sensorial es inseparable de una constelación de imágenes negativas, ahogos, desalojos, desencuentros, saturaciones o vaciamientos. La política archipelágica que me apasiona sería, entonces, aquella que desentona entre lo ya *identificado* y *quizás* como efecto de esta exposición se vuelve contra sus propias convicciones. Este archipiélago, menos que descubrir, desnuda alguna incomodidad; es la textura de una revuelta sensorial en desacuerdo con lo que ha sido convenido como realidad y como experiencia que singulariza al Caribe. La naturaleza de su desacuerdo no surge, por lo tanto, del simple careo de aquellas posiciones o relatos enemigos, enfrascados en alguna guerra de superioridades que terminara cancelando la productividad del conflicto. Las formas que figuran el desacuerdo en la literatura del archipiélago (en verdad en toda literatura) se movilizan allí donde lo que se discute no es el inventario de las diversas opiniones, sino las condiciones que permitirían habilitar una experiencia sensorial que, entre las aguas del archipiélago, deje aparecer una brecha ética y política para su *demos*. La política de su literatura, por ejemplo, insiste allí donde la comunicación nunca impone su fantasía de transparencia, fuerza o claridad. La política literaria se activa donde algo sucede más acá o allá de lo que *en realidad* se entiende. Un ejemplo: un desacuerdo puede ser trabajado desde técnicas que enfaticen cómo ciertos objetos e imágenes *entregan y no entregan sus sentidos*. Más aún, entre las imágenes que pronuncian aquellos que disienten el uno de la otra, la misma disensión dispone balsas de entendimiento e islotes de no-entendimiento. Esta política, para de algún modo glosar de nuevo a Rancière, insistirá en el reto estético que la palabra y la técnica de(l) (lo) otro interpone como objeto de

---

impregna y empapa las carnes, los tejidos. [...] El cuerpo es un campo de distribución y una red de fuentes, una arroyada, un abrevadero, una marisma, una bomba, una maquinaria de turbinas y de compuertas cuyo trabajo mantiene la vida por completo en la humedad, es decir, en el pasaje, la permeabilidad, el desplazamiento, la flotación, la natación y el baño. No es solamente en el mismo río donde Heráclito no se baña dos veces, es en el mismo cuerpo. El cuerpo no es jamás el propio cuerpo sin estar ya anegado de extrañeza, chorreando por nuevas mojaduras» (Nancy 2014: 52-53).

desacuerdo. La política de la estética no es el contenido del desacuerdo o la capacidad para dilucidarlo como horizonte. El sumergimiento en el abismo acuático o la posibilidad de enlazar entre los escombros los cuerpos del horizonte archipelágico son la potencia dialógica, la interlocución y el devenir espacio del desacuerdo entre las islas. Esa palabra trabada ( ), esa figura interpuesta, tal vez sumergida o en flotación, entre perspectivas es la escritura múltiple del desacuerdo mismo que habilita la política literaria. Una lectura que asedia estos panoramas apenas avistados se detiene allí donde un personaje, un sujeto entiende y no entiende lo que le dice ese otro, aquel cuerpo o este paisaje. Esta situación no debe confundirse con las lógicas del hermetismo, teorías de la recepción o las complejidades propias de algunos sistemas de pensamiento, aunque en más de una ocasión los implique. Más aún, algunas escenas abiertas a este experimentar el acontecimiento político pueden ser producto de escrituras literarias que trabajan el lenguaje desde un pacto realista y concilian con eficacia lo que se ha dicho con los modos de decirlo. Aun allí es posible hallar, en ocasiones, algo que no acaba de percibirse a cabalidad: *ese objeto* que estando siempre *allí* se nos presenta otro. Un horizonte en archipiélago es una página abocada a volver sensible ese objeto que se resiste a ser percibido, a hacer resonar, a saborear *eso otro* aún dentro del argumento propio y hasta con el lenguaje de los entendidos y el sentido común con el que se pugna. La política como emergencia de las voces en desacuerdo afecta una configuración de lo sensible siempre específica cuando obstaculiza la normalidad de los consensos del momento. El desacuerdo en algún paraje literario, caribeño o de otro tipo, no tiene que ser el simple choque entre dos enunciados, entre dos voluntades de enunciación. Dicho acto literario inaugura otra temporalidad una vez agilice la percepción de esa «parte nueva», inexistente, insensible, insensata hasta el momento de su aparición entre lo que ha sido expresado. La literatura, digamos, su política, podrían leerse en condición archipelágica cuando el cuerpo de sus imágenes y el trabajo que sobre las lenguas ocasiona deja escapar secreciones, señas que excitan otros modos para la disposición de los sentidos. La política de esta literatura insistirá en *darle* cuerpo a algún secreto, a sensibilizar *lo secretado* por alguna parte inaudible hasta entonces. Esta secreción –cosa de huecos, cavidades, poros– dejará de ser exactamente algo para devenir saber literario, pensamiento sobre el sentir, a partir del instante en que emerja como posibilidad para otra vida, otro sentido, otro recorrido u otra acción. En fin, otro modo de vivir explayado, otro modo de pasar, fondeado como la brisa en sus dilataciones y en su continuo final.

I.B.

Por un efecto archipiélago: ( )-(a)

La falta del archipiélago: la emoción de las arenas

> De ahí las microresistencias que hay que generar, construir paso a paso: estamos en la era de los archipiélagos del poder; de ahora en adelante se precisan potencias de resistencias archipiélagos...
>
> Michel Onfray (2008: 153)

¿Cómo escribir un ensayo que mantenga a raya las demandas de «transparencia» que, a dos manos, firman parcelas de la academia norteamericana y las del mercado internacional del libro? Quizás las respuestas posibles sean tema para otra conversación, pero por el momento al menos anótese que los discursos críticos en la academia norteamericana padecen el maltrato de exigencias, tanto didácticas como editoriales, que garantizan la homogeneidad del perímetro discursivo de ciertas disciplinas. Allí, esta maquinaria disciplinaria hace migas con la insidiosa y nada desdeñable cultura anti-intelectual de los Estados Unidos. No dudo que esta situación posea avatares en América Latina. Sin embargo, se trata de uno de los tantos «recordatorios» que recibo de mi inmediatez laboral al momento de conversar mi escritura. En este sentido, resulta preocupante cómo el *establishment* académico rara vez medita sobre la aparatosa franja de calidades que se abre entre los textos que cita, ya sea como fuentes o autoridades teóricas, ya sea en sus *papers* o en el libro que le asegurará el *tenure*, la «permanencia», a ese eterno (o eterna) aspirante a segundón(a).

En los casos cuando esta reflexión prospera, la conversación ocurre luego de que los «participantes» han rebasado los obstáculos institucionales que les evitaban ocupar «con seguridad» una cátedra. En lo que respecta al efecto archipiélago que estas páginas lee, los modos de lidiar con el perímetro disciplinario los decidió una poética del ensayo que favorece el contagio, el desborde y la porificación de dicho perímetro. Ahora bien, en conversaciones con amigos, colegas, estudiantes o interlocutores íntimos que preguntaban por la condición de este libro, utilicé el verbo «coser/cocer» (mis manos especificaban muy mal lo que tampoco mi español oral puertorriqueño precisaba) para referirme a la tarea final de convertir estos ensayos en un volumen. En efecto, en la antes mencionada dificultad para terminar este libro vibraba con persistencia más de una certeza secretando su ola expansiva: el libro se marinaba. Allí en mi cabeza seguía, como olla vacía sobre la estufa, la voz con su *algo falta* o *¿cuál es tu prisa?* Creo ahora que ese *cocer* o *coser*, enhebrar o guisar estas letras, maniobraban como metáforas que representaban mi situación ante mi interlocutor(a) y suplían, sin mucha efectividad, tanto esa falta como mi deseo de finalizar este libro. Para que el lector lograra pasar de un ensayo al otro sin mayores tropiezos *algo* —me decía— debía atravesar los ensayos sin convertirse en un pie forzado, o una mera y repetida secuencia lineal de causalidades. *Algo* debía vincular los ensayos.

Faltaba esto: ( )-(a). Esta ecuación, en nuestro caso más ficticia y pictórica, incluso química que matemática, proyecta un *cuerpo*[1] para las relaciones imaginarias que inscriben la estética del archipiélago. Faltaba un cuerpo abierto y situado entre las letras del archipiélago, en relación con sus sustracciones o fallas: ( )-. La ecuación figura un cuerpo abierto y colocado ( ), la abertura misma que innumerables textos trabajan o construyen al momento de apalabrar dicha experiencia. Colocar en dicha ecuación, entre los paréntesis ( ) alguna palabra, título o imagen (i.e. «Río Grande de Loíza», «La isla en peso») no implica colmar la falta que

---

[1] «¿Por qué, pues, un cuerpo? Porque sólo un cuerpo puede ser abatido o levantado, porque sólo un cuerpo puede tocar o no tocar. Un espíritu no puede hacer nada de eso. Un «puro espíritu» ofrece solamente el indicador formal y vacío de una presencia enteramente cerrada sobre sí. Un cuerpo abre esta presencia, la presenta, la pone fuera de sí, la aleja de sí misma y por ese hecho la lleva con otros...» (Nancy 2006: 76-77).

agiliza el archipiélago, sino dejar un trazo, la grafía para una alteración perceptiva en el lector o la lectora. Con la ecuación se desea acicatear la multiplicidad que, de algún modo, organiza el itinerario que conforma algún pensamiento preocupado por este proceder archipelágico. También en la ecuación, entre los paréntesis ( ), caben palabras, imágenes, colores, texturas. La ecuación es un dispositivo de enlaces, parecido a las largas cuerdas que utilizan los buzos en las oscuras cavernas submarinas, las serpentinas que deja por un instante el recorrido de un cucharón en el caldo espeso de un guiso, o el atisbo de olores que percibe el animal al orientarse en un territorio. Inútil y efectivo, transitorio y dado a las repeticiones, la ecuación imaginaria dispone, por un rato quizás, que los lectores experimenten la grafía del recorrido sensorial que desata en múltiples niveles el archipiélago. Algo parecido, por qué no, a la mano del insomne que extendida hacia la oscuridad ya sabe que no hay asidero posible para su deseo de descanso. Concurrente con esa mano abandonada a su extensión nocturna se desata, a toda fuga, la pérdida de lugar, la marejada, el sumergimiento definitivo. Lo que faltaba ( ) podía materializarse desde esa «inmensa piel de la noche» que le dejaban al poeta los «innumerables sentidos», «marea sobre otra marea, y así incesantemente», con los cuales Lezama Lima figuraba la noche en su ensayo de 1968, «Confluencias» (Lezama Lima 1977: 1208, 1209).

¿Por qué no figurar esa falta vinculante ( )- desde las forzadas y ubicuas secreciones marinas cuyo padecimiento moviliza la imposible bitácora de resistencia «La isla en peso» de Virgilio Piñera? ¿Qué tal las panorámicas para el saboreo que cual caldo ofrece en sus «paisajes digestivos» Luis Palés Matos, o el mar sin dimensiones de Manuel Rueda en *Las metamorfosis de Makandal* (1998), o las preguntas sobre el paradero de su cuerpo dedicadas por Julia de Burgos a su «Río Grande de Loíza»? En fin, un comienzo de insinuaciones acuáticas, luego marítimas, podría anunciar la procesión-archipiélago de estos ensayos. Una suerte de relieve, una hoja de mar[2] abierta entre las islas (a), un trajinar de movimientos

---

[2] «Decíamos que nuestro cuerpo es un ser de dos hojas: por un lado, cosa entre las cosas y, por otro, el que las ve y las toca. Decíamos, porque es evidente, que reúne en sí estas dos propiedades, y que su doble pertenencia al orden del «sujeto» y al

pero igual una malla sumergida que facilitara la ilación de estos ensayos y dejara sentir un archipiélago sin atributos.

Se trata, con el tantear metafórico ante lo que falta ( ) y ante lo que falla, de reconfigurar el problema político de la falta subjetiva caribeña. Este *tanteo* podría, además, re-escribir la significación de textos cardinales que se han pensado como idénticos a sus circunstancias caribeñas. La sensación de carencia que dificultaría alguna escritura ante *textos ante los que parece haberse dicho todo* podría ser muy productiva pues re-editaría las relaciones con el vacío, con esa laguna perceptiva del «no» que atormenta también algunas creencias o agita otros comienzos. Nunca tuve *conciencia* de la falta que detenía mi escritura, pues la falta nunca se me manifestó como una secuencia ausente de palabras. Siempre me sentí atrapado (entre paréntesis), perdido o divagando por la superficie. *Lo que le faltaba* al libro no era la conciencia de algún contenido no estudiado, ni la presentación de algún tema omitido, que una vez incluido completaría el estudio, sino el despliegue de una *imagen borrosa, velada* incluso por su obviedad ( ) que, de un modo paradójico, hiciera sensible la matriz teórica, la red de preguntas y las situaciones que le daban cuerpo a mis reflexiones. Ante la cualidad política de ciertos textos y performances *en* el Caribe, dicha matriz es un vacío ( ) que asumo como desafío y como zona para la experimentación. Lo que faltaba no era una consideración de alguna identidad o performance que necesitaba ser «salvada», reivindicada por mi escritura, mucho menos moralmente saludada en su futura e inequívoca liberación. Lo que falta, mucho menos lo suple este paréntesis personal. Lo que falta se inscribe en los trazos insalvables e infinitos del archipiélago. Lo que falta es lo que quedará por decirse. La falta es lo que insiste inclusive luego de que se ha creído decirlo todo ( )-(a).

El archipiélago que falta (a) *no se lo ve* del todo porque gusta de rehacerse en su inmediatez. El archipiélago que falta cambia de piel, no puede *re-conocerse* en las gramáticas que han desplegado los variados proyectos estatales, nacionales, raciales, regionales que agobian las islas o las tierras caribes. El archipiélago que falta *no se lo ve* del todo porque,

---

del «objeto» nos revela relaciones totalmente insospechadas entre ambos órdenes» (Merleau-Ponty 1966: 171).

además, su singularidad no es asunto de competencias exclusivamente visuales. El archipiélago que falta inaugura una experiencia radical de lo posible que no visita los lugares y modos de lo ya sabido. Saber algo de otro modo no puede ser identificar lo que, de alguna manera, *ya se conocía*. Un saber del archipiélago no es un conocimiento, mucho menos un *re-conocimiento*. Sólo las invariables fantasías de lo mismo, de lo conocido por idéntico pueden *volverse a conocer*; en todo rigor, es este el significado del vocablo *re-conocerse*. El sosiego de la mismidad es lo que se re-conoce en la eternidad de su reflejo. Todo reconocimiento es muy acogedor para un saber que va de camino a dejar de serlo; allí es posible hasta acostumbrarse a vivir entre los destrozos y la chapuza. El vacío que sensibiliza esta falta contemporánea y el imaginario brumoso que pudiera relacionarse con alguna experiencia del archipiélago es tanto una condición estética ineludible como también la cámara de resonancias donde puede escucharse otra cosa, donde se puede vivir de otro modo la literatura y los efectos de sus imágenes. La falta archipelágica que traba una escritura es la manifestación de una circunstancia histórica que rubrica por igual sus objetos de lectura, las imágenes que paladea el sensorio crítico como también su escritura.

La disposición –siempre disputable– de algún texto producido como muestra de esta condición caribeña, sobre todo en las islas de habla española, me parece una respuesta que debe dar por recibido ese vacío, esa ( ) *abertura* perceptible cada vez que se pregunta (y se contesta) por la particularidad de lo caribeño. En otras palabras, la abertura sensorial, el colocarse y devenir la perspectiva del afuera distendido es un modo de percibir(se) alejado de las contundencias del territorio. Se trata de una perceptiva en estado de sustracción y en conversación franca con las aguas. Una subjetividad poética en condición archipelágica exhibe un deslizamiento y un enrarecimiento de los modos sensoriales que históricamente han escindido la relación entre las aguas y las tierras del Caribe. La poeta Áurea María Sotomayor en su *Diseño del ala* inscribe esa suerte de navegación especular, de sumergimiento y flotación, para quien desea contemplarse como un mirar desde el mar. En el espejo blando de la mar en su poema «Poseer (sustraer) disfrutar», la voz poética ensaya un itinerario de exteriores para mirar la isla:

> La única posibilidad de contemplarse
> radica en aferrarse a ese afuera
> a ese flotar o a esa estrategia
> de recorrer la tierra desde el mar.
> Mirar la isla desde el mar. (Sotomayor 2005: 13)[3]

Abertura y exposición en intemperie aparecen, tarde o temprano, como consecuencia interpretativa de las imágenes que generan, por ejemplo, los mapas o los satélites del Caribe. No sólo la mar *regresa* desde las afueras, sustraída su magnitud por la «normalidad» de las imágenes habituales, también los demás sentidos de esta exterioridad y de este cuerpo que desea, si no contemplarse, sentirse entre las aguas y la tierra ponen en entre dicho esta decantación de espacios.

Un cuerpo de agua carece de solidez sometido a ciertas temperaturas y sólo en la apariencia de la pantalla, congelado, o sobre la página adquiere cierta estabilidad, cierta fijeza, gracias a la promesas del plano y a su negativa a ser penetrado. Allí donde la mar es una inquieta lejanía y cuando el eco de la ola aún no se aproxima a la orilla, le toca al viento, a alguna corriente subterránea o a la luz, franquear el cuerpo acuático del archipiélago. El archipiélago en tanto devenir acuático del *sensorium* caribe ( )-(a) asomado a su litoral exhibe y oculta la presencia de su materialidad. El efecto archipiélago es una condición intermedia ( )-(a), intermitente entre el sujeto y alguna perspectiva sensible aun cuando se inscriban ambos, sujeto y perspectiva, en las ficciones sensibles que reducen la complejidad de su aparecer. En otras palabras, esta efectividad en

---

[3] En su reseña al libro de Sotomayor, *Diseño del ala*, Rubén Ríos Ávila señala: «¿Qué significa mirar desde el mar? En una isla como Puerto Rico, tan tímidamente colocada de espaldas al mar, la invitación de este libro es toda una provocación. En "Aire" la poeta dice: "Yo le di la espalda al mar / y escapé como si fuese mi enemigo. / Pero de noche lo sentía llamándome". Mirar desde la isla implica para esta poética mirar desde el a-isla-miento, desde el provincialismo de los individualismos narcisistas y desde la fatua seguridad de ese yo imaginario que se erige para defenderse de sus recurrentes permutaciones simbólicas y de los despeñaderos por los que se abisman todos sus fantasmas. Mirar desde el mar implica mirar desde el otro lado de ese abismo y este libro proclama este acto como un gesto incandescente, atrevido y liberador» (Ríos Ávila 2008: 166).

el alto piélago del *sensorium* caribe, en la apertura de la hoja de mar, se juega en el carácter vinculante que pueda materializar los afectos que allí se generen. Lo que separa los afectos de los efectos tiene la consistencia misma del agua, la casi nada del paréntesis lúbrico.

( )

Esta separación no es geográfica sino oximorónica y por lo tanto se trata de una separación averiada, dis-funcional. En esa dilatación perceptiva que las orillas inician ante las lógicas globales y las temporalidades dominantes, el archipiélago se juega su efectividad al vincular aperturas y negar autenticidades. El archipiélago registra las separaciones en el acto mismo de desglosar los comienzos y las relaciones posibles. El archipiélago se bate, bate, en los vaivenes marítimos entre la sensación de distancia que late entre las mareas y las elevaciones de las cordilleras. Un efecto archipiélago nos arroja a los modos de sentir y decir una experiencia compleja. Como eventualidad para lo complejo, en archipiélago emergen líneas de fuga y aquellas posibilidades de subjetivación que interrumpen el tiempo de la culturas del poder entre las islas.

Inclusive la saturación archipelágica trabaja en esa inmóvil cascada de tierra horadada por la mar, «la poderosa curva», al decir de Edward Kamau Brathwaite[4], que extiende una sarta informe de islas sobre un mar abierto. También Juan Bosch ha narrado su imagen archipiélago como la inscripción de una empresa geológica inconclusa, inacabada:

> Entre la península de la Florida y las bocas del Orinoco hay una cadena de islas que *parecen formar las bases de un puente gigantesco que no llegó a ser construido*. Esas islas son a la vez las fronteras septentrionales y orientales

---

[4] «The Caribbean is a set of islands stretching out from Florida in a mighty curve. You must know of the Caribbean at least from television, at least now with hurricane David (-) coming right into it. The islands stretch out on an arc of some two thousand miles from Florida through the Atlantic to the South American coast, and they were originally inhabited by Amerindian people, Taíno, Siboney, Caribe, Arawak. In 1492, Columbus «discovered» (as it is said) the Caribbean, and with that discovery came the intrusion of European culture and peoples and a fragmentation of the original Amerindian culture» (Brathwaite 1993: 259).

del mar del Caribe y del golfo de Méjico, y los nudos terrestres que enlazan por la orilla del Atlántico las dos grandes porciones en que se divide el Nuevo Mundo.

Al llegar a la isla Hispaniola, la cadena se bifurca; el extremo superior se dirige, desde la costa norte a la isla mencionada, a la costa este de la península de Florida, mientras el extremo inferior formado por Cuba se dirige hacia el cabo Catoche, en la península de Yucatán.

El extremo superior es el archipiélago de las Bahamas, formado por unas veinte islas pequeñas y más de dos mil islotes, cayos y arrecifes. En los años del Descubrimiento y la Conquista ese conglomerado se llamaba las Lucayas, y fue en una de sus islas donde tocó Cristóbal Colón el 12 de octubre de 1492. Por ahí, pues, comenzó la gran epopeya del Descubrimiento. (Bosch 1985: s/n; énfasis mío)

Por ahí, por esa curva, por ese arco roto, por esa cadena bifurcada o en ese puente inconcluso y poroso insiste un imaginario caribeño *en alejarse* de las líneas rectas. Lo que la corteza terrestre ofrece entre las aguas como contundencia de un aparecer del Caribe en el globo, un gran número de lectores insiste en interpretarlo como una *tierra en movimiento*. Un oxímoron recibe al ojo (un oxímoron produce la lengua del ojo) en estos mapas literarios: tierra en movimiento, algo comienza a percibirse (*allí en el plano*) pero, por igual, se detiene cuando comienza a dirigirse en otra dirección. El mapa vuelve plano este aplazamiento perceptivo de la solidez. Este imaginario «descriptivo», sin embargo, asume que lo continuo es una imagen de lo completo, o que el archipiélago Caribe estando *allí* (bifurcado, a medio hacer, curvo, roto) siempre parece moverse en otra dirección. Ahora bien ¿cómo manifiesta su poder una curva, un poder curvo o una estructura incompleta? ¿Qué poder, si alguno, tendría esta imagen? ¿Qué ha imantado y generado históricamente lidiar con este cuerpo en ondulación y avería? Se trata de la tensión que descarga todo desvío, del efecto inquietante que disparan los precipicios o las cesuras. Sin embargo, la curva del archipiélago no desea resolverse como depósito o como el arco que reúne las tensiones arquitectónicas de muros o pilares: nada se sostiene sobre este arco agujereado. Como el arco, sin embargo, la curva archipelágica franquea espacios. Más o menos que una sucesión, más y menos que una continuidad, lo que distingue, por ejemplo, la curva del Caribe en el archivo cartográfico del planeta es esa forma contrariada de una sinuosidad que fluctúa entre lo acuático y lo telúrico; la insistencia aparente de las islas por apartarse de la línea recta debida al trabajo las capas tectónicas. La reticencia telúrica de esas cimas de montañas sumergidas ante los ángulos rectos como anuncio de otra forma y de una rotura irreparable. Como si la solidez de la tierra expuesta en sus irrupciones geológicas intercambiara cualidades con la impresión de las corrientes. Las aberturas entre las islas se distinguen en el mapa como extensiones desocupadas, como magnitudes vacías entre las islas y la tierra, entre una isla y la otra. Las aberturas parecen decirle al ojo: *para ir de aquí a allá, tienes que pasar por esa zona azul.*

Ante la simpleza perceptiva que presuponen ciertos mapas, la imagen del archipiélago convocaría, tal vez, a un *sensorium* diestro en el pálpito de los comienzos o en las realidades de un contorno sensorial que no se registra en el plano. El archipiélago trabajaría una sensorialidad dada a las dilataciones, pues su ficción vinculante no ejercita sus imágenes solamente en las extensiones inacabadas, las islas, que el ojo capta ante el mapa. Ya a finales de década de los años treinta del pasado siglo, Fernando Ortiz figuraba las tensiones geopolíticas entre Cuba y los Estados Unidos como un saber-estar entre corrientes y flotaciones:

> Pese a todo, de ese poderosísimo Niágara de fuerzas que es la civilización norteamericana nos llegan corrientes que nos arrastran pero que nos elevan a la espuma, corrientes que nos llevan lejos, en zozobras, pero sin hundirnos. ¿Será verdad que Cuba es una isla de corcho? ¿Acaso lo que en nosotros perdura de los antepasados desnudos nos capacita para sortear los oleajes, saltos, remolinos, escollos, recodos, rápidos y fangales de nuestra historia? El porvenir estará en aprovechar la corriente pero sin sumergirse en ella. (Ortiz 1996: 31)

Para Ortiz el legado de los antepasados es una especulación náutica ante el mar de la historia, además de una pregunta sobre una condición geográfica inverosímil: la isla de corcho. La abertura archipelágica ( ) vincula el cuerpo con lo perceptible como extensión y saber acuático; hace de lo sensorial una zona donde incluso la mancha se sabe folículo y distensión.

En el archipiélago, la isla puede ser otro punto de mira de más para un sujeto que se mira a sí mismo, el cielo una glándula, una máquina o inclusive, la mar circunstancia para entender el naufragio no como fracaso, sino como arribo:

> [...] Cada isla nos seduce, nos obliga a naufragar,
> a llegar, llegar, llegar, a inventar un verbo nuevo. (Ramos Otero 1994: 15)

En la abertura se disponen materiales que el archipiélago *verbaliza* a través de sus intérpretes. No se trata de lexicalizar la naturaleza caribe sino de metamorfosear las aguas, pasarlas por la cesura de la voz, o en sentido contrario, ver que *dice* la naturaleza, que se le escucha sabiendo que es nuestra lengua la que fantasea con esa palabra, y entonces ensayar por igual arribos como salidas desde ella. De este modo, la abertura archipelágica vincula cual intersticio, la abertura es más de un dos ( ), una pluralidad, un multiverso sensorial: abismo para lo representable y lo irrepresentable donde persiste un lenguaje. Cual intersticio se abisma en ella lo que no puede contarse, distinguirse con exactitud. La abertura despeja, relaciona y moviliza; hendidura especular donde un cuerpo podría simultáneamente percibir y lanzarse fuera de lo ya re-conocido, donde un *sensorium* afirma su estar y niega el contenido definitivo de sus percepciones. Este sensorio como perspectiva liminal orientada hacia la materialidad inmediata cambia de registro los sentidos del *aislamiento* que ha cristalizado una imagen de la isla. La introducción del paréntesis que separa la isla de su mentira yoica: el *a-(isla)-miento*, o si se quiere la falla que abriría el paréntesis para la isla, opera una doble negación iniciada con el prefijo a-.

En *a-(isla)-miento* los discursos en torno a la identidad del Caribe se sienten privados de sus lugares comunes, sobre todo al momento de definir la insularidad. El sensorio afectado por el archipiélago trabaja otro lenguaje al momento de asediar la mentira simbólica que ha hecho de la isla el índice perfecto de lo incomunicado o la forma ideal donde contemplar el aislamiento como un concepto inequívoco. *A(isla)-miento*: la mentira que arrastra cualquier metafísica yoica que monumentalice lo que diría sobre *nosotros* el litoral. *A(isla)-miento* horadado ahora por esto, por lo que faltaba ( )-⁵. La hendidura es la forma misma donde el sensorio materializa la sensación archipelágica. La hendidura es, además y a pesar de sí misma, límite. Nuestro sensorio se extiende en las extremidades, está diseñado hacia el afuera, orienta su potencialidad hacia lo que está más allá de él. El sensorio humano es una disponibilidad hacia lo exterior. Más que un saber, lo sensorial es una disposición significante del cuerpo y sus sentidos hacia aquello que lo rebasa y se abre ante sí. La incorporación de lo sentido será siempre luego asunto de interpretaciones, de absorciones, degluciones, de saboreos, de repasos. Ya sea como *con-fusión* del final de la tierra y el comienzo inabarcable del mar (la ola es un paréntesis giratorio de agua), o como con-*fusión* del sensorio y el objeto de sus *sentidos*, la falla archipelágica abalanza las sensaciones en un transitar negativo. El ojo es una hendidura saturada, lubricada entre los párpados. La lengua habita la hendidura de la boca y allí dispone de la saliva o el aire pronunciable de las palabras. En condición de archipiélago las hendiduras agitan las porosidades, la hendidura-remolino, la hendidura-resaca, la hendidura-natura, la hendidura-coral, la hendidura-esponja, la hendidura-sexo, la hendidura-sedimento, la hendidura-arena están hechas para mediar, para estar *entre* los cuerpos y las imágenes de (lo) sentido. Me apabulla la literalidad de esta figuración por esa cercanía inseparable de su imprecisión. A veces no parece conformarse con ser sencillamente una metáfora, ni es meramente un acopio o una ganancia subjetiva.

La hendidura es (cómo no) un modo de relacionarse con la oscuridad y la dilapidación que precipitan las poéticas ocupadas en reflexionar sobre la contemporaneidad cultural del archipiélago⁶. El carácter vacado, desha-

---

⁵ «Se suele hablar de insularidad como de un modo de aislamiento, como una neurosis de espacio. Sin embargo, en el Caribe cada isla es una abertura. La dialéctica Afuera-Adentro coincide con el asalto Tierra-Mar. La insularidad constituye una cárcel sólo para quienes están amarrados al continente europeo. El imaginario de las Antillas nos libera del ahogo» (Glissant 2005: 280). No siempre respiramos. El ahogo puede ser también un resultado, la consecuencia de un amarre subjetivo, de un imaginario ensimismado en su fetiche particularista, incluido el identitario.

⁶ En «¿Qué es lo contemporáneo?» Giorgio Agamben echa mano de la neurofisiología para especificar (ya que no es su deseo aclarar) el sentido de «oscuridad» que su pensamiento trabaja: «¿Qué sucede cuando nos encontramos en un ambiente sin luz o cuando cerramos los ojos? ¿Qué es la oscuridad que vemos en ese momento?

bitado de la abertura marina es sólo un efecto, una apariencia producida por el plano perceptivo que organiza el mapa pues esas latitudes están saturadas de vidas y sinuosidades de diversa índole. Pero, quién lo duda, el reto sensorial de algunos de sus parajes desérticos exhibe las apariciones de la nada y del abandono caribeños. Desierto y mar abierto comparten las certezas indiferentes de los abismos, la explanada y las grietas.

El vacío que intuimos en la falla archipelágica inaugura con su nada abierta al suceso perceptivo, con su aparente rotura desocupada, la posibilidad de sentir de otro modo lo que no se presenta como contundencia. Si se quiere, una estética archipelágica no aspira a llenar el vacío ( )- posibilitante de la hendidura, sino a encontrar(se) con la múltiple sensorialidad y los efectos que podrían activarse en ese mismo encuentro ( )-(a). La conmoción, el acoplamiento o el rechazo de esta materialidad puede ser uno de los (a)-(e)fectos de un espacio histórico firmado por los fragmentos, los derrumbes, la mortandad y los vaciamientos[7].

Un archipiélago actúa su imaginario cuando sus representaciones e interpretaciones exhiben las marcas operativas de una sociabilidad cultural corroída por las alternancias entre tiempos y lenguas, naturalezas

---

Los neurofisiólogos nos dicen que la ausencia de luz desinhibe una serie de células periféricas de la retina, llamadas, precisamente, *off-cells*, que entran en actividad y producen esa particular especie de visión que llamamos oscuridad. La oscuridad no es, por ello, un concepto privativo, la simple ausencia de luz, algo así como una no-visión, sino el resultado de la actividad de las *off-cells*, un producto de nuestra retina. Esto significa, si volvemos ahora a nuestra tesis sobre la oscuridad de la contemporaneidad, que percibir esa oscuridad no es una forma de inercia o de pasividad, sino implica una actividad y una habilidad particular que, en nuestro caso, equivalen a neutralizar las luces provenientes de la época para descubrir sus tinieblas, su especial oscuridad, que no es, sin embargo, separable de esas luces» (Agamben 2011: 21-22).

[7] «La cultura en general —toda cultura humana— abre la relación con la muerte, la relación abierta por la muerte sin la cual no habría relación, sino solamente una adherencia universal, una coherencia y una coalescencia, una coagulación de todo (una putrefacción siempre vivificante para nuevas germinaciones). Sin la muerte no habría más que contacto, contigüidad y contagio, propagación cancerosa de la vida que, por consiguiente, no sería ya la vida; o bien sería sólo la vida, no la *existencia*, no sería más que una vida que no sería al mismo tiempo la *anastasis*. La muerte abre la relación: es decir, el compartir la partida. Cada uno viene y parte sin fin, incesantemente» (Nancy 2006: 72).

y edificaciones, mortandades y las repeticiones del siempre bello jardín caribeño que insiste inclusive en los páramos o las defensas culturalistas. Abramos una instantánea reciente. El devastador terremoto que padeciera Haití el 12 de enero de 2010 puso en discusión la condición geográfica (y mediática) del Caribe en tanto zona atravesada al menos por dos fallas geológicas: la denominada falla Lago Enriquillo-Río Jardín de Plátano y la falla septentrional. En otras palabras, tras el terremoto cierta audiencia se asomaba, por primera vez, al complejo pormenor geográfico del Caribe como confín tectónico donde la placa de América del Norte se encuentra con la placa del Caribe[8]. Placas que además se mueven milimétricamente a través de milenios o millones de años. La falla, en su sentido geológico, inscribe su potencialidad archipelágica, pues toda falla es una fractura plana o curva que hiende la corteza terrestre. En esta fisura ( ), o más bien a partir de sus tensiones, se generan las fuerzas que causan los desplazamientos de terrenos, los terremotos y los maremotos. Estas fallas poseen todos los tamaños y dimensiones imaginables, y algunas son la colección misma de varias fallas o están atravesadas por otras fallas. De

---

[8] «The mountain range along the coast of Venezuela is a remnant of a phase when the Caribbean Sea was subducted southward beneath Venezuela and where rocks were folded along east-west axes. Right-lateral strike-slip faulting and rather slow mountain building occur there today, as much by slight vertical displacement on predominantly strike-slip faults as by slow obliquely oriented folding and thrust faulting and associated crustal shortening.

At the eastern end of the Caribbean Sea, the Lesser Antilles–volcanic islands that form a typical island arc –mark a zone where a part of the floor of the North Atlantic Ocean underthrusts that of the Caribbean Sea–namely, the Caribbean Plate. This plate has moved east relative to both North and South America at a rate of 10 to 20 millimetres per year for tens of millions of years. This displacement and the consequent overthrusting of the seafloor to the east are responsible for the volcanic arc that constitutes the Lesser Antilles as well as for the strike-slip displacement occurring in Venezuela.

Most of the major islands that define the northern margin of the Caribbean–Puerto Rico, Hispaniola, Cuba, and Jamaica–are mountainous, and these mountainous terrains, like that in northern Venezuela, are remnants of the period of convergence between North and South America and also of complicated deformation along the ancient margins of the Caribbean Plate. At present, crustal shortening occurs at only a very slow rate, if at all, on these islands» (Britannica 2010).

la fractura, por lo tanto, que recibe la corteza del globo, se puede decir, que su devenir geológico es impensable sin ese desplazamiento de energías que le dan su forma rota, su oscuridad hendida. El archipiélago aparece allí donde la tierra abre un intersticio, se *raja* y, en ocasiones la mar se hunde ( ) en sus quiebres.

Reducir el archipiélago a una condición del pensamiento insularista es con exactitud, eso mismo, una simplificación. La raja es lo que también *pone a disposición* el archipiélago. Todavía más, la raja misma es la abertura por donde se desfondan todos los discursos que proclamen plenitudes, superioridades o autenticidades inequívocas para el Caribe[9]. Más aún el manto de la tierra, sólido, fluido, viscoso o dúctil es una serie de capas que separan la corteza terrestre del núcleo del planeta. Las placas continentales son islas que flotan sobre este manto. Pero la isla no devendrá totalidad pues ninguna isla es un absoluto privado de relaciones con el mar. Sólo la exposición que inaugura el litoral ante las aguas concede la lejanía, la verdad del archipiélago como posibilidad de una relación con lo marino. La tierra puede ser un enorme archipiélago que ha borrado del territorio de lo aparente los límites entre lo líquido y lo sólido, lo acuático y lo terrenal. Pero como condición de la imagen( ) archipiélago, la tierra o la mar serán percibidas desde la falla, desde alguna abertura que ofrezca la lejanía o profundidad marina.

Por lo tanto, no habría que subestimar la claridad ilusoria de ese punto que en los mapas inscribe el epicentro de un terremoto como imagen para la intensidad del *desastre*. En verdad todo mapa que intenta figurar la localización de un terremoto, como la fuerza de su devastación, está condenado a mal-escribirlo en el momento en que lo señala con ese punto que parece decir: *aquí fue la cosa*. La imagen cartográfica

---

[9] La «raja» en puertorriqueño *se tiene* o *se nota*. La «raja» es, como la mítica «mancha de plátano», una marca imprecisa, inscripción corporal o hendidura perceptible que revelaría la particularidad racial o cultural de la isla. Rubén Ríos Ávila anota la productividad significante del vocablo «raja» en los discursos raciales caribeños: «En su búsqueda de etimologías para el vocablo raza, Fernando Ortiz encuentra tres particularmente seductoras: *la raza es rayo, raya, raíz*. El que tiene raza tiene raja, como se dice en Puerto Rico, es decir, un hueco, una rajadura por donde sale el rayo de la raya de la raza» (Ríos Avila 2002: 159).

para la onda o para el lugar del terremoto está preocupada por figurar el alcance del sismo, su localización exacta. En ese punto coloca el número que representaría mejor el radio de sus efectos. Esos números comparten muy bien el espacio mediático que también contabiliza muertos, donaciones, brigadas internacionales, grupos de apoyo, envíos ultramarinos y, claro está, «poblaciones afectadas». Esta cartografía no desea representar, ni ha sido diseñada para registrar la intensidad desequilibrante del temblor. Por lo tanto, quien observa el mapa, para «observarlo bien» no debe ni puede temblar. Ante un mapa el sensorio debe *enfocarse* y concertar visualmente la experiencia del sentido. A través de esa serie de ondas, la imagen cartográfica, diseñada como circunferencia energética, representa el contorno de la fuerza del terremoto mientras ensombrece, a duras penas, con otro color, el territorio afectado por el sismo.

Ahora bien, la inexactitud es la firma de cualquier sacudimiento, y confundir este último con los modos de calibrarlo es un error de orden o la descarga inconsciente de algún afán aduanero. Son la cultura, el lenguaje, los Estados los que crean las fronteras, las líneas sobre el cuerpo del planeta y sus temibles ficciones aduanales. Ese punto o circunferencia en el mapa es la utopía de una percepción transparente que no soportará jamás las ambigüedades ni el desquicie. Cuando la tierra tiembla, la solidez, sus derrumbamientos se aproximan peligrosamente a la fluidez de las aguas. En el Caribe, en demasiadas ocasiones, derrumbamiento, temblor e inundación son efectos del huracán o del maremoto.

Así, en vez de comenzar por la declaración previsible, ¿por qué no comenzar con la imagen brumosa, por la imagen turbia? ¿Por qué no apostar por un imaginario inexacto para lo caribe o para el cuerpo que dice sentirlo en su intensidad? Que lo borroso sea barrunto, que la bruma sea atisbo de un potencial comienzo sensible, y cuando devenga borrón o tachadura, por ejemplo, que esta «inconveniencia» no sea leída desde la nostalgia por un signo pleno a recomponer. Que lo brumoso sea apenas el trazo de una emanación, de algún disturbio donde se movilizaría un cuerpo, una querencia caribe tal vez convocada por la rotura impostergable que escriben las historias (incluidas las físicas) del archipiélago[10]. Ante la *abertura* por qué no imaginar *aperturas*, otras entradas, ensayar otros comienzos para la conversación. ¿Quién dijo que no se puede construir con el agua –pregunta ese pez que hace su nido con saliva? No hablo de muelles, puentes, puertos, casas flotantes. Por qué no la medusa. El *agua viva*, la medusa marina como matriz sensorial: más que un cerebro, un anillo nervioso, sombrilla tentacular que pulsa entre las aguas desplegando sus tentáculos urticantes. Cuerpos, organismos, ensambles que exponen la imprecisión de límites o fronteras entre los «adentros» y las «afueras». Pero también el archipiélago imanta aparatos e instrumentos: objetos llamados a desempeñarse en un medio acuático.

No sólo en los abismos el archipiélago dispone un pie forzado para alguna representación. Toda *abertura deviene apertura* cuando sumergidas ambas en el *piélago*, en la hoja del mar, se invierte la «b» de la palabra «a*b*ertura». Esa «b» remeda una nasa de pesca que ha perdido su redecilla. Inútil red averiada, ahueca las aguas insensata y rota e insiste en ir tras su presa. La inversión de la letra, por su parte, tornará la «a*b*ertura» en «a*p*ertura». Así el acto que abre un horizonte hace del agujero o la boca la figuración de lo que está por comenzar en su precipitación. Pausa y aceleración que insinúa la apertura ( ). En la «apertura» marítima ( ) la «p» es ahora la letra de un cuerpo y su visor (la máscara del buzo) se sumergen en lámina de mar, en el (piélago). El efecto archipiélago es un acto imaginario, una experiencia de la imagen, una zona de trabajos donde comienza otro laboreo novedoso para lo sensorial, para lo sensible entre las islas. El vacío que aquí nombramos no es un resultado o el negativo simple de algún vaciado, del desalojo de los contenidos. Se trata de una condición para el «orden» de los sentidos y también el

---

[10] «Break a vase, and the love that reassembles the fragments is stronger than that love which took its symmetry for granted when it was whole. The glue that fits the pieces is the sealing of its original shape. It is such a love that reassembles our African and Asiatic fragments, the cracked heirlooms whose restoration shows its white scars. This gathering of broken pieces is the care and pain of the Antilles, and if the pieces are disparate, ill-fitting, they contain more pain than their original sculpture, those icons and sacred vessels taken for granted in their ancestral places. Antillean art is this restoration of our shattered histories, our shards of vocabulary, our archipelago becoming a synonym for pieces broken off from the original continent» (Walcott 1998: 69).

contorno que potenciaría la percepción de algún lugar. El vacío es una potencialidad para el despliegue de alguna multiplicidad epistemológica; esta heterogeneidad no es su contenido[11]. Agujereada por la extensión acuática del archipiélago, (allí) materializa su imagen en tanto hendidura de experiencias que vincula a las islas como avería que insiste en llegar a su objetivo. La disolución se da cuerpo a sí misma al preparar las aguas para la emergencia del avistamiento isleño o terrenal. Cuerpo y archipiélago registran una serie de impostergables avatares del vacío una vez se instalan sobre el Caribe. Esto puede ocurrir (y ocurre) en incontables lugares, quién lo duda; no es una excepcionalidad caribeña. Sobre este vacío, en el caso del Caribe, no obstante, se han colocado históricamente relatos que intentan fijar la relación geografía-comunidad desde una causalidad determinista simple. Antes de que estos relatos se naturalizaran como modos de conquista, colonización, sujeción, resistencia y hasta de liberación caribeños, la sensación e imágenes de vacío tuvieron que ser desalojadas, colmadas o por lo menos neutralizadas como posibilidad de sentido entre las tierras del archipiélago. Ese colmar lo vacado, ese ocupar lo desalojado adquiere con frecuencia los nombres de archivo, Estado, Nación, tradición o cultura.

El vacío de sentido, el vacío que se abre ante el ojo, el vacío que se dispone ante el oído, en los albores del tacto, el silencio salivoso de la boca y sus sonidos, son la condición primera, paradojal, para percibir algo que no sea solamente la percepción misma. Puede ser también consecuencia de la experiencia. Pues sólo en los cuerpos existen los sentidos y su relación con el vacío como condición para trabarse con lo otro: lo que recibe la humedad de la lengua ante el bocado, el intervalo que se abre entre el cuerpo deseante y el objeto que se desea; eso que de atiborrar la explanada de nuestros sentidos no permitiría la sensación de alguna otredad. Es el vacío, por lo tanto, lo que consiente que los objetos aún por percibirse se distingan unos de los otros. Esa ausencia, ese silencio,

---

[11] Albert Ribas discute los modos con los que Occidente expresa sus fundamentos, sus nociones de universalidad y hasta de divinidad bajo la forma positiva de lo pleno, del todo, de lo lleno. De igual modo, el carácter negativo del vacío es tan persistente como su figuración y sus denegaciones. Véase su *Biografía del vacío. Su historia filosófica y científica desde la Antigüedad a la Edad Moderna* (2008).

esa pausa entre las escrituras ancla los sentidos posibles. Por ejemplo, en un nivel muy básico una distribución de vacíos ayuda a distinguir un cuerpo poemático de otro, a diferenciar un texto del siguiente, una letra de la otra. La falla (-), entonces, pero también la abertura ( ) son estaciones a la intemperie, situaciones abismales que habilitan un tiempo donde un *sensorium* hace lo suyo (-)-. Este sensorio expuesto dispone sus sentidos para el cruce de las imágenes; en la compenetración de sus partes hacen su (a)parición los trazos del Caribe. Esta rajadura epistémica hace *allí* (metafórica y paradójicamente) su agosto. Donde alguna insistencia numeraria y positivista persista en demostrar la autenticidad sensorial o alguna legitimidad disciplinaria que evidencie la verdad inequívoca del Caribe como modo de llenar ese vacío, la rajadura, por su parte ( ), insistirá. Hueco, falta, bahía, boca, horizonte, aberturas dadas a los comienzos y a las declinaciones, perforaciones de *eso*, un *allí que transita lo caribe* ( ) entre desperdicios, naves, silencios, productividades, delirios o dilapidaciones. Ahogos, saturaciones perceptivas que ocurren entre las perforaciones de los gastos y los desechos, excesos que agujeran variados cuerpos y objetos, el archipiélago puede ser esto sin dejar de ser otra cosa también (-)-. El concepto y metáfora «archipiélago» es, por lo tanto, un relevo de efectos, imágenes y zonas entre cavidades y litorales, entre vacíos y aglomeraciones. La relación archipelágica es matriz metafórica, matriz giratoria, oleaje significante movilizado por deseos que localizan y desordenan efectos entre los mares y la tierra, entre sus ciudades y sus malezas, entre sus promontorios y sus descampados. El efecto archipiélago de estas páginas es también una conversación con el don teórico de varios escritores.

El Caribe como «uno de los lugares del mundo donde la Relación se hace más visible» es para Édouard Glissant la posibilidad estética y política de movilizar una historia material de las lógicas de sentido cultural producidas en el archipiélago. Si resumiéramos, muy apretadamente, la impronta espacial que puede hacer sensible la Relación en el pensamiento de Glissant, podría decirse que el Caribe y sus culturas son consecuencia de un proceso histórico doble: por un lado el Caribe sería un lugar inventado por la avasallante lógica de «filiación» que sostuvo la tenencia de tierras impuesta por la conquista y colonización europeas, por el otro costado, el Caribe y sus culturas expondrían una serie de devenires rizomáticos: relatos, reconexiones y relevos opacos que sensibilizan un mundo en Relación. La Relación *pre-siente*, previene al *sensorium* caribe de su trazos:

> La Relación enlaza (releva), relata. Dominación y resistencia, osmosis y reclusión, consentimiento ante la lengua dominante (*langage*) y defensa de las lenguas dominadas (*langues*). Su totalización no produce un método nítido que sea perceptible con certeza. Lo reconectado, lo relevado, lo relatado no se combinan de una manera concluyente. Su mezcla en lo no-aparente (o en profundidad) no señala en la superficie algo que la revele. La poética de la Relación hace estremecer a quien revela al llamar lo imaginario. Lo que mejor resulta de la Relación es eso que uno pre-siente[12].

Los cuerpos de la relación archipelágica no deben confundirse con los mal llamados «contenidos» de las culturas que persisten en el Caribe. Pues, ¿qué puede a fin de cuentas contener y ser contenido en una zona atravesada cuya singularidad horada la intemperie? No estaría demás tampoco proponer que el Caribe es uno de los lugares del mundo donde el archipiélago insiste en su lejanía y en su opacidad sensorial, a pesar del brillo en las oficinas de turismo. Un *sensorium* en relación no gustaría de lidiar con formas cerradas pues su operar se desata en lo abierto, en las aberturas, no en los cierres que ambicionan las identidades.

Lo que se desea, por lo tanto, es darle paso a un troquelar de imágenes que le den cuerpo a otra interlocución crítica entre *lo que no está ( ) entre las islas o las tierras del Caribe pero permitiría vincularlas*. Una interlocución archipelágica es un efecto político e histórico en relación con aquello que percibe primero una perspectiva isleña cuando en el litoral, en búsqueda de otro horizonte, se topa con la mar o igual, cuando en

---

[12] En la sección «Relié (Relayé), Relaté» se lee: «La Relation relie (relaie), relate. Domination et résistance, osmose et renfermement, consentement de langage et défense des langues. Leur totalisation ne produit pas un procédé net, ni perceptible avec certitude. Relié (relayé), relaté ne se combinent pas de manière conclusive. Leur mélange en désapparence (ou profondeur) n'est pas marqué, en surface, d'un révélant. La poétique de la Relation fait tressaillir ce révélant, par solliciter l'imaginaire. Ce qui ressort le mieux de la Relation, c'est ce qu'on en pressent» (Glissant 1990: 187-188; mi traducción).

cualquier sentido *se ha tocado fondo*. En ocasiones, la mar ha mudado sus efectos sobre la muy mal llamada «tierra firme» y sus poblados. Colocados los sentidos en el litoral, la mar ya ha dispuesto su abertura para que un *sensorium* se active y figure alguna llegada a la tierra o igual ensaye algún sumergimiento. Más aún, el *sensorium-archipiélago* sabe, saborea, sabe a las voces y los efectos, la presencia salitrosa de la voz del mar en plena tierra. Se trata de un efecto corrosivo que agujerea las contundencias de la realidad, como el salitre, como la marejada[13]. Se trata, entonces, de entrar, de pasar por esa abertura ( ) por ese hueco donde un mundo se expone y abre la materia de sus resonancias. No lo voy a negar. La abertura también convoca el instante cuando mis letras se derraman. De cualquier manera, dicha falta señala mejor el tiempo de algún acontecer literario por devenir que su verdad exacta. En todo caso, en ese tiempo detenido para el pensamiento, que entorpece mi escritura (-)- venía trabado también un espacio y varios lugares, los efectos del (lugar)-caribe.

Ahora una pregunta, ¿es posible pensar la cualidad política de lo poético, de lo literario, inclusive de la voz, separada de una consideración en torno al *sensorium* que se trabaja en el Caribe o con sus poéticas? Me refiero a un *acto político*, a *una palabra política* desligada de las participaciones convencionales de los partidos, de las militancias sacrificiales, de los estados, de las disciplinas, de los grupitos o de sus policías discursivas. Esta palabra reclama un sensorio alejado de cualquier sacerdocio hermenéutico. Estas poéticas-políticas podrían pensarse desde un sensorio que no devenga *a priori* espiritualizante o superchería ante lo caribeño. Pausar ante el archipiélago es también interrumpir alguna configuración sensorial que se encuentra asentada en su naturalidad. No quisiera entumecer los sentidos del *sensorium* que este archipiélago precipita. Ambos,

---

[13] Massimo Cacciari de la mano del *Archipiélago* de Hölderlin anota que entre el archipiélago europeo emergen las islas: «Y entre ellas, precisamente como la isla más bella, surge *la* ciudad, la *polis* por antonomasia, Atenas, donde por primera vez "la voz del pueblo, agitada como tempestad, estalló sobre el agorá", para descender, rápida hacia el "puerto feliz" y desde allí zarpar hacia Chipre, hacia la lejana Tiro, hacia Cólquide, hacia el antiguo Egipto. La agitación del Mar (*sálos*) es inmanente a las ciudades del Archipiélago; el Mar no se queda en sus orillas, sino que resuena en las voces del agorá. Y también lo canta Hölderlin: Tierra materna y Numen de la ola son inseparables precisamente en su incansable estar en conflicto» (Cacciari 1999: 24).

sensorium y archipiélago, son impensables sin los medios que los materializan como experiencias del cuerpo, experiencias de la imagen. Aún así ¿hasta que punto el lenguaje nos aleja (sumergidos) de la inmediatez con la que se asocia alguna experiencia sensorial? La interpretación demanda el tiempo de su lenguaje, mientras la imagen apuesta por el golpe que es su instantaneidad. En otras palabras, la sensorialidad y la imaginería marina de las tierras caribeñas no son distinguibles fuera de alguna representación en torno a la materialidad básica que las recorre y que el lenguaje, de algún modo, pone en movimiento al sólo interpretar lo que ocurren en los sentidos. Así un *sensorium* es siempre la materialización de la potencialidad significante de un cuerpo, del devenir sentido de una sensación y vice versa, del devenir experiencia de la sensación. De igual manera, la historicidad ineluctable de todo *sensorium* yace plegada al *medium*, que interviene y codifica como *experiencia de sentido*. Ese atravesar el peligro, el perímetro de un cuerpo es la experiencia misma del sentido, es lo que sucede entre-medios, es el sentido mismo de la experiencia. Hablar de un *sensorium* es siempre hablar en un terreno movedizo y resbaladizo, en el cual diversas voces y discursos comparten sus sentidos y versiones sobre lo que significa un cuerpo, la *vida de un cuerpo*. Hablar de un *sensorium* no es igual a *sentir(lo)*.

El efecto archipiélago, el cuerpo que sus litorales y aguas devienen texto y sensibilidad, no se figura como una máquina perfectamente calibrada, ni como un mega-organismo conducido desde un centro de comando inexpugnable llamado cerebro. Ni provincia autónoma ni territorio impermeable, el archipiélago y el *sensorium* que lo comunica es una zona de sentidos y sensaciones muy específicas, subjetivas y no subjetivas, cercana como distante. Como experiencia y lugar de las lenguas, tanto el *sensorium* como el archipiélago son impensables sin las estéticas, poéticas y relatos que los han representado. Ahora bien, proyectos estéticos y de guberna-mentalidad modernos han intervenido las modalidades de lo sensorial con una variada cantidad de dispositivos encargados de normalizar, compartamentalizar y burocratizar las experiencias sensoriales[14]. Walter Benjamin ya en su imprescindible «The Work of Art in the Age

---

[14] Véase los trabajos pivote de Corbin 1987 y Foucault 1983.

of Mechanical Reproduction» enfatizaba el papel cardinal de las mediaciones y las descargas propias de la tecnología y naturaleza modernas en el orden perceptivo del sujeto moderno y sus utopías. El *sensorium* que anhela la modernidad y el cuerpo de sensaciones que hasta cierto punto construyó son el resultado de una poderosa jerarquización de la experiencia sensible. El sensorio moderno entroniza la vista y las habilidades de este sentido para aislar, disminuir y reglamentar las especificidades de los demás sentidos. Separar en segmentos las potencialidades de los sentidos no solo ha sido un proyecto de racionalización moderno, sino una manera de construir un *nuevo cuerpo*, la utopía de un cuerpo imperecedero y eficiente, en verdad un no cuerpo que apenas esconde sus pretensiones de eternidad[15]. En el levantamiento histórico de este cuerpo, metáforas arquitectónicas y mecánicas, como una serie de técnicas específicas han sido decisivas para la consolidación de ese «templo sensorial» donde se exhiben las fantasías omnipotentes de cierta visibilidad moderna[16].

En efecto, la textualidad, el texto como modelo para la creación e ilustración de un nuevo orden sensorial, es también una metáfora frecuente dentro de la historia moderna del sentido *encarnado* en los cuerpos. Aún

---

[15] A partir de las utopías de un no-cuerpo valdría anotar, de paso, el «Cuerpo sin Órganos (*CsO*)» que concibieran Deleuze y Guattari en *Mil mesetas. Capitalismo y esquizofrenia*. Acuñado originalmente por Antonin Artaud, el *Cuerpo sin Órganos* es un acto de resistencia ante la concepción y organización moral de los cuerpos en tanto organismos regimentados y sistematizados. Un *Cuerpo sin Órganos* es una proposición política para pensar subjetividades desde la multiplicidad y el descoloque perceptivos. En fin, un Cuerpo sin Órganos resuena en el *sensorium* archipiélago en tanto el primero *des-organ(iza)* y desestabiliza las dimensiones de lo evidente que un «yo» genera como parte de su querer ser y estar en lo uno.

[16] Algunas prácticas artísticas contemporáneas revuelven las singularidades de los cuerpos y las tecnologías así como también un sinnúmero de investigaciones científicas apuntan hacia el carácter amalgamado, enhebrado de lo sensorial: «Seeing (as a verb) in the body has a much more complex and physical function than the old charges o «phallocularcentrism» would suggest. In our new sensorium, at the cutting edge of research in the twenty-first century, the body's own molecular tagging mechanisms (antibodies) are use to delineate minute anatomical structures within the eye, and it emerges that the Cartesian ocular «mechanism» is a protuberance of the brain, endowed with its own parallel processing systems that are countered, corrected and stabilized by sense data from touching or hearing, taste or smell» (Jones 2006: 20).

así, es posible hallar entre los gestos anacrónicos, destemplados, intempestivos de alguna literatura las pulsaciones de otros cuerpos. El cuerpo que haría posible la literatura es consustancial al cuerpo que se *encarna* a través de la materialidad de sus imágenes y de sus palabras durante el acto de lectura. La literatura en tanto espacio para la experiencia, para la experimentación, puede relacionarse con esta condición abierta del efecto archipiélago entendido como ejercicio en los límites nebulosos del sentido. Allí ambos, literatura y archipiélago, se prestan el cuerpo como parte de la elaboración (doble) que los agita: la del tejido cultural, los objetos, medios y textos que los enlazan, como la experiencia sensorial que esta textura estimula e incorpora.

En consecuencia, el poema, el texto, la canción afectados por el archipiélago serían el trazo de un deseo por volver a sentir una acústica, un olor, una imagen pérdida, una sensación corroída por las aguas y la historia ( )-(a). La vista se sabría (allí) contaminada e injerta en los demás sentidos. No interesa regresar, ni resucitar algún momento idílico, vitalista, para las sensaciones sino revolver sus zonas inacabadas, hacerlas aparecer entre fracturas y como fracturas. La corrosión siempre opera de un modo contradictorio, pues su degradación de las contundencias las expone como el comienzo de una volatilización de esa materia que sólo es una transformación de la perceptibilidad de dicha materia. Sólo aquello que se encuentra expuesto, a la intemperie, sabe de cómo el sigilo indetenible de la caducidad inaugura otras posibilidades de sentido.

¿Cómo resaltar ahora la singularidad compartida por el cuerpo de lo estético, en particular de lo literario y lo político como otro modo *en y para el Caribe*? ¿Se trata del mismo cuerpo? El sumergimiento ante el archipiélago caribeño «sabe» que tanto la acción como su objeto comparten un complejo tejido metafórico. No se trata de una relación genealógica simple que alguna filología benevolente nos aclarará de una vez y por todas. La singularidad material y política de este archipiélago es inseparable de las metáforas, del lenguaje que hacen perceptibles sus aguas en el tejido contemporáneo de alguna comunidad. Sumergidas algunas ideas de Jacques Rancière en torno a las políticas de la literatura en las arenas del manglar caribeño, adobadas con el *detritus* de sus litorales, la política de lo literario o lo literario de lo político seguiría siendo esa no-participación o ese no consentimiento de parte de un imaginario en las variadas administraciones del poder en las islas. La literatura, como modalidad específica de otro accionar político, es una práctica sensorial articulada por un tipo particular de sujeto y emana de una lógica inseparable del tejido poético que la particulariza y la materializa en la historia[17]. En el archipiélago, la política de lo literario sería perceptible en una zona de sedimentaciones, en una red de conversaciones que contribuirían a pensar al sujeto poético-político caribeño. Es en medio de esa comunidad, *en medio* ( ) de ese contexto polémico donde dicha política *subjetiva* las voces y los cuerpos que la lanzan al piélago. En lengua literaria: esta singularidad archipelágica *pasa* a la escritura en tanto escritura y no habría que entenderla como alegoría de otro proceder disciplinario. La condición archipelágica se inscribe en los cuerpos sensoriales, en las prácticas literarias que la exhiben y no es una condición ontológica indisoluble. Si lo archipelágico es un pasaje, si el archipiélago también

---

[17] «I will start by explaining what my title means —and first of all what it does not mean. The politics of literature is not the politics of its writers. It does not deal with their personal commitment to the social and political issues and struggles of their times. Nor does it deal with the modes of representation of political events or the social structure and the social struggles in their books. The syntagma "politics of literature" means that literature "does" politics as literature —that there is a specific link between politics as a definite way of doing and literature as a definite practice of writing.

To make sense of this statement, I will first briefly spell out the idea of politics that is involved in it. Politics is commonly viewed as the practice of power or the embodiment of collective wills and interests and the enactment of collective ideas. Now, such enactments or embodiments imply that you are taken into account as subjects sharing in a common world, making statements and not simply noise, discussing things located in a common world and not in your own fantasy. What really deserves the name of politics is the cluster of perceptions and practices that shape this common world. Politics is first of all a way of framing, among sensory data, a specific sphere of experience. It is a partition of the sensible, of the visible and the sayable, which allows (or does not allow) some specific data to appear; which allows or does not allow some specific subjects to designate them and speak about them. It is a specific intertwining of ways of being, ways of doing and ways of speaking.

The politics of literature thus means that literature as literature is involved in this partition of the visible and the sayable, in this intertwining of being, doing and saying that frames a polemical common world» (Rancière 2010: 152).

es paisaje, si pudiera ser, además, un pasar ante el paisaje o un pase de sentidos ante el paisaje, un pasadizo ( ) que delata el socavamiento de la historia, sus (a)-pariciones desdibujarían las pretensiones de autenticidad inequívoca de toda escritura articulada entre sus aguas y su salitre. Si todo lenguaje aspira a inscribir, si la linealidad del lenguaje, en algún momento, resiste la in-transitividad significante que persiste entre sus palabras, ¿será posible constatar la existencia de una experiencia archipelágica cuya impronta lingüística insiste en corroer la linealidad de los discursos? Si siempre hay algo de queda o no queda dicho en el orden de un discurso, si siempre emerge algo que dicho orden no puede descomponer con su sintaxis, si ese algo es un estado de resistencia estética ante aclaraciones o significados inequívocos ¿cómo nombrar entonces su lógica (archipelágica) cuando se sospecha que figuras de su materialidad se encuentran en esos espacios dados a la (des)aparición misma de toda evidencia, a los reflujos de sus sedimentos?

Si toda impronta metafórica es translaticia, si la epistemología de lo metafórico es siempre inestable, oximorónica en el mejor de los sentidos, ya que, por fortuna, como acto del pensamiento nunca logra acabar lo que inician sus movimientos, ¿qué adherencias imanta y dispersa la metáfora-caribe cuando dice archipiélago?[18] Si la metáfora con su deseo por llevar los sentidos a otro lado, a otro territorio, en su colocar por encima, por fuera, entre, sobre *(meta-phorein)* lo que habitualmente podría significar algo, y en dicho traslado ella misma deviene resonancia, frotamiento u opacidad, ¿cómo distinguir los lindes entre la lengua que nombra y la

---

[18] En un momento de su ensayo sobre la posibilidad/imposibilidad de toda traducción, Vincent Crapanzano «corrige» la sinonimia que estableciera Walter Benjamin entre metáfora *(metaphorein)* y traducción *(Übersetzen)* en su célebre «The Task of the Translator»: «The Greek preposition, *meta*, which can take the genitive, dative, or accusative, means "among, between, in the midst of, in common with, with the help or favor of, besides, over and above, with, as, according to, after, in quest of, in pursuit of, next to, next after." As far as I know, it does not give the same weight to "over and above" as does the German *über*. *Über* can of course also mean "across" (trans) as in *über die Grenze*, or "across the border." *Übersetzen* is then "to put or place," *setzen*, (rather than "to carry or bear," *pherein*) over or above, *über*. It suggests not just a carrying across–a trans-fer, a meta-phor–but a placing over: a palimpsest» (Crapanzano 1997: 50).

singularidad que la agita? ¿Qué panoramas abre la metáfora cuando el archipiélago caribe des-(localiza) su tiempo y su espacio? ¿Qué condición padece el lenguaje cuando el archipiélago deviene cielo, franja, marisma aire y respiración?

Nietzsche en el litoral a cargo de las tumbadoras, Palés en las maracas, Julia en la guitarra, el coro dice: Una verdad archipelágica no tiene que dejar de ser esa «hueste en movimiento de metáforas, metonimias, antropomorfismos, en resumidas cuentas, una suma de relaciones humanas que han sido realzadas, extrapoladas y adornadas poética y retóricamente y que, después de un prolongado uso, un pueblo considera firmes, canónicas y vinculantes» (Nietzsche 70: 25). La historicidad de esta interpretación ante lo verdadero pulsa en la ilusión positiva de toda identidad que eventualmente niega el artificio que la ha vuelto específica. En otras palabras, hasta la verdad nietzscheana no puede desligarse de la hueste que habita en toda metáfora. Cualquier «suma de relaciones humanas» en el Caribe no encontrará forzosamente en la actividad literaria del archipiélago adornos o enaltecimientos que graben a perpetuidad su singularidad. Más aún, cualquier extrapolación de dichas relaciones humanas desde un objeto cultural-archipiélago arrastrará de algún modo los signos de violencias reales y retóricas impostergables, precisamente allí donde se desea negarlas o pasarlas de largo. Sin duda, esa ilusión, esa fe de ser *todos un solo y mismo Caribe* es querida por algunos cual Verdad. Lo fascinante es que se trata de una ilusión compartida no solamente por «los nativos», los habitantes del archipiélago; también es una añoranza fantástica de viajeros, turistas, pastores y administradores. Sin duda esta voluntad unitiva no es una emanación indiscutible, un mandato escrito de algún modo por los accidentes tropicales. Esta voluntad de un solo Caribe idéntico a si mismo, Único a pesar de sus diferencias es el comienzo para continuos actos de cuestionamiento. Esta ilusión es además, cómo dudarlo, una red de creencias y una serie de fantasías que traen y llevan consigo colonizados, emigrados, visitantes, exiliados, viajeros, turistas, neocolonizadores y mercaderes. Para conversar con esta fe ilusionada no hay por qué consentir el *mantra* de los fundamentos, de los mandatos disciplinarios que insisten en calcificar las maneras de pensar y representar la historicidad del archipiélago. El gasto, la corrosión, la in-transitividad degradante de mucha de sus instituciones, la ruina cotidiana, la ineptitud, incluso la fiesta como dogma son parte (nada deleznable) de la relaciones humanas en el Caribe, y en demasiadas instancias, bloquean el paladeo de la ineluctable condición ficticia de dichas realidades. Las «malas mañas» de las culturas del poder caribeñas ante las imposibilidades instituyen olvidos y borraduras en el trasiego mismo de sus marcas metafóricas, en el laborar siempre específico de un «troquelado» de ficciones en vías de devenir actos de creencia. El silencio puede ser aquí una consecuencia de la alharaca que arrastra este tropel metafórico. Así, cuando estas ficciones han dejado de ser perceptibles en tanto ficciones y comienzan a circular como esa otra cosa que no son, acontece el olvido de su manufactura y se escamotea alguna historicidad. Este olvido es trazo de un acontecer político y de una materialidad histórica que segrega la creencia caribe en su manufactura de verdades, incluidas las literarias[19].

La corrosión, la oxidación archipelágica quiebra y amontona, cual oleaje, cual marejada que apiña diversos trazos, metáforas e historias. El huracán es quizá una de las formas meteorológicas de nuestra condición archipelágica. El huracán es el signo equívoco, paradójico y, por igual, transparente del *ethos* sensorial del archipiélago. El huracán es la versión aérea del terremoto. Un ojo vacío, eso es el huracán; un ojo que nada ve mientras en traslación aglomera su potencialidad destructiva y procede a dispersarla. El huracán es una de las figuraciones simbólicas, personaje y deidad rotatoria, más poderosas del asombro, la diseminación y la naturaleza caribeña[20]. Nada hay más común entre las islas ante la proximidad de un huracán, me parece, que percibir en sus espacios la irrevocabilidad de los efectos corrosivos de los elementos a pesar de los períodos de calma en el litoral, la disponibilidad de los sentidos para presentir el *temporal*[21].

---

[19] «[…] las verdades son ilusiones de las que se ha olvidado que lo son; metáforas que se han vuelto gastadas y sin fuerza sensible, monedas que han perdido su troquelado y no son ahora ya consideradas como monedas sino como metal» (Nietzsche 2000: 25).

[20] Véase el estudio de Fernando Ortiz *El huracán. Su mitología y sus símbolos* (2005).

[21] Cuando el huracán arrasa sobre la tierra, cuando deviene tempestad o se avizora su cercanía, los puertorriqueños nombran el desconcierto atmosférico como *temporal*, imaginando tal vez que ese ojo ciego ( ) que se precipita acompañado por el caos y

El huracán cuando es nombrado *temporal* nos recuerda que entre *nosotros* el archipiélago es una condición que le pertenece al tiempo, al tiempo de la imagen. El avanzar huracanado (que registran los satélites) es igual a su constancia al difuminar metales, minerales o los cuerpos que yacían expuestos a su aire (las raíces del mangle retienen los residuos). Se trata de una respiración, de una reacción de los cuerpos tendidos en el oxígeno, dispuestos a la salinidad, tocados por la temperatura tropical. El desgaste de esos cuerpos es consustancial a su estar vivos. El archipiélago es también ese instante cuando el oxígeno salitroso pasa por nuestros cuerpos y (nos) deja cosas. Pues, ¿en verdad qué vida puede escondérsele a la respiración? Ahí está inclusive la descomposición de los muertos para continuar el trabajo de su eternidad fracasada.

El poema bajo los efectos del archipiélago no es, por lo tanto, un intento de monumentalizar la memoria de lo que *por aquí pasó*. El poema no es un dique o un rompeolas ante la mar, sino un intento, el tanteo, el *re-enactment* de un instante perceptivo ante el trabajo de las aguas. El poema, el texto de cara al mar, como la inscripción imposible de un presente perceptivo firmado por la corrosión y la desintegración, puede ser montón, grieta, caracol, cueva, coral o ruina. Un poema en condición archipelágica (cualquier texto ahí) puede ser el quiebre que sobre el lenguaje ejecuta una descarga negativa, parecido al promontorio de escombros o emanaciones que generan esta exposición sensorial. Lo literario en avatar archipiélago podría sentirse en el litoral como una reacción y un trabajo perceptivos, como un crepitar del lenguaje ante el efecto corrosivo del archipiélago. El silencio no es su enemigo.

La cierta manera de *La isla que se repite*

Ahora, ¿cómo pensar una condición poética caribeña fuera de los protocolos culturalistas que han hegemonizado la conversación, más bien que han acabado ciertas conversaciones con sus genuflexiones y retóri-

---

la violencia pueda ingerir no sólo el tiempo incluso algunas de las particularidades del espacio.

cas? La dificultad epistemológica[22], real y tantas veces declarada, ante la singularidad caribeña es tanto un reflejo de los protocolos disciplinarios que insisten en pensar esa singularidad como un absoluto cultural, como también el *disclaimer*, la proposición inconsciente, que prepara el terreno para las variadas metafísicas que se han compuesto para el Caribe. La isla de la Utopía, la Atlántida pérdida, la Antilia, la Isla de las Siete Ciudades, el Caribe como un Mediterráneo americano, el Caribe como escenario fundacional para las epifanías de la transculturación, el Gran Caribe como origen del Nuevo Mundo, la excepcionalidad de esta o aquella isla, de esa franja continental tan nuestra, o el mito insular caribeño han sido enunciados y re-contextualizados sin cesar. Esta mitología apenas pondera la idealización que le diseñan a la Identidad del Caribe sus remozadas salidas al circuito editorial.

Tomemos un relato paradigmático: «la cierta manera», el estatuto del mar Caribe y la repetición isleña, figurados en *La isla que se repite* de Antonio Benítez Rojo. La «cierta manera» que Benítez Rojo percibe en ciertas performances caribeñas es uno de los pivotes teóricos sobre el cual se levanta su concepción cultural del Caribe. Esta «cierta manera», encarnada en los cuerpos de dos viejas negras, le *revela* a su autor en 1962, en medio de la Crisis de los misiles, que el Apocalipsis (entendido como hecatombe nuclear)[23] no ocurrirá en el Caribe y que además no es un lógica constitutiva de la cultura del área. Benítez Rojo parece haber contemplado un modo ancestral y narra de la siguiente manera su *visión* de «la imposibilidad apocalíptica» en el Caribe:

---

[22] «The despair of classifiers, area studies programs, kremlinologists in ill-fitting sombreros, North American race relation experts, ambulent East European commisars and the CIA, the Caribbean region goes its own way, richly researched but poorly understood. Too black to be purely European, too North European to be simply Latin, too modern to be primitive, too "overdeveloped" to be accurately labeled "underdeveloped," its diversities seem contradictory, its unities artificial or obvious» (Mintz 1974: 45).

[23] Jacques Derrida ha estudiado el Apocalipsis del apóstol Juan como de-velación, como descubrimiento y como una confusa remisión de envíos y palabras que testimonia una voz profética. Derrida piensa la tonalidad y la visibilidad implicadas en los usos de esa palabra dedicada a nombrar el final de los tiempos, el final de las disciplinas en su *Sobre un tono apocalíptico adoptado recientemente en filosofía* (1994).

Mientras la burocracia estatal buscaba noticias de onda corta y el ejército se atrincheraba inflamado por los discursos patrióticos y los comunicados oficiales, dos negras viejas pasaron de «cierta manera» bajo mi balcón. Me es imposible describir esta «cierta manera». Sólo diré que había un polvillo dorado y antiguo entre sus piernas nudosas, un olor de albahaca y hierbabuena en sus vestidos, una sabiduría simbólica, ritual, en sus gestos y en su chachareo. Entonces supe de golpe que no ocurriría el apocalipsis. Esto es: las espadas y los arcángeles y las trompetas y las bestias y las estrellas caídas y la ruptura del último sello no iban a ocurrir. Nada de eso iba a ocurrir por la sencilla razón de que el Caribe no es un mundo apocalíptico. La noción de apocalipsis no ocupa un espacio importante en su cultura. (Benítez Rojo 1998: 25)

Quien esté familiarizado con el archivo cultural cubano no podría negar las resonancias del choteo que pasean estas letras, como tampoco desatender los guiños al imaginario cultural afrocubano que vibran en este texto. Muy poco se ha dicho, sin embargo, de la pelambre religiosa que enhebra este relato. No toda relación con el misterio, lo sagrado o lo santo es una relación «religiosa» a la judeo-cristiana. Cierta metafísica y una particular espiritualización recubren los afanes de lectura de Benítez Rojo. La «cierta manera» que el autor cubano le adscribe a la cultura caribeña opera bajo la lógica de la revelación religiosa. El discurso de Benítez Rojo persigue más un afán de autenticidad que una exploración de la indeterminación de la «cierta manera» que es su ficción para el momento, y no un signo entregado por el Caribe en los albores de un bombardeo. Varios lectores han subrayado los atascos políticos que surgen de esta encarnación femenina al figurar, por igual, el cuerpo del meta-archipiélago Caribe como la inefabilidad de esa «cierta manera» de la performance caribeña, capaz de detener los desastres de las políticas estatales o las fantasías de aniquilamiento[24]. Igual atención crítica han

---

[24] Edgardo Rodríguez Juliá luego de su visita a Cuba en el 2000 relata su ruptura con Carlos Franqui. La anécdota cierra la crónica sobre su visita a La Habana cuando formó parte del jurado de Casa de las Américas. Durante el intermedio de un concierto de Paquito D'Rivera en Puerto Rico, el escritor cubano Carlos Franqui le dará la espalda «para siempre» al escritor puertorriqueño. El relato concluye con una puesta en duda del supuesto carácter no-apocalíptico del Caribe. «Aunque le dé

recibido las deudas «cubanocéntricas» del autor al momento de imaginar la repetición isleña del Caribe. Y si bien, al decir de Arcadio Díaz Quiñones, «La isla se repite, digamos, pero no tanto»[25], el estudio de Benítez Rojo es, en otro horizonte, un libro sobre cómo escapar del nacionalismo, como ha propuesto el propio Díaz Quiñones. *La isla que se repite* también puede pensarse como el testimonio de conversión profesional del autor cubano, de funcionario cultural del régimen castrista a profesor universitario en los Estados Unidos, como ha discutido Román de la Campa[26].

La «cierta manera» es, en efecto, formulada por el propio autor como un *paso* indescriptible. En esta imposibilidad de describir ese caminar se lleva a cabo lo que parece ser el desate de la peculiar poética realista que sostiene el esfuerzo teórico de Benítez Rojo. Al figurar todo un imaginario de la «cierta manera» en el Caribe, la escritura en *La isla que se repite* aspirará a convertirse en el doble de una procesión de gestos, textualidades y lógicas rituales no binarias de difícil captura por una «máquina epistemológica occidental».

---

fe a Benítez Rojo y piense que Cuba no es apocalíptica, hay algo de la cultura política cubana que me hace temblar; es la herencia del poeta que murió absurdamente en Dos Ríos, o la de aquel político liberal, Eduardo Chibás, que se suicidó en un programa de radio, asegurándose que el fogonazo fuera al aire, para que toda Cuba lo oyera y se estremeciera» (Rodríguez Juliá 2002: 330). Juan Duchesne Winter, por otro lado, en una reseña de la primera edición de *La isla que se repite* había apuntado hacia las «totalidades primordiales» que operan en el texto de Benítez Rojo (véase Duchesne Winter 1991).

[25] Ante la pregunta del poeta puertorriqueño Noel Luna sobre la identidad compartida por Cuba y Puerto Rico, Arcadio Díaz Quiñones hace un guiño ante el libro de Benítez Rojo: «*Noel Luna*. Arcadio, en muchas conversaciones en Princeton te he escuchado la frase Cuba y Puerto Rico no son. Se trata de una preocupación que abarca tu trabajo crítico y docente. ¿Qué significado tiene para ti esa frase? *Arcadio Díaz Quiñones*. La isla se repite, digamos, pero no tanto. La seducción de los versos de Lola Rodríguez de Tió, "Cuba y Puerto Rico son / de un pájaro las dos alas", se explica, aparte de su música y su engañosa sencillez, porque incitan a suspender las diferencias convirtiendo lo extraño en familiar» (Díaz Quiñones 2007: 209).

[26] En *La isla que se repite* la condición archipelágica del mar Caribe descansa sobre una lógica metafórica no exenta de ambigüedades, de aciertos y también de innegables dificultades. Las consecuencias del exilio de Benítez Rojo en 1980 como marcas de los límites teórico-políticos del libro de Benítez Rojo han sido discutidas por Román de la Campa en «Mimicry and the Uncanny in the Caribbean Discourse» (1999).

Ahora bien, el proceder teórico en Benítez Rojo moviliza encarnaciones paradigmáticas de la mar caribeña en varios cuerpos femeninos. La «cierta manera» en *La isla que se repite* es parte de una insistente feminización de la cultura y la naturaleza caribeñas inseparable de una concepción mágica del acto estético, que de manera paradójica desea figurar su «realidad». La forma o *per(form)ance* archipelágica en *La isla que se repite* es siempre un recurrente conjuro estético ante el invento histórico llamado Caribe. La invención del Caribe es también la amalgama de la violencia originaria colonial con el *habitat* del archipiélago. Paladear, entonces, las resonancias de la concepción marina de lo caribeño que organiza zonas de la «cierta manera», exige meditar sobre los hábitos de Benítez Rojo como lector. Allí donde la escritura de Benítez Rojo produce las imágenes que anclan «la cierta manera», su lectura del Caribe deviene, de un modo contrariado, una verdad «constatable» ante un objeto de contemplación religiosa que siempre parece escapar a cualquier protocolo de verificación. Quien ve y dice no poder describir, sin embargo, testimonia las verdades sublimes ya sea del ritmo, del polirritmo, de las repeticiones de la plantación, de las secreciones maquinales o de las marismas del archipiélago. Ante las demandas de cierto protocolo de demostración realista que todavía preocupan al autor, Benítez Rojo apuesta por ficcionalizar un contexto, por re-inscribir un texto o alguna performance cultural con las esencias de una verdad que todavía podría ser comprobada, pero de otra manera, *de cierta manera* en específico. El problema con esta certidumbre ficcional no es su carácter ficcional, sino su impronta religiosa. En verdad se trata de la manufactura literaria de un tipo de verdad histórica que espiritualiza su materialidad constituyente. Lo que sólo es relato, quizás sucesión de metáforas y afectividad, pasa a ser el objeto sustantivo, el dato inquietante que el crítico dice haber contemplado y que podría integrarse a los anales de la Historia. De este modo, por ejemplo, Benítez Rojo *llama al realismo*:

> Seamos realistas: el Atlántico es hoy el Atlántico (con todas sus ciudades portuarias) porque alguna vez fue producto de la cópula de Europa —ese insaciable toro solar— con las costas del Caribe; el Atlántico es hoy el Atlántico —el ombligo del capitalismo— porque Europa, en su laboratorio mercantilista, concibió el proyecto de inseminar la matriz caribeña con la

sangre de África; el Atlántico es hoy el Atlántico –NATO, World Bank, New York Stock Exchange, Mercado Común Europeo, etc.– porque fue el parto doloroso del Caribe, su vagina distendida entre ganchos continentales, entre la encomienda de los indios y la plantación esclavista, entre la servidumbre del coolie y la discriminación del criollo, entre el monopolio comercial y la piratería, entre el palenque y el palacio del gobernador; toda Europa tirando de los ganchos para ayudar al parto del Atlántico: Colón, Cabral, Cortés, de Soto, Hawkins, Drake, Hein, Surcouf... Después del flujo de sangre y de agua salada, enseguida coser los colgajos y aplicar la tintura antiséptica de la historia, la gasa y el esparadrapo de las ideologías positivistas; entonces la espera febril por la cicatriz; supuración, siempre la supuración.

Sin proponérmelo he derivado hacia la retórica inculpadora y vertical de mis primeras lecturas del Caribe. No se repetirá. En todo caso, para terminar el asunto, hay que convenir en que a.C. (antes del Caribe) el Atlántico ni siquiera tenía nombre. (1998: 19; énfasis mío)

¿Cómo no asediar esa feminización *en deriva*, tan cercana a las acostumbradas pastorales sobre el carácter nutricio, materno, vaginal de lo femenino, al momento de dejar aparecer el gesto de la otra condición de lo marino? Reveladora de esta lógica mágico-religiosa a la que deriva la antropomorfización marina de Benítez Rojo es la resignificación de la abreviatura temporal (antes de Cristo) por «antes del Caribe». Ahora el mar es el Origen mismo del tiempo histórico. Esta oración parece, además, cauterizar en el último momento la imagen cultural que pivotea este paisaje: la historicidad cultural del Caribe es indistinguible de una descarga, de una supuración vaginal, de una herida que no puede cicatrizarse. *La isla que se repite* es un libro sobre la complejidad imaginaria del mar Caribe en su relación con las islas; la repetición, geográfica e histórica, es de algún modo el trazo incesante de esta secreción vaginal.

En esta estela, la epifanía indescriptible de la «cierta manera» de Benítez Rojo, ya sea presentada como una lógica corporal o como performance cultural femenina, no deja de ser avatar de la naturaleza y geografía del Caribe. La «cierta manera» de Benítez Rojo es señalada como una dinámica de lo espacial a partir de su denominación del archipiélago caribeño (incluidos sus «focos continentales») como «hecho geográfico»:

En la relectura que ofrezco a debate en este libro propongo partir de *una premisa más concreta, de algo fácilmente comprobable: un hecho geográfico*. Específicamente, el hecho de que las Antillas constituyen un puente de islas que conecta de «cierta manera», es decir, de una manera asimétrica, Sudamérica con Norteamérica. Este curioso accidente geográfico le confiere a todo el área, incluso a sus focos continentales, un carácter de archipiélago, es decir, un conjunto discontinuo (¿de qué?): condensaciones inestables, turbulencias, remolinos, racimos de burbujas, algas deshilachadas, galeones hundidos, ruidos de rompientes, peces voladores, graznidos de gaviotas, aguaceros, fosforescencias nocturnas, mareas y resacas, inciertos viajes de la significación; en resumen, un campo de observación muy a tono con los objetivos de Caos. (1998: 16; énfasis mío)

Este espacio para los hechos, en apariencia des-subjetivado, de la mano de la aporía, adquiere más tarde en el libro de Benítez Rojo los atributos esenciales que exhiben los cuerpos de las «dos negras viejas» (olores, meneos, brillos, texturas), que, además, le revelarán al autor que sobre Cuba «no ocurriría el Apocalipsis». Las lógicas caóticas, discontinuas, en tránsito perpetuo, fluidas siempre, han sido teorizadas por Benítez Rojo como constitutivas de la *natura* del archipiélago caribeña. Lo caótico y repetido de las islas, a duras penas, dejan atrás este halo de misterio y de ceremonial arcano que Benítez Rojo percibe e inscribe y que, además, pueden reconocerse en la performance de algún sujeto literario[27].

---

[27] «¿Cuál es ese *Caribe* que el autor expone y defiende? ¿Cómo acceder a él? Esas preguntas no tienen una respuesta simple. No es una nación o un Estado caracterizado en términos convencionales de unidad lingüística o territorial, sino una sociedad moldeada por relaciones imperiales y por dislocaciones traumáticas. El libro ofrece un complejo esquema narrativo que, al modo de las cajas chinas, conecta historias diversas de invasiones europeas, reacciones indígenas, y presencias africanas. ¿Qué lo unifica? La violencia ilimitada de la esclavitud, y, por debajo, una belleza rítmica y dinámica, como la de la música o el mar. Resulta interesante comprobar que Benítez Rojo había anunciado el libro con un primer título que luego descartó: *El mar de los tres trópicos*». Arcadio Díaz Quiñones llama inmediatamente al pie de página después de mencionar este «mar de los tres trópicos» y anota un detalle sobresaliente: «Así figura en un *curriculum vitae* suyo de hacia 1986 que tengo en mi archivo personal. Aparece bajo *work in progress* que publicaría Ediciones del Norte» (Díaz Quiñones 2007: 9).

Ahora bien, en una dirección contraria a las lecturas de *La isla que se repite* que declaran la distancia de Benítez Rojo del orden de la política o de la Historia, o que condenan como excesiva su ficcionalización de los eventos históricos, podría proponerse que el gesto político del autor se expresa en esta contemplación de la *imagen-imposible-de-describir* que, sin embargo, *escribe* la «cierta manera» fáctica y la particularidad histórica del archipiélago. Es ahí donde se registran, por igual, tanto el trazo espiritualizante que organiza las maneras literarias de *La isla que se repite* como la operatividad política del libro. En otras palabras, la política del texto de Benítez Rojo se halla allí donde su afán hermenéutico exhibe sus técnicas y sus retóricas, exponiendo una perceptiva que además ha movilizado sus *tropoi*. En ese lugar eminentemente literario se escriben sus afectos sensoriales y sus imposibilidades al fabular su meta-archipiélago.

Frente al señalamiento de que su deseo por aparecer en el mundo académico norteamericano como una autoridad profesional supuso el abrazo del paradigma posmoderno de moda entonces, y que este abrazo a su vez hizo que su discurso difuminara las especificidades históricas, Benítez Rojo se conforma con dejar aparecer «la cierta manera» como la respuesta sesgada a esta demanda o sencillamente como una desestimación del mismo. Esta manufactura de imágenes literarias afecta incluso, con variados dilemas e impasses, tanto la propia voluntad teórica de Benítez como el tejido de creencias de aquellos lectores que envuelven su libro con elogios. Para apreciar esta táctica político-literaria de Benítez Rojo, podríamos tomar su aseveración: «La noción de apocalipsis no ocupa un espacio importante en su cultura [la del Caribe]» y devolvérsela re-escrita: *Cierta noción religiosa ocupa un espacio metafísico importante en la cultura teórica de Benítez Rojo*. Al comentar el «complejísimo fenómeno que se suele llamar improvisación», Benítez Rojo acota en vaivén –como las mareas y oleajes que gusta figurar– los posibles reclamos de utilidad que han recibido sus ofrecimientos discursivos:

> El tema dista mucho de ser agotado, pero es preciso seguir adelante. Sé que hay dudas al respecto, y alguna habrá que aclarar. Alguien podría preguntar, por ejemplo, que para qué sirve caminar «de cierta manera». En realidad no sirve de mucho. Ni siquiera bailar «de cierta manera» sirve de mucho si la tabla de valores que usamos se corresponde únicamente con

una máquina tecnológica acoplada a una máquina industrial acoplada a una máquina comercial... El caso es que aquí estamos hablando de cultura tradicional y de su impacto en el Ser caribeño, no de conocimiento tecnológico ni de prácticas capitalistas de consumo, y en términos culturales hacer algo «de cierta manera» es siempre un asunto de importancia, puesto que intenta conjurar violencia. Más aún, al parecer seguirá siendo de importancia independientemente de las relaciones de poder de orden político, económico e incluso cultural que existen entre el Caribe y Occidente. (1998: 35-36)

Cuando en *La isla que se repite* Benítez Rojo imagina dudas o demandas de *claridad* de parte de algún lector preocupado por la potencialidad política o la cualidad empírica de su teoría caribeña, aparece esta concepción *mágica* tanto de la literatura, de «las culturas tradicionales», como «del Ser caribeño» desvinculadas de tecnologías de consumo específicas. Esta concepción *asombrosa* de la cultura tradicional caribeña es una creencia de Benítez Rojo (es algo que da por cierto) y con ella forma su teoría para el Caribe. Pues, ¿qué tipo de formalidad disciplinaria podría visibilizar lo caribeño desde esos «remolinos», esos «racimos de burbujas», esas «algas deshilachadas»? Más aún ¿cómo y cuándo la «cierta manera» deviene eternidad y relevancia histórica «independientemente de las relaciones de poder de orden político, económico e incluso cultural que existen entre el Caribe y Occidente»? ¿Es esto posible fuera del «reino de la imagen»? El régimen de sus preguntas en marejada...:

> Pero ¿cómo dejar en claro que el Caribe no es un simple mar multiétnico o un archipiélago dividido por las categorías de Antillas Mayores y Menores y de Islas de Barlovento y Sotavento? En fin ¿cómo dejar establecido que el Caribe es un mar histórico-económico principal y, además, un meta-archipiélago cultural sin centro y sin límites, un caos dentro del cual hay una isla que se repite incesantemente –cada copia distinta– fundiendo y refundiendo materiales etnológicos como lo hace una nube con el vapor del agua? Si esto ha quedado claro no hay por qué seguir dependiendo de las páginas de la historia, esa astuta cocinera que siempre nos da gato por liebre. Hablemos entonces del Caribe que se puede ver, tocar, oler, oír, gustar; el Caribe de los sentidos, de los sentimientos y los presentimientos. (1998: 24)

El pasaje se reapropia y pone en entredicho (ahora en femenino) el célebre pasaje de Fernando Ortiz sobre quién cocina el ajiaco cubano; esa cocinera que truquea los platos es un avatar de la movediza historia que guisa la cubanidad[28]. Pero la cita anterior es, sobre todo, emblemática de esta declinación espiritualizante que firma el gesto teórico y político de Benítez Rojo. En un primer movimiento y ante el reto de comprensibilidad que Benítez Rojo escucha a través de todo el libro, el autor figura lo irresuelto, la recurrente no-claridad de su «meta-archipiélago» fuera de las páginas de la historia. En las «afueras» de la historia, «en las nubes» se orquestaría el comienzo de otro diálogo asistido por *el orden los sentidos* que, en el caso específico de este autor, desemboca en un registro de premoniciones y presentimientos. De un modo análogo a ese saber que el autor recibiera «de golpe» (1998: 25) y que le confirmaría que no habría guerra nuclear en el Caribe, el hablemos «del Caribe que se puede ver, tocar, oler, oír, gustar» funciona como una promesa afectiva, como un acto de palabra potencial que se manifiesta justo al aparecer en la página escrita. La invitación imperativa que recoge el «hablemos» quisiera darle paso a los efectos del cuerpo caribe que ha consumido (producido) en el momento mismo de su escritura. Es la «contemplación» de esa «cierta manera» la que debe sustituir cualquier afán de constatación. Tanto esa peculiar manera de caminar de las dos viejas negras que se niega al orden de las descripciones («Me es imposible describir esta «cierta manera». *Sólo diré* que había un polvillo dorado y antiguo...»), la reticencia en el decir, como este llamado a la sensorialidad caribe, son momentos donde el autor decide *decir* o *hablar de otra manera*, son apenas declaraciones del sujeto que escribe que recalan tarde o temprano en la lengua de los agüeros.

La no-descripción, la imposible evidencia empírica de ambas situaciones quedan como *decires donde el autor simula una retirada nominativa*. *La isla que se repite* coloca en estos pasajes una técnica propia de la revelación religiosa (occidental) o de la promesa pospuesta por la voluntad

---

[28] «Y así ha ido hirviendo y cocinando el ajiaco de Cuba, a fuego vivaz o a rescoldo, limpio o sucio, varió en cada época según las sustancias humanas que se metieron en la olla por *las manos del cocinero, que en esta metáfora son las peripecias de la historia*» (Ortiz 1996: 11; énfasis mío).

de la voz como captación del lector[29]. Este dejo religioso estorba, cuando no escamotea el destaque de la materialidad que conforma los eventos culturales del Caribe al cual dedica gran parte de su teoría. Benítez Rojo escribe el trance brevísimo de una revelación. Su texto da fe de *su visión*. La realidad imaginaria que se recoge en estos pasajes no le pertenece a la llamada «verdad objetiva» sino a las verdades que comparte una creencia, una epifanía antropológica en la que habría que confiar, en este caso, imantada en las maneras del Caribe, si se quiere, sumergida en sus recurrentes cuerpos femeninos.

En el célebre pasaje que representa el paso de las dos negras viejas, las imágenes apuestan por un pacto de verosimilitud entre el lector y el tejido de sus creencias. Benítez Rojo escribe una «demostración» literaria desde la lógica religiosa que ordena toda revelación[30]. Allí, en su libro, donde el lector nunca podrá recibir una descripción, el autor, sin embargo, coloca el *más allá* que recogen sus imágenes sobre lo que no se ha podido describir pero fue (es) contemplado en la lectura. Al final son sus letras, sus imágenes las que deben efectuar el efecto de verdad de «la cierta manera». La «cierta manera» como poética revelada en la escritura de Benítez Rojo apoya sus efectos de verosimilitud en la «sinceridad» de quien revela sus visiones, en la disposición de lo literario como palabra que *da fe de los hechos* que presenció aquel que estuvo allí. Benítez Rojo al no describir sino escribir su «decir» sobre la «cierta manera» del Caribe deja hablar su visión desde la lengua de

---

[29] Derrida ha insistido en la singularidad occidental, en la particularidad europea, que vibra en la historia, término y concepto de lo *religioso*. Derrida no esconde las dificultades que se contraen al nombrar diversas prácticas del orden de las creencias, de lo sagrado, de la fe, o de lo santo (de la salvación) una vez se las coloca bajo la palabra latina «religión». Véase Derrida 1997.

[30] «El pensamiento de la revelación como salida a la luz de una realidad oculta o como desciframiento de un misterio no es más que la modalidad religiosa o creyente (en el sentido de una forma de representación o saber subjetivo) del cristianismo o del monoteísmo en general. Pero en su estructura profunda, no religiosa (o según la auto-deconstrucción, que ahí se pone en juego, de la religión) y no creyente, la "revelación" constituye la identidad de lo revelable y lo revelado, de lo "divino" y lo "humano" o "mundano"» (Nancy 2006: 11).

sus imágenes. Benítez Rojo *imagina* con la escritura su testimonio ante el verdadero *ethos* caribeño.

El pasaje podría leerse como la matriz de una apretada teoría de la imagen en el Caribe. Esta operación en *La isla que se repite* desplaza, corroe quizás, la manifestación de una totalidad. En otras palabras, para el escritor «la cierta manera» es una emanación esencial del Caribe, pero el profesor exiliado-converso intuye que esta «cierta manera» es un gesto esencialista que desautorizaría sus esfuerzos teórico-críticos. La solución llega, entonces, por vía de la metáfora y por la proclama literaria de lo indecible. Más aún, no son pocos los momentos donde es posible apreciar esta suerte de ambigüedad, de péndulo discursivo en *La isla que se repite*. Benítez Rojo va y viene entre la afirmación de una singularidad estética, performativa, anclada ya en el ritmo, o en el mundo que parió la plantación. Benítez Rojo se auto-presenta, asimismo, como un sujeto fragmentario, roto, gestado en rotación por el ojo ciego del huracán:

> Sí, repito, siento que la plantación es mi vieja y paradójica patria: es la máquina que describió Las Casas, pero también algo más: el centro hueco de la minúscula galaxia que da forma a mi identidad. Allí adentro no hay historia organizada ni árboles genealógicos; su tremenda y prolongada explosión ha proyectado todo hacia fuera. Así, en tanto hijo de la plantación, yo apenas soy un fragmento o una idea que gira alrededor de mi propia ausencia, de la misma manera que una gota de lluvia gira alrededor del ojo vacío del huracán que la engendró. (1998: 396)

Estamos ante una contrariada teoría de la imagen histórica y del «yo» caribes como escape y pálpito del vacío precipitante. Esta teoría se sabe por igual endeudada con protocolos historiográficos convencionales, en relación intensa con el imaginario poético. Esta particular teoría ha sido llevada a cabo, performeada por la escritura misma de Benítez Rojo, tanto ante la posibilidad de una hecatombe en el pasado como ante la posibilidad de un desastre discursivo en el presente del libro.

Si regresamos a su noción rítmica con la que *conjuga* lo caribeño, es posible apreciar cómo esta descansa sobre el rudimento conceptual de «la naturaleza» entendida como espacio exterior, la naturaleza como flujo de una máquina *feed-back* «incognoscible» para el ámbito de la producción cultural[31]. La naturaleza en *La isla que se repite* se figura, una y otra vez, de manera doble: como paradigma subjetivo y como agente contaminante de la producción cultural del archipiélago. Se trata, y parafraseo a Benítez Rojo, de flujos enigmáticos, incomprensibles, tropismos comunes que, de alguna *manera*, el texto caribeño exhibe como utopía textual al cual aspira fugarse una subjetividad ante la violencia de su entorno. El texto caribeño como conjuro de la violencia originaria y constante es, en consecuencia, en el libro de Benítez Rojo un tipo de animal, una monstruosidad fabulosa:

> Así, el texto caribeño es excesivo, denso, *uncanny*, asimétrico, entrópico, hermético, pues, a la manera de un zoológico o bestiario, abre sus puertas a dos grandes órdenes de lectura: una de orden secundario, epistemológica, profana, diurna y referida a Occidente –al mundo de afuera–, donde el texto se desenrosca y se agita como un animal fabuloso para ser objeto de conocimiento y de deseo; otra de orden principal, teleológica, ritual, nocturna y revertida al propio Caribe, donde el texto despliega su monstruosidad bisexual de esfinge hacia el vacío de su imposible origen, y sueña que lo incorpora y que es incorporado por éste. (1998: 39)[32]

---

[31] «La naturaleza es el flujo de una máquina *feed-back* incognoscible que la sociedad interrumpe constantemente con los más variados y ruidosos ritmos. Cada uno de estos ritmos es, a su vez, un flujo que es cortado por otros ritmos, y así podemos seguir de flujos a ritmos hasta detenernos donde queramos. Bien, la cultura de los Pueblos del Mar es un flujo cortado por ritmos que intentan silenciar los ruidos con que su propia forma social interrumpe el discurso de la naturaleza. Si esta definición resultara abstrusa, podríamos simplificarla diciendo que el discurso cultural de los Pueblos del Mar intenta, a través de un sacrificio real o simbólico, neutralizar violencia y remitir al grupo social a los códigos trans-históricos de la naturaleza. Claro, como los códigos de la naturaleza no son limitados ni fijos, ni siquiera inteligibles, la cultura de los Pueblos del Mar expresa el deseo de conjurar la violencia social remitiéndose a un espacio que sólo puede ser intuido a través de lo poético, puesto que siempre presenta una zona de caos» (1998: 32).

[32] «Bien la cultura de los Pueblos del Mar es un flujo cortado por ritmos que intentan silenciar los ruidos con que su propia forma social interrumpe el discurso de la naturaleza. Si esta definición resultara abstrusa, podríamos simplificarla diciendo que el discurso cultural de los Pueblos del Mar intenta, a través de un sacrificio real o

Benítez Rojo insiste en imaginar la relación entre los textos rituales y los textos literarios como una forma utópica de remitirse a un orden natural que conjuraría la violencia constitutiva del Caribe. La naturaleza, la «cierta manera», a pesar de que se la adjetiva como flujo maquinal o caótica en el discurso de Benítez Rojo, conserva un efecto ideológico en el sentido que le ha dado a este término Slavoj Žižek, quien define la ideología como aquel tipo de pensamiento que al momento de concebir lo social o lo cultural borra los conflictos, tacha los antagonismos o desestima las diferencias que le son constitutivos[33]. *La isla que se repite* se esfuerza por representar las dificultades, las complejidades y los elementos irreductibles de lo caribeño, para no obstante envolverlos bajo el manto unificador de la cierta manera o del polirritmo que yace inscrito incluso en la naturaleza. Esa suerte de resaca metafórica que domina la escritura del libro (el libro aspira a comportarse como una marejada conceptual) siempre regresa a esta imagen de la naturaleza como un texto o flujo trans-histórico, como un *más allá* de la lógica de lo histórico.

Una crítica des-espiritualizada de *La isla que se repite* podría insistir en aquello reprimido, oscurecido en el orden de lo real de ese Caribe vaginal que se repite en el texto de Benítez Rojo. No se trata de confrontar los esfuerzos de Benítez Rojo con el desglose imparcial de lo que supuestamente sería la realidad objetiva, sino de atisbar lo que su silencio añora, el ímpetu oscuro que figura su deseo por salir del orden de la representación al momento de representar la especificidad del Caribe. En el territorio de los supuestos y en esos modos de elidir los desacuerdos es donde el aparato perceptivo *La isla que se repite* enfrenta sus dificultades, como también parpadea la declinación totalizante de Benítez Rojo ante el archipiélago:

> ¿Qué modelo de las ciencias del hombre puede predecir lo que va a suceder en el Caribe el año próximo, el mes próximo, la semana próxima? Se trata, *como se ve*, de una sociedad imprevisible originada en las corrien-

---

simbólico, neutralizar violencia y remitir al grupo social a los códigos trans-históricos de la naturaleza» (1998: 32).

[33] Véase Žižek 1992.

tes y resacas más violentas de la historia moderna, donde las diferencias de sexo y de clase *son sobrenadadas por las de índole etnológica*. [El tema continúa en el capítulo 6] Y sin embargo, reducir el Caribe a la sola cifra de su inestabilidad sería también un error; el Caribe es eso y mucho más, incluso mucho más de lo que se hablará en este libro. En todo caso, la imposibilidad de poder asumir una identidad estable, ni siquiera el color que se lleva en la piel, sólo puede ser reconstruida por la posibilidad de ser «de cierta manera» en medio del ruido y la furia del caos. *Para esto la ruta más viable a tomar, claro está, es la del meta-archipiélago mismo; sobre todo los ramales que conducen a la hagiografía semipagana del medioevo y a las creencias africanas.* Es en este espacio donde se articula la mayoría de los cultos del Caribe, cultos que por su naturaleza desencadenan múltiples expresiones populares: mito, música, danza, canto, teatro. De ahí que el texto caribeño, para trascender su propio claustro, tenga que acudir a estos modelos en busca de rutas que conduzcan, al menos simbólicamente, a un punto extratextual de ausencia de violencia sociológica y de reconstitución síquica del Ser. Estas rutas, irisadas y transitorias como un arco iris, atraviesan aquí y allá la red de dinámicas binarias tendida por Occidente. El resultado es un texto que habla de una coexistencia crítica de ritmos, un conjunto polirrítmico cuyo ritmo binario central es des-centrado cuando el performer (escritor/lector) y el texto intentan escapar «de cierta manera». (1998: 43-44; énfasis mío)

¿Qué sistema de evidencias decanta los afueras de los adentros de una condición en tránsito e indeterminada? ¿Por qué atravesar la violencia constitutiva del «Ser» caribeño implicaría una reconstitución-reconstrucción de lo Uno o una trascendencia armónica? ¿Por qué la violencia destructiva de la historia clama por recomposiciones de un Uno anterior a la violencia? ¿Por qué se requiere predecir lo que ha que ocurrir en el Caribe?

En el libro de Benítez Rojo, el objeto estético o la performance caribeña mimetiza una supuesta condición natural del archipiélago, que siempre redunda en un conjuro o huida hacia una dimensión imaginaria que exorcisaría la violencia histórica de las islas. Las estéticas caribeñas afirmarían repetidamente y de «cierta manera» un tipo de intervención política que, por un lado, replica la condición acuática y rítmica del archipiélago, mientras que por el otro lado exhibe la batalla de los sujetos por mitigar vía conjuro las penurias sufridas por la violencia originaria que constituyó la cultura del archipiélago. Lo interesante (por paradójico) es que estas intervenciones estético-políticas en *La isla que se repite* son parte de un peculiar «realismo mágico» (más bien un realismo caótico) que insiste en encontrar sus protocolos de verosimilitud histórica en lo fabuloso y en lo mágico[34]. El caos predice des-orden. En *La isla que se repite* la violencia es figurada como un asunto de la historia, no parece ser una lógica irreparable, fuera del orden de lo moral, propia de «lo natural». No parece que la violencia pueda ser leída sino bajo el enunciado del «reino natural», nunca desde los accidentes del territorio. La violencia simbólica o ritual en *La isla que se repite* se nos entrega como una suerte de doble cultural que intenta reproducir y conjurar la violencia histórica. En esta hermenéutica, las figuraciones sobre lo natural, lo animal o lo real[35] no movilizan relatos de gasto, poéticas de la contingencia, imá-

---

[34] En el texto de Benítez Rojo, como en el libro de Román de la Campa *Latin Americanism*, entre otros libros donde se abren arcos para pensar la experiencia caribeña de las Antillas hispanoamericanas, son preocupantes las ausencias de textos literarios (sobre todo poéticos) dedicados a representar más de un tópico discutido por estos autores: *La expresión americana* de José Lezama Lima, *La guaracha del macho Camacho* de Luis Rafael Sánchez, *La isla en peso* de Virgilio Piñera o *El mar y tú* de Julia de Burgos, por citar sólo algunos. Tampoco la inclusión de éstos u otros textos revelaría la efectividad de alguna aduana culturalista que sancione la legitimidad o los signos de identidad caribeña de esta o aquella de escritura literaria. Nuestros libros también gustan de comportarse como aparatos perceptivos autónomos desde donde echamos miradas hacia ese *real* que nuestros tejidos literarios frotan o aluden entre sus marcas o quizás nieguen con el furor de los posesos. Estos aparatos críticos, sobre todo los que se asientan sobre grandes ambiciones veristas, para poder funcionar con eficacia vuelven invisibles aquellos textos que en un doble movimiento, como aquella isla o aquel mar, sostendrían pero también cuestionarían sus proposiciones.

[35] Me permito (con los tanteos de quien se apropia un botín) distinguir el término *real* de *realidad* siguiendo la concepción lacaniana de lo Real. Los variados realismos han hecho posible una literatura como remedo de la *realidad*, donde esta última sería el contenido o la suma de lo que, de inmediato, se nos ofrece a los sentidos como evidencia positiva, verificable en las palabras. La *realidad* siempre puede ser imaginada, en fin, representada a cabalidad para esas poéticas que creen en una correspondencia fácil, casi sintáctica entre verdad y representación. Lo *real*, sin embargo, es aquello que se resiste a ser simbolizado, figurado, encajado y nunca aparece con claridad situado en algún horizonte de evidencias. *Lo real* apunta hacia un roto, hacia una falta que

genes para el acabose del sentido o la dilapidación sin *telos* metafísico como parte de la singularidad del archipiélago. Benítez Rojo no se ocupa tampoco de otredades mudas, muertas, huecas, y apenas ensaya pausas con respecto a la trabazón constitutiva de materialidad y humanidad que habita el archipiélago. De igual modo, la animalidad *uncanny* del texto caribeño no es más que la representación de un contra-modelo conjurador que sigue demasiado cerca de los sentidos de lo libresco, las finalidades trascendentes de la cultura y la casa de contratación del orden del discurso latinoamericano. Los afanes teóricos de Benítez Rojo están más abocados a la creación de un «mito de fundación» que al sondeo de las escenas inaugurales que se han colocado sobre el vacío o sobre la particularidad intrascendente donde se ha levantado la Casa del Sentido Caribeño. No es sorprendente, por lo tanto, que entre los textos que dejara sin publicar, tras su abrupta muerte, insistiera en *bautizar* de nuevo el archipiélago con el nombre de Nueva Atlántida como un mito que consolidase las identidades caribeñas:

> No es casual que proponga el nombre de Nueva Atlántida a nuestro archipiélago. Nada como un buen mito de fundación para consolidar identidades, y hay que concluir que el de la legendaria Atlántida nos viene como anillo al dedo. Si en el futuro lo reclamamos o no, será cosa nuestra, aunque me permito observar que no hay mito territorial que lo supere en prestigio y en poesía. Eso sin contar con que, quién sabe, a lo mejor en el próximo milenio se prueba que después de todo Platón tenía razón, y fueron nuestros antecesores los que llevaron a los mayas el canon de la pirámide. (Benítez Rojo 2010: 103)[36]

---

no deja de insistir e irrumpir y sobre la cual se proyectan las fantasías que, a final de cuentas, levantan la consistencia de la realidad.

[36] Véanse también sus «Reflexiones sobre un archipiélago posible» (2010: 87-99).

El no de las aguas: marear la mirada

> but the ocean kept turning blank pages
>
> Derek Walcott,
> «The Sea is History» (1986: 364-367)

Habría, por lo tanto, que desatar, mejor aún, *convertir* los relatos sobre la especificidad caribe que han dominado la conversación. Uso la palabra conversión desde el sentido dinámico que guarda su etimología[37]. Digo convertir en un sentido maquinal, físico, convertir estos relatos como un modo de procesarlos, de desmitificarlos, de transformarlos, de girar con ellos hacia otra cosa (cual ola) y teorizar *allí* dándoles quizá otro cuerpo a sus imágenes. Hacer de estos relatos originarios otra cosa y, por qué no, dañarles también sus pretensiones espiritualizantes, sus totalizaciones contemporáneas. En un mundo globalizado cuyas dinámicas han tornado inefectivas las fáciles oposiciones de dominación y resistencia, universalismo y particularismo, la *conversión* de los modos dominantes de pensar las culturas y las políticas es una tarea urgente. El efecto archipiélago, en este sentido, es una plataforma discursiva para el trastorno de los relatos dedicados a consignar el aparecer de lo caribeño en la historia gracias a las donaciones espirituales de la imagen o del relato identitario. También un efecto archipiélago abriría la posibilidad de una crítica radical al pensamiento de esa mismidad idéntica a su propio ombligo que domina en tantos solares. Esta crítica archipelágica no emerge, tam-

---

[37] «Antes de que el cristianismo se apodere, para confiscarla definitivamente, de la noción de conversión, la etimología da cuenta de un origen dinámico: *girar con*. De ahí las muchas acepciones que desbordan la opción religiosa: en mecánica, significa el punto alrededor del cual se efectúa una rotación; en teoría militar, sirve para nombrar el cambio de frente; en la marina, para formular la maniobra de un cuerpo de navíos; en alquimia, para indicar la transmutación de los minerales; pero también en los ámbitos de las finanzas, de la jurisprudencia, de la medicina, de la lógica, de la aritmética y de la astronomía se encuentran sentidos posibles fuera de la acepción clásica monopolizada por la religión católica: *"Tirer les âmes hors d'une religion qu'on croit fausse pour le faire entrer dans une religion qu'on croit vraie", dixit* Littré» (Onfray 2008: 39).

poco, al interpelar los fetiches de la heterogeneidad subalterna, sino al atravesar la contaminación y las aporías irreductibles de su estar en la realidad material de las sociedades y sus objetos. El efecto archipiélago opera mediante la exposición y la corrosión de los sistemas de valores y superioridades morales que inscritos en diversos cuerpos jamás podrían proclamar purezas fundacionales. Exponer estos relatos, su circulación y consumo específicos, también exponer sus fisuras supone precipitarlos y precipitar(nos) también por ellos. Quizás de este modo podremos traerlos al mundo real de la singularidad de los cuerpos. Singularidad que, además, resiste ser figurada desde los efluvios de la imagen caribeña como gracia y revelación otorgadas por un Reino en formación que, para suerte de las feligresías lectoras, coincide con el nacimiento del archipiélago en el mundo. Un cuerpo en archipiélago es un cuerpo expuesto, fuera de sí, un cuerpo-cuerpo, un cuerpo sin destino auroral. Un cuerpo que no tendría que estar sentenciado a ser otro eslabón más en la cadena de reproductibilidades del capital, o de la moral consensual, sino un cuerpo sin fin, sin sentido último, cuerpo-( )-cuerpo, en la expectativa de lo que abriría y cerraría alguna relación.

Convertir los relatos dominantes sobre la indudable diferencia caribeña en otra materia nos evitaría, además, concesiones al sentido común de los entendidos. La dilatación de un efecto archipiélago señala que el archipiélago Caribe no es el doble cultural, el comentario erudito u obligatorio a la leyenda del archipiélago geográfico llámese el Gran Caribe, las Antillas, The West Indies o el mundo que crearon las Historias de la esclavitud y la plantación. Lo archipelágico no es el opuesto simple de la geografía caribeña condenado a la emanación perpetua de sus sentidos gracias a los accidentes de su topografía. El archipiélago es un mundo de potencialidad para las habilidades sensoriales de aquél/aquella que ha dispuesto su cuerpo a su abertura ( ), inclusive cuando se niega a registrarlo o le da la espalda a los materiales de su historia. Es (*ahí*) donde se prenden poéticas que lidian, de algún modo, con sus efectos. Estas poéticas, si bien insisten en trabar relaciones con escenas negativas, no aspiran a generar contundencias o contenidos, sino en abrir instancias de experiencia, de experimentación ante esa abertura; desde ella pensar en los rigores que supone *sentir-(se)* afectado por ese vacío[38]. El archipiélago es el espacio donde un *sensorium* contemporáneo, históricamente atento a tantos desastres, incluidos la esclavitud y los variados imperios, se sabe (lo de saber es apenas un decir) aguijoneado, erosionado por los devenires de lo marino.

El archipiélago caribe es un paisaje del litoral instalado en los cuerpos que lo perciben y abarca las múltiples filtraciones de sus efectos sobre la llamada tierra continental. El archipiélago es una experiencia de la figuración poética y por lo tanto dispone su condición expansiva con la que es posible ensamblar una reflexión en torno a la relación entre sentido y estética en las islas. Si alguien pidiera evidencias, diríamos que sus prácticas negativas pueden contemplarse en las formas del oleaje, en los movimientos que inscribe en los objetos expuestos a su salitre, en esas descargas de fuerzas y materiales que al alcanzar el litoral deshacen la orilla. Estas imágenes no constituyen mitos de origen sobre los cuales erigir ideologías o avizorar algún ideal. Son apenas acompañantes imaginarios, espacios que se inauguran para el trabajo y la *mímesis* averiada de la dispersión que nos parece ameritan atención. El archipiélago desdibuja cualquier cristalización bipolar, cualquier sistematicidad que dice esto es positivamente la tierra y aquello no lo es. La negatividad que procesan, tanto el archipiélago como el sujeto de sus litorales, afirma una transitoriedad que no puede sino devenir negación de lo que desea eternizarse como evidencia, como síntesis final (incluso *rota*) de la relación tierra y mar[39]. Como el vaivén de las mareas sobre las playas, los

---

[38] Lo «negativo» podría en sí mismo activar un archipiélago y un archivo. Diré que los *toques de lo negativo* que este estudio cuida no desestiman, en sus resonancias, la tradición de pensamiento que se inicia con la obra de Hegel y las reelaboraciones o polémicas que esta ha suscitado. La negatividad que considera estas páginas dialoga con las de Theodor Adorno, *Dialéctica negativa* (1986), Giorgio Agamben, *Language and Death. The Place of Negativity* (1991), Susan Buck-Morss, *The Origins of Negative Dialectics* (1979), Edouard Glissant, *Poétique de la Relation* (1990), y Slavoj Žižek, *Tarrying with the Negative. Kant, Hegel and the Critique of Ideology* (1993).

[39] Ya en el canónico y polémico *Insularismo. Ensayos de interpretación puertorriqueña* (1934) Antonio S. Pedreira cargaba la negatividad del archipiélago desde los determinismos de *la tierra pequeña*. El mar, para colmos, cierra y multiplica el a-*isla*-miento, la mentira de la isla. Así el coloniaje deviene patología, oxímoron evolutivo del habla: «Entre el mar Caribe y el océano Atlántico, Puerto Rico levanta

efectos del archipiélago afirman al negar los límites, afirman negando el «hasta donde» inquieto de los arribos: *eso que hacen las olas*. Se afirma el serpenteo de lo que va camino a dejar de serlo. Ahora, por ejemplo, sopla el viento y releva el salitre el tejido de sus efectos. Paisaje aéreo o sumergimiento, saturación marina respirante aún en la tierra, obstrucción de las transparencias, recolocación de lo anfibio, ahogo y desaparición de la claridad marina incluso en la montaña. La mar suple una relación con el vacío, la suya, no la única, es líquida y *liquida* las evidencias. Esta relación con el vacío, además, expone la consistencia del archipiélago como constelación acuática. Las verdades que allí se exponen, necesitan de las aguas, de sus idas y venidas, de su innegociable acabamiento, de su destrucción de las oposiciones absolutas. Su no estar es el contragolpe invisible que hiciera carne la ola contra la orilla.

Lo archipelágico no Es, por lo tanto, *Algo*. Sólo convoca una abertura con sus travesías, el agujero que parpadea podría estimular un delirio por los comienzos. El archipiélago aparece cuando un cuerpo se expone a los rigores de la intemperie, a los límites de sus relaciones posibles, incluidas las políticas. El archipiélago sólo *a-parece* cuando un cuerpo cree interpretar lo que los relatos de la *océano-grafía* puedan haber provocado sobre la comunidad que lo habita. Así, el archipiélago no tiene que ser la versión o contra-versión letrada de los problemáticos afanes de curación y conjuro ante la violencia depositada por la historia entre las islas. Sin duda, en la mar, no relatar o relacionarse con la violencia histórica que especifica al archipiélago no nos permitiría apreciar un cuerpo entre sus aguas. Pero la negatividad expansiva de sus efectos no es exclusivamente una patología que demanda diagnóstico. La violencia, me parece, no tiene que ser saneada desde las bondades del archivo o a través de la demostración y exorcismo de algún «demonio» como

---

su paralelogramo casi uniforme, rodeado por un roto collar de islotes pequeñitos, inhóspitos para la tertulia. Es la menor de las tres Antillas mayores y el constante tutelaje de sus albaceas la ha mantenido muchos siglos en inviolable minoridad. Esta vieja niñez prolongada hasta el presente, regida por institutrices mandatarias, nos obliga a una reglamentación limitadora de la amistad antillana y por ende de la confraternidad hispanoamericana y universal. Nuestra minoría de edad nos separa del mundo» (Pedreira 2001: 133).

sahumerio que expulse y administre la violencia del tejido de lo cultural. La mera existencia de la bipolaridad ya ha clausurado la posibilidad de viajar por sus aguas. Los textos literarios de este archipiélago están implicados por una violencia que muy bien puede metaforizarse en la forma y el proceder del oleaje. No es la única metáfora que ensaya. Se trata de una experiencia en relación con los intersticios, una experiencia de la relación de superposiciones sensoriales y temporales que descarga lo marino sobre las tierras del Caribe. Otro escritor teoriza, en otra lengua, ante el paisaje antillano:

> El sur finalmente, donde los cabritos se dispersan. La emoción de las arenas, olvidando a tantos que cabalgaron en troncos de cocoteros, para tratar antaño de reunirse con Toussaint Louverture en el país de Haití. Ellos murieron en la sal del mar. Se les mareó la mirada con nuestro sol. Nos detenemos ahí, sin adivinar lo que nos entorpece con un malestar indecible. Esas playas están en subasta. Los turistas las piden. Última frontera, donde pueden verse nuestros vagabundeos de ayer y nuestras perdiciones de hoy.
> Hay así tiempos que se escalonan bajo nuestras apariencias, desde las alturas hasta el mar, desde el norte hasta el sur, desde el bosque hasta las arenas. El cimarroneo y el rechazo, el anclaje y el aguante, lo Lejano y el sueño.
> (Nuestro paisaje es su propio monumento: la huella que significa es perceptible por debajo. Todo es historia.) (Glissant 2005: 32)[40]

El pensamiento archipelágico de Édouard Glissant, su «pensée archipélique», se acerca y se aleja del que deriva entre estas páginas. Es una de sus tantas olas. Nuestra diferencia estriba en que flotamos quizás en la irrepetible playa expansiva o recalamos ahogados en un fondo marino sin luz. La cercanía o la distancia apenas la deciden las carnes, el orden sensorial que agitan la hoja de mar que aquí atravesamos. Dicho sea ahora. La condición de una lengua en archipiélago no es necesariamente idéntica a la condición de los cuerpos que agujerea el archipiélago con sus efectos, pues

---

[40] Debe subrayarse que Édouard Glissant abre *Poétique de la Relation* (1990) con la coincidencia marina de dos citas (islas) al momento de figurar lo caribeño: «The Sea is History» (1979) y «The unity is sub-marine» de Edward Kamau Brathwaite, *Sun Poem* (1982).

¿cómo apalabraría el vacío, la grieta sabiéndose idéntica a un todo histórico inclusive si es marino? Concebido por el escritor martiniqueño como respuesta a lo que denomina un «pensamiento continental», su pensamiento archipiélago daría cuenta de la no-sistematicidad, del carácter impredecible, contaminado que firmaría la condición actual de las diversas culturas en el mundo. Esta situación y pensamiento no son, para Glissant, exclusivas de las culturas caribeñas. Según Glissant el presente globalizado participa de una generalizada criollización de los objetos culturales y de las lenguas que ha puesto en circulación. Esta criollización como la disposición a relacionar de un modo fluido las variadas singularidades culturales, no las esencias absolutas o las identidades solidificadas por lo Mismo, no es impermeable a los dogmas del capitalismo. La criollización, por lo tanto, no es, en la obra de Glissant, el mero rastreo del color local, las naturalizaciones de lo foráneo o un inventario de criollismos. Tampoco la envoltura folklórica de alguna idealización del mestizaje o la hibridez. La criollización o la Relación es la puesta en juego de formas y estructuras de significación que gustan de la inquietud, de la inestabilidad y de lo imprevisible. Ahí Glissant propone «conciliaciones» ente lo oral y la escritura, lo cerrado y lo abierto, las islas y el continente.

> Otra forma de pensamiento más intuitiva, más frágil, amenazada, pero en sintonía con el caos-mundo y con sus impredecibilidades, se desarrolla, sustentada quizá por las ciencias humanas y sociales, pero deslizada hacia una visión de poética y de lo imaginario del mundo. Califico este pensamiento como «archipiélago», un pensamiento asistemático, inductivo, en exploración de la impredecibilidad de la totalidad-mundo y conciliando escritura con oralidad y oralidad con escritura. Los continentes, me parece, se tornan archipiélagos, al menos, visto desde fuera. Las Américas tienden a configurarse como un archipiélago, se agrupan en regiones, sobreponiéndose a las fronteras nacionales. A mi juicio, debemos devolver al término «región» la dignidad que le es propia. Europa tiende a la archipielización. Las regiones lingüísticas, las regiones culturales, más allá de los límites nacionales, son islas, pero islas abiertas, factor que representa su principal condición de supervivencia. (Glissant 2002: 45-46)

Ahora ¿cómo activar esta relación cultural y lingüística de la abertura, este pensamiento no-sistemático como una experiencia situada en el «orden» de lo sensorial? ¿Por qué se vuelve necesaria para Glissant esa conciliación entre oralidad y escritura? ¿Cómo movilizar el efecto archipiélago para que ataje el reclamo de nominación e identificación que insiste en tantos relatos endeudados con el axioma geográfico de las islas *versus* los continentes y sus protocolos de verificación histórica? ¿Cómo pensar esta experiencia de efectos y afectos sin remozar un nuevo determinismo demográfico, geofísico o etnológico que condicione inexorablemente la visibilidad histórica de lo caribe o que re-edite las predecibles batallas de los bipolares? En tanto experiencia sensorial que expone un cuerpo a los traspasos del mar en la tierra, ante y sobre la tierra, esta experiencia relacional es siempre una localidad en el tiempo y el espacio histórico. Siempre podremos contextualizarle tiempos y maneras específicas de aparecer. El todo-caribeño no habría que imaginarlo como un horizonte único para su historicidad, su teluricidad o sus agenciamientos. Tal vez lidiamos con un no-todo caribeño que permite orientarnos sobre el terreno y las aguas[41].

En este sentido, no deja de ser preocupante la genuflexión moral del estudioso Silvio Torres-Saillant ante los «peligros» exhibidos por las que le parecen ser las dos tendencias que «han caracterizado hasta ahora los estudios caribeños: una basada en la metáfora de la isla y la otra, en la perspectiva sinecdóquica» (Torres-Saillant 2011: 22). El texto-conferencia magistral que inaugurara el 31 de mayo de 2011 la 36ª Conferencia de la Asociación de Estudios Caribeños, en Curazao, es una larga reprimenda al escritor, teórico o investigador que haya «caído» en las redes de metáfora o que prolongue *el daño* que arrastra cierto lenguaje figurativo (fundamentalmente insularista) al momento de representar alguna realidad caribeña. La retórica de Torres-Saillant parte de su confesión de *caídas*

---

[41] «17 –*El pensamiento-archipiélago*, pensamiento del ensayo, de la tentación intuitiva, que se podría adosar a pensamientos continentales que serían sobre todo pensamientos de sistema. A través del pensamiento continental, aún vemos el mundo en bloque, en grueso, o como un chorro, como una especie de síntesis imponente, tal como cuando observamos sucesivas tomas aéreas de vistas generales de los contornos de los paisajes y de los relieves. A través del pensamiento-archipiélago, podemos conocer indudablemente las más pequeñas piedras de río e imaginar los huecos de agua que éstas cubren, dónde aún se albergan los cangrejos de agua dulce» (Glissant 2008).

terminológicas, como la declaración de arrepentimiento y corrección de dichos errores en su propia obra. Torres-Saillant aclara que es un buen discípulo y que *eso que hizo antes no lo volverá a hacer*:

> Siento que he aprendido mi lección sobre los peligros de la insularidad en el lenguaje que empleamos para denominar la región de nuestros estudios, una lección que me ha inculcado *algunos temores graves,* pero, diría, saludables sobre *el dañino efecto de tal lenguaje* cuando el mismo marca nuestra manera de imaginar los lugares y las gentes que presumimos nombrar. (2011: 26; énfasis mío)

Quizás se trate de una suerte de manual de instrucciones, una suerte de guía para la regulación y vigilancia para el buen caribeñista:

> *Me temo,* en consecuencia, que si no tomamos *las precauciones conceptuales necesarias para regular nuestra imaginación por medio de la concreción temporal y espacial,* en ocasiones contribuyamos a imponer la nomenclatura insular como descriptora de la fisiognomía material del Caribe. Encuentro demasiados ejemplos en la bibliografía sobre el Caribe que *me dan motivos para temer* que los autores que usan el término «islas» lo emplean en una forma, a mi parecer, insuficientemente figurativa. Por ende, *temo el letal impacto* de ese uso insuficientemente figurativo de la metáfora insular. (2011: 25; énfasis mío)

Se trata, claro está, de un texto lleno de *temores*, impermeable ante una consideración de lo que el lenguaje puede hacer, más allá de considerarlo un dispositivo denotativo, burdamente mimético, exento de relaciones de arbitrariedad. Pero dicho *temor* ante la muerte que parece decretar cierta metáfora es, además, un gesto retórico con el que se agiliza la descalificación y la regulación de los motivos y el alcance político de estos investigadores caídos o sospechosos de entrar en relaciones con la metáfora: «Temo que la metáfora insular pueda tener la consecuencia adversa de empequeñecer el lente a través del cual miramos la región. Hay que imaginarse las graves implicaciones de tal empequeñecimiento para nosotros los especialistas, que en cierto modo tenemos a nuestro cargo la organización del conocimiento del mundo caribeño» (2011: 26). Ante el temor de devenir chiquitos Torres-Saillant no desea meditar sobre lo que el lenguaje es o hace. Ante ese miedo por un empequeñecimiento disciplinario, Torres-Saillant antepone declaraciones y alarmas morales. La conferencia de Torres-Saillant se levanta sobre una jerarquía indiscutible de lo que constituye la «geografía telúrica y la experiencia humana del Caribe» (2011: 24). Esta jerarquía descansa sobre parámetros irrefutables de «concreción» discursiva que, sin duda, nos harían más grandes, más visibles ante el mundo. En su texto sobran certidumbres demográficas, empiristas y no se atisban dudas o fisuras en esa suerte de advertencia metodológica ante la posibilidad de armar el Verdadero Modo de representar la Realidad del Caribe.

Cabría preguntarse qué significa *imaginar* en el texto de Torres-Saillant, qué significa imaginar, además, una escritura crítica sobre el Caribe como un modo de «organizar el conocimiento del mundo caribeño». No lo haré, pues conozco las respuestas. De todos modos, escuchada desde ese lugar que privilegia los tamaños y magnitudes, la voz de Torres-Saillant construye un texto disciplinario y disciplinante, pensado desde (y para) las autoridades universitarias y políticas que agilizarían sus modos de lectura deseados. Estamos ante una suerte de encíclica correctiva ante el archivo del Caribe, como también ante la construcción simbólica del perfil modélico para el Custodio del Gran Archivo de la Verdad Caribeña. En este sentido, el aspaviento disciplinante de Torres-Saillant no está muy lejos de los modos higiénicos, moralizantes, con los que vastos sectores de la ciudad letrada caribeña históricamente han imaginado regular los cuerpos caribeños y evitarles la indudable «corrupción» que secretan sus prácticas. Lo fascinante es que el nuevo «daño» que padece el Caribe haya sido desatado por el lenguaje insularista.

¿A quién, en última instancia, le habla este discurso? ¿Quién o qué discurso interpela al estudioso de este modo? ¿Qué se busca *sanear* con esta retórica? ¿A quién o qué se busca «hacer visible» con este lenguaje? *Quítate tú, pa' ponerme Yo* me corea la Fania All Stars. La búsqueda de un lenguaje que neutralice las «imprecisiones» e «insuficiencias» del *lenguaje dañado* por el mal de la metáfora es la prolongación del *dictum* platónico ante la multiplicidad y problemas que desata toda *poiesis*. Para colmo la impugnación de Torres-Saillant al pensamiento de Antonio Benítez Rojo y de Édouard Glissant no viene acompañada de una lectura meticulosa de alguno de sus textos⁴². Nunca son citados sino nombrados como discursos emblemáticos de esta caída metafórica en la lengua de las islas:

> Puede admitirse que en el discurso de Glissant, así como en el de Benítez Rojo, el término «isla», más que intentar nombrar una realidad geológica, conlleva principalmente una valencia metafórica con la ambición de apuntar a la textura de la vida en la región. El término da razón, quizás, de una relación particular con el mar y evoca la parafernalia discernible de una cultura diferenciada. No les regatearé a estos admirables hombres de letras antillanos su compromiso poético con descifrar la lógica de la significación en el mundo caribeño. Pero manifestaré cierta cautela en cuanto a la prevalencia de la metáfora en el estudio de la vida caribeña, en particular cuando la metáfora no ofrece correspondencia de fácil acceso a la realidad que busca designar o cuando se vuelve rutinario para los lectores tomar la evocación figurativa por descripción literal. (2011: 25)

Admitir, acceder parecen ser consecuencias lógicas de lo metafórico en la lengua de Torres-Saillant. ¿Por qué se asume (a estas alturas del partido) que lo metafórico es un modo de nombrar realidades (geológicas, demográficas) o el mero despliegue de una lógica de correspondencias de «fácil acceso» para todos? Si bien Torres-Saillant no les regatea «el compromiso poético» ni la pompa a las hermenéuticas aludidas, es notable que insista en precisar (más bien naturalizar) para qué servirán a fin de cuentas las metáforas. En otras palabras, *nada se tiene en contra de sus poéticas pero, recuerden caribeñistas, todos estamos de acuerdo sobre cuál es la finalidad instructiva en el manejo de las figuras*: describir y medir la realidad, y de paso hacernos sus portaestandartes. No creo necesario extender aquí lo que el lenguaje significa para estos dos autores, o si es posible *describir* algo, incluido «lo literal», prescindiendo de las metáforas. Creo que tanto Benítez Rojo como Glissant (con todas las preguntas y reservas que merecen) demuestran que la práctica literaria o

---

⁴² De igual manera, a partir de la página 33, Torres-Saillant se dedica a refutar «un artículo de un estudioso de las letras caribeñas sobre las ideas del gran pensador haitiano Anténor Firmin» sin citarlo o glosarlo tan siquiera una vez.

teórica no es un mero uso instrumental del lenguaje con aspiraciones de totalidad o de inventario de identidades. Incluso me parece que el deseo de cuestionar y hasta polemizar con las proposiciones de Benítez Rojo y Glissant es una práctica que no habría que descontinuar. No obstante, no sé cuán productiva (dialogante) puede ser una crítica que coloca la lengua metafórica bajo el signo de la sospecha, del hechizo mortífero o bajo el signo de la traición ideológica. Situaciones y metáforas que podrían ser muy productivas colocadas en otra meseta discursiva, si no se las movilizara desde este afán moralizante y desde presupuestos dudosos, ofuscados en un empirismo autocomplaciente y por un anticolonialismo poco sofisticado. Demasiadas buenas costumbres ante el *modus operandi* académico recorren las páginas del texto del profesor de literatura Torres-Saillant[43].

Quizá una manera de darle (el) cuerpo al archipiélago, de entregarle al mismo la complejidad que lo firma, implique lidiar con estas naturalizaciones que han tornado equivalentes y evidentes sus efectos y la grafía rota de sus especificidades. Batallar *allí* y exponer cómo han sido las metáforas las que han ejecutado esta naturalización. No es inusual hallar en los discursos sobre las relaciones de América Latina y el Caribe, nociones altamente metafóricas como tierra firme, Caribe continental, gran Caribe o Antillas seguidas de algún gentilicio identitario. Estas nociones tienden a operar en binomios y son esclavas de un dualismo que coloca en polos sentidos de la totalidad y de lo invariable por un lado y de lo incompleto o lo inestable por el otro. Entre este campo de tensiones binarias también se colocan los términos islas, masa continental, litoral, archipiélago. No se trataría ahora de invertirlos y demostrar su manufactura sino de *marear* los términos de la conversación, de *contagiarlos con los efectos de la mar*

---

[43] El estudioso no puede a su vez padecer el hechizo de un fantasma que parece alarmarlo en tantos sentidos: el cuco de la posmodernidad. Concepto o temporalidad que tampoco amerita en su ensayo los pormenores del estudioso, pero sí el brillo del peyorativo: «Principalmente, académicos embebidos de las prácticas discursivas y la elasticidad ideológica que inspiran varios de los paradigmas posmodernos nos instarían a deponer posturas anticolonialistas beligerantes, recetando más bien la adopción de un entendimiento más matizado de la red de reciprocidad que ha ligado al opresor y al oprimido en un drama existencial difícil, quizás trágico, pero a fin de cuentas humano» (2011: 36).

para des-certificar su bipolaridad, inclusive sus afanes conciliatorios. Lo archipelágico no sueña con inaugurar cartografías o nuevos e inclusivos inventarios de autenticidades. El efecto archipiélago consiente el toque de diversos dispositivos de afectación que, en nuestro caso, horadados, saturados por las aguas de este *mar sensitivo* hacen de lo vinculante un horizonte de posibilidades poéticas y políticas, un horizonte de lecturas por venir[44]. Una vez este mar *vincula*, se cancela una noción instrumental simple entre las partes vinculadas por algún relato-relación mar-tierra. El mar es lo que (se) siente. La mar se lleva en el cuerpo. No habría que conciliar las sensaciones para estar todas en el mismo piélago o en la misma tierra. En otras palabras, si como señala Glissant la mar *está en nosotros*, las certidumbres binarias, el adentro y el afuera, el todo y la nada se sacuden entre las imprecisiones que (le) dan cuerpo a sus aguas. Los sentidos llamados a percibir estos espacios de igual manera ya han sido *inter-venidos*. El mar como desembocadura, como órgano dado de las descargas, como espacio para embocaduras y enrizamientos activa un *sensorium*, si se quiere agudiza sus habilidades para relacionarse con lo complejo o lo chato erosionando las distancias entre lo uno y lo otro. ¿Qué sentidos se activarán e un paraje cuya forma es la zona misma donde un cuerpo «desemboca» en otro? ¿De qué «órganos» hablamos cuando el estuario comparte su espacio en nuestro cuerpo? ¿Dónde se reciben y mezclan las corrientes? ¿En la boca, el estómago, en la nariz, el oído, la vagina, el culo, en los ojos?

Bajo los efectos de este mar-adentro, dispuesto a la intemperie, *indispuesto* entre los elementos, colóquense, en este momento, los innumerables binomios que unen-separando a lo caribe de lo latinoamericano, sobre todo el lamentable «América Latina y el Caribe». Como se sabe la conjunción «y» sirve para conectar conceptos y palabras consideradas entidades separadas pero que deben leerse en conjunto. Ahora bien, ¿cuándo y cómo el Caribe histórica o discursivamente se convirtió en

---

[44] «Efectivamente, ¿qué son las Antillas? Una multirrelación. Todos lo sentimos así, lo expresamos en todas las formas ocultas o caricaturescas, o lo negamos fieramente. Y *todos sentimos que ese mar está en nosotros*, con su carga de islas por fin descubiertas.

El mar de las Antillas no es el lago de Estados Unidos. Es el estuario de las Américas» (Glissant 2005: 280; énfasis mío).

una zona aparte, en una realidad separada de América Latina? ¿Era este archipiélago «americano» o «latinoamericano» durante los días de la Revolución haitiana o el triunfo de la Revolución cubana? El «América Latina y el Caribe» que encabeza programas, centros, cátedras, conferencias, simposios, antologías o compilaciones recuerda las ambigüedades constitutivas del célebre binomio «civilización y barbarie». Binomio fundacional para los discursos culturales del orden político argentino y latinoamericano, sus mejores lectores han anotado cómo dicho binomio más que la puesta en escena de diferencias absolutas es la representación de un traspaso de atributos, la forma misma de una coparticipación poética entre lo que parece oponerse de manera radical[45]. Más aún, esta lógica conjuntiva tiende a enmascarar un presupuesto geo-histórico que es también un presupuesto ideológico: América Latina como lo continental y el Caribe como la figura de lo insular en tanto fragmento. Bajo esta lógica lo latinoamericano-continental es el espacio sin límites, abierto siempre a la extensión, el volumen poderoso de cualquier empresa, mientras lo caribe-insular es la figuración exacta de lo aislado, constreñido, frágil e impermeabilizado. La «y» confirma la no identidad constitutiva de ambos elementos y a la vez la necesidad vinculante de ese vacío como la habitación de una realidad carente de verdades telúricas. La raja del archipiélago mortificaría las pretensiones imaginarias, las pretensiones de cualquier imagen que desee asentar la latinoamericanidad del Caribe con analogías o dicotomías. En efecto archipiélago podría exhibir la porosidad conjuntiva de la (y) deviniendo la inscripción gráfica, la abertura de un poro ( ) que haga sensible los deslizamientos entre estos «campos opuestos», disolviendo su pretendida evidencia geo-política hasta hacer desaparecer la misma «y». La ( ) se nos antoja bahía, vaso o anzuelo, desembocadura y corriente submarina que proveería las posibilidades de percepción del efecto archipiélago, del trabajo sensorial de la mar. En el mejor caso, la «y» tendría que desaparecer en el orden de las gramáticas geopolíticas una vez la saturación y la corrosión que lo acuático ejerce sobre lo telúrico deshagan la economía de sentido que ha «diferenciado»

---

[45] Un comienzo apenas para llevar cabo este tipo de lectura puede ser el ensayo de Ricardo Piglia, «Notas sobre *Facundo*» (1980).

las tierras de sus aguas o viceversa. Al desdibujar la certezas del adentro o del afuera, de lo quieto y lo móvil, el archipiélago agitaría los panoramas que hace posible la falla archipelágica: el efecto de la bahía comunicante entre lo submarino y lo aéreo, lo superficial y lo abismal. Sobre estos panoramas se harían sensibles las figuras contrariadas de la abertura y las figuras del archipiélago ( )-(a).

Allí emergen, en la superficie del Caribe, figuras próximas a la difracción, la dispersión y a las ambigüedades que se relacionan con la negatividad, el oxímoron, la sinestesia, las aporías. Allí donde todo comenzó con desgarramientos y vaciamientos atroces no tendría que erigirse un nuevo y opresivo Reino de las Mayúsculas o una Gloriosa Mancomunidad de Identidades Antillanas Idénticas a Si Mismas[46]. No interesan en este archipiélago la ideologización con la que se han movilizado, en ocasiones, las mayúsculas: Gran Caribe, Caribe continental, las Antillas Mayores, las Antillas Menores, las culturas piadosas que de manera insólita creara el mundo de la plantación y las sucesivas transculturaciones, sino las palabras y los cuerpos que podrían devenir-convenir acuerdos de largo alcance para el aquí y el ahora, para la cotidianidad del archipiélago. Se trata, lo sé, de un archipiélago in-localizable, no histórico pero muy bien asentado en algunas palabras y cuerpos específicos y en relación intensa con la negatividad de ese territorio que afortunadamente no aspira a ser un Todo.

Las estéticas en situación-archipiélago serían modos, por lo tanto, de desanudar los sometimientos que apuntalan las culturas del poder en el presente caribeño. Un texto en condición de archipiélago insiste en reconfigurar la política de su presente a través de un acto de lectura. El texto sería una abertura de perspectivas gracias a la disposición y uso

---

[46] «Las Antillas son el lugar de una historia hecha de rupturas y cuyo inicio es un arrancamiento brutal, la trata de negros. Nuestra conciencia histórica no podía «sedimentarse» —por así decirlo— de forma progresiva y continua como en los pueblos que engendraron una filosofía de la historia a menudo totalitaria —los pueblos europeos— sino agregarse por efectos del impacto, de la contracción, de la negación dolorosa y de la explosión. Esta discontinuidad en lo continuo, y la imposibilidad para la conciencia colectiva de circunscribirlo, caracterizando lo que yo llamo una no-historia» (Glissant 2005: 172).

de un *sensorium* dispuesto a atravesar las demandas y retos del archipiélago. Aunque no pertenezca al «reino» de la naturaleza, el poema, el ensayo, la novela, la canción, los cuerpos en tanto objetos inscritos por o transcritos desde la exposición sensorial no pueden sino registrar las afectaciones del archipiélago. Ante el asedio del mar que trastorna la tierra, o con el que se levantan las poéticas archipelágicas[47], el objeto de arte quisiera dejar el rastro de un cuerpo que ha interpretado, digerido sus efectos. Como imagen que surge de algún tacto, de alguna inhalación, de alguna escucha, visión o saboreo, el archipiélago no puede sino ser una zona de experimentación, experiencia para los sentidos, devenires de acoplamientos para que las potencias corporales se distiendan. Incluso, las poéticas que ahí se juegan algo insisten en representar que la isla, el litoral o la relación entre los elementos del agua, el aire y la tierra no son con exactitud todo lo que se dice de ellos.

Ha sido un escritor cubano, que recién dejara su isla, más bien la isla llamada La Habana, quien nos ha recordado las pretensiones de voracidad telúrica que sostienen algunas de las teorías caribeñas para lo insular. A propósito del señalamiento descalificador que recibiera el poema «La isla en peso» de Virgilio Piñera a manos de Cintio Vitier y luego –gesto que en otro registro genealógico fuera reeditado por Fina García Marruz en *La familia de Orígenes*–, aquello de que el poema piñeriano hace de Cuba apenas una isla antillana, otra isla caribeña más, y como contestación a una pregunta que recibiera de la crítica Mónica Bernabé sobre la función, si alguna, del mito de la insularidad en su obra, Antonio José Ponte no puede esconder su inteligencia como su incomodidad ante tanta mitología insular. Al denominar la posible simpatía o absorción de las teorías sobre el Caribe de un Édouard Glissant o de un Antonio Benítez Rojo por un «lector residente en La Habana», Ponte insiste en que siempre estos temas convocan experiencias disímiles. Un «lector

---

[47] En ese sentido no deja de ser notable el esfuerzo disciplinario de Brian Russell Roberts y Michelle Stephens al proponer un imaginario archipelágico como un modo de adentrarse en una lógica *no soberana* del Caribe. Aunque este esfuerzo parece todavía atrapado en la bipolaridad simplificadora de los prefijos «anti», los «post» y los «anti-anti», se trata de un deseo por imaginar otras lenguas o desvíos ante las fórmulas que padece el Caribe hasta nuestros días. Véase Roberts & Stephens 2013.

residente en Santiago de Cuba» no incorpora del mismo modo dichas teorías que uno residente en Río Piedras, Puerto Rico. De este modo, Ponte prepara la escena para sugerir un reparo ante la capacidad política de estas teorías en contextos caribeños específicos (Bernabé 2009: 261). Con gracia, Ponte subraya la incomunicación entre las islas caribeñas y sus relaciones más intensas, tal vez, con Europa o con el Japón. De igual modo, calibra la reacción de Vitier al poema piñeriano como una suerte de alarma racial ante el ennegrecimiento de la isla que el poema sustentaría o la negatividad premonitoria de su imaginario insular. La incomodidad de Ponte ante el mito insular, sin embargo, nace de las «revelaciones» políticas que estas figuraciones exhiben o silencian una vez son colocadas al interior de una discusión contemporánea en torno a formas no autoritarias de conformar una sociabilidad democrática posible en el Caribe. Las inquietudes de Ponte nos podrían ayudar a colocar estas preguntas: ¿Qué tipo de comunidad política podría emerger de las heterogeneidades (Derrida) que estas teorías trabajan? ¿Cómo estas podrían activar poéticas de igualdad y justicia lejos de ser meramente entidades funcionales que corroboren el multiculturalismo caribeño sin hacerle mella a las culturas del poder caribeño?

> Para insistir en lo insular, podía acogerse uno a La Habana como isla. No importa cuánto se reduzca el espacio: al fin y la cabo, la isla viene a cuento por pura fanfarronería continental. Se alardea de isla para ser más que tierra firme. No es precisamente la pasión del fragmento lo que mueve a quienes hilvanan esta idea fija, sino una voracidad del todo, ambición de tierra y más tierra, apetito continental. En casi todas sus formulaciones, la insularidad no es más que ombliguismo. Cuba es isla subrayada por pura soberbia. (Bernabé 2009: 263)

Compartida su duda ante las mitificaciones yoicas de ciertas islas y sus consecuentes espiritualizaciones insular-céntricas, nacionalistas de tantos apólogos de la Isla, todavía es posible una consideración de ese aislamiento y de la fragmentación que no remita ni a idealizaciones culturalistas ni a sambumbias identitarias. Quizás esto también *falta* incluso en la meditación de Ponte; esa relación con el fragmento, con el roto, con lo roto que trame una relación de singularidades que mire fuera de la casa de todos nosotros. Congregar, tal vez, pueda el archipiélago, un preludio de saberes literarios, de saberes metafóricos que permita una conversación entre las preguntas políticas de Ponte y, por ejemplo, la feroz crítica a la pequeñez y naturalizada perceptiva turística de una isla caribeña como Antigua hecha por Jamaica Kincaid en su extraordinario *A Small Place*:

> It is as if, then, the beauty–the beauty of the sea, the land, the air, the trees, the market, the people, the sounds they make–were a prison, and as if everything and everybody inside it were locked in and everything and everybody that is not inside it were locked out. And what might it do to ordinary people to live in this way every day? [...] They have nothing to compare this incredible constant with... Nothing then, natural or unnatural, to leave a mark on their character. It is just a little island. The unreal way in which it is beautiful now is the unreal way in which it was always beautiful. (Kincaid 1988: 79-80)

El carácter autocomplaciente de una minoridad isleña contemplándose en la nada claustrofóbica de su indudable belleza umbilical es un posible rizoma de resonancias para más de una voluntad crítica en el Caribe. Proponer, entonces, una palabra que asuma el vacío, la no comunidad real entre las islas, su relación como posibilidad e imposibilidad, su singularidad sensorial como una entrega del ahora de un cuerpo y no como un contenido trascendental. Lo que ensaya el efecto archipiélago es un deseo de paso a un trajinar de imágenes que habiliten otra interlocución crítica que habilite otro tipo de *demos* entre las islas. Con algunos pasajes literarios insistir, no en voluntades o apetitos telúricos, sino en los efectos de la mar, en lo que hace al archipiélago caribe un *piélago*, en lo que hace del Caribe otra hoja de mar más, cuya abundancia, carencia, suspensión o inestabilidad la harían resistente a las enumeraciones, resistente a las exactitudes o a las conservadoras fantasías de autenticidad cultural. El *archi-pélagos* caribeño como el comienzo para una urgencia ética que pondere la multiplicidad infinita de los mares, como el desierto cultural que ocupan muchas de sus sociedades en ocasiones encerradas en su propia identidad. Dejar que el piélago también exhiba lo que lo asemeja al desierto, al vacío de diferencias, a la desorientación por ausencia de referentes, a la negatividad de lo mismo que no acaba, de lo desertado o de lo vaciado. Una reflexión sobre las formas vinculantes de un mar, sobre la materialidad de una serie de metáforas caribes, atiende esos cuerpos cuando distan mucho de la tierra, de lo familiar. Pensar cómo esos cuerpos abrazan la lejanía de la costa para lanzar desde allí una palabra des-naturalizada hacia otro horizonte, sea marino o telúrico.

Este archipiélago dialoga, además, con una preocupación mayor que rebasa sus intereses: el lugar y la circulación de la teoría en el Caribe. La certeza de que muchísimas páginas de teoría y praxis política de lo literario en el Caribe y América Latina pasan por otros perímetros y no se los encuentra necesariamente en los estantes dedicados a las mismas en las librerías o en los archivos. Su carácter contaminado, ensamblado, roto, autónomo en su avería apunta hacia la condición histórica de esa literatura, su comunidad y su cultura. En los habituales estancos institucionales, en el Caribe, la teoría es cuando menos exigua, aunque su comunidad de lectores testimonie otra existencia. Una meditación en torno a otro tipo de aparición de lo teórico, en tanto actividad que reflexiona sobre lo que está más allá y produce otro posible objeto, es inseparable de esta consideración de las políticas de la literatura. Ambas implican una reconsideración del sentido de lo *común* en el Caribe, de lo *sentido como común* que el propio sentido común aplasta. En efecto esta comunidad política en archipiélago, ofrece relatos de lo caribe, cuerpos poéticos sin atribuirle alguna cualidad mágica o alguna superioridad ontológica.

El Caribe es otro lugar más, ni el mejor ni el último, marcado discursivamente por circunstancias históricas específicas, como todo lugar. Privilegiar algunas de estas circunstancias de un modo invariable harán visibles ciertas experiencias y tornarán opacas e imperceptibles otras. ¿Es posible pensar del Caribe sin reconocer la materialidad que hizo posible la colonización, la esclavitud y la plantación, la heterogeneidad de sus lenguas, habitantes y sus experiencias políticas, la experiencia colonial, la disonancia de sus ciudades, sin la inevitabilidad simultánea de *tropoi* y experiencias precisas como el viaje, el aislamiento, el saqueo, la extranjeridad fundante, la eternidad de lo mismo o el protagonismo global de algunas de sus revoluciones emblemáticas? Tal vez no, pero habría que ensayar modos de pensarlo más allá de los actos de fe o las rutinas de archivo que debe saldar el investigador, sobre todo, si está de algún modo interesado en responder por la condición de las culturas del poder en el Caribe. También habría que dejar de lado la ansiedad culposa del académico multiculturalista que imagina su «agenda de investigación» y planes de cursos, como el espacio de convergencia para las identidades, lenguas y éticas del archipiélago; una suerte de reunión literaria de las Organización de las Naciones Unidas Caribeñas entre las páginas de un libro donde el mero disponer de las «evidencias» (temas, autores, ejemplos textuales) del «nosotros» suturará desencuentros, confrontará ninguneos y nos redimirá de la inequívoca fatalidad de ser invisibles.

Por otra parte, aunque muy cerca de nuestra preocupación, ¿cómo representar la experiencia archipelágica evitándonos el reclamo de nominación multilingüe como condición que visibilice al Caribe en la historia? ¿Cómo afectar, desde estas representaciones, los modos de participación política que vive el archipiélago? ¿Es esto posible? El mejor de los políglotas nunca podrá leer un texto producido en otra lengua como lo lee aquel (o aquella) que ha crecido inserto en esa lengua y es parte del contexto de producción y lectura del mismo. Esto por sí mismo tampoco ofrece superioridades o perspectivas absolutas al nativo monolingüe. Perderse esta experiencia de lectura, cómo no, es también una ganancia para un lector colocado en las afueras de esa lengua o colocado en la brecha que estimula el archipiélago. Allí facilita apropiaciones, difracciones, malas lecturas productivas y hasta hallazgos inimaginables para los paisanos del texto, esos que *dominan* el texto en su «lengua original». En el orden del discurso de las islas, entre los continuos *re-enactments* de lógicas coloniales o de subordinación, inclusive entre algunas aparentes resistencias a las anteriores, se ha ensamblado una naturaleza y una familiaridad de lo extranjero, de lo extraño[48] que ya no lo es. La extranjería, lo foráneo

---

[48] E. Kamau Brathwaite en su «History of the Voice (1979/1981)» (1993) señala que no reconocer la multiplicidad de lenguas africanas que forman parte de la condición lingüística caribeña afecta en el peor sentido el uso y dominio de las lenguas europeas en el Caribe. Este no reconocimiento, además, apuntala una pedagogía poética que en el Caribe inglés levanta modelos perceptivos que han familiarizado más al lector con una caída de nieve que con la devastación de un huracán. A esta lógica de sustracción perceptiva Brathwaite la llama en inglés una suerte de carencia silábica, una falta de inteligencia silábica para describir nuestra experiencia.

es un referente vaciado entre las islas pero cercano, puesto ahí. Su capacidad de significación también se ha desfondado incluso entre algunos «relatos nativos» y carece de sentidos fijos en el Caribe. Absolutizar como subestimar su circulación sería un error político con consecuencias imprevistas. La palabra extranjero no significa en el Caribe o su significado se desfonda en la resaca de sus orillas reales e históricas. Esta situación es comparable a la de cualquier entorno cultural, conformado por el ir y venir de múltiples extranjeros y cuyo «asentamiento» ha borrado, como la sedimentación, la exterioridad de sus signos. Lo extranjero como dispositivo singular del *ethos* archipelágico es uno de sus puntos de ensamblaje cultural más productivos y recurrentes. La familiaridad extraña del otro caribeño, su extranjería «conocida», es signo de una ciudadanía impropia, momentánea, inconveniente. Se trata, en ocasiones, de una ciudadanía lingüística que se sabe frente a otras y se imagina acompañada por otras lenguas. Esta acompañarse de las lenguas no es siempre familiaridad o armonía. En el Caribe no habría, por lo tanto, que apuntalar la creencia en alguna lengua original común a todos. El archipiélago podría potenciarse como zona para el exacerbamiento de las lógicas monolingües del otro[49]. Lo multilingüe es una condición de la escucha y recepción de las lenguas en el Caribe, es la antesala sensorial, el murmullo imaginario, el paisaje y la caja de resonancias que desquicia cualquier traducibilidad simplona y prepara la potencialidad de las diversas escenas de escrituras que se pierden entre sus aguas. Las otras lenguas son corrientes internas, filtraciones en las casas y lenguas dominantes de las islas.

Escribimos en presencia de todas la lenguas del mundo.
Las compartimos sin conocerlas, las convidamos a la lengua que usamos. La lengua no es ya el espejo de ser alguno. Las lenguas son nuestros paisajes, que la subida del día altera en nosotros. (Glissant 2006: 83)[50]

---

[49] «Pero por esta misma razón, el monolingüismo del otro quiere decir además otra cosa, que se descubrirá poco a poco: que de todas maneras no se habla más que una lengua, y no se la *posee*. Nunca se habla más que una lengua, y ésta, al volver siempre al *otro*, es, disimétricamente, del otro, el otro la guarda. Venida del otro, permanece en el otro, vuelve al otro» (Derrida 1997: 59).

[50] «Escribo ahora a partir de ahora en presencia de todas las lenguas del mundo, con la punzante nostalgia de su devenir amenazado. Me doy cuenta de que en vano

Las escrituras del archipiélago manifiestan, por lo tanto, un trabajo deliberado por descarrilar las pretensiones de totalidad de alguna lengua materna. Por eso escuchar las demás lenguas en alguna lengua materna es siempre palpar una lengua perdida, no en el sentido de lengua muerta o extinta, escuchar la lengua es palpar la abertura misma ( ) donde la lengua se coloca *entre y con*-otras lenguas, habida entre emisiones múltiples, extraviada entre fracturas y ensambladuras.

Escribir *en* archipiélago es un acto que libera la potencialidad de una *proximidad lingüística,* de una tonalidad cercana aún cuando dicha lengua nos parezca hermética e incomprensible. Esta proximidad es el resultado de un trabajo sobre el espacio subjetivo, histórico, donde se inscribe una apertura, un enlace, una salida hacia la heterogeneidad de la otra lengua. La proximidad de esta lengua literaria, en particular, ha hecho de la cercanía el enigma de su lógica, de su tonalidad, el enigma de su condición discursiva, de su misterio lingüístico como pérdida de la comunicabilidad, de la habilidad misma de los caribeños para comunicar su heterogeneidad compartida a pesar de su carácter monolingüe. El carácter archipiélago de esta lengua no habría que reducirlo a los constantes trabajos estéticos con la oralidad sino apreciarlo también allí donde serpentea su camuflaje, su condición rota o de dicho a medias, contrahecha, inconclusa. La proximidad de estas escrituras produce y vuelve tema una (no)subjetividad literaria y política más que cristalizarla en alguna identidad o comunidad. Se trata de una condición de enunciación agujereada y porificadora en su relación sensorial con el otro, abierta a lo impredecible como un modo de participar en lo contemporáneo[51].

---

intentaríamos saber cuantas fuera posible; el multilingüismo no es cuantitativo. Es uno de los modos de la imaginería. En la lengua que uso para expresarme, y aunque sólo pudiera alegar ésa, ya no escribo de forma monolingüe» (Glissant 2006: 29).

[51] «Escribir, sin embargo, en presencia de todas las lenguas del mundo no significa conocer todas las lenguas del mundo. Significa que, en el contexto actual de las distintas literaturas y de su relación con el caos-mundo, me está vedado escribir de forma monolingüe. Actúo sobre mi lengua desviándola y derribándola no mediante síntesis, sino mediante aberturas lingüísticas que me permiten anudar relaciones entre las diversas lenguas que hoy se hablan sobre la faz de la tierra –relaciones de dominación, absorción, de opresión, de erosión, de tangencia, etc.– como elemento de un drama

El Caribe goza de un vasto archipiélago apenas perceptible sin la inmensidad del mar y del océano que recorren sus tierras. Un litoral, un playa inédita, un *brochure* turístico, el barrio arruinado, una fortaleza, las palmas, los piratas, una luz sin tregua, las despedidas en los puertos, marítimos o aéreos, la central azucarera abandonada, el sabor repetido de sus ritmos y de sus lenguas, el *mall* más grande del Caribe: el desconocimiento formidable de las otras islas. En tanto lugar para diversas producciones culturales, su especificidad siempre ha levantado dudas, límites, términos ante aquellos que insisten en declarar indiscutible, por igual, su concreción física sobre la Tierra, su belleza o su insignificancia mulata, como la eterna transculturación de los magisterios continentales. Algo que muchas veces se pasa de largo, tanto en las idealizaciones como en los ningunees caribeños, es una consideración sobre las circunstancias de la comunidad de lectores que, a fin de cuentas, podría corroborar la existencia de una literatura caribeña sin mayúsculas. En este sentido son reveladoras y preocupantes las variadas preguntas en torno a la sintonía de proposiciones teóricas como las de Fernando Ortiz, Antonio Benítez Rojo o Édouard Glissant, entre otros. Pues allí se manifestarían los alcances sociales y políticos específicos de una voluntad teórica para el Caribe como el perfil abierto de esa comunidad, que no siempre aplaude los esfuerzos teóricos de sus pensadores. Sin embargo, esta misma falta de diálogo o aun de sentido entre un corpus teórico y una lectura del mismo en un contexto específico ya es una entrada a la topología de una recepción posible para lo teórico en el Caribe. Esta recepción de lo teórico expone las marcas, por igual, de un desencuentro como las marcas de la especificidad de ese deseo de representación de una lógica cultural inseparable de racializaciones y de demandas políticas inmediatas que recibe un lector entre las islas. No extraña entonces que puedan encontrarse varias reacciones o dudas ante el empuje teórico de algunos escritores del Caribe. Durante una entrevista en 2003, la escritora guadalupense Maryse Condé mantenía su distancia ante lo que ella denomina, en los linderos de una gestua-

---

grandioso, de una tragedia gigantesca de la que mi propia lengua no está a salvo ni exenta. Consecuentemente, no puedo escribir mi lengua de manera monolingüe, la escribo como espectador de esta tragedia, de este drama» (Glissant 2002: 42).

lidad anti-teórica, el excesivo carácter «cerebral» de las propuestas de Édouard Glissant. En medio de una serie de preguntas que buscaban afiliar a la autora a alguna identidad o cofradía de género, Condé no puede dejar de subrayar la no-existencia de una cultura de lectores, la inexistencia de un diálogo literario que recorra el archipiélago. A su modo demostraba que la idea de una comunidad caribeña de letras es un vacío discursivo, un mito fabuloso:

> **What about other writers from the Antilles?**
> Solidarity with Antillean writers? I certainly do not feel solidarity. I detest their vision of the Antilles. We share no solidarity –none. If I occasionally get together with certain writers, like Daniel Maximin, it's because he's a friend, not because he's a writer.
>
> **What sort of relationship exist today in the Caribbean between Francophone, Anglophone, Hispanophone, and Lusophone authors?**
> We hardly know each other. Derek Walcott came to Guadeloupe once or twice. Authors come for literary prizes, that's all.
>
> **Even Derek Walcott?**
> People don't know his work. The high school students wanted to give a prize last year to Jamaica Kincaid, but this kind of thing is very sporadic. There isn't really a writing community in the Caribbean.
>
> **What about the «relation» Glissant speaks of?**
> Glissant is very cerebral. He's a friend of Walcott's, a friend of Brathwaite's, so perhaps this relation exists form him. For the majority of Antillean writers, it is largely a myth. (Condé, Alexander, Broichhagen, Koffi-Tesso, Lachman & Simek 2006: 17)

Al anotar las vivencias inmediatas de un tipo particular de lector, estas dudas exponen la ausencia de una comunidad que aloje estas propuestas teóricas, que dialogue con y cuestione productivamente las variadas literaturas del archipiélago. Habría que añadir que la respuesta de Condé, esa descalificación de lo complejo como «cerebral», es más una evasiva «desmitificadora», cargada de ironía, que una consideración detenida de los términos de la pregunta.

Lo que el Caribe, sin duda, *no es* insiste en ser idealizado o comprobado como realidad mítica por variados custodios disciplinarios del archivo. El *Caribe* aparecería como otro comienzo para imaginar contactos y como posibilidad política cuando se ensayen modos de des-ideologizar y des-espiritualizar la conversación que nos hace falta. La mitificación del Caribe, la continúa mistificación de lo caribeño delata ya un deseo de comunidad pero también una voluntad de orden que merece reflexión. Igual es muy probable que más de una propuesta teórica opere a-*(isla)*-da-mente en relación a las demás. No me refiero solamente a que algún autor no reciba la lectura o los aportes de esta autora o aquella voz, sino que el *a-(isla)-miento* sea un síntoma más de la condición archipelágica que comparten, por igual la reflexión y su objeto de estudio. *La mentira de las islas, la isla como la mejor imagen para todo aquello que ha sido separado del mundo* es, de otra manera, una entrada en la bahía de las imágenes naturalizadas, negadas o cristalizadas por los discursos caribeños. El *a-(isla)-miento* es aquello que las separa y sin exactitud alguna ( )-(a) las atraviesa: la conmoción acuática de los oleajes sobre el litoral, eso que las afecta sin término.

2.A.

Islas interpuestas ( )
mar adentro, tierra abierta

> Sentado dentro de mi boca asisto al paisaje.
>
> José Lezama Lima, «Peso del sabor»,
> *La fijeza* (1975: 848)

La mar precisa el contorno de las islas en el horizonte. Aunque preciso no sea lo que desata el oleaje sobre el litoral, la mar, de algún modo, socorre al ojo cuando este rastrea alguna imagen de la isla deslindada de las aguas. Sin el cuerpo marino la isla no es, la isla no aparece. Frontera solo si porosa, nunca dique, puente vaporoso, caverna humedecida que en la intemperie va enredada al salitre que la penetra y desde ella escapa. La mar y la isla entretejen sus materias en la marea y entre sus vientos. En un parpadeo, es un decir, la marea las indiferencia y las delimita o, si se quiere, el ir y venir del oleaje es capaz de aparejar la imagen de esta indistinción entre la isla y su cuerpo marino. El vaivén del oleaje in-distingue los límites que sirven de trasfondo tanto para la isla como la mar. Los demás sentidos, en medio de esa erosión de márgenes que es todo litoral, pueden, por lo tanto, dedicarse a otros asuntos, a confundirse en esa inestabilidad de las aguas. Se trata de una situación insensata, desafinada, inexacta.

Los desplazamientos por las islas, entre ellas y al interior de alguna, ayudarían a distinguir la singularidad ética y hasta poética de cada una de ellas. Esta distinción nunca arribará a una perspectiva única o diáfana. Viajar aquí significa acercarse, nunca llegar a tener el sentido de estos lugares. Pues «viajar» *entre* ellas o aun *a través* de ellas no es sólo el mero traslado de un cuerpo de una isla a otra, de un paraje a otro, del peñón marino al continente o en dirección contraria ejecutar todos los movimientos anteriores. Atravesar el archipiélago es también soportar un cambio de percepción, sobrellevar una alteración de la experiencia de lo perceptible. La particularidad de un lugar es un efecto sobre el cuerpo de sensaciones que allí se agita más que la suma de accidentes que se recogen en ese mismo lugar. La particularidad de todo lugar es una relación con el pliego de intensidades que dicho sitio estimula. Aún quien habita el lugar tiende a recorrerlo, podría poner en tránsito su cuerpo sobre él. Por lo tanto, al interior de los recorridos o gracias a ellos se ha organizado un reparto de perspectivas, de panoramas históricos que no están exentos de jerarquías, contingencias y privilegios. El repaso metafórico de aquello que levanta el contorno isleño es un modo más de acercarse a su pluralidad histórica y política. Eso, aquello que levanta todo cuerpo expuesto a la verdad del mar, es y será una multiplicidad si se lidia con ella desde los modos del errar. En toda errancia es muy posible toparnos también, por qué no, con la experiencia de la inmovilidad y de la quietud. La pluralidad de efectos y afectos que esta verdad desate, de ningún modo, debería constituir algún arsenal de contraseñas redentoras, ni un estado ideal para el futuro político del archipiélago.

Más allá o acá de las islas, interesa pensar, por el momento, en qué circunstancias deviene perspectiva marina algún paisaje caribeño. Todavía más, ¿cuándo o de qué manera poética y políticamente emerge la condición corporal de sus aguas como indicio o cifra de la singularidad del Caribe? Se trata, por qué no, de preguntar por esas maneras de pensar por las estéticas que han vuelto *evidencia histórica* un cuerpo caribeño. ¿Cuál sería entonces *la actividad empírica* que demandaría este cuerpo marino? ¿Qué *sensorium* se activaría estimulado por esta singularidad que parece, en ocasiones, devenir cuerpo entre islas? ¿De qué manera, si alguna, el despliegue de alguna potencialidad sensorial interactúa con las subjetividades políticas que han dominado la escena histórica de las islas del Caribe? ¿Produce el archipiélago *allí*, por ejemplo, en la materialidad del poema, en el tono de la voz o en la tesitura del gesto otro tipo de *cuerpo político*? Anotar algunas voces y poéticas de cara al mar no será meramente destacar la personalidad lírica que allí vocea su circunstancia. En archipiélago nada se aplica a la elucidación anecdótica de lo real. Nunca habría que conformarse con los cuerpos poéticos, con los trazos que la imagen en el Caribe hace posible. Trazar la ruta, seguirle el paso a algún trazo en(tre) las islas, sin embargo, no debe confundirse con las recurrentes cantilenas en torno al *ser* caribeño; en el archivo latinoamericano, aburrimientos en procesión circular giran en torno a tres grandes categorías: identidad, herencia y consciencia. Serenarse y respirar entonces: la especificidad de estos trazos de lo caribe nunca será completamente avistada, escuchada, sentida, jamás fijada por algún protocolo de la exactitud. Indefinido insistirá en (a)parecer el trazo de los sentidos por el archipiélago. Viaje o nota que se ofrece a la sensación, a una posibilidad sensorial múltiple antes de que alguien diga «yo» y deposite allí su sentido común y sus ansias de re-conocimiento.

El viaje por el archipiélago es algo que tienen *en común* las islas. Este viaje es más el tránsito plural de una serie de imágenes, de efectos corporales, que la cartografía de algún viaje de la realidad. No se quiere negar aquí tampoco los efectos de viajes muy reales y muy específicos, ni de subestimar cómo estos han marcado los desplazamientos de sentidos y cuerpos en el archipiélago. Tampoco interesa hacer del viaje alguna panacea política para el orden del discurso caribeño. Como potencialidad imaginaria la travesía es lo común al archipiélago en tanto lo *comunica*. La travesía, la exposición al roto interpuesto, a la intemperie archipelágica deshace la decantación el objeto-( )-sujeto; el paisaje, en ocasiones puntuales, horada al sujeto; el poema es el registro de esta corrosión. Esta comunicación no es el traslado lineal y translúcido de mensajes. Lo único es el vacío común que permite los contactos y las perspectivas. Así el aderezo de la voz personal, la mímesis conceptual que debe devenir modelo estético, no constituirían necesariamente el horizonte sensorial que acicatea el archipiélago. En condición archipiélago no se privilegian las ideas que se le ocurren al «yo». *Allí* un sujeto fluye por el cuerpo de sus sentidos. Los sentidos de su cuerpo constituyen este espacio. Así la travesía, en tanto devenir, máquina, arrebato o sensorialidad, *nos comunica* los sentidos del archipiélago.

La potencia poética y política del archipiélago, en tanto experiencia, no será percibida ni ratificada, luego de algún acto de catalogación bobo, echado de bruces ante los porcentajes culturales que ratifican las poblaciones de una tierra continental *versus* los porcentajes que nunca reposan, aislados, sobre las aguas. Es posible escuchar ya las preguntas de quiénes nos recuerdan la cantidad de gente que en el Caribe no vive en las islas, como una suerte de golpe maestro a nuestras apetencias poéticas. Descalificar la verdad política del archipiélago a través del inventario de las culturas de tierra firme *versus* las que se asientan sobre las islas comporta, en verdad, un acto de moralización ideológica que no merece importancia. Creo que se confunde la gimnasia con la magnesia. De igual modo, cuestionar la pertenencia ideológica de algún viajero por las islas y lo que éste o ésta *pone en juego* o *adquiere* con sus travesías reales o metafóricas, es más bien levantar otra vez una tarima de fetiches y autenticidades idénticos a sí mismos. El archipiélago es la disposición de un imaginario desde el acontecer material de sus aguas, la relación impostergable de algunas imágenes *entre* sus tierras y *ante* sus aguas; *allí queda* esa forma que da por recibida y transforma una irremediable situación intersticial. Las formas que lidian con el carácter inconcluso de las descargas y fuerzas del litoral ponen en entredicho los modos que insisten en pensar el Caribe a través de binomios: tierra *versus* mar, isla *versus* continente, América Latina *y* el Caribe. Pues, fuera de bromas, cuán firme es esa tierra. ¿Tierra firme? Seguro, porque la isla es móvil…

Esta «comunalidad» o comunicación archipelágica no es meramente la coincidencia de comportamientos, de asentamientos o estilos bajo una casa o una causa común. Lo comunal aquí no es el techo bajo el cual se reúnen las coincidencias y los compartimientos de la mismidad. La Casa o casita donde algunos se *re-conocen*. La comunidad de este archipiélago, que en ocasiones se avizora, no es la de aquellos que tienen todo o algo en común, sino la comunidad de los que están dispuestos a acoger lo otro en su irreductibilidad aun dándole la bienvenida a la incomprensión y a lo irreparable[1]. Es la común-unidad entendida como

---

[1] Juan Duchesne Winter, en su lectura y glosa de Jean-Luc Nancy, apalabra esa *comunidad* como una *instancia*. Se trata de un *estar-en-con* imposible de avizorar a través de las resonancias del verbo *ser*: «La comunidad no *es* entonces, un conjunto de cualidades o propiedades compartidas por unos miembros incluibles o excluibles del acuerdo a la conformación o no conformación a esas cualidades, sino todo lo contrario,

abertura y exposición. Incluso, esta «comunidad» podría ser la turbiedad polémica de experiencias y participaciones en un espacio de posibilidad. La posibilidad de encontrar un mar en las afueras, o un «mar extraño» incluso en lo íntimo, más allá de las expectativas verosímiles, cuestiona su condición «externa» o «interna» con relación a los discursos:

> El mar, el verdadero mar,
> casi ya el mío...
> el mar, el mar extraño
> en su propio recinto...
> el mar ya quiere ser el mar sobremarino...
> (Burgos 1981: 11)

Entre redes poemáticas, en otras ocasiones, acústicas disímiles, se podría perseguir *otros* paisajes, otras lógicas con *otro modo* de incidir sobre un cuerpo sensorial, sobre un cuerpo de sentidos. De igual manera, por qué no, re-visitar lo que insiste en repetirse con la misma forma e intensidad de siempre. Entonces ¿qué heterogeneidades poéticas aparecen en el archipiélago a pesar de los regresos de lo mismo, las redundancias de la identidad que puede ser también el oleaje? ¿Emerge, tal vez, allí una enunciación singular, un cuerpo particular que no es idéntico al *ídem* de la marea? Las imágenes que enmarca el horizonte, como si estuvieran destinadas a surgir siempre de la mar, han hecho posible variadas combinatorias para un saber de lo otro o para la otredad de ciertos saberes que el mar Caribe corroe. La corrosión es lo que hace de estas imágenes, *otras imágenes*. Junto a esos cuerpos del horizonte, entre y con ellos se aprecia el trabajo de horadación del archipiélago. Pues se les aprecian también cavidades perceptivas, hondonadas, cajas de resonancia que articulan y hacen virtuales, como un desborde, los efectos de estos saberes del archipiélago.

---

es el puro *estar-en-con* que ni siquiera se define a partir de un conjunto de miembros, pues no hay miembros en la comunidad, sino instancias de *estar-en-con* cualquiera, incluso, con quien no *tiene* o *posee* nada en común. La comunidad es ese continuo estar expuesto al *estar-en-con* que llega» (Duchesne Winter, 2005: 42). Sobre esta venida comunitaria, negativa sin duda, véase también Blanchot 1999 y Agamben 1993.

¿Qué puede saberse del archipiélago, al final de cuentas, sino una relación con sus cuerpos de paso, con la insistencia acuática, con las inundaciones o los *temporales*, incluidos los históricos? Otredades del tiempo y del lugar, en archipiélago, con las que se pasa una vida en común o una vida en tempestad. Paseos de los visitantes y de los lugareños; cobijos frágiles, inútiles ante las catástrofes pero también estaciones de la nada y el vacío. Modos de lo otro, incluso, que pasan de largo, que sencillamente se pasan o no pasan. En resumen, la comunidad con la que trabajan ciertos textos afectados por el archipiélago es una comunidad imposible, reunida en torno a algún desastre, infortunio o, para ser más específicos, en torno a alguna muerte, incluidas las simbólicas[2]. Esta reunión deviene, en incontables ocasiones y con una insistencia histórica pasmosa, fiesta, escenario para el éxtasis, aquello que Georges Bataille llama lo heterogéneo: la monstruosidad, o el goce improductivo que sirve incluso de sostén a tantos protocolos de homogeneidad con los que se reproducen las culturas del poder. La negatividad de esta paisajística brumosa convoca, en repetidas instancias, a esta comunidad del archipiélago como comunidad de deseo[3]. Pero la fiesta no es aquí la sonrisa perpetua de la felicidad. La reunión festiva puede ocurrir sobre los lugares que ha dejado la erosión. La fiesta hospedada por la erosión de las principios como la erosión que padece la geografía: una playa, una ciudad, un Estado, un archivo. La erosión se sabe instalada al borde del silencio o colocada sobre la mismísima incomunicación. El archipiélago

---

[2] Jean Luc Nancy en su reconsideración de los conceptos *común*, *comunión*, *comunismo* y claro, *comunidad*, propone: «A community is the presentation to its members of their mortal truth (which amounts to saying that there is no community of immortal beings: one can imagine either a society or a communion of immortal beings, but not a community). It is the presentation of the finitude and the irredeemable excess that make up finite being: its death, but also its birth, and only the community can present me my birth, and along with it the impossibility of my reliving it, as well as the impossibility of my crossing over into my death» (Nancy 1991: 15).

[3] Ni un contenido, ni una condición espejo, el deseo que aquí movilizamos es más una «potencia de vida», un querer agenciarse, nunca ideal, que cual descarga energética recorre lo que Deleuze y Guattari han llamado líneas de fuga, disposiciones; eso que se agita en(tre) los devenires, los movimientos de adaptación y capturas que siempre explayan una zona de inmanencia. Véase *Mil mesetas. Capitalismo y esquizofrenia* (1997).

como una constelación marina de zonas heterogéneas emerge de las oquedades de la erosión[4].

La sensorialidad heterogénea, acuática o telúrica, aérea y subterránea, atávica y moderna transporta un desajuste tonal, afectivo en los sujetos que la encarnan y la recorren. Esta alteración perceptiva dispuesta por el archipiélago, en tanto amalgama de cuerpos y particularidades donde confluyen lo alto y lo bajo, la abstracción y la materialidad, es un complejo espacio de interpelaciones y mediaciones. El texto poético, como alguna performatividad cultural que sea parte de este horizonte, lidiaría con modos de agitación, de la afectación o el deleite pues en ellos, sobre ellos, se lleva a cabo una lucha por las verdades del archipiélago. Las panorámicas poéticas que agujerean los cuerpos del archipiélago son parte de una variada sucesión de estéticas que *sensibilizan* al archipiélago, *que lo dejan sentir;* con ellas emergen ocasiones para conversar sobre sus modos de acontecer y los géneros de este acontecer. Los panoramas del archipiélago son inseparables del cuerpo de nuestras sensaciones y de la especificidad afectiva, las descargas y efectos propios de alguna con( ) moción. La con( )moción es el trazo de la apertura, la abertura que señala lo archipelágico. Es allí ( ) donde una teoría de la sensorialidad en archipiélago facilita un análisis del lugar donde se encuentra esa percepción bajo los efectos (del) archipiélago. Esta condición sensorial abierta al mar no habría que imaginarla como una actividad sujetada, ineluctablemente, a ejercicios de abstracción. Un Walter Benjamin enamorado, de cara a un tejido urbano específico, podría adelantar alguna pista sobre «la ubicación de las sensaciones». Benjamin anota, en *Dirección única*, cómo la sensación que despierta el objeto amado no se halla en la cabeza *de quien la siente*, sino que dicha sensación habría que encontrarla fuera de nosotros, palpitante, depositada en el cuerpo-espacio mismo al cual se dirige nuestra «adoración»:

> Quien ama, no se aferra tan sólo a los «defectos» de la amada, ni a los caprichos o debilidades de una mujer; mucho más duradera e inexorablemente que cualquier belleza le atan las arrugas del rostro y las manchas de la piel, los vestidos raídos y un andar disparejo. Esto se sabe hace ya tiempo.

---

[4] Véase Bataille 1970: 165-202.

¿Y por qué? De ser cierta esta teoría según la cual las sensaciones no anidan en la cabeza, y sentimos una ventana, una nube o un árbol no en el cerebro, sino más bien en el lugar donde los vemos, al contemplar a la mujer amada también estamos fuera de nosotros mismos. Aunque, en este caso, torturadamente tensos y embelesados. Deslumbrada, la sensación revolotea como una bandada de aves en el resplandor de la mujer. Y así como los pájaros buscan refugio en los frondosos escondites del árbol, las sensaciones huyen hacia las arrugas umbrosas, los gestos sin gracia y las manchas insignificantes del cuerpo amado, donde se acurrucan, seguras, como en un escondrijo. Y ningún paseante ocasional adivinará que precisamente ahí, en aquellos rasgos imperfectos, criticables, anida, veloz, como una flecha, el ímpetu amoroso del adorador. (Benjamin 1987: 24-25)

En Benjamin, esta huida de las sensaciones hacia las zonas gastadas, «umbrosas» del cuerpo es lo que las hace posible en tanto imágenes para la sensibilidad del deseo y su memoria. Imágenes que no son receptáculos vacíos para algún contenido. Estas imágenes más que *ser* algo, desatan e inscriben gestos y afectos, arriban y se esconden en los pliegues del cuerpo amado. La imagen es un efecto sensible a partir de los signos oscuros, de los ahuecamientos y trazos manchados del cuerpo. Toda sensación es una condición compartida. La sensación es una zona donde comparten el cuerpo, el espacio y el sujeto que ha experimentado un (a) efecto perceptivo.

Ahora bien, ¿dónde podrán refugiarse los pájaros en alta mar? ¿Adónde huyen estas sensaciones si no hay frondas, ni espesuras arborescentes? En ausencia de los árboles frondosos, en el litoral las criaturas huyen a su playa sensorial. Lo compartido es la cualidad perceptiva que crea y extiende las sutilezas del *allí* sensorial. Toda sensación hace de la descarga significante dilatación, cual corriente, onda o sustracción. Sin árboles de fronda, estas bandadas buscarán sumergirse en las aguas, encontrar en los corales y las arenas otras frondas; desde este sumergimiento redescubren el carácter marino de la tierra archipelágica y emerge otra imagen o el espacio ocupado por su retirada. El acontecer de la imagen exige palpar *un estado de afectación* inserto en esa escena, que es escena por ser desate de una conmoción donde la imagen intentará restablecer en el presente perceptivo de alguna lectura su condición vibratoria. Toda sensación se acerca o distancia a esa mixtura de afectos, emanaciones y espacios dispuestos por la emisión de la imagen. Las marinas no evitan la dilatación y el ensombrecer de los sentidos. La sensación no es un resultado perceptivo, sino la condición misma de la sensorialidad y de la eventualidad de las imágenes.

La transparencia de algún aparecer imaginario, por ejemplo, cual signo o paisaje no es lo único que *despierta* la imagen *allí* sentida. Que se les vea o se las sienta con claridad es sólo el comienzo. Ese espacio donde se sienten las imágenes, donde se las a-vista, es inseparable de la facultad sensorial que se ofrece como apertura en estado de recepción y que en su abrirse despliega el efecto imaginario. El cuerpo es aquello que comienza y se sabe en sus aberturas. El cuerpo es aquello que sabe de las aberturas. Ese *donde* es sin reparo alguno un *cuando* que se protege del calendario entre los pliegues del cuerpo. La sensorialidad es, en ocasiones, un devenir del desafuero de sí y la vibración de imágenes que aparecen convocando un lenguaje. No siempre. El *aguijón* estético (para decirlo al modo palesiano)[5], que puede desatar en un cuerpo una situación archipelágica, efectúa la singularidad de este momento imaginario, de esta condición de su imagen. Situación, dicho sea de paso, que ninguna identidad cristalizada por los protocolos de la mismidad soporta, pues lejos de ser un espacio de cobijo y resguardo, este horizonte imaginario anota la intemperie de su acontecer subjetivo e inscribe así la marca de su aparecer en la historia. Su deseo de cobijo, su búsqueda de resguardo es más un movimiento entre tantos: una descarga afectiva más que un lugar preciso donde erigir alguna algún ceremonial identitario. En el archipiélago la particularidad sensual de lo acuático, la recurrencia de los cuerpos líquidos invita a variados despliegues cinéticos. Muchas de estos incluyen desde los descendimientos, los flotamientos, las inundaciones, los sumergimientos, como esas elevaciones, las idealizaciones del Ideal y hasta las bellezas que se encuentran en la «altura» y la quietud.

---

[5] Esta penetración corrosiva, tan cercana, a las insistencias del aire salitroso, Palés Matos la cifraba en un registro acústico en su admonición al «hombre blanco» ante los efectos de la musicalidad isleña: «¡Ahí vienen los tambores! / Ten cuidado, hombre blanco, que a ti llegan / para clavarte su aguijón de música» (Palés Matos 1995: 567).

En condición archipelágica se aprecian al menos tres constelaciones de imágenes tensadas por las fuerzas marinas, la ola, la corriente submarina y el viento salitroso. Se trata de un imaginario para el trabajo del mar, más allá de la localización de sus aguas. Este trabajo extendido sobre la tierra es insistente en la figuración de paisajes que inclusive rebasan la tinta de la palabra. Allí la ola parece siempre repetir un golpe con sus arribos y el azote de espumas[6], la corriente es una fuerza de extracción, de separación y modulación de un músculo acuático que merodea las tierras, mientras el viento salitroso conforma el trabajo invisible de las sales, la inseminación improductiva del aire marino que brota en la tierra y en sus solideces.

Georg Simmel en su ensayo «Filosofía del paisaje» medita sobre el difícil hallazgo perceptivo que supone todo paisaje (Simmel 1986). Todo aquello que conforma la visión de un paisaje, su recorte, su visualidad estética, por ejemplo, no responde meramente al hecho de que el paisaje *está ahí* sobre «la corteza terrestre». Lo que hace al paisaje es la lengua o el trazo (en este caso) de una mirada indistinta de la técnica que lo reproduce. El paisaje sería la intervención o una palabra en búsqueda de la emotividad que lo grabara en el sujeto y que logra transmitirse entre una comunidad dada. Fijar el paisaje, representarlo, por lo tanto, es hacer aparecer la emotividad que le vislumbró su particularidad. Un paisaje, más que existir, *aparece* a partir de la imagen o imágenes que lo re-crean mientras lo interpretan. La imagen surgiría, por su parte, no de la transcripción de la evidencia de lo que allí está puesto, la videncia de lo que inmediatamente se ofrece al ojo, sino de aquello que permitiría su reproducción, la acústica emotiva y la mímesis de una percepción que lo recrea, la afectación que lo distinguiera de la naturaleza. No debe extrañarnos que muchos de los grandes paisajes merodeen las contundencias de lo obvio y no puedan volverse a figurar, que su condición sea la furtividad y el declinar de sus evidencias. Casi siempre ha parecido mejor condenarlos a clisés arquitectónicos o postales turísticas. De igual forma, el paisaje ha devenido un proceder subjetivo, donde diversas cul-

---

[6] «La ola es una resaca que pierde los estribos de tanto dar vueltas» (Glissant 2006: 73).

turas del poder e indagaciones criticas han meditado sobre las variadas fantasías identitarias que despliega y sobre la historicidad misma de la imagen paisajística[7].

Lo que torna sensible algún paisaje es esa intervención simbólica en búsqueda de la emotividad que lo grabara en el sujeto y permita, tal vez, su re-producción. Esta habilidad técnica es lo que lo materializa al paisaje en el discurso. Esa intervención y búsqueda es una condición y un momento para que el lenguaje active sus modos. Un paisaje comienza luego de su «segunda» vez perceptiva, cuando la memoria insiste en figurarlo, o la lengua se siente abismada en una representación de aquello que lo distinga de lo que lo hiciera imperceptible. Esta «segunda» vez trabaja contra ese momento cuando el paisaje no era, cuando lo que se veía era pura superficie inédita, carente de singularidad. La sensación de este paisaje, entonces, no es meramente la recuperación de ese tiempo anterior a su representación, sino el acontecer mismo donde comparten cuerpo las imágenes de una reminiscencia y un lenguaje abocado a una singularidad. Se escribe, entonces, el paisaje cuando se experimenta una relación con *ese cuerpo que allí* lo percibió. El momento de reverberación subjetiva que el poeta trabaja con su cuerpo, el momento que *lo trabaja*, es un espacio imaginario porque *allí* se dispone un compuesto de sensaciones abocado a la reproducción de ese instante sensible. En esta situación la imagen es la articulación de una forma que le da (el) cuerpo al paisaje. Representar el paisaje entonces, tejerlo sensorialmente,

---

[7] Para la pintura, la escultura y la arquitectura, paisaje y teoría de la representación ocupan un lugar pivote al momento de pensar sus estéticas y objetos sobresalientes. Como categoría operativa, el paisaje permitiría también hacer una historia de estas artes y apreciar como devino paradigma estético y hasta modelo de la idealidad que supuestamente representaría el orden de lo natural. Tampoco habría que subestimar que el paisaje ha servido para registrar los indicios ético-morales de aquel o aquella que lo contempla. A través de la creación y admiración de algún paisaje más de una pedagogía estético-ciudadana ha intentado investir de incuestionables atributos a aquellos que saben «apreciar» ya sea como orden, naturaleza o ley lo que el *paisaje representa*. Incluso, el paisaje, en innumerables instancias, opera como un modo utópico para «regresar» a un tiempo-espacio armónico, como también recoge las fantasías (positivas o negativas) de una cultura que imagina un orden modélico de la naturaleza exento de la intervención humana. Véase Herrington 2009 y Mitchell 2002.

es hacer que aparezca, más bien que devenga sensible la emotividad que le dio un perfil, que le vislumbró su particularidad antes o después que la costumbre anestesie sus efectos y lo vuelva idéntico o típico. Esta condición de la imagen ocurre también en los linderos del paladar, en las cavidades de la oreja. La imagen deviene paisaje a partir de alguna incisión técnica, subjetiva, similar a cómo los ingredientes, los alimentos, devienen platos sabrosos: el paisaje como experiencia perceptiva análoga al plato culinario es la secuela de una confección, de una técnica que requiere del cuerpo del otro para que emerja allí lo sabroso. La imagen que genera un *saber del sabor* se ensaya parcialmente en la receta o en el ojo, en la nariz o en el paladar de quien cocina: la imagen sabrosa desea efectuar sobre la lengua eso que le daría singularidad y efectividad a un sabor. Esta imagen podría ser un re-conocimiento de lo ya experimentado en otras mesas, pero también eso que se sabe sabroso por vez primera es un más allá perceptivo que adquiere *sentidos* en la boca, colocando nuestras verbalizaciones en las afueras del sentido: un territorio de silencios, dificultades expresivas, lugares comunes, adjetivos.

La imagen archipiélago insiste entre las palabras que la tornan oscura: *A ver cómo sabe; ese toca de oído; me huele pero no me sabe, háblame más duro que no veo.* Una imagen en condición archipiélago no es la transcripción de alguna evidencia que certificara las circunstancias de su aparición en la realidad. Una imagen en condición archipelágica desacopla las rutinas sensoriales para permitir la emergencia de la forma que un cuerpo trabaja para constituirse como experiencia perceptiva. En el caso de las imágenes visuales, la percibido en la imagen no sería aquello que inmediatamente se le ofreció al ojo, sino los efectos de la textura sensorial que permiten su reproducción a través de alguna forma, la acústica emotiva (por ejemplo) que lo recrea por medio de una técnica, la afectación imaginaria que el lenguaje diferencia de la mera naturaleza. Esta *mímesis* no busca acomodar estilos, *summas* o poéticas, sino darle la salida a un acto perceptivo que desacomode las sujeciones del sentido común. No debe extrañarnos que muchos de los grandes paisajes terminen siendo la postal misma para un clisé, o que nuestros intentos, por ejemplo, al verbalizar alguna imagen onírica sean siempre insatisfactorios, ya que la condición corporal que hace posible este imaginario lo firma una transformación brumosa, la descarga energética y el declinar de sus evidencias. Estas imágenes relatadas logran anotar cierta «familiaridad» reconocible para el sujeto, pero estas no negocian su particularidad nebulosa[8].

A diferencia de los ejercicios en mismidad a los que nos acostumbran los invariables e incontables rituales de afirmación identitaria –con sus remesas multiculturales, sus protocolos para el reconocimiento público o sus inventarios de atributos o identidades– la propiedad de un paisaje del archipiélago vendría a disponer una zona de relaciones, de exposiciones, de a-pariciones que no está gobernada por la unión de voluntades sino por un yacer, un paladear esa falta que nos aguijonea y promete, además del contagio, una transformación. Lo que los discursos aurorales de la identidad no soportan es la demostración que les recuerde que sus actos de simbolización son finitos, que desaparecerán, vulnerados por los elementos y la caducidad de los cuerpos. Que una identidad se imagine, estratégica, parcial o construida, no la protege de su historicidad. Una vez *lo idéntico* afianza alguna de sus creencias sobre verdades absolutas o trascendentales, la institucionalización de sus tradiciones no podrá evitar rituales para la alabanza lingüística de las cualidades de un «ser

---

[8] El investigador y profesor de neurociencia y psicología de la Universidad de Harvard, Stephen Kosslyn, ha anotado cuán dudoso sería metaforizar lo que conocemos como «imagen mental» (el proceso de imaginación visual que ocurre en el cerebro) con vocablos como «foto» *«picture»* o «retrato». Para Kosslyn «la imagen mental» no sería una entidad aislada, un objeto percibido en el cerebro, sino un proceso complejo a través del cual el cerebro registra y se *re-presenta* las propiedades espaciales de las imágenes en el mundo. En una breve alusión al debate sobre la imaginería visual acaecido en la comunidad científica en los años ochenta y noventa, Kosslyn resume: «Magnetic Resonance Imaging technology (colloquially known as MRI) provides dynamic scans of the human brain in action, revealing that when people visualize a specific thing, patterns of activation occur on the surface of their visual cortex, and these cortical patterns preserve most of the geometric properties of the object being imaged "in the mind's eye". In other words, brain structures re-present the spatial properties of images in the world through a "mapping" function, clearly visible in functional MRIs, which documents the experiential reality of mental images by showing a "picture" forming through neuronal relays firing in the brain» (Kosslyn 2006: 170). ¿Cómo la corteza cerebral haría «cartográficas» las propiedades acústicas, gustosas, olfatorias, palpables de una imagen abierta en archipiélago? ¿Es acaso la cartografía o el «mapping» una metáfora efectiva para *representar* esta potencialidad?

identitario» que resiste pensarse como un objeto histórico fragmentado y finito. La fusión de cualquier Identidad Caribeña con alguna Lengua, por citar un ejemplo, es también el trazo de persistencia de un viejo y doble conjuro colonial ante la heterogeneidad del espacio donde el amo asentara sus posesiones. Esta fusión es parte de un protocolo identitario e ideológico que naturalizó la ficción muy real que dice que toda lengua caribeña es un cuerpo y una tecnología venidos de otras latitudes. Se trata de la cristalización de una hegemonía perceptiva cuya voluntad consensual se manifiesta a través de terapéuticas para la chatura y simplificación de los discursos llamados a «leer» y «salvar» el texto patrimonial[9]. Se trata, en fin, de un largo proceso discursivo que no se detiene a meditar sobre los términos de la llegada, asentamiento y re-producción de dichos cuerpos. La sustracción epistemológica de esta manufactura histórica de un cuerpo o lengua caribeña es otro hueco más que en el archipiélago intenta llenar el *ídem* del poder. Todo *ídem* colonial, étnico o nacionalista naturaliza alguna creencia espiritual como principio institucional con el que se llevarán a cabo actos de simbolización que deslindarán el coto donde presentar(se) a los que se *re-conocen* en los atributos y hábitos de siempre. Todo *ídem* trascendente, además, deviene policía de los modos de usar la palabra y el cuerpo en la playa auroral de la Identidad.

Que conste, esta insistencia en *la singularidad* de las aguas y su laboreo en las tierras del Caribe no es una mera sustitución del concepto de la *identidad*. Lo singular del Caribe no es un burdo bien antropológico heredado, ni el resultado de determinaciones inapelables, sino la potencialidad ética y estética de la venida somática de alguna imagen, de alguna

---

[9] Jacques Derrida al definir «el monolingüismo impuesto por el otro» insiste en que se trata de una «ley llegada de otra parte» [...] «heterónoma», que insiste en ser asumida *como si* el sujeto se la diera a sí mismo o como si naciera de sus adentros: «El monolingüismo impuesto por el otro opera fundándose en ese fondo, aquí por una soberanía de esencia siempre colonial y que tiende, reprimible e irreprimiblemente, a reducir las lenguas al Uno, es decir a la hegemonía de lo homogéneo. Se lo comprueba por doquier, allí donde esta homo-hegemonía sigue en acción en la cultura, borrando los pliegues y achatando el texto. Para ello el mismo poderío colonial, en el fondo de su fondo, no necesitar organizar iniciativas espectaculares: misiones religiosas, buenas obras filantrópicas o humanitarias, conquistas de mercados, expediciones militares o genocidas» (Derrida 1997: 58).

aparición formal. La llegada de una verdad sensorial en el archipiélago se ofrece como posibilidad para lo singular a través de un saber-sentir su aparecer, su tránsito y trance hasta su desaparecer por el vacío de la abertura archipelágica. Esta singularidad es la marca de una condición material de lo poético, de la intensidad y volumen de un afecto excitado *allí* donde alguna *poeisis* percibe y es percibida. Saber indefinida la singularidad de esta imagen en archipiélago (que *se sabe algo* es sólo un decir) es palpar las maneras a través de las cuales la imagen ocurre cual potencia sensible. El saber de este sabor de la imagen gusta de escanciarse en la disipación, simultánea tanto de su acontecer como de las señales de identidad de un sujeto que, interpelado por la realidad, decía ser un «yo» ante la imagen. La indefinición, la opacidad de la imagen en archipiélago, más bien, de su aparecer estético es el comienzo para posibles relatos sobre su estar *de paso* entre las aguas. Clara Lair ordena:

> Mira hacia el mar… ¡Qué huella breve y leve
> deja la eterna inmensidad del mar…!
> La playa, muerta, fría, no se mueve.
> ¡Él viene y va! (Lair 1983: 37)

Más allá o acá de los cálculos cubanos, dominicanos, haitianos, puertorriqueños, jamaiquinos, martiniqueños, caribeños, podría movilizarse *un cuerpo, una isla, un pedazo de tierra, un paisaje, una boca de mar cualquiera* con los cuales desatar la experiencia de un archipiélago, el compuesto imaginario y metafórico de nuestras vidas. Lo singular-caribe sería aquello que no se le puede adjudicar en carácter de exclusividad o pertenencia a nadie, la contingencia de pasar por alguna de sus latitudes. Delimitar alguna singularidad nunca suturará ese vacío que precisamente dilata la perspectiva, el vínculo entre las islas. El diferendo que una estela marina deja, por ejemplo, en su relación con la nave o con la tierra que apenas la inscribiera en su fricción con ellas. Cualquier diferendo archipiélago ya se retira para darle paso a una corriente o a un atracadero. Se trata de una precaria o imposible evidencia de una estadía en el tránsito, de una lógica oximorónica móvil; nada hay de contundente en ese espacio común que diseña cada viaje y cada viajero que por allí se mueve quién sabe guiado por qué. Poética y políticamente lo que podríamos *tener en común* es el laboreo de la metáfora y una experiencia sensorial que ninguna isla pueda reclamar como idéntica a su perfil. En los arribos como en las salidas, la singularidad caribeña muestra y diluye el cuerpo de su especificidad. Esa situación en lo caribe remedaría, tal vez, una hendidura, un roto, un oído o una bahía que recibe las otredades sin pedirle nunca la renuncia a los cuerpos, a las lenguas que por allí pasan. Esta singularidad caribeña es, en incontables ocasiones, una condición corporal y por lo tanto un estado del cuerpo de sus imágenes, una condición de sus prácticas posibles, una estética, una memoria que por pertenecer a un *sensorium* no es posible pedirles que abandonen esa corporalidad como espacio de acción y sentido. Esa singularidad, además, es la apuesta por un acontecimiento ético que traduzca esas otredades. Pero no debe entenderse esta traducción como el traslado de la otra lengua a una lengua neutra o única que la explicite. Se trata de una traducción que opera como zona para el encuentro de las heterologías del archipiélago donde estas puedan tocarse en un acuerdo que proteja el deseo de cualquiera a ensayar la fuga. Pues el pensamiento en ciertos lares se aboca a dejarle el espacio a la mismidad de los asientos. O tal vez, el remolino de materiales que extrae la resaca es el lenguaje de su saber errar[10].

La errancia caribeña como poética es un devenir significante abocado al sondeo de negatividades y a las posibilidades del *irse* a otro lado, de otro modo, como inmersión en la abertura archipelágica[11]. Se trata de una poética pocas veces dada a enarbolar los consensos. La errancia como el más allá de los antagonismos simples o de los fáciles aparea-

---

[10] «Un lenguaje es, ante todo, eso: el trato insensato con lo orgánico, con las especificidades de una lengua y, al tiempo su intransigente apertura a la Relación: // *(La resaca es repetición que, sin tregua, se desgarra)*» (Glissant 2006: 84; reproduzco la disposición original de los párrafos).

[11] «La ventaja de una isla es que se la puede circunvalar, pero existe una ventaja aún más valiosa; que la circunvalación no se acaba nunca. Y fijémonos en que la mayoría de las islas del mundo forman archipiélagos con otras. A éstas pertenecen las islas del Caribe. Todo pensamiento archipielar es pensamiento del temblor, de la no-presunción, pero también de la apertura y del compartir. No requiere la previa definición de Estados, de órdenes administrativos e institucionales; empieza por doquier su labor de enmarañamiento, sin meterse en fijar condiciones previas» (Glissant 2006: 216).

mientos y sus máquinas rectoras; la errancia como contacto. El que erra, lo que vaga, lo que falta posibilita la intercomunicación entre la bayoya y el hastío, la plenitud y el vacío, la falta y la verborrea, el ruido y el silencio, los equívocos del sabor y la chatura del páramo desolado[12]. La errancia es el improbable *logos* que exige el archipiélago a aquellos viajeros empeñados en ejercitar un saber de lo insular. Exigente y jodidito el archipiélago puede ser, pues figurar la peculiaridad de su espacio implica salir, *ex-poner* y exponerse a la experiencia de su territorio, poner allá fuera aquello que diferencia a sus islas, aquello que le evita a sus islas ser in-diferentes unas de otras, o mejor aún, el archipiélago no negocia la necesidad histórica de exponer aquello que evite que las islas sean indiferentes las unas con las otras. El archipiélago caribeño puede generar sentido en tanto sea una posibilidad continua para lo inacabado. Viajar, errar, ofrecerse a las perspectivas que ha generado la corrosión en las islas, entre sus lenguas, puede ser un modo de allegarse a ellas y, por qué no, dejar que alguien imagine que una isla vive obsesionada con su repetición y entre las repeticiones apreciar el golpeteo del vacío que acumulan las olas.

El espacio y el tiempo medios: corrientes submarinas en *Insularismo*

Ante las islas que atraviesan el archipiélago Caribe insistamos en desviarnos y tantear la cualidad material del mar que parece reclamar la experiencia caribeña. No se trata de enumerar características o de desglosar químicamente sus elementos, sino de repensar las cualidades imaginarias que lo hacen sensible en un paisaje caribeño. Si todo espacio es una unidad cargada de convenciones, negociada, inestable por su historicidad y por la inversión de deseos y creencias que lo ha conformado, podríamos leer los sentidos y los trazos que lo han tornado perceptible entre algunas páginas. Si los espacios son sucedáneos, sucesiones de los cuerpos que los materializan, el espacio caribeño y, en situaciones espe-

---

[12] En toda errancia se agitan los efectos del vagar, del merodeo pero también los que nombra la confusión, el tanteo que la acompaña, el error; los equívocos ante un sentido único y final para los signos caribes. Véase Glissant 1990.

cíficas, su paisaje, parecerían ser entidades metafóricas en persistente demanda interpretativa.

El ensayo inaugural de Antonio S. Pedreira, *Insularismo. Ensayos de interpretación puertorriqueña* (1934), a pesar de ser el texto que despunta los comienzos de un discurso moderno sobre la insularidad caribeña es, entre otras cosas, uno de los ensayos menos discutidos fuera de Puerto Rico al momento de pensar la ligazón sensorial del archipiélago. Grabado por los signos de la enfermedad, el desorden y la pequeñez, el paisaje isleño en *Insularismo* es, por igual, la escritura afeminada de una minoridad geológica y la exhibición de la patología lírica que el ensayo diagnostica. Las sucesivas lecturas críticas del texto no se han cansado de subrayar sus fallas y problemas ideológicos. La historia de la lectura de *Insularismo*, sin embargo, podría reconsiderarse desde otro lugar. La crítica de *Insularismo* podría pensarse como el esfuerzo por certificar su acabose interpretativo. Pocas lecturas que toman en cuenta la fuerza, como las imposibilidades del libro, rumian el trazo de tierra isleña inscrito en el cuerpo del sujeto de enunciación del ensayo. La fiereza, rigurosidad e intensidad de los críticos de *Insularismo* no sólo exhiben los paradigmas políticos e históricos que sus lectores han manejado para iluminar los hoyos negros del ensayo; también prolongan, en ocasiones y de algún modo, los efectos malsanos del cuerpo reactivo de Pedreira.

El cuerpo insular de Pedreira, muchas veces reaccionario, sin duda un cuerpo entusiasmado con las tipologías racistas, teje las contradicciones de su orden discursivo sobre una invisible plataforma marina, más bien submarina. Oculto por el mismo mar plano, dócil que agiliza la metáfora náutica para el laboreo ensayístico de Pedreira, hay otro mar que aparece, aquí y allá, en momentos fugaces de su discurso. Demasiado expuesto, demasiado presente en ciertas metáforas y presupuestos, este otro mar apenas se asoma entre las lógicas y en el régimen de metáforas que el texto privilegia. No obstante, según Pedreira metaforiza la pequeñez isleña de cara a la opresión del «cinturón marino» que cristaliza la imagen *visible* del mar insularista, otro mar oscuro se asoma y recorre el ensayo. Este mar de ocasiones es imprescindible para considerar cómo la pequeñez puertorriqueña desata una serie de imágenes claustrofóbicas. Estas imágenes se movilizan ante ese punto neurótico donde el cuerpo hermenéutico de *Insularismo* lidia con su pregunta matriz: «¿cómo somos? [...] ¿qué somos? los puertorriqueños globalmente considerados» (Pedreira 2001: 37)[13]. La pequeñez, ya sea corporal, geográfica como de género, activa el ímpetu interpretativo en *Insularismo* y sostiene el afán náutico de Pedreira tras la gestualidad puertorriqueña[14]. Esta pequeñez es lo que moviliza la forma del ensayo de Pedreira, en tanto reconfiguración de su objeto de estudio: la isla y cultura de Puerto Rico. La pequeñez, por lo tanto, deviene pronto sinónimo de aislamiento y esta pequeñez, de un modo peculiar, hace que el texto de Pedreira *se mueva, navegue.* La falta de espacio, el encierro físico y perceptivo desempeña un papel clave en la construcción metafórica de la realidad subjetiva y ética del puertorriqueño. La pequeñez es el fantasmita que una lectura de «la tierra y su sentido» desea conjurar. La pequeñez es una *frasecita* de la tierra insular que el ensayo anhela capturar para exhibir allí un gesto identitario puertorriqueño. Su persecución imaginaria, por lo tanto, moviliza en *Insularismo* un deseo por difuminar dicha pequeñez siempre padecida y siempre inmediata. Ensayar en *Insularismo* es engrandecer, erigir lo grande sobre lo pequeño en búsqueda de una salida sensorial para lo puertorriqueño.

La insularidad es, por lo tanto, una figuración estratégica de la voluntad hermenéutica de Pedreira para «abordar» su objeto y aparentemente gozar lo menos posible con los efectos de ese cuerpo minúsculo. Ahora

---

[13] La clínica psicoanalítica trabaja la neurosis como una modalidad defensiva que levanta todo sujeto ante la inevitabilidad de las pulsiones; una suerte de escudo de repeticiones que parecería protegernos de las descargas constantes e ingobernables de lo pulsional. En fin, más que un conjunto de síntomas, la neurosis para Lacan es una «estructura clínica». «La tópica freudiana del yo muestra cómo una o un histérico, cómo un obsesivo, usa de suyo para hacer la pregunta, es decir, precisamente para no hacerla. La estructura de una neurosis es esencialmente una pregunta, y por eso mismo fue para nosotros durante largo tiempo una pura y simple pregunta. El neurótico está en una posición de simetría, es la pregunta que nos hacemos, y es justamente porque ella nos involucra tanto como a él, que nos repugna fuertemente formularla con mayor precisión» (Lacan 1995: 249).

[14] «La metáfora náutica que organiza el flujo ensayístico ("La brújula del tema", "Levando el ancla", "Buscando el puerto", "Una nave al garete") propone una hermenéutica que trata de asaltar, de entrever o auscultar un gesto, una tendencia que permita leer ese rostro y dibujar una fisonomía probable» (Ríos Avila 2002: 124-125).

bien, más allá o acá de sus implementaciones institucionales ¿cómo este nódulo textual convirtió el acoso simbólico a la pequeñez y femineidad de la isla, en una de las demandas fundacionales del orden del discurso puertorriqueño? Dicho sea de paso y saltándonos un complejo proceso histórico, la dimensión y condición de género de la puertorriqueñidad deviene mandato histórico del archivo cuando el uso de la palabra crítica se sobreentiende como un modo moral de presentarse ante la comunidad letrada puertorriqueña. En este sentido, la construcción metafórica de Pedreira ante el sentido de la tierra es paradigmática en el siglo XX puertorriqueño. Sin embargo, la pequeñez y opresión del ambiente insular en *Insularismo* son ilegibles sin un horizonte de abstracciones marinas donde el impulso óptico del sujeto del ensayo contempla «la tierra y su sentido». Abstracciones marinas, porque con ellas la particularidad del mar se abstrae, se separa de su referencialidad de un modo peculiar. El mar en *Insularismo* es de manera sorprendente una metáfora para la inestabilidad y precipitación del presente. La fluidez, la liquidez acuática son abstracciones y averías abstractas ya que lejos de abstraer una materialidad o historicidad isleña se vuelven metáforas para el confuso panorama político que en el presente del ensayo debe ser decantado por la voluntad diagnóstica de Pedreira.

> Sin soslayar la sustantividad de nuestra política tenemos que rechazar los flujos y reflujos de la última hora como punto de apoyo para una imparcial apreciación del problema que nos ocupa. *El rebozo en el mar es transitorio aunque venga del fondo.* (Pedreira 2001: 39; énfasis mío)

Pedreira separa de su empuje interpretativo, mientras las degrada, esas *cualidades* del mar, su simulación, esa extraña mantilla que *aísla* o *disimula* de una manera efímera. Y este mar, dado por sentado, insistirá en trabajar en medio de frases u oraciones desperdigadas por el libro. Aunque la navegación marina se encuentre inscrita en los títulos de secciones del ensayo como «La brújula del tema», «Levando el ancla», «Buscando el puerto» y «Una nave al garete», estas metaforizaciones súbitas, brevísimas y atadas a una condición negativa, abren otro sentido de lo marino en el libro. Los mejores lectores de *Insularismo* han anotado la movilidad metafórica y hasta el carácter contradictorio de algunas de sus proposiciones, sobre todo las que parecerían abstraer o «elevar» la particularidad de la tierra puertorriqueña[15]. A pesar de esto, en *Insularismo* topamos con una serie de imágenes *dañadas* por la misma condición negativa, la mínima insularidad que el texto diagnostica en su deseo por corregirla. Se trata de abstracciones de lo marino movilizadas a partir de efímeras irrupciones metafóricas, que por igual registran como escamotean la materialidad de la mar. En la escritura misma, este irrumpir del mar avería el texto de Pedreira, corroe «la firmeza» *hermenáutica* del sujeto ensayístico. Dichas abstracciones, sin embargo, apuntan hacia la plataforma invisible que facilita el desplazamiento de las metáforas marinas que gobiernan el afán de lectura del «ademán puertorriqueño» en *Insularismo*. En dichas abstracciones también ganamos entrada al mirador sensorial desde donde Pedreira contempla la isla.

A diferencia de la personalidad simbólica que, con insistencia, le atribuye Pedreira a la tierra insular, la condición marina nunca es paladeada como tema. La especificidad corporal de la mar sobre la cual navega la preocupación óptica del ensayo es apenas un atisbo, la revelación averiada de una denegación que por momentos atraviesa el texto. La mar es el punto ciego de *Insularismo*. Punto que, averiada y paradójicamente, recorta *la bruma* de la pequeñez de la isla. Este punto ciego lo inscribe una lógica marina del ensayo que trabaja allí para esconder la potencialidad de la misma. De igual forma, este punto *abruma* el cuerpo metafórico del este ensayo abocado al hallazgo de «nuestro ademán»:

> Y esto que llamamos nuestro ademán –sin reclamar para él paridad con el gesto hispánico o anglosajón dentro de la cultura occidental sino mas bien reconociendo siempre la supeditación, por ahora, al primero– es lo que constituye el único motivo de preocupación de lo que aquí llamamos insularismo. *Todo el sistema de condiciones en que históricamente flota es lo que aquí entendemos por cultura puertorriqueña*. (2001: 41; énfasis mío)

La cultura puertorriqueña es una totalidad sistémica que *flota* «históricamente». La historia parece ser el cuerpo líquido o gaseoso que

---

[15] «De hecho, si examinamos *Insularismo*, encontramos que detrás de su metáfora náutica hay una metáfora arbórea e incluso toda una fisiología» (Ríos Avila 2002: 129).

sostiene las condiciones insulares de la cultura puertorriqueña. Pero ¿de cuál cuerpo (de agua) estamos hablando? ¿Quién se desplaza y cómo sobre este cuerpo en flotación? Perseguir el «ademán» en *Insularismo* es colocarse en ese cuerpo y lograr *allí* flotar. La isla, la nave o el ensayo pueden flotar una vez la densidad de las mismas sea menor que la del cuerpo acuático donde transitan. Esta densidad cultural puertorriqueña *que flota* no significa que, en tanto objeto en flotación, sea menos pesada que la sustancia que le permite flotar; como se sabe flota todo aquello cuyo volumen o índice de masa posee una proporción mayor de vacío que el líquido sobre el que navega. *Insularismo* se une a las recurrentes figuraciones de la isla como un cuerpo flotante, a la deriva. Sin entrar ahora en una extendidísima labor de filiación de la imagen de la isla como cuerpo flotante, anoto que esta imagen es el resultado una interpretación, de una proyección sensorial, anclada en la perceptiva de un sujeto que ha contemplado la relación entre las aguas y la isla, o que contempla la isla desde alguna embarcación. Quien imagina que la isla flota se ha dejado marear por las aguas. Todo enunciado que imagina que una isla flota, como cualquier objeto que sobrenada las superficies acuáticas, es la interpretación de un sensorio que ya ha registrado y trabaja a nivel de las imágenes con este principio de flotabilidad.

La mar, por lo tanto, como condición potencial para los movimientos de un cuerpo histórico, es lo que no se interpreta ni se desea interpretar en *Insularismo*. Literal o metafórica, la sustancia que hace posible la flotación histórica de la cultura puertorriqueña es *lo que falta* en la exégesis llevada a cabo por Pedreira y quizás sea el cuerpo que mejor amenaza las pretensiones de *grandeza* del *hermenauta*. Mientras se padece esa falta de tierra que caracteriza a la isla, el navegante-hermeneuta se aboca a una lectura-escritura de la tierra y su sintaxis sin lidiar con esta condición acuática que paradójicamente hace flotar la isla en la historia. El dónde y la singularidad de esta flotación carece de relevancia para el proyecto del ensayo. No obstante, apreciar el trabajo de esta falla acuática en el ensayo de Pedreira supone palpar el cuerpo de sensaciones históricas y metafóricas que construye el ensayo. En un capítulo cuyo título es emblema de la causalidad determinista que lo gobierna, «Biología, geografía, alma», específicamente en la sección titulada «La tierra y su sentido», Pedreira resume la «tara» sensorial que pesa sobre los habitantes isleños del siguiente modo:

> Llevamos encima la tara de la dimensión territorial. No somos continentales, ni siquiera antillanos: somos simplemente insulares que es como decir insulados en casa estrecha. Encogidos por la tierra, tiene nuestro gesto ante el mundo las mismas dimensiones que nuestra geografía. Ni desiertos, ni planicies, ni amplios valles nos ayudan a estirar la visión y estamos habituados a tropezar con un paisaje inmediato que casi tocamos por sus cuatro puntas. Ese obstáculo de lo próximo nos encoge la perspectiva y desarrolla en nosotros una oftalmología que nos condena al mero atisbo continental. Le cortamos el vuelo a las grandes distancias y atomizamos la vida con graves consecuencias para nuestro destino. (2001: 62)

Es una ironía que lo que llevemos «encima» los puertorriqueños, lo que nos pesa, lo que *nos encoge*, cual tara, sea la misma pequeñez, la estrechez, la falta de dimensión. La tara, en verdad, es *lo que se nos encima*, es esa pequeñez que no nos permite *estirarnos*, y que, además, nos ha *dañado* la mirada. En efecto, la «tara» de Pedreira es más una presión afectiva que un volumen, más un defecto hereditario, psíquico o ético, que el peso real de un objeto que se nos encima. Debido a esto, en el *monte-llano* de la isla blanda, el afán interpretativo del ensayo ambiciona fundar otra masculinidad *que no se vea* disminuida por *lo sentido* en el paisaje[16]. Pero aquí ya se insinúa otra contradicción perceptiva, ya que Pedreira no imagina el descampado o el horizonte como un campo abierto a lo posible. O podría decirse en otra dirección. El sentido del paisaje *estrecho* lo entrega la sintaxis de una tierra anómala. Esta sintaxis es síntoma del cuerpo de la isla. Pedreira, entonces, imagina la fundación de una estructura moral que corrija los ejercicios de perspectiva de sus habitantes. Estructura moral cuyas perspectivas, inclusive, subsanarían la cualidad natural de la isla, tornando «más machos» los signos que sobre ella se levantan.

---

[16] Juan G. Gelpí es el autor del libro pivote para pensar el peso canónico del paternalismo insularista en la literatura puertorriqueña. Véase Gelpí 1993.

> *Nuestra estructura geológica, montada al aire entre dos abismos* –uno al sur de la isla, con una profundidad de 15,000 pies, y otro, 75 millas al norte, con una profundidad de 28,000 pies– es pobre en recursos minerales. Poco a poco se han ido también empobreciendo las ricas maderas autóctonas, y en caoba, ausubo, ortegón... nuestra indigencia es lamentable. Los árboles más vigorosos y machos de nuestro suelo han cedido su puesto a otros más femeninos y ornamentales, como el pino y el ciprés. (2001: 58; énfasis mío)

En el ensayo los alcances ópticos de los patricios puertorriqueños se vieron constreñidos por un paisaje insuficiente, para colmo acosado por esas profundidades abismales. En efecto, el constante acoso de la intemperie y la pequeñez insular *montada al aire* feminiza la lógica del paisaje de la isla. Aquí los paréntesis son abismales. Esto es lo que angustiado contempla el nauta de esa cultura que flota. En el presente del esfuerzo hermenéutico de *Insularismo* la erección de los árboles no ocurre o sencillamente es imperceptible. La interpretación en Pedreira insiste en atravesar el «escenario» de esa estructura «montada al aire», abismada, para «contemplar» las imágenes que resumirían tanto el deterioro ético como la disminuida potencia de los puertorriqueños. La inestabilidad es ya condición de la mirada interpretativa. Por eso la *orna-mentalidad* femenina no es la única consecuencia de esta estrechez telúrica, también es un efecto penoso de ese vivir (histórico) a la intemperie, flotando en los linderos, entre dos hondonadas acuáticas. En este sentido, ante la falta del «bulto de la tierra» (2001: 62) que padecieron los patriotas decimonónicos, el ensayo deviene la textura literaria de un transitar interpretativo, el suplemento de un volumen que expandiría la isla e intentaría *hacer* tierra.

En *Insularismo*, esta ausencia de elevamientos arbóreos, en la medida que acentúa la minoridad de la isla, es leída desde una inflexión afectiva que re-siente al mar por su tamaño y su potencia horizontal. En estas labores simbólicas el mar es inútil y ominoso, ombligo negado, cuerpo dócil cuando es necesario para el desplazarse retórico del capitán-ensayista, cuerpo amenazante pues subraya las escasas erecciones arbóreas. *Re-sentido* entonces, el autor figurará luego al mar como muro, como dique perceptivo, como cinturón. Este mar además empeora la imantación interna que suprime la dilatación puertorriqueña.

El cinturón de mar que nos cerca y nos oprime va cerrando cada vez más el espectáculo universal y opera en nosotros un angostamiento de la visión estimativa, en proporción al ensanche de nuestro interés municipal. *Imantados* hacia adentro, *atropellados* en una densidad de población de 485 habitantes por milla cuadrada, vivimos impasibles, *fundidos* en nuestra abulia, creyéndonos el centro del mundo, empotrados en este rincón de las Antillas, lejos de todo ritmo hispanoamericano. (2001: 140; énfasis mío)[17]

La minoría de la tierra y el cinturón operan sobre el *ethos* cultural de los isleños y *entre* la verba de los insulares bloqueándoles las posibles vías de expresión al clausurar cualquier salida o contacto hispanoamericanos. El mar oprime porque, por igual, *funde* como *empuja* hacia los abismos, porque es responsable de este soporte imposible *al aire*, flotante de la isla, como también resalta la retirada comunitaria hacia el «interior» perceptivo. El mar deviene, sin remedio, oxímoron geológico: cierre sensorial que desvincula a la isla del globo, la «pone en cintura» y simultáneamente permite la flotación histórica, «al garete» de la cultura insular.

La imagen del cinturón es el trazo de ese afecto *re-sentido* por el sujeto del ensayo. La horizontalidad de lo marino no hace sino recordarle al *sensorium* cultural e histórico de la isla, su falta de acometimiento, el vaciado de resistencias masculinas que alguna verticalidad tendría que suplementar con urgencia[18]. Más aún, la dudosa pequeñez archipelágica

---

[17] Al borde de este pasaje, Tomás Blanco anotaba en la edición príncipe (1934) de *Insularismo* que aislamiento no es sinónimo de insularismo: «Aislamiento no es igual que Insularismo –El mar une (284)». La lectura que hiciera Tomás Blanco del texto de Pedreira (editada por Mercedes López Baralt) no sólo anota el desacuerdo de Blanco ante esta *cerrazón* marina de la insularidad de Pedreira sino que, además, anota contradicciones y refuta muchas de las aseveraciones de Pedreira. De igual modo, ambos coinciden en otros temas. Véase Pedreira y Blanco 2001.

[18] En esta estela, es coherente la representación del mar como un monstruo-macho, cuya intensidad *pene-trante* aterroriza al personaje principal, el joven Pirulo, en la novela de René Marqués *La víspera del hombre* (1959): «Y así, de golpe, se le metió por todos los sentidos el impacto terrible del monstruo. La visión espantosa de olas gigantes estrellando su furia contra rocas enormes, atomizando en lloviznas casi invisible la espuma yodada que caía sobre sus pupilas empañándolas; el bramido que se elevaba en grito para ahogarse luego en murmullo sordo; el ritmo sonoro y visual, continuo, inexorable, hipnotizante. Y la soledad. La soledad de las aguas extendiéndose

es la propagación de un malestar discursivo que Pedreira ve inscrito en lo insular.

> Entre el mar Caribe y el océano Atlántico, Puerto Rico levanta su paralelogramo casi uniforme, rodeado por un roto collar de islotes pequeños, inhóspitos para la tertulia. Es la menor de las tres Antillas Mayores y el constante tutelaje de sus albaceas la ha mantenido muchos siglos en inviolable minoridad. Esta vieja niñez prolongada hasta el presente, regida por institutrices mandatarias, nos obliga a una reglamentación limitadora de la amistad antillana y por ende de la confraternidad hispanoamericana y universal. Nuestra minoría de edad nos separa del mundo. (2001: 133)

La mar, entonces, como subrayado de nuestra minoridad y tutelaje colonial, es una circunstancia malsana, otra vez *rota*, un afecto patológico inscrito en la geografía. Esta inscripción es un «antes» y una predisposición para los avatares posteriores del *ethos* puertorriqueño. Por eso la opresión del «cinturón marino» no es lo que el isleño siente únicamente en las orillas de la isla. Se trata de una sensación corrosiva e invasiva, derramada por toda la isla, que además expone la historicidad y el orden discursivo de lo puertorriqueño. «Entre» las dimensiones del mar y los abismos del océano, Pedreira compendia la separación y lo pequeño como el resultado de un contraste entre absolutos. La preposición por excelencia para figurar lo que se encuentra *en medio* (entre) es aquí el espacio vacío, asfixiante y claustrofóbico que ocupa una minoridad. El archipiélago aparece además en función de un oxímoron para la monstruosidad biológica de la isla: su «vieja niñez». Esta figura, tan cara a los letrados, médicos e higienistas del siglo XIX puertorriqueño, se activa en *Insularismo* como consecuencia corporal y cultural de la insularidad[19]. Esta «vieja niñez» es secuela de incubaciones institucionales, desarrollos averiados por un doble derramamiento histórico: la goberna-mentalidad femenina y el autoritarismo colonial.

---

hasta el infinito perdiendo furia en la lejanía donde su cuerpo verdiazul era sólo una leve y sinuosa ondulación. Aquella mansedumbre lejana hacía más espantosa aún esta furia inmediata» (1959: 109). La economía de miradas en esta novela de Marqués ha sido leída por Gelpí (1993) como una interpretación narrativa del ensayo de Pedreira.

[19] Véase Rodríguez Santana 2005.

Para Pedreira, por lo tanto, es imposible «avanzar hacia el mar», como imaginar lo marino como espacio de posibilidades, ya que el mar no *edifica* el cuerpo isleño, sino que exhibe su condición de agente patógeno. Al mar se sale para mirar hacia la isla, sólo por un momento, pues la mar es la figuración miasmática que difunde el mal insular. Éste sólo es diagnosticable en la solidez y sobre la tierra de la isla. El mar es el grado cero de la horizontalidad blanda, acuosa, contagiosa que firma el paisaje isleño pero también una rara contundencia infranqueable, abismada; la imposibilidad material de expandir las contundencias de la tierra. Los devenires acuáticos, líquidos, por lo tanto, son marcas (taras) de las lógicas confundidas, femeninas y raciales; irrupciones de las patologías culturales e históricas de la isla alojadas ya en su geografía.

Sólo cuando la relación isla-mar es concebida como una relación de opuestos absolutos, el mar de Pedreira deviene cifra misma de la «tara» sensorial; el oxímoron que la mar descarga sobre la isla. Esa «tara» insiste en ser metaforizada acuáticamente a través del ensayo. La pequeñez y vigilancia autoritaria imposibilitan las brazadas, el nado de las verbalizaciones puertorriqueñas. La pequeñez *a-islada* por la mar determina un defecto físico que malogra la sintaxis ciudadana puertorriqueña. En el capítulo IV, «Viejas y nuevas taras», ante el retoricismo hispanoamericano, Pedreira tilda de mal tropical la negativa a «llamar las cosas por su justo nombre». «Nuestro retoricismo» no es sólo un modo de usar el lenguaje, es un manera defectuosa de desplazarse por el espacio, un modo de contrabandear, un modo equivocado de usar no sólo la lengua sino el espacio. En fin, el retoricismo es un modo de palpar el daño de las aguas *sobre* la tierra:

> Nosotros, *que hemos vivido siempre sumergidos en la gramática*, nunca hemos podido llamar las cosas por su nombre. Forzosamente el criollo tuvo que recurrir al contrabando comercial y verbal. La fiscalización oficiosa desarrolló en el pueblo habilidades de astucia y *jaibería* –voz nativa y sintomática, equivalente a malicia intencionada– y el jíbaro, que hoy las exhibe maravillosamente, tuvo que echar a andar por los atajos del comercio y la expresión para burlar la suspicaz vigilancia del gobierno, que entorpecía con su celo las pocas rutas francas. El verbo *atrechar* y el sustantivo *atrecho* son voces creadas por necesidades puertorriqueñas,

que aún no han tenido sanción académica. (2001: 123, el primer énfasis es mío)

A pesar de la eternidad de nuestros *sumergimientos gramáticos*, de forma contradictoria, no hemos roto el *himen* expresivo. La inmersión aquí no es ejercicio, ni mucho menos distensión sino comienzo del ahogo. La vigilancia colonial entorpece el viaje, como la mar misteriosamente entorpece una sensación de lejanía u otredad que, paradójicamente, nos vincularía con América Latina. La minoridad, por lo tanto, pide ser vulnerada, parece decir, en las orillas, el interdicto marino de Pedreira. O si se quiere, la regimentación colonial encuentra en el efecto de cierre del *mar en las orillas* un doble natural de lo que acontece sobre la isla.

No habría que olvidar que quien imagina disminuciones ante lo marino a fin de cuentas es nuestro capitán metafórico a bordo del sentido del ensayo. En *Insularismo* el mar puede ser vislumbrado también como ese cuerpo que insinúa las estrecheces municipales del deseo social puertorriqueño; para Pedreira ambos poseen la misma proporción simbólica. A través del ensayo, el mar insiste sobre la tierra como metáfora, como indicio de males económicos y desates negativos. La metaforicidad racista, sanguínea, en Pedreira echa mano de metáforas acuáticas para representar la propagación, inundación y la saturación que conforman nuestros excesos:

> En instantes de trascendencia histórica en que afloran en nuestros gestos los ritmos marciales de la sangre europea, somos capaces de las más altas empresas y de los más esforzados heroísmos. Pero cuando el gesto viene *empapado de oleadas* de sangre africana quedamos indecisos, como embobados ante las cuentas de colores o amedrentados ante la visión cinemática de brujas y fantasmas. (2001: 50; énfasis mío)

El ahogo es una condición en este caso racial, racista, pero sobre todo una forma de la saturación que desdibujaría nuestro perfil y envergadura. De igual manera, la extensión de las corporaciones cañeras sobre la isla es también figurada como el laboreo de un *mar adentro* que inunda y arrasa la isla:

2.A. Islas interpuestas ( ) mar adentro, tierra abierta   141

No encontramos tampoco, en nuestra idiosincrasia, picachos inaccesibles, ni desiertos ardorosos, ni profundos precipicios, ni rugidos, ni zarpas, ni volumen épico. Somos un pueblo ajeno a la violencia y cortésmente pacífico, como nuestro paisaje. Aislado en la zona rural, en el 80 por 100 de su población, tiende su mansedumbre al borde de la indigencia y multiplica su prole al margen de la ley, agravando cada vez más su angustioso problema económico-social. El éxodo obligatorio hacia las poblaciones va privando al paisaje boricua de su fecundo sentir folklórico. *La fuerte marejada de los cañaverales rebasó los límites de nuestros llanos y repecha, montaña arriba, derrumbando árboles y arrasando con los frutos menores, que eran dieta segura en los tristes hogares campesinos. Ante su empuje, van desapareciendo los bohíos, como desaparecieron los pantanos, las haciendas, los ingenios, la maleza y el camino real.* En el actual período de transición histórica en que vivimos hasta el paisaje varía sus elementos constitutivos, al igual que la historia. (2001: 59; énfasis mío)

La preocupación epistemológica, «viajera», del capitán-ensayista, por lo tanto, imaginará un orden simbólico en la tierra, no en la mar, pues la superficie de la tierra manifiesta la patología de un *ethos* nacional *con-fundido* incluso por las descargas marinas. Al final toda cultura es asunto de cultivos, de dobleces y técnicas sobre la tierra y la mar se niega, en Pedreira, a ser cultivada. No deja de ser sobresaliente que la «maldad» de las aguas insista sobre el cuerpo de la superficie isleña. La con-fusión racial e identitaria en Pedreira es el cruce de flujos tanto sanguíneos como históricos que terminan desfigurando el signo histórico puertorriqueño. Esta fundición de corrientes hereditarias es un obstáculo *elemental*, de elementos para el pleno desarrollo del *ethos* y la materialidad histórica puertorriqueños:

Para contrarrestar su merma y su incapacidad para el trabajo rudo se introduce en la isla por Real Cédula de 1513 el elemento africano; el negro rendía la faena de cuatro hombres y al entrar en nuestra formación racial esta tercera categoría etnológica, se crea, con la esclavitud, uno de los magnos problemas sociales que arrancará más tarde viriles protestas y esfuerzos incansables a nuestra gestante conciencia colectiva. El elemento español funda nuestro pueblo y se funde con las demás razas. De esta *fusión* parte nuestra *con-fusión*. (2001: 45)

Esta *con-fusión* es el punto de partida (averiado) de una navegación nacional, pues desde aquí *parte* la navegación hermenéutica que imagina el ensayo mientras su metaforicidad no cesa de duplicar averías insulares o marejadas conceptuales. El esfuerzo interpretativo de Pedreira coloca el *potens* literario de sus figuras al servicio de la corrección de la minoridad geológica-cultural que padece la isla. Sin embargo, el *mar se cuela* entre sus palabras, *fundidas* con ellas trabaja. *Insularismo* hace aguas.

Al final, ¿cuál será la retórica que modela el buen decir de Pedreira? Entre los dedos de su gramática prescriptiva insiste un agua caribe. El suprimido discurso marino de Pedreira es un efecto de lo insular en el tejido metafórico de su propio ensayo. La esporádica aparición de lo acuático en el ensayo es una metáfora insularista que duplica en el tejido de sus oraciones esa «oftalmología» que sólo atisba y nunca se explaya sobre las extensiones significantes de la historia puertorriqueña. En *Insularismo* el tránsito de la retórica se dedica a registrar (en ocasiones a duplicar) la patología de aislamientos de un archipiélago inimaginable para el autor. Demasiada agua en los ojos.

Los esfuerzos prescriptivos de Pedreira no dejan de ser ambiguos y por lo mismo productivos. El texto de Pedreira exhibe también varias de las afectaciones que exhibe la condición imaginaria de la tierra puertorriqueña. Entre la moralización misógina y racista de *Insularismo* es posible hallar paradojas, ocasionales propensiones al aspaviento al igual que cascadas enumerativas con inclinaciones al desorden y al florilegio[20]. La necesidad de «viajar» fuera de la isla, («hacia arriba, hacia adentro, hacia abajo»)[21] de expandirse verticalmente, de contemplar la isla desde

---

[20] «No valen, hoy por hoy, las medidas de la inmigración o la limitación de la prole, tan contrarias, por lo visto, al carácter puertorriqueño. Como no podemos reducir el número de nacimientos ni podemos avanzar hacia el mar para hacer la expansión del territorio, no cabe otro recurso que la expansión vertical: ir hacia arriba, hacia adentro, hacia abajo, para cultivar ideas y sentimientos viriles. De no aumentarnos culturalmente estaremos condenados a la ingrata condición de peones. Hay, pues, que defender nuestro subsuelo espiritual y levantar los ojos de la tierra –¡sin olvidarla nunca!– para asegurar a nuestro pueblo el aire que respira» (2001: 61).

[21] «No hay que buscar al mundo caminando hacia fuera, sino hacia adentro, en dirección al pecho. Pero debemos recordar también –lo cité antes– que el camino más corto para encontrarse a sí mismo le da la vuelta al mundo. Lo universal, esa

una imposible ubicuidad, es un contradictorio (y ansioso) viaje inmóvil de formación para un yo-viril; yo que yendo a todas partes no llega a ninguna o se sumerge en su propio pecho. Con merodeos en el contrasentido, el texto de Pedreira comparte las afectaciones que le adjudica a la tierra y paisaje puertorriqueños: el retoricismo toma el timón.

Más aún, en medio del cuerpo femenino y enfermo de la isla, Pedreira «se topa» con un «símbolo retórico», cual emblema, para una condición tanto climatológica como ética de la isla puertorriqueña: el plátano, el aplatanarse:

> El clima nos derrite la voluntad y causa en nuestra psicología rápidos deterioros. El calor nos madura antes de tiempo y antes de tiempo también nos descompone. De su enervante opresión sobre los hombres viene esa característica nacional que llamamos el aplatanamiento. Aplatanarse, en nuestro país, es una especie de inhibición, de modorra mental y ausencia de acometividad. Es seguir, sin sofocarse, cómoda, y rutinariamente, el curso de la vida, sin cambios ni inquietudes, cabeceando nuestras aspiraciones y en cuclillas frente al porvenir. Es aclimatarse a la molicie tropical y tener ideas pasivas en forma de *piraguas* para refrescar la siesta de nuestra civilidad. La *musa paradisiaca*, nombre inefable y científico del plátano es un símbolo retórico de nuestra vegetación anímica. (2001: 57)

El orden simbólico de la isla, presidido por una musa platanal insiste también en los énfasis de Pedreira. Énfasis que sedimentan uno de los estereotipos más productivos de cualquier *ethos* isleño (el isleño como sujeto indolente y dócil). Las inspiraciones vegetativas generan, a pesar de la voluntad de diagnóstico de Pedreira, la proximidad y el eco de una imagen gastronómica para la negatividad insular. Como toda musa, la *paradisiaca* y puertorriqueña, es más un incitante (oximorónico) para la languidez insularista que un modo de formalizar la dicción poética de la isla. Además, el estado vegetal de la musa y *ethos* isleños están más cerca de una patología cerebral que la aglomeración de alguna flora. Ante la mata de plátano, Pedreira no puede sino dedicarse a lanzar imágenes

---

abstracción que por ser tan común no vive en parte alguna, no puede estar reñido con lo nacional» (2001: 79).

para los atributos que comparte el «nosotros puertorriqueño» con su campo de acción. El determinismo orgánico y biológico en Pedreira es tan implacable como prolífico en sus asociaciones, contigüidades y analogías.

Aclimatarse, aplatanarse es un estar pasivo en la intemperie, vegetar es una condición análoga a ese estar sometido a un presión ambiental sin capacidad de resistencia, flotando en la brisa[22]. Regresan, sin embargo, bajo los efluvios de la musa del paraíso, en medio de los derretimientos, los modos de la «vieja niñez» y las alteraciones dañinas producidas por una temporalidad calenturienta que no cesa de afectar el cuerpo de la isla. La proximidad formal de la *piragua* ante el plátano aquí no es sorpresiva y delata una lógica metafórica contraria a las prioridades del impulso *hermenáutico* que sostiene el sujeto en *Insularismo*. Pues en la isla de Puerto Rico una piragua no es una embarcación que vendría a apuntalar la metaforicidad náutica que preside el texto, sino el nombre para un refresco hecho a base de granizado de hielo y sirope de diversos sabores. Como la mar de Pedreira, *aplatanarse* es otra manifestación de esa tara sensorial que padece el isleño: la imposibilidad de los elevamientos. La *musa paradisiaca* es, en efecto, un símbolo peculiar para ese estado de absorción, resignado y en quietud, que padece el *sensorium* isleño. Para Pedreira, aplatanarse, devenir plátano por igual es soportar, como la mata, el tórrido clima tropical, pender, guindar como el fruto de la misma, como ese acuclillarse ético del puertorriqueño. El *cabeceo, en cuclillas, sin sofocarse* replica la forma de la piragua, en tanto figuras para modos incapaces de *elevar* ideas, de pensar(se) en medio de un orden ciudadano en perpetua siesta. Este «tener ideas como piraguas» es un símil para la debilidad, interés e intemperie corporal puertorriqueñas

---

[22] Es fascinante que Fernando Ortiz en un texto contemporáneo eche mano de la metáfora del aplatanamiento en clave positiva para figurar modos de un *ser cubano* invisibles para los discursos estatales o «sanguíneos»: «porque no son escasos los cubanos, ciudadanos o no, que, nacidos allende los mares, han crecido y formado sus personalidades aquí, en el pueblo cubano, se han integrado en su masa y son indistinguibles de los nativos; son ya cubanos o como cubanos, más cubanos que otros que sólo son tales por su cuna o por su carta. Son aquellos como el folklor expresa, que están *aplatanados*» (Ortiz 1996: 5).

ante el acoso *tropical* del paisaje. Pensar como una piragua, tener ideas como un refresco, es, de nuevo, apenas ocupar un intervalo en la isla y pendular exposiciones, derretimientos ante los «reclamos» del clima. La muy femenina cualidad del paisaje, lo blando y la falta de agresividad monumental se activa también a través de la afectación acuosa, disolvente del calor.

Aun así, la piragua en el ensayo parecería, en primera instancia, una metáfora para las cualidades de ideación del isleño, no una metáfora para la absorción puertorriqueña. Es aquí cuando los sentidos de la boca y del tacto y una figuración gastronómica merodean la escena vegetal de la musa, pues se trata de otra figura líquida-ética más que ha dañado el cuerpo de ideas expuesto en el paisaje puertorriqueño. ¿Cuán cercanas se encuentra en este pasaje las resonancias de la imagen culinaria que también excita el plátano? ¿cuán cerca estamos de los *tostones*, de la fritura aplatanada, por excelencia, dada la fuerza y el calor que exige su cocción? Mientras el sujeto del ensayo contempla el aplatanarse como otro signo de «nuestro ademán», merodean en el texto los sentidos de la boca, lo que se podría saber con y desde la boca. Como objeto, nada hay más aplatanado que un tostón. Junto al litoral submarino, la potencialidad del sabor, la potencialidad de una cultura entendida como emanación del «guiso tropical», del sancocho de *tropos*, son zonas inexploradas en *Insularismo*, pues el clima es una fuerza determinante de esta forma «natural» pensada para representar la inmovilidad y el vegetar puertorriqueño. Incluso, *la oftalmología sensorial* que Pedreira le adjudica al *ethos puertorriqueño* le obstaculiza, a Pedreira, la posibilidad fálica, oral, culinaria y hasta simbólica del plátano. Sustituto del pan, recurrencia en la pintura puertorriqueña, símbolo mismo del campo y de lo culinario puertorriqueño, la posible figuración fálica, el poderío imaginario tanto del plátano como plato como de la morfología de la planta muy bien podrían llevar a otros sentidos ese aplatanarse de la isla.

No habría que olvidar que el sujeto-Pedreira se sabe sitiado por la geografía. La potencialidad otra que subyace en las seudo-figuraciones líquidas de *Insularismo*, como en las de inspiración platanal, nunca es paladeada por los énfasis del texto. Así esta sensorialidad oximorónica perceptible en las irrupciones acuáticas o en el apocamiento aplatanado, es un gesto contradictorio que agujerea las pretensiones de transparencia y las determinaciones que las figuras del ensayo movilizan para «descubrir» nuestra identidad. A esto añádase que la forma de la piragua puertorriqueña, una suerte de doble pirámide curva, rombo con apetencias circulares por la dicha de un cono y una pirámide de hielo raspado, también se conforma como el signo de una complejidad frágil, de una forma en trance rápido de desaparición. Este sería el comienzo imposible para un capítulo inexistente en *Insularismo*: Nuestra lírica o de las emanaciones de la piragua.

Como bien saben sus lectores, la lírica, en la realidad simbólica del *Insularismo*, es el tono y la forma misma de la malformación ética (femenina) del puertorriqueño. Malformación que además *es la materia del paisaje*; ambos cuerpos estropeados por el agua:

> Nuestro paisaje posee un sentido mesurado y armoniza con la geografía y la etnografía. Nada de fuerza, de estruendo o de magnitud. La discreta decoración es de tono menor y se presta, como nuestra danza, al regodeo y a la confidencia. Su nota predominante es la lírica: es un paisaje tierno, blando, muelle, cristalino. (2001: 59)

La lírica que ha inspirado la *musa paradisiaca* ha inscrito su daño acuático al disolver las contundencias del paisaje: derritiéndolas, aguándolas, tornándolas «cristalinas». Para Pedreira, el paisaje de la isla firmado por la lírica y su sintomatología es una manifestación de lo transparente y lo maleable. Allí todo se deja ver. Ética y paisajes de la isla han sido dañados por la reducción y lo femenino, condiciones esenciales de la geografía. La tierra es el escenario que condiciona los «movimientos» culturales de la isla, sus poéticas, sus políticas. «La tierra, pues, reduce el escenario en que ha de moverse la cultura. De ser otra nuestra topografía, otro hubiese sido el rumbo de nuestra historia» (2001: 62). La diatriba neurótica contra el imaginario de la pequeñez-húmeda de la isla, por lo tanto, sostiene y socava los alcances la pregunta matriz de *Insularismo*: «A la larga, el tema responde a un ¿cómo somos? o a un ¿qué somos? los puertorriqueños globalmente considerados» (2001: 37). Es esta la pregunta que ha *flotado* a través de todo el ensayo y la que insiste en elevarse ante las aclimataciones pasivas del orden vegetal puertorriqueño.

De igual modo, «globalidad» es un término que en *Insularismo* no imanta las nociones de «global» o de «mundialidad» sino más bien de «generalidad». Lanzarse al mundo para pensar «el todo puertorriqueño» supondría lidiar con la mar del archipiélago y *flotar allí* de otra manera. El sujeto del ensayo intenta, por el contrario, levantar la imagen de la masculinidad seminal de los próceres decimonónicos que sus obras no pudieron llevar a cabo, diluidas por la geografía. Geografía que además también exhibe (amenaza) con su carácter ahuecado las perspectivas históricas de los escritores del siglo XIX:

> ...los escritores del siglo XIX no pudieron contestar a sus anchas las preguntas de su época: detrás de ellos no había sino un hueco desolador de tres siglos baldíos; y enfrente una esterilizadora vigilancia que no les permita empollar ademanes patrios, ni subir la fiebre de nuestra personalidad colectiva a sus cuarenta grados. El espíritu territorial en formación les quedaba demasiado encima para trazarle perspectivas. (2001: 75)

Es sobre estos *huecos* donde el mandato discursivo del ensayo funda algunos de los modos de lectura que instrumentalizarán zonas claves del archivo literario de la isla. Es este rastreo de negatividades y fallas la que preparó el triunfo hermenéutico de *Insularismo*. Este «espíritu» territorial y temporal, como el mar, acosa y agujerea la pequeñez insular, bloqueando, además, su sintaxis poética. En la célebre sección «Alarde y expresión», Pedreira coloca «los deberes nacionales de lo literario» bajo el dominio verosímil y *penetrante* de la narrativa y la efectividad moralizante del realismo costumbrista. En esa misma sección se relata la caída moral y estética de lo lírico, ese darse sin dificultades, melifluo, superficial, que se halla cual emblema en *los ojos* del poeta romántico puertorriqueño José Gautier Benítez:

> En síntesis, Gautier no ofrece, por su llaneza, ninguna dificultad para definir su arte monocorde: es el poeta del amor, del amor a la mujer, al prójimo, a la patria. Vivió enamorado de su tierra y enseñó a amarla como se ama a una novia, *orillando* su arcilla bronca y áspera, en selección de contagiosas ternuras.
> [...]

> Lo que vale en Gautier es su ternura, la timidez poética con que cantó la genérica superficie de nuestra naturaleza. Ni penetró en el pueblo y sus costumbres, ni en la prieta vida insular que urde su drama tras el telón de boca. Sus ojos recogían los contornos, los planos cordiales de la topografía y muy raras veces y con gran trabajo llegaba a nuestras fibras particulares. (2001: 74-75; énfasis mío)

Gautier Benítez no penetra, *pone al margen*, cual oleaje *orilla* los sedimentos «broncos» que desdicen los énfasis femeninos del paisaje. Para Pedreira, la superficialidad de este poeta, en su sentido doble, poeta de extensiones de fácil acceso y poeta frívolo, es su entrega a la condición indistinta de los exteriores. El cuerpo literario en *Insularismo* debe escoger entre los modos del cartógrafo o del feligrés ante el sagrario nacional; nunca se debe ceder *allí* la primacía de lo penetrante. Se trata de un cuerpo abrazado con fervor a un mimetismo telúrico, masculinizante, pero también agobiado por el contagio acuoso del paisaje. La capitanía de la nave-isla-literatura es una condición subjetiva irremediable atada al vaivén, el vislumbre de lo pequeño en sí, a los sobresaltos de la travesía.

La imposibilidad archipelágica en *Insularismo* es, por lo tanto, el reconocimiento negativo y el escamoteo del archipiélago como una apertura sin límites para la isla, una abertura irremediable, un comenzar para el *potens* de la isla expuesta ante sus aguas. La mar en *Insularismo* es el testimonio de una rotura de lo familiar, de una fragmentación que estropea la isla, que hace de la isla una perenne condición: cuerpo dañado. La literatura que no testifique la verdad-tierra, sobre todo la poesía lírica, será en el ensayo pura emanación, *disoluciones* que buscan por igual adornar como negarle a la isla el traspasar sus negatividades.

> Plurales son las teorías que conocemos sobre la misión especial de las islas. Desgarradas de sus núcleos continentales, mares procelosos eternizan su divorcio. Doctrinas optimistas asignan a las islas ejecutorias superiores a las que históricamente cumplen, ancladas fatalmente en medios geográficos de variable estrategia política, económica y cultural. Desde la resonante *Atlántida*, de Platón, hasta las últimas elucubraciones contemporáneas, la literatura isleña ha barnizado con admirativas prosopopeyas la angustia trágica en que se desarrolla la vida insular. (2001: 137)

Sobresalientes son estas contradicciones de *Insularismo* en la medida que el ensayo mismo merodea, titubea pues mientras exhibe la implacable idealización que recubre las grandes utopías isleñas, no puede decidirse entre la figuración de la isla como nave al garete o como peñón anclado en su soledad.

El espacio y el tiempo medios: «Caldo denso de civilización que borbollea en el fogón del Caribe». Del ajiaco de Fernando Ortiz

Entre más un texto parece mirar *allí*, hacia ese sitio donde el Caribe, su cultura, sus tierras o sus islas parecen *ser*, más desea dicha escritura *ser* el registro mismo de su especificidad o de su historicidad. El ensamblaje de dichos textos, sin embargo, exhibe mejor la sensorialidad y, en algunos casos, las ideologizaciones que movilizan sus discursos. Estos textos, por su parte, son el registro de un espacio donde se recogen las impresiones de un *estar* ante un objeto donde se cifraría lo caribe, más que los atributos de un *ser* caribeño. En otras palabras, el texto literario caribeño con aspiraciones ontológicas se inclina al registro de afectaciones que desfiguran y ensombrecen sus protocolos de evidencia ante lo caribe. A final de cuentas el espacio caribeño, sus imágenes o su localización quedan como el resultado de una múltiple red de interpretaciones que insiste en alejarse de los referentes duros, de las cristalizaciones empiricistas o de las culturalizaciones más predecibles. Los significantes de lo caribe no se cansan de corroer las pretensiones e intenciones veristas de algunos de sus discursos dominantes. Prescindiendo de los adjetivos cabría preguntarse ¿cuál es la particularidad sensorial que adquiere un espacio en un texto literario abocado a los meneos del archipiélago? ¿Dónde, cómo ocurre este texto? Ya sea el caótico vaivén de los flujos marinos o vaginales (Benítez Rojo), el fondo submarino donde han quedado los grilletes de los esclavos lanzados al mar –signos contrariados de una travesía fatal en el «Barco abierto» que figurara Édouard Glissant–, o la mar que difracta el globo, el espacio-tiempo caribeño que sedimentan estas figuras insiste en incitar un «orden sensorial» al que poco le sirven los auxilios del referente verista. Se trata de una experiencia que no prescinde de la dilatación de la metáfora.

Ahora bien, ¿qué tipo de sensorialidad ejercita una escritura marcada por los efectos del archipiélago? No muy lejos del tiempo y del espacio de la isla-nena de Pedreira, Fernando Ortiz en su célebre conferencia, «Los factores humanos de la cubanidad» (1940), no parece disertar sobre la condición marina de la historicidad cubana. Aún más, lo que es una potencialidad inexplorada en Pedreira, al momento de pensar la heterogeneidad racial de Puerto Rico, deviene en la conferencia de Ortiz una de las piedras angulares de la tropología que anudará el concepto de «transculturación». El *hervor* opresivo en *Insularismo* devendrá potencialidad temporal y ética en el ajiaco orticiano. Afirma Pedreira sobre la *convivencia racial* puesta a hervir en el trópico:

> Somos un pueblo racialmente heterogéneo, compuesto de blancos, de negros y de mestizos. Siglos de convivencia al hervor del trópico fueron casando modalidades encontradas y aunque todavía abunden los divorcios, nuestra personalidad colectiva es responsable de un puñado de nombres que nos representan en casi todos los compartimentos de la cultura. (2001: 54)

No muy lejos de la presión térmica que determinaba inequívocamente la condición insularista puertorriqueña, Ortiz pensaba desde el *hervor* la violenta historicidad de Cuba. La isla abierta como una olla en constante cocción es una imagen doble para la tensión disciplinaria en Ortiz (su lucha con las disciplinas que materializarían la evidencia histórica cubana) como para sus decisiones escriturales al momento de *imaginar* la identidad cultural de la isla. «Los factores humanos y la cubanidad» es un texto que deja apreciar la mesa discursiva de Ortiz sobre la que luego aparecerán categorías como *contrapunteo* y *transculturación*. Interesa, por el momento, atender el cuerpo de imágenes que comparten la escena culinaria con la escena marina en la confección del ajiaco orticiano.

La isla cocida a la intemperie por el trópico exponía el borboteo de un *ethos* comunitario que, en el texto de Ortiz, no esconde sus violencias y cómo estas sazonan las superposiciones temporales que representaría el ajiaco como metáfora cultural cubana. El ensayo de Ortiz participa de esa antigua tradición discursiva que gusta figurar la presión de la atmósfera y el clima caribeños como un modo de cocer la insularidad cultural. En verdad, desde la salida, Ortiz proclama que hacer esta historia cubana es cocer una figura:

> Se ha dicho repetidamente que Cuba es un crisol de elementos humanos. Tal comparación se aplica a nuestra patria como a las demás naciones de América. Pero acaso pueda presentarse otra metáfora más precisa, más comprensiva y más apropiada para un auditorio cubano, ya que en Cuba no hay fundiciones en crisoles, fuera de las modestísimas de algunos artesanos. Hagamos mejor aquí un símil cubano, un cubanismo metafórico, y nos entenderemos mejor, más pronto y con más detalles: *Cuba es un ajiaco*.
>
> ¿Qué es el *ajiaco*? Es el guiso más típico y más complejo, hecho de varias especies de legumbres, que de aquí decimos «viandas», y de trozos de carnes diversas; todo lo cual se cocina con agua en hervor hasta producirse un caldo muy grueso y suculento y se sazona con el cubanísimo *ají* que le da el nombre. (Ortiz 1996: 8-9)[23]

Considerada parte de su «obra de madurez», esta conferencia forma parte de un momento clave en los afanes interpretativos de Ortiz. A finales de los años treinta y comienzos de la década siguiente, el sabio cubano emprende una suerte de *tour de force* epistemológico en sus intentos por recortar la particularidad material e histórica de lo que denominaba como «cubanidad»[24]. Pero ¿cómo adquiere forma y espacio un relato sobre la historicidad nacional en Ortiz? ¿Cómo se establece el paradigma

---

[23] La edición que manejo anota al pie de página: «Conferencia leída en un ciclo organizado por la fraternidad estudiantil "Iota-Eta" en el anfiteatro Varona de la Universidad de La Habana, el 28 de noviembre de 1939. Publicada en la *Revista Bimestre Cubana*, La Habana, marzo-abril de 1940, vol. xix, no. 2, pp. [161] 186, 1».

[24] «Sin embargo, la obra de madurez de Fernando Ortiz, esa que asociamos a textos como *Los factores humanos de la cubanidad* (1940), *Contrapunteo cubano del tabaco y el azúcar* (1940) y *El engaño de las razas* (1946), no está desprovista de tensiones. La más importante, a mi juicio, es aquella que se establece entre el discurso antropológico de la identidad y la práctica cultural de la diferencia. La idea de la cubanidad, que en los dos primeros ensayos se expone por medio de la metáfora del ajiaco y del concepto de transculturación, se resiste a la postulación antropológica de un sujeto nacional hegemónico, aunque éste se conciba como resultado del más intenso mestizaje cultural» (Rojas 2004: 3-4).

metafórico del *ajiaco*? ¿Qué tipo de percepción demanda una metáfora culinaria? Escribir *Cuba es un ajiaco* es elegir muy pronto la divisa de la metáfora como un modo de *percibir* la historicidad cubana.

> La imagen del ajiaco criollo nos simboliza bien la formación del pueblo cubano. Sigamos la metáfora. Ante todo una cazuela abierta. Esa es Cuba, la Isla, la olla puesta al fuego de los trópicos, que la otra tarde aquí nos pintara con fino arte el doctor Massip. Cazuela singular la de nuestra tierra, como la de nuestro ajiaco, que ha de ser de barro y muy abierta. Luego fuego de llama ardiente y fuego de ascua y lento, para dividir en dos la cocedura; tal como ocurre en Cuba, siempre a fuego de sol pero con ritmo de dos estaciones, lluvias y seca, calidez y templanza. Y ahí van las sustancias de los más diversos géneros y procedencias. (1996: 10)

Decir *Cuba es una palabra* o *Cuba es una imagen* es abrazar discursivamente el paulatino abandono de protocolos originarios, que con una mano afirman una característica histórica y con la otra exponen su insuficiencia epistemológica. De igual manera, la escena «aboriginaria» del ajiaco es en principio, como toda escena del lenguaje, una escena incierta. Además, en este caso en particular, se trata de una escena en el litoral. Es *allí* donde se diseña el ahuecamiento de una porción de tierra descampada ( ) para que reciba los ingredientes que el sol habría de cocer. En «Los factores humanos de la cubanidad» se asiste, de este modo, a la sensibilización de una evidencia nacional, de una concreción histórica imposible mientras también se inaugura un paisaje.

En el ensayo de Ortiz, la desautorización táctica de criterios telúricos, geográficos, nacionalistas, jurídicos, raciales va de la mano de un alegato ético-historiográfico que no cesa de recalar en lo culinario como disparadero de imágenes para la historia de un tiempo cubano y de una condición de la lengua cubana. La metáfora es inseparable del saber y *la materialidad histórica* que se quiere hacer sensible ante el lector-escucha de la conferencia. El *fuego de los trópicos* y el *ritmo* de las dos estaciones son inseparables de la abertura innegociable de la isla-olla. En verdad, en esa olla abierta que borbotea en el «fuego de los trópicos» se agita la condición del *lugar cubano*, del archipiélago: condición negativa y dada a los amalgamientos de sentido, que el guiso discursivo de Ortiz llevará a otra dimensión exacerbándola.

Aquí nos encontramos fácilmente con un elemento objetivo que nos sirve de base: *Cuba*, es decir, un lugar. No es que Cuba sea para todos un concepto igual. Nuestro competente profesor de geografía nos decía la otra tarde que Cuba es una isla; pero también dijo, con igual exactitud, que Cuba es un archipiélago, es decir un conjunto de muchas islas, de centenares de ellas, algunas mayores que otras, cuyos nombres han resonado en la historia. Además, Cuba no es sólo una isla o un archipiélago. Es también una expresión de sentido internacional que no siempre ha sido aceptada como coincidente con su sentido geográfico. (1996: 3)

La confección de la metáfora culinaria, por lo tanto, es inseparable de un gesto político que habría que leer a través de la sostenida desautorización de disciplinas y discursos estatales encargados de leer la «cualidad de lo cubano» que preside el texto de Ortiz. Más aún, los afanes discursivos de Ortiz insisten en establecer lo que Cuba *no es*. La apuesta gastronómica de Ortiz responde a su deseo hermenéutico por demostrar cómo se ha hecho materia histórica la cubanidad entre la vorágine de los destrozos y el exceso de su variadas violencias. Ortiz, para colmo, complica la evidencia histórica isleña, cuando su reflexión en torno a la cubanidad sabe que tira de imágenes que rebasan el mero inventario de características o los modos habituales de una expectativa de sentido convencional:

Lo característico de Cuba es que, siendo ajiaco, su pueblo no es un guiso hecho, sino una constante cocedura. Desde que amanece su historia, hasta las horas que van corriendo, siempre en la olla de Cuba es un renovado entrar de raíces, frutos y carnes exógenas, un incesante borbotear de heterogéneas sustancias. De ahí que su composición cambie y la cubanidad tenga sabor y consistencia distintos según sea catado en lo profundo, en la panza de la olla, o en su boca, donde las viandas aún están crudas y burbujea el caldo claro.

Puede decirse que, en rigor, en todo pueblo ocurre algo semejante. No se sabe todavía dónde estuvo situado el Paraíso Terrenal, patria de Adán y Eva, a pesar de lo mucho que lo buscó por estas tierras hermosas de América el gran buscador que fue don Cristóbal Colón. Nadie sabe donde nació el género humano, y de ahí que toda historia comience por una inmigración, por unos primeros pobladores que vinieron de alguna parte, aun cuando poco o nada se sepa de su oriundez. (1996: 12)

¿Se puede saber (saborear) la «oriundez» de un sabor? Si por saber decimos las condiciones que harían posible señalar la singularidad de un objeto o de una realidad, y no el inventario de datos, fechas o atributos, preguntar por el origen del sabor, querer saber el sentido múltiple de lo sabroso, es *perder de vista* que toda experiencia de sabor es la disposición de los sentidos del cuerpo a los efectos y a las texturas de sustancias en estado de superposición, dilatación y declinación. La metáfora del ajiaco dispone un saber para el no saber original que constituye el comienzo de los signos de la comunidad. En otras palabras, las certidumbres oculares de significación histórica llamadas Cuba se disuelven apareciendo en el paladeo de lo sabroso. Temprano en el texto Ortiz figura por igual la temporalidad como el análisis histórico, como procesos gastronómicos que demandan singulares *cataduras*. Ortiz, además, tropicaliza a su modo el objeto histórico, contagia el plato con los atributos climáticos que le son inmediatos.

En efecto, la producción de la metáfora tampoco olvida la condición de la lengua que la hizo posible. La construcción de la imagen tanto para la isla-olla como para el archipiélago tropical-fuego subraya la turbiedad del inacabado «proceso» culinario, como un modo de paladear su complejidad. La prolongada analogía que dice Cuba es como un ajiaco o es un ajiaco, no es meramente una figuración pedagógica para comprender lo cubano, sino una entrada en la complejidad del mismo. Más bien Ortiz con su metáfora lleva a cabo una complicación antropológica al momento de tornar sensible lo que constituye una historia, una condición material de la historia cubana y americana. La confección de la metáfora del ajiaco para la cubanidad, en Ortiz, no puede sino oscurecer su objeto de estudio. Por un lado, ahí están los énfasis en el proceso de cocción y mezcla con los que el guiso *hace visible* un relato temporal y humano de la lógica histórica cubana. Por el otro, la metáfora culinaria al convocar al paladar a esta escena disciplinaria no sólo perturba las jerarquías sensoriales de rigor para comprender un relato histórico, sino que echa a caminar una tautología: *Cuba es un ajiaco y un ajiaco es un ajiaco* inclusive cuando es una palabra. Ortiz llama la atención sobre la etimología misma de la palabra «ajiaco» pues en ella, cual preludio, se manifiesta la lógica de cocimientos que materializa su concepción de la cubanidad. La metáfora formaliza la materia histórica de lo cubano. «Por su nombre mismo ya el ajiaco es un "ajiaco lingüístico": de una planta solanácea indocubana, de una raíz idiomática negro-africana y de una castellana desinencia que le da un tonillo despectivo al vocablo, muy propio de un conquistador para el guiso colonial» (1996: 11). En su afán por resaltar las variadas desarticulaciones y violencias que contradictoriamente generaron la historicidad nacional, el ajiaco deviene tautología morfológica para el espacio y la condición identitaria que el ajiaco desea exhibir. La repetición de la figura o del nombre expone el relato de heterogeneidades y de cuerpos en descomposición y recomposición con el supuesto de *así es Cuba*. Todo eso que se mueve en la olla *es (no siendo)* Cuba.

No obstante otros sentidos ya se mueven entre las lógicas gastronómicas que el ensayista ha convocado:

> Y así ha ido hirviendo y cocinando el ajiaco de Cuba, a fuego vivaz o a rescoldo, limpio o sucio, varió en cada época según las sustancias humanas que se metieran en la olla por las manos del cocinero, que en ésta metáfora son las peripecias de la historia. Y en todo momento el pueblo nuestro ha tenido, como el ajiaco, elementos nuevos y crudos acabados de entrar en la cazuela para cocerse; un conglomerado heterogéneo de diversas razas y culturas, de muchas carnes y cultivos que se agitan, entremezclan y disgregan en un mismo bullir social; y, allá en lo hondo del puchero, una masa nueva ya posada, producida por los elementos que al desintegrarse con el hervor histórico han ido sedimentando sus más tenaces esencias en un mixtura rica y sabrosamente aderezada, que ya tiene un carácter propio de creación. Mestizaje de cocinas, mestizaje de razas, mestizaje de culturas. Caldo denso de civilización que borbollea en el fogón del Caribe. (1996: 11)

Borbolleo, historia y lengua firman la localidad ajiaca. «La imagen del ajiaco criollo nos simboliza bien la formación del pueblo cubano. Sigamos la metáfora» (1996: 10). Entonces, ¿cómo «seguir la metáfora» para una confección sino desde ese itinerario imposible que se inscribe entre la lengua y el paladar? Hay algo (afortunadamente) imposible de seguir en la imagen de este «bullir social» que cifra una metáfora culinaria para la «formación de un pueblo». El ajiaco es imposible de rastrear sobre alguna superficie o en algún espacio organizado por alineaciones.

En esta capacidad para traicionar los protocolos positivistas que asedian los sentidos posibles del estudio de lo cubano se aloja la particularidad de esta ficción interpretativa, que nunca negocia la singularidad de la violencia que forma la historia y clima cubanos. Así, las temperaturas del archipiélago, dentro y fuera de la olla, le dan sabor y «consistencia» a ese «caldo denso de culturas». La infelicidad empírica del ensayo es, sin embargo, el signo de su felicidad figurativa al inscribir un relato siempre inacabado sobre la violencia histórica que es la cubanidad. O tal vez, el ensayo logra algo mejor: el texto de Ortiz reconfigura la experiencia y los protocolos de evidencia que un relato histórico para el Caribe demanda.

La «densidad» del ensayo (cual caldo), en el mismo momento que muestra las razones tras la selección metafórica, retira sus imágenes a esa zona claroscura donde se prestan el cuerpo las «sustancias heterogéneas» y la sencillez semántica del relato histórico-antropológico de Ortiz. El «constante hervor» del Caribe, las sedimentaciones como las «peripecias de la historia» que han metido en la olla «las manos del cocinero», no se cansan de insistir en las violencias que han formado lo cubano. De hecho, la metáfora del ajiaco *visibiliza* mejor el relato de desposesiones y fuerzas históricas que ha formado la cubanidad que el cuerpo de gustos y gozos que el ajiaco como imagen también incita. La narración de desplazamientos humanos *sobre el mar* precipita a las lógicas destructivas del hervor que caracterizan al ajiaco[25]. Lo que se le echa al ajiaco es análogo a las técnicas y culturas de los componentes humanos que la historia «ha traído» a Cuba. Aun así, el sabor del ajiaco es apenas el anuncio, la promesa de un efecto metafórico sobre el cuerpo de la historia que enrarece la *visibilidad* del discurso histórico de Ortiz:

---

[25] Así los blancos: «El mero paso del mar ya les cambiaba su espíritu; salían rotos y perdidos y llegaban señores; de dominados en su tierra pasaban a dominadores en la ajena. Y todos ellos, guerreros, frailes, mercaderes y villanos, vinieron en trance de aventura, desgajados de una sociedad vieja para reinjertarse en otra, nueva de climas, de gentes, de alimentos, de costumbres y de azares distintos; todos con las ambiciones tensas o disparadas hacia la riqueza, el poderío y el retorno allende al declinar de su vida; es decir, siempre en empresas de audacia pronta y transitoria, en línea parabólica con principio y fin en tierra extraña y sólo un pasar para el medro en este país» (1996: 23-24).

Así era el primer ajiaco, el ajiaco precolombino, con carnes de jutías, de iguanas, de cocodrilos, de majás, de tortugas, de cobos y de otras alimañas de la caza y pesca que ya no se estiman para el paladar. Los castellanos desecharon esas carnes indias y pusieron las suyas. Ellos trajeron con sus calabazas y nabos, las carnes frescas de res, los tasajos, las cecinas y el lacón. Y todo ello fue a dar sustancia al nuevo ajiaco de Cuba. Con los blancos de Europa, llegaron los negros de África y éstos nos aportaron guineas, plátanos, ñames y su técnica cocinera. Y luego los asiáticos con sus misteriosas especies de Oriente; y los franceses con su ponderación de sabores que amortiguó la causticidad del pimiento salvaje; y los angloamericanos con sus mecánicas domésticas que simplificaron la cocina y quieren metalizar y convertir en caldera de su *standard* el cacharro de tierra que nos fue dado por la naturaleza, junto con el fogaje del trópico para calentarlo, el agua de sus cielos para el caldo y el agua de sus mares para las salpicaduras del salero. Con todo ello se ha hecho nuestro nacional ajiaco. (1996: 10-11)

El llamado al paladar coloca en otro registro (de sabores) lo que podría historiográficamente excitar la metáfora culinaria. Lo sabroso aquí es apenas la promesa nacional que recoge la metáfora gastronómica de Ortiz. *Seguir la metáfora* significa en este texto, por lo tanto, perseguir imágenes del sabor, los itinerarios archipelágicos, viajar por gastronomías y técnicas que se han prestado el cuerpo, aspirando a paladear las violencias ineluctables de la historia de las islas del Caribe. La metáfora gastronómica es la matriz que estimula las ambigüedades éticas del relato del mestizaje de Ortiz, ya que las lógicas de integración (de grupos humanos o técnicas) se movilizan a través de lógicas brutales de desarticulación de los componentes originarios que nunca desaparecen del todo y que firman el sabor del plato. Es por esto que la cultura del negro *sobrevive* al hervor del archipiélago, condición suprema de la historicidad cubana para Ortiz:

> La cultura propia del negro y su alma, siempre en crisis de transición, penetran en la cubanidad por el mestizaje de carnes y culturas, embebiéndola de esa emotividad jugosa, sensual, retozona, tolerante, acomodaticia y decidora que es su gracia, su hechizo y su más potente fuerza de resistencia para sobrevivir en el constante hervor de sinsabores que ha sido la historia de este país. (1996: 27)

A pesar de las ansiedades y deseos de apólogos o comentaristas genuflexos, este relato histórico de Ortiz poco se presta a las idealizaciones y felicidades de tanto discurso nacionalista o multicultural contemporáneo. Seguir al ajiaco cubano, imaginar sobre la letra su sabor es una y otra vez lidiar con la destrucción y la paradójica continuidad del fragmento. El discurso gastronómico de Ortiz, enfático en las roturas, estropea cualquier retórica nacional que culmine en grandes fundaciones o fundiciones[26]. En la orilla de la olla, en la comisura de los labios, el recorrido de la metáfora del ajiaco es un recorrido de contigüidades, un relato de contaminación de jugos, de préstamos y saturaciones, de cuerpos rotos. El sabor es indistinguible de las roturas que lo confeccionan. Más aún, Ortiz no se inhibe de reconocer que también la problemática integración que hace posible el guiso no evitó las que coronó el envilecimiento, el robo y las contradicciones:

> En esa poliétnica masa humana de gentes desarraigadas de sus tierras y nunca bien resembradas en Cuba, los apremios económicos y las circunstancias territoriales, agrarias, mercantiles y bélicas fueron dando arraigo a los núcleos humanos de Cuba; pero sin lograr su integración normal, creándose así curiosas peculiaridades cubanas. La ganadería traída por los españoles fue aquí extensiva, pero sin la trashumancia de la meseta castellana y hecha en sabanas y hatos corraleros, circulares y sin cercados, propicia al abigeato. La producción agroindustrial del azúcar creó las plantaciones latifundarias con absolutismo de señorío y esclavitud. Y la esclavitud fue aquí, como en todas partes, corrompida y corruptora, envileciendo los esclavos y los amos,

---

[26] Así el viaje marítimo de la trata (agónico por demás en cualquier dirección) comparte lógicas que se aprecian en la olla del ajiaco orticiano: «Vinieron multitud de negros con multitud de procedencias, razas, lenguajes, culturas, clases, sexos y edades, confundidos en los barcos y barracones de la trata y socialmente igualados en un mismo régimen de esclavitud. Llegaron arrancados, heridos y trozados como las cañas en el ingenio y como éstas fueron molidos y estrujados para sacarles su jugo de trabajo. No hubo otro elemento humano en más profunda y continua transmigración de ambiente, de cultura, de clases y de conciencias. Pasaron de una cultura a otra más potente, como los indios; pero éstos sufrieron en su tierra nativa, creyendo que al morir pasaban al lado invisible de su propio mundo cubano; y los negros, con suerte más cruel, cruzaron el mar en agonía y pensando que aún después de muertos tenían que repasarlo para revivir allá en África con sus padres perdidos» (1996: 25).

2.A. Islas interpuestas ( ) mar adentro, tierra abierta 159

a negros y a blancos por igual. El tabaco, en cambio, creó la vega hortelana con campesinos blancos y economía familiar, pero clase media escasa y humilde, sin defensa ni poderío. (1996: 28)

En «Los factores humanos de la cubanidad» es difícil, si no imposible, encontrar un relato heroico, una auroral epopeya mestiza o mulata que decrete una suerte de superioridad cultural de lo cubano o lo americano. Los itinerarios o las lógicas de sentido que genera el hervor, como marca del presente, como signos de un lenguaje en condición archipelágica, crearon una superviviente semántica del desvío, una gramática de la deformidad, un persistente saber de la ingobernabilidad y de la incivilidad:

> El comercio, trasatlántico y coartado por la metrópoli desde su origen, nos creó el comensalismo filibustero, por el cual nos vinieron abundancias, comodidades, intercambios, transigencias y contactos con los herejes y las civilizaciones progresistas; pero también nos obligaron al contrabando consuetudinario, casi siempre consentido y a menudo coparticipado por las autoridades, que por eso siempre fueron vistas como intrusas, pasadizas, opresoras y corrompidas. Y los contrabandos habituales nos deformaron la vida colectiva, forzándola a un constante recubrimiento convencional de hipocresía, al hábito de la ilegitimidad impune y a la clínica indiferencia cívica, sin sanciones de castigo ni de mérito. Las leyes aquí no fueron leyes. (1996: 29)

En resumidas cuentas, en «lo abstracto del lenguaje»[27] es donde la proposición metafórica de Ortiz trabaja para volver histórica y políticamente sensible el significante «cubanidad». Se trata de un intento afortunado por su condición averiada en términos disciplinarios, pues la producción de la metáfora culinaria para lo cubano, asentada también en un cubanismo, contamina los linderos discursivos entre el objeto histórico representado y el discurso llamado a representarlo[28]. La promesa que avasalla al ajiaco

---

[27] «Cubanidad es «la calidad de lo cubano», o sea su manera de ser, su carácter, su índole, su condición distintiva, su individuación dentro de lo universal. Muy bien. Esto es en lo abstracto del lenguaje. Pero vamos a lo concreto. Si la cubanidad es la peculiaridad adjetiva de un sustantivo humano, ¿qué es lo cubano?» (1996: 3).

[28] Gustavo Pérez-Firmat ha leído la creación de conceptos pivote en la obra de Ortiz —«transculturación», «ajiaco», incluso hasta «cubanía»— como parte de un deseo de autonomía discursiva y de una maniobra política que permitiría nombrar y teori-

es su latencia de sentidos, la potencialidad pospuesta de sus sabores, de su tiempo para el saber del sabor, o el sabor de un saber que no negocia su negatividad:

> A la cazuela iba todo lo comestible, las carnes sin limpiar y a veces ya en pudrición, las hortalizas sin pelar y a menudo con gusanos que les daban más sustancia. Todo se cocinaba junto y todo se sazonaba con fuertes dosis de ají, las cuales encubrían todos los sinsabores bajo el excitante supremo de su picor. De esa olla se sacaba cada vez lo que entonces se quería comer; lo sobrante allí quedaba para la comida venidera. Así como ahora saboreamos en Cuba los «frijoles dormidos», que son los dejados de una comida para la del día siguiente, así se hacía siempre con el ajiaco original; era siempre un guiso «dormido». Al día siguiente el ajiaco despertaba a una nueva cocción; se le añadía agua, se le echaban otras viandas y animaluchos y se hervía de nuevo con más ají. Y así, días tras día, la cazuela sin limpiar, con su fondo lleno de sustancias desechas en caldo pulposo y espeso, en una salsa análoga a esa que constituye lo más típico, sabroso y suculento de nuestro ajiaco, ahora con más limpieza, mejor aderezo y menos ají. (1996: 9)

El deseo orticiano de sumarle concreción a lo cubano descansa sobre una promesa de sabor que habita en la lengua y en las imágenes de su texto. La suciedad y la agresividad picante es el basamento sensorial del concepto ( ) metáfora ajiaco. No habría que olvidar cómo Ortiz subraya que el ingrediente del cual deriva el nombre ajiaco, el ají, por igual encubre sinsabores, acicatea, agrede, pica. La avería disciplinaria del ajiaco es su felicidad literaria, pues el ensayo es más efectivo demostrando cómo lo cubano no es un contenido, mucho menos un resultado, sino la figuración metafórica de sucesivas y ancestrales violencias que no cesan de irrumpir y ensuciar el presente con sus borboteos. Es esto lo que el

---

zar lo cubano en sus propios términos. Esta táctica semántica en la obra de Ortiz es descrita por Pérez-Firmat como una lógica de amalgamamiento y contaminación que reproduce el objeto de estudio en las expresiones llamadas a representarlo y viceversa: «But Ortiz' terminological inbreeding is such that it is difficult to wrench content and expression apart. The proof is in the *ajiaco*, an all-purpose sauce that appears on both planes, thereby collapsing the distinction between object and subject, and between language and metalanguage. The *ajiaco* is part of the object of Ortiz's analysis as well as the conceptual category with which this object is analyzed» (Pérez-Firmat 1989: 32).

lector «debe seguir» tras la metáfora una vez las demandas de exactitud, presupuestas en varias de las disciplinas que han suplido definiciones para lo cubano, han sido cuestionadas y puestas a cocinarse en el fogón de ese archipiélago a la Ortiz.

«Los factores humanos de la cubanidad» es más el doble discursivo del proceso de cocción (historiográfica y literaria) que sensibilizaría históricamente lo cubano, que el saboreo definitivo del significante ajiaco que fondea la metáfora. O quizás, por oleadas, en el horizonte del paladear imaginario que saborea el texto por momentos, en el ajiaco de sus palabras, la técnica ensayística de Ortiz, cual incitación, adereza otra letra, anuncia un ajiaco por venir.

2.B.

Islas interpuestas ( )
mar adentro, tierra abierta

> Las montañas como toros han penetrado en el mar, muy cerca del abismo de la Gran Olla, y ahogadas han extendido su piel en la bahía de Santiago.
>
> José Lezama Lima,
> «Epifanía del paisaje» (1977: 516)

El espacio y el tiempo medios: escritura de la resaca

El trabajo del mar, su insistencia en los espacios y sujetos que le son inmediatos, puede percibirse en los trazos, en los devenires de corrosión y saturación dejados tras su paso. Este pasar no es el trazo vital del mar mismo sino el que dejan sus representaciones, sus interpretaciones. Esto último, colocado, por ejemplo, en un cuenco, en una hoja, una pantalla o en una concha, es una redundancia de cavidades que podría escucharse del siguiente modo: los sujetos y espacios que trabajan con la mar, los sujetos y espacios que vierten sobre sus objetos la insistencia marina, que la interpretan, traban una sensorialidad atenta a las circunstancias que desata sea la corrosión, sea el rebosamiento, sea el descampado. Esta sensorialidad expone la porosidad compartida por los sujetos y objetos que relaciona la mar. La porosidad es devenir e inactividad, tránsito y desolación, sujeto y no sujeto. Devenires e inconclusión, más bien declinaciones de la materia en su estar de paso por el litoral. Cuando la ola se retira, la mar no es parte del horizonte sino lengua espumosa sobre la arena, una manta que hierve, la evaporación de incalculables pliegues. La saturación en sustracción se percibe en el archipiélago, como cuando el maremoto antes de su descarga retira el agua de la costa. Ese mar en negativo deja entrever la forma breve de un desierto todavía húmedo y sobre el cual, tal vez, aletea por última vez un pez[1]. En contadas ocasiones, a partir de un temblor de tierra, el desplazamiento de las franjas tectónicas en el suelo marino o la liberación de energía, el manto submarino del archipiélago se agrieta y absorbe las aguas. Lo que ocurriera, hervores o enfriamientos, es cosa de la oscuridad, de la piedra o del fuego. De todas maneras, el suelo bajo el *pélagos* insiste entre fricciones y magma. El litoral es un efecto de la retirada múltiple de la línea visual llamada horizonte. El instante que viene después del exceso o la sustracción, cuando la inundación ha cedido, sin embargo, es el comienzo para un desecado de larga duración, para un habitar el descampado que desata la causticidad del agua salada sobre la tierra arrimada al mar.

Este *aparecer* del archipiélago no se detecta únicamente en cataclismos, accidentes o fenómenos atmosféricos catastróficos. Este fenómeno, tal vez, avistado mejor en los temporales (*temporal*: sugerente vocablo puertorriqueño para la tormenta) desata su *tiempo* mudo y hasta seco en las fueras de lo siempre idéntico, de lo siempre evidente. ¿Y si esta *temporalidad* recoge una lógica constitutiva de la materialidad del archipiélago, de su contemporaneidad sensorial? Borrado por la sucesión de los días y los variados e históricos discursos de regimentación sensorial que desgastan su aparecer, este trabajo marino no le confiere a las poéticas o narrativas que lo manifiestan superioridades, decantaciones o privilegios sensibles. El agujereo del mar sobre la tierra, sus culturas y sujetos es la disposición de repetidas prácticas para la producción de *otras* imágenes, el comienzo de una conversación sobre *otras* maneras textuales que despliega zonas de la cultura caribeña ante los protocolos de verosimilitud en boga. El tiempo del agujereo es el tiempo de la imagen archipiélago. En fin, el

---

[1] En un texto manuscrito de los años cincuenta, Gilles Deleuze paladea lo siguiente a propósito de toda tierra rodeada de agua: «La isla es aquello que el mar rodea, lo que se rodea, es como un huevo. Huevo de mar, es redonda. Todo sucede como si la isla hubiese desplazado su desierto hacia fuera de sí misma. Lo desierto es el océano alrededor» (Deleuze 2005: 18).

trabajo del mar, el trabajo con la mar, incide en la lógica perceptiva de los textos donde es posible rastrear ese laboreo acuático. Lo mismo puede decirse en retirada, en dirección contraria, el laboreo perceptivo colocado ante las aguas marinas, tarde o temprano, recibirá la descarga cáustica del salitre. El trabajo del mar, con regularidad, es una propensión al desquicie de los afanes de regulación de aquellos «regímenes sensoriales» que consolidan las culturas de poder en(tre) las islas. Se trata, tal vez, de una (im)potencia de la materia inscrita allí donde el mar pareciera imperceptible. Materia y sensorio (pasados por la mar) no encuentran un pivote que autorice al sensorio fijar de un modo ineluctable los sentidos de lo material. Interesa aquí, por el momento, ese tiempo imaginario cuando la mar desajusta el orden sensorial que (a punto del ahogo o desde el sumergimiento mismo) percibiría la tierra, la tierra de las islas, como también dicha mar corroe los protocolos de verosimilitud que harían sensibles los elementos o los cuerpos del Caribe. Para resumir, el trabajo del mar pivotea lógicas de saturación, sobreabundancias, lógicas corrosivas, cáusticas como imaginarios de la impermeabilidad, de lo consumido, de lo agotado, de lo desecado.

En esta estela marina (contrariada por el tironeo de los aparentes opuestos) la teoría, más bien el mito, de la insularidad lezamiana es ilegible sin una meditación en torno a la potencialidad sensorial y política del imaginario marino en la obra del poeta. Potencialidad de un imaginario marino e insular que podría entenderse como parte de la teoría lezamiana para la productividad, lectura y sentidos de lo poético y de lo cultural[2]. El *Coloquio con Juan Ramón Jiménez* (1938), redactado por José Lezama Lima a partir de sus encuentros con el poeta español exilado en Cuba, es un texto donde es posible rastrear el trabajo del mar en la teoría cultural del escritor cubano, así como también es posible apreciar la temprana

---

[2] Como ha demostrado Juan Pablo Lupi en su imprescindible «Chapter 3. Tradition, Death and Poetics: Insular Transits in "X y XX"», utilizar la teoría lezamiana para lo insular sobre sus propios textos es un modo de demostrar: «[...] how the island in Lezama refers not only to a geographical or cultural condition, but that it also function as a *rhetorical device* –a *topos*– that reflects on how poetry, the act of reading, and their respective insertion into history are inextricably linked in the Cuban poet's thought» (Lupi 2012: 103).

movilización metafórica que hace el escritor, desde su mar, para colocar la literatura cubana en el mapa[3]. La famosa nota introductoria de Jiménez, donde reconoce y desconoce algunas de sus palabras en el texto redactado por Lezama, prepara la escena para los efectos marinos desatados por la escritura lezamiana del *Coloquio*:

> (Nota: En las opiniones que José Lezama Lima «me obliga a escribir con su pletórica pluma», hay ideas y palabras que reconozco mías y otras que no. Pero lo que no reconozco mío tiene una calidad que me obliga también a no abandonarlo como ajeno. Además, *el diálogo está en algunos momentos fundido, no es del uno ni del otro, sino del espacio y el tiempo medios.*
>
> He preferido recoger todo lo que mi amigo me adjudica y hacerlo mío en lo posible, a protestarlo con un no firme, como es necesario hacer a veces con el supuesto escrito ajeno de otros y fáciles dialogadores.
>
> *J. R. J.)* (Lezama Lima 1938: 3; énfasis mío)

Toda «fundición» implica derretimientos, el amalgamar dos o varios elementos. Al lidiar con los metales, la fundición supone licuar la solidez del metal para facilitar su mezcla con otro. Si bien la nota de Jiménez de ningún modo insinúa que la fundición lezamiana «arruine» o «degrade»

---

[3] En el 2010 se llevó a cabo el primer congreso internacional dedicado al Caribe en la Argentina. *El Caribe en sus Literaturas y Culturas. En el centenario del nacimiento de José Lezama Lima* tuvo lugar los días 1-3 de septiembre de 2010 entre las paredes de la Universidad Nacional de Córdoba. El lugar excéntrico de la actividad con relación a la ciudad de Buenos Aires no debe sorprender. Otra vez se repetía una vieja maroma caribeña, en coincidencia con una imposibilidad tal vez porteña: viajar muy lejos para encontrarse con amigos y seres queridos, viajar para saber de tantos invisibles (ya sean de *aquí*, como de *allá*). Irse lejos del lugar propio para conversar sobre lo que se lleva consigo. Entre los diversos paneles, uno en particular aglomeró estudiosos de la obra de José Lezama Lima e insistieron en la potencialidad política del trabajo del mar en la obra del poeta cubano. El panel «Tránsitos de la insularidad en la obra de Lezama Lima» reunido en la aula 11 de la Casa Verde y coordinado por Juan Pablo Lupi incluyó las presentaciones de Jorge Marturano, «El insularismo de cara al mar», del propio Lupi, «Lezama, Mallarmé y el evento insular» y de Marta Hernández-Salván, «La lengua agónica en el imaginario desinsularizado de *Fragmentos a su imán*». En el panel, sobre todo a partir de la intervención de Marturano, se escucharon ofrecimientos en torno a «lo que el mar es capaz de traer y llevar» en la teoría cultural que el poeta concibió a partir de la potencialidad geográfica de la isla.

sus palabras («fundir» y fundición» son vocablos que también connotan disolución o ruina) Jiménez acepta, no sin cierta incomodidad, la fundición llevada a cabo por el escritor cubano. Invoca razones de calidad. En efecto, la fundición que lee Jiménez en la escritura lezamiana es una metáfora metamórfica con la que el poeta español enmarca la condición textual del *Coloquio*. La «fundición» lezamiana designaría esa zona de no-pertenencia, indiferenciada ( ), donde las ideas de uno u otro poeta comparten, *entre medios* del *espacio y* del *tiempo*, una región textual que dificulta identificar la propiedad definitiva de las mismas[4]. No sólo esto sino que el final del Coloquio coloca en palabras de Jiménez otro adjetivo líquido que caracteriza la «espresión borbotante» de Lezama:

> Con usted, amigo Lezama, tan despierto, tan ávido tan lleno, se puede seguir hablando de poesía siempre, sin agotamiento ni cansancio, aunque no entendamos a veces su abundante noción ni su espresión borbotante. Otros trabajos poéticos y menos poéticos esperan. (1938: 24)

Sobresaliente esta percepción temprana de Jiménez ante la condición acuática y liminal, fundidora, de la escritura del *Coloquio*. Sobre todo porque se trata de un texto que se dedica, en específico, a pensar no solamente la condición insular de alguna poética o cultura, sino más aún, a meditar sobre la «sensibilidad» que estimula el litoral de la isla.

El breve texto de los poetas comienza con una consideración en torno a la formación del autor, del artista, sus modos de allegarse un *métier*, eso que se nombra allí como «el estilo, la manera, la costumbre de la sensibilidad» desde donde surgirían las creaciones:

---

[4] La propia Zenobia Camprubí, en labores secretariales para Juan Ramón Jiménez, nombraba la oscuridad lezamiana como una confusión marina: «Trabajé seguidamente toda la mañana mientras me dictaba J.R. del "Coloquio" de Lezama Lima. Este trabajo no es muy satisfactorio, ya que todo lo que J.R. hace es ponerlo en español. Hay tanto atribuido a J.R. que él nunca dijo ni pensó decir y tanto que realmente dijo y está incorporado a los comentarios de L[ezama] L[ima] que hubiera tomado más tiempo desenredar la madeja que escribirlo de nuevo. Sin embargo, había suficiente valor en el diálogo como para salvarlo, y todo lo que hizo J.R. *fue corregirlo lo suficiente para que no se anegaran totalmente las ideas en un mar de confusión*, debido a la oscuridad de la expresión» (Campubrí 1991: 72-73, corchetes en el original; énfasis mío).

Picasso dice: «No busco, encuentro». Juan Ramón Jiménez dice: «No estudio, aprendo». Aprendieron encontrando, modo también de la serpiente de cristal; saliendo siempre de su piel, sus últimas adquisiciones. Por eso, si buscamos en ellos las distintas maneras que han atravesado, nos perdemos; sorprendemos sólo *una experiencia sensible aislada*. Su legitimidad nos obliga a descubrir en ellos lo más valioso, lo que es en sí curiosa obra de arte, fuerza creacional, riqueza infantil de creación. *Para ellos, la manera, el estilo han sido últimas etapas de largas corrientes producidas por organismos vivientes de expresión.* (1938: 4; énfasis mío)

Sobre los sentidos de esa «experiencia sensible aislada» se anclará una disputa clave para entender la polémica (en sordina) que recorre el *Coloquio*. Pues para el escritor cubano la isla, lo insular no es sinónimo de aislamiento o de *a-(isla)-miento*. Lo insular en Lezama no es la representación suprema de lo separado e incomunicado. Alejado (y el adjetivo en este caso no es casual) de la metafísica yoica con la que Jiménez duda de la singularidad de un *nosotros* del litoral, Lezama se apropia y horada lo que Jiménez señala como falta: el aislamiento, entendido como separación y soledad absolutas. De igual manera, es importante anotar que el estilo *desemboca*, que el estilo es la etapa última de *corrientes* surgidas de *organismos*. El estilo es secreción, es técnica ex-presada.

Alrededor de los *tropoi* que nuclea la isla «conversan» los poetas, sus posicionamientos son el coloquio a pesar de su cualidad *fundida*. Jiménez propondrá las particularidades de un saber poético continental frente (aunque no siempre en oposición perpetua) a lo que rápido Lezama nombra como la «posibilidad del insularismo» (1938: 5). Esta conversación, además, registra una tensión entre los poetas al momento de discutir las posibilidades culturales y poéticas de «lo isleño». En el caso de Lezama, la sensibilidad de la isla es una particularidad cubana que abre otros sentidos posibles, un sensorio abierto a lo que el horizonte manifestaría, mientras, para el poeta español, una sensibilidad insular es una pregunta que le despierta dudas. Jiménez desea saber si es posible «conocer alguna referencia concreta a los secretos más significativos de una sensibilidad puramente insular» (1938: 9):

Si la pregunta no es una «salida», ¿qué estensión le da usted al concepto «insularismo»? Porque si Cuba es una isla, Inglaterra es una isla, Australia es una isla y el planeta en que habitamos es una isla. Y los que viven en islas deben vivir hacia dentro. Además, si se habla de una sensibilidad insular, habría que definirla o, mejor, que adivinarla por contraste. En este caso, ¿frente a qué, oponiéndose a qué otra sensibilidad, se levanta este tema de la sensibilidad diferente de las islas? (1938: 6)

Para el Jiménez del *Coloquio*, definir el asunto del «insularismo» implica movilizar polos, contrastes, opuestos. Frente a los límites y haberes de una sensibilidad «aislada» apuntados por Jiménez (sensibilidad dudosa e indistinta ya que todo parece ser isla), Lezama impulsará el mito-secreto de una «sensibilidad insular».

Me gustaría que el problema de la sensibilidad insular se mantuviese sólo con la mínima fuerza secreta para decidir un mito. Presentado en una forma concreta, este problema alcanzaría una limitación y un rencor exclusivistas. Yo desearía nada más que la introducción al estudio de las islas sirviese para integrar el mito que nos falta. Por eso he planteado el problema en su esencia poética, en el reino de la eterna sorpresa, donde, sin ir directamente a tropezarnos con el mito, *es posible que éste se nos aparezca como sobrante inesperado, en prueba de sensibilidad castigada o de humildad dialogal*. Es indudable que los cubanos insistimos en los toques y percusiones musicales, y sin embargo no hemos llegado a una resultante de compases tonales; hemos obligado casi a la poesía a que sea cantada con acompañamiento de voz o de instrumento. (1938: 10; énfasis mío)

La sospecha de Jiménez ante la realidad sensible de lo insular, sin embargo, va acompañada de un definición de *aislamiento* como potencialidad del autor, como momento aparte cuando el autor y sus talentos manejan los saberes de una tradición y una experiencia estética en la construcción de sus objetos. La sensibilidad que poetiza Lezama, en otra dirección, no parece ser un límite, una peculiaridad personal o una mera etapa en la formación cultural de la isla; acaso se trata de una *descarga* de la isla que ensamblada cual palimpsesto *aparece como sobrante*, como exceso sensible expuesto y oculto en la misma imagen. Una descarga material que incide en las estéticas abocadas al imaginario del litoral.

El *Coloquio con Juan Ramón Jiménez* inscribe temprano en la obra ensayística de Lezama el concepto «paisaje»; concepto que habrá de ser medular en desarrollos posteriores en la obra del poeta cubano junto a conceptos como «lo difícil», «*imago*», «*potens*», «hipertelia» o «eras imaginarias», entre otros[5]. La insularidad lezamiana, en particular, levanta una serie de retos perceptivos donde trabajan y pueden localizarse motivos para pensar su poética del litoral. Se trata de un trabajo sensorial dispuesto por la imagen lezamiana. Este trabajo incluso apunta hacia lo que puede y hace el paisaje *allí* con los «límites» perceptivos y geográficos que las corrientes han generado sobre el propio paisaje. En su representación de la «sensibilidad continental» como reserva o asentamiento de una herencia, Lezama complica su diálogo con el «hispanoamericanismo» (1938: 9) al recubrir la sensibilidad insular con los modos del flujo y del transporte. La «resaca» lezamiana no es otro depósito más donde corroborar lo que tendríamos en común con los países americanos. El mar es y no es en el *Coloquio* una relación con lo inmediato, sino un continuo deshacer colocado en la distancia y potenciado por ella.

> *Las islas plantean cuestiones referentes a las culturas de litoral. Interesa subrayar esto desde el punto de vista sensitivo, pues en una cultura de litoral interesará más el sentimiento de lontananza que el de paisaje propio.* Se me puede contradecir con el rico paisajismo interior de Inglaterra. Pero éste ha servido de poco, ya que no ha sido concretado por ninguna gran escuela de pintura, lo que nos hubiera afirmado verdaderamente que su paisajismo era legítimo. Me interesa subrayar su afirmación de que el insular ha de vivir hacia dentro, opinión que coincide con la del maestro Ortega y Gasset

---

[5] Juan Pablo Lupi en su ya ineludible *Reading Anew: José Lezama Lima's Rhetorical Imaginations* expone el recorrido que en la obra de Lezama supone su teoría tropológica y su experiencia poética hermética. Este recorrido exhibe una meditación sostenida ante lo que Lupi denomina y traduzco «una apertura hacia la dimensión de lo no-hermenéutico». Para Lupi esta apertura lezamiana interpela debates contemporáneos en torno a la naturaleza del sentido operante en aquellos lenguajes concertados por el trabajo de la metáfora. En la sección, «Speculum of Historiography» Lupi discute, entre otras cosas, los sentidos del «paisaje» lezamiano (Lupi 2012: 162-167).

cuando afirma que los isleños sólo entornan los ojos a la vista de los barcos cargados de enfermedades infecciosas. (1938: 7; énfasis mío)[6]

El sentimiento de lejanía pivotea la sensibilidad insular hacia una teoría del cuerpo en condición archipiélago. Este «punto de vista sensitivo» es decisivo para Lezama al momento de distinguir de aquellos *sentimientos* o *sentidos* que especificarían las «cuestiones referentes a las culturas del litoral». Lezama privilegia, además, al *sentimiento de lontananza* ante el sentimiento *de paisaje propio*, ya que le permite subrayar la preeminencia que tiene lo distante en ese vínculo que sensibilizaría la cultura del litoral insular en el mundo. Ese despachar el paisajismo inglés, que, según Lezama, no ha «concretado» en ninguna escuela de pintura relevante, anota el requerimiento técnico que una cultura de litoral funda, según Lezama, en un sensorio isleño abocado a su representación. No importa ahora si la afirmación de Lezama es correcta o veraz. La legitimidad de todo paisaje es, para el poeta, su capacidad para *sensibilizar*, para hacer sensible una relación con el afuera, con lo apartado, con el mundo exterior. Esta posibilidad de relacionarse con lo que está más allá de la costa es lo que, según Lezama, *hace* la cultura en las islas. Si bien el paisaje es punto de referencia para una perspectiva ante la naturaleza, el paisaje, en tanto zona para la cultura, se vuelve «legítimo» una vez interpela a una comunidad estética que perciba y ejercite allí un saber, una poética y su

---

[6] En otro momento, Lezama aclara (si es que esto es posible) que el peculiar «universalismo» deseado por su resaca insular no es una búsqueda étnica o biológica en reversa: «Subrayaré que me parece innecesario considerar la interrogante de una sensibilidad insular diferenciada, como el reverso en la búsqueda de una expresión mestiza. El planteamiento de una sensibilidad de tipo insular no rehúye soluciones universalistas. Francia, cuyos valores de sensibilidad y de arte son los que centran las más puras devociones a los universales y a las soluciones genéricas, comenzó llamándose "Ille de France", nombre de la provincia de París en la Edad Media. La sensibilidad principia humildemente planteando meros problemas existenciales, y luego intenta llegar a las soluciones universales, regalándonos las razones de su legitimidad, con el anhelo de ofrecer un momento de su aislamiento, la delicia de su particularismo, única manera de afirmarse en una concepción universalista previa que rehusase las matizaciones históricas, dejándonos el esqueleto de una categoría, la banalidad de un arquetipo desencarnado» (1938: 17).

propia condición comunitaria[7]. Añádase, además, que en el *Coloquio* lo lejano y lo cercano no son opuestos o realidades imaginarias claramente decantadas. Este extrañamiento de lo inmediato, este enrarecimiento de las distancias son puestos en escena muchos años después cuando el escritor enfrenta la pregunta «La proximidad del mar, a cinco o seis cuadras de distancia, ¿le agrega algo a su vida?»:

> Vivir en puerto es bien diferente a vivir tierra adentro o internado en la montaña. Todo posee su parte amable y hacendosa. Pero la turbulencia incesante, el oleaje golpeando contra la almohada, el oído pegado a la gran concha, nos trae sonidos remotos, campanas de otras latitudes, anuncios de otras existencias. Y yo, sin esos ruidos de isócrono, pierdo mis alas de criatura en la víspera. Es de puerto en puerto como se desplaza el navegante y como se olvidan los amores. Déjeme al pie de la espuma como un conivalvo. El litoral es el sitio por excelencia para abandonos y regresos. Yo, por cada abandono, regreso tres y así multiplico mi estancia en la verdad de la gran corriente. Si alguien me acusa de molusco, me defiendo y digo: soy molusco. (Guerra 1998: 34-35)

Vivir en la orilla entonces, ser molusco *por* estar cercano al mar es saberse sometido a una serie de sonidos y sensaciones que, para Lezama, redundan en poéticas del viaje, de la lejanía y del desplazamiento dado que se trata de un cuerpo compartido. El molusco lezamiano lo es por compartir su cuerpo con el mar, por ser ambos copartícipes de la corporalidad del otro. De hecho, *la sensación* tiende en Lezama a ser una temporalidad permeable, un modo de experimentar el tiempo como transformación de las particularidades de los elementos[8]. *Vivir en puerto* es, por lo tanto, estar sometido a la continúa insistencia *sensitiva* del mar

---

[7] Nada más contrario a esta productividad del litoral lezamiano que la amenaza abismal y opresiva del mar en el *Insularismo* de Pedreira. Se trata de dos relaciones casi antónimas ante la mar.

[8] En el ensayo «X y XX» (1945) se lee: «XX.–Mientras hablaba del nuevo sentido que el tiempo le regalaba a las frases, yo me fijaba en una coincidencia donde el misterio se hace delicia y juego. Piense usted: los labios que se acercan al agua, y el intermedio del vidrio, donde el agua y el aire han hecho una síntesis. Cada uno saborea las frases a la manera de sus labios, o al menos, necesita que el tiempo se le vuelva sensación en la boca» (Lezama Lima 1977: 141-142).

como promesa de traslado imaginario a otro lugar; insistencia que el poeta figura como trance sensorial, como una mutación perceptiva irremediablemente ligada a una experiencia del tiempo y a un viaje imposible: molusco transoceánico pero inmóvil en el litoral.

Desnudo o revestido de concha, el sujeto del litoral es la criatura isocrónica que imagina, desde su aparente varamiento, otros desplazamientos gracias a su vínculo con lo acuático. En este sentido, el célebre pasaje en *La expresión americana* (la serie de conferencias pronunciadas por el escritor en 1957) define al paisaje como una condición sensorial que, a un tiempo, desata pero igual vincula conceptos y construcciones. Para Lezama esta condición por igual inscribe situaciones subjetivas como históricas latinoamericanas. En esa particular «historia de la cultura» que recogería la «expresión americana», el paisaje para Lezama ya es la aparición de una perceptiva, de un punto de mira subjetivo donde devienen sensibles las heterogeneidades que son toda cultura: «Ante todo, el paisaje nos lleva a la adquisición del punto de mira, del campo óptico y del contorno» (Lezama Lima 1993: 167). Sin duda, la «definición» lezamiana para «paisaje» dificulta la limpidez óptica que algunos asocian a ese instante perceptivo denominado «paisaje»:

> El paisaje es una de las formas del dominio del hombre, como un acueducto romano, una sentencia de Licurgo, o el triunfo apolíneo de la flauta. Paisaje es siempre diálogo, reducción de la naturaleza puesta a la altura del hombre. Cuando decimos naturaleza el *panta rei*[21] engulle al hombre como un leviatán de lo extenso. El paisaje es la naturaleza amigada con el hombre. Si aceptamos la frase de Schelling: «la naturaleza es el espíritu visible y el espíritu es la naturaleza invisible»[22], nos será fácil llegar a la conclusión de que ese espíritu visible de lo que más gusta es dialogar con el hombre, y que ese diálogo entre el espíritu que revela la naturaleza y el hombre, es el paisaje. Primero, la naturaleza tiene que ganar el espíritu; después el hombre marchará a su encuentro. La mezcla de esa revelación y su coincidencia con el hombre, es lo que marca la soberanía del paisaje. (Lezama Lima 1993: 167) (La nota al pie número 21 de Chiampi dice: «*Panta rei:* "todo fluye" –sentencia atribuida a Heráclito (VI a.C.)»)

La siempre problemática «espiritualidad» lezamiana emerge de nuevo aquí para definir el paisaje en tanto diálogo de cuerpos y no sustancias esenciales desencarnadas. La amistad compartida entre paisaje y hombre no es meramente la convergencia en un mismo plano perceptivo de lo visto y lo producido. Lo revelador de este *paisaje*, en particular, surgido de una conversación entre la naturaleza y lo culturalmente producido por el sujeto americano, es que la conversación íntima entre la naturaleza y el hombre no deja de ser un asunto de migas, de degluciones, de ingestiones marinas[9]. Al decir *naturaleza*, el poeta, además, figura lo natural en tanto monstruo de lo extenso que activa su boca en el horizonte del litoral. El paisaje lezamiano, en tanto amistad con lo natural, es amalgama corporal, *in-corporación*, cuyos intercambios y trabajos avivan la cultura, incitan en el sujeto el emerger del paisaje. De igual modo, el americano encontraría en esta sensorialidad exigida por el paisaje una coincidencia, compartiría una cesura sensorial con el objeto percibido y con la percepción misma. La percepción es la cesura. Esta compartición es, además, parte de un acto de memoria, creado gracias al uso y despliegue de eso que Lezama nombra como «reminiscencia». Ante la catedral de La Habana, el ensayista propone:

> La presencia de las dos airosas torres parece querer liberarla de la sequedad de las portadas de los templos jesuitas. A la paradoja de aquellas torres se auna la fina silueta bizantina de la cúpula, que no parece inclinarse como muchas iglesias de la compañía, hacia la portada, para causar la impresión de una torre interior. Pero para nuestro gusto la catedral nuestra ofrece un detalle de una calidad y al mismo tiempo grácil belleza, como que concilia la idea de solidez y como una reminiscencia de vuelco marino, de sucesión inconmovible de oleaje.

---

[9] Lupi coloca este pasaje en diálogo con Hegel y propone lo siguiente: «Following Lezama's own exposition one may interpret *paisaje* as a mode of *subjectification* of nature: *paisaje* is the primary mode of interrelation between nature and the human. In contrast with nature in itself, *paisaje* is nature as apprehended by the human ("adquisición del punto de mira", "naturaleza amigada con el hombre"). Whereas nature in Hegel is ahistorical by definition, one can understand what Lezama calls *paisaje* as the inaugural appropriation of nature by the human. We always perceive nature always already as *paisaje*, and in this regard, one can interpret *paisaje* as the primary condition for the emergence of culture and even representation in general» (Lupi 2012: 166).

2.B. Islas interpuestas ( ) mar adentro, tierra abierta

Es, pudiéramos decir, el reto, la arrogancia de nuestra catedral. Esa gran lasca de piedra que se prolonga, que se sigue a sí misma; no, ahí está la voluntad loyoliana para hacer que el espíritu descienda, se aclare, quepa justo en el círculo de nuestro ansiar vigilante. Frente o amigada, quien lo pudiera decir, al natural envío marino, la piedra catedralicia intenta repetir las primeras evocaciones del Génesis, sólo que aquí el espíritu riza la piedra en una espiral presuntuosa que se va acallando en la curva, donde se confunde como un tranquilo océano final. (Lezama Lima 1993: 102-103)

La imagen crea al paisaje en la medida que una sensorialidad vuelve concurrentes ambas realidades –naturaleza y hombre– en el objeto estético. En el caso de la fachada de la catedral habanera, la piedra cercana y cercada por las aguas marinas parecería encarnar esa poética que se busca a sí misma en los elementos que le dan forma. La naturaleza come, de igual manera que «el espíritu riza» la piedra catedralicia confundiéndola con «un tranquilo océano final». La imagen es inscripción de la misma manera que es «elemento», ambos contradicen la apariencia de su fijeza. La naturaleza por igual es una boca como una lejanía marina cuando percibe su horizonte, pues en lo lejano el «nosotros americano» contemplaría cierta otredad ineludible.

Así, el «sentimiento de lontananza» inscrito en el *Coloquio*, esos efectos de un saber ante lo distante, son figurados por Lezama como una emanación estética de la geografía isleña donde el cuerpo isleño se conecta con la realidad no-idéntica de su singularidad histórica. Las posibilidades políticas de esta escena del litoral no son pocas. Geografía y cuerpo no son realidades decantadas, sino partes de una corporalidad agujereada por el trabajo de las aguas marinas. La trabazón *sensitiva* produce el paisaje y legitima, para Lezama, la imagen de una sensorialidad común isleña en tanto apertura y manifestación de un imaginario con lo que queda más allá de la tierra isleña. El paisaje lezamiano es un querer saber de la lejanía. Se trata, quizás, de un saber que no opera a partir de compartimientos. El paisaje bajo la pluma de Lezama es una relación intensa y extensa con lo distante, no una hermenéutica simple donde lo nacional o lo identitario procede a sortear influencias, herencias o legados. Este paisaje es un desafío sensible, un mirador insensato donde los retos perceptivos de lo lejano desean ser rebasados por ese estado de concurrencia o permeabilidad desde el cual el sujeto americano (el molusco) experimenta su paisaje y su inmediatez. Es *ahí* donde el tropo archipelágico manifiesta un modo de vincular lo lejano, y de mano del oxímoron, exhibe la cercanía de distancia. La imagen marina que movilizaría este paisaje en archipiélago no confirmaría la recurrente operatividad escolar de la imagen en tanto mediación ejemplar para nuestros afanes de conocimiento. La imagen lezamiana también obstruye y dificulta el acceso al saber cultural que el cuerpo isleño experimenta ante la experiencia del paisaje. Sin embargo, esta obstrucción es primero una obstrucción específicamente *poética*, y en tanto *sustancia* inconmensurable permitiría avanzar de otro modo y con otros sentidos lo que llamaríamos sentido o comprensión. En palabras de Lezama, el paisaje marino, en tanto imagen poética participa de aquella «sustancia» sensorial que podría colocarse «entre dos paréntesis» –( ) ( ) o (( ))– para percibir el tamaño (cuerpo) del poema. «X y XX»:

> O tal vez pudiéramos integrar un cuerpo de semejanzas *cuando uno de sus extremos se humedece en las desemejanzas más laboriosas*. Por eso creemos que algún día tendrá una justificación óntica el tamaño de un poema. Es decir, el tiempo que resiste en palabras la fluencia de la poesía, puede convertirse en una sustancia establecida entre dos desemejanzas, *entre dos paréntesis*, que comprende a un ser sustantivo, *que hace visible en estática momentánea una terrible fluencia*, limitada entre el eco que se precisa y una coincidencia en el no ser, con los enemigos de nuestro cuerpo y nuestra conciencia, *que están prestos a destruirse en un ruido arenoso*, pero que es la única nube que puede trasladar la piedra del río al espejo asustado de la nuestra conciencia, despertada en el amanecer de lo desconocido incorporado como soplo. (Lezama Lima 1977: 147; énfasis mío)

El paisaje en Lezama construiría una experiencia perceptiva cuyo exceso de sentidos o sensaciones no es aparente, sino una estación indecisa, incluso invisible para el sujeto (en este caso cultural) que dice percibirlo. Esta escena sensorial no ocurre fuera de la historia o las lógicas del poder. Todo lo contrario. Desplazado, excéntrico y polémico el paisaje marino no es meramente una imagen que sólo representa, sino la apertura y exhibición de las fuerzas, discursos y procesamientos a través de los cuales todo paisaje emerge en la historia.

Lejos de un nuevo determinismo, se trata de una meditación hermética, deseosa por demostrar al cuerpo compartido por el lenguaje y la condición material del litoral isleño. Esta sensorialidad lezamiana orientada hacia los materiales del paisaje no es la sistematización discursiva de una lección aprendida de cara al mar, imitando sus formas y maneras. Tampoco el sujeto en el litoral, con el dedo en el pulso de la tierra isleña, produce una nueva visibilidad para el archivo isleño. Es algo peor, la «sensibilidad insular» es una mímesis intransitiva, poco ilustrativa o modélica. Esta sensibilidad insular es el desquicie de un protocolo de orden en el archivo isleño donde transitan, amalgamados, sujeto y objeto de la representación, o al menos es esta la fantasía que escribe el texto. Esta escena convergente, recogida en el paisaje, es también la pantalla discursiva donde el escritor pone a circular imágenes, trazos de otredades, diferendos, «contrapuntos» donde el discurso se *siente*, donde se le *siente* el cuerpo al discurso. El paisaje americano imagina a su referente fuera de su campo de acción. En específico, la potencialidad metafórica lezamiana, entre la promesa y la dificultad, hace sensible una teoría de la palabra, de la cultura, de la política inclusive, capaz de generar causalidades in-sensibles, insensatas en el orden de la realidad.

En sus figuraciones de la sensibilidad insular recogidas en el *Coloquio*, Lezama moviliza un sentido marino de la imagen isleña que no cesa de reproducir el significante-resaca. En otras palabras, la resaca es la figura marina donde Lezama *dice ver* una concepción metafórica de la cultura isleña. La resaca, en tanto lógica de extracción y arrime de lo diverso y lo negativo, es, de un modo imposible, un espacio constructivo que nombra *allí* donde el litoral deviene sensorio orientado hacia la lontananza. La resaca enrarece la localidad del aquí, al transferirle a la percepción del paisaje de lo distante los sentidos de la erosión, del amontonamiento o del desorden. La lógica sensorial que moviliza la resaca, ese avanzar de la corriente hacia la mar afuera mientras retrotrae materiales de la orilla, es un modo de asediar el acto de escritura que, según Lezama, recoge el paisaje. El despliegue de la potencialidad disgregante de la negatividad-archipiélago se manifiesta como una succión que sólo comienza con la mancha de la escritura: la aspiración acuática que se (le) entrega a las aguas del mar en la sucesión de la escritura. Por su parte, colocada ante las corrientes marinas, la «sensibilidad insular» del litoral, afectada y orientada por la lógica la «resaca», materializa contradictoriamente un movimiento en retroceso, una *tropicalidad discursiva* que en vez de alejar lo cercano o acercar lo lejano, expone su contigüidad somática y la alternancia indiscernible entre ambos espacios. La costa como la forma del pensamiento de (en) las islas; la porosidad como el asentamiento averiado de un imaginario archipelágico.

La resaca es una experiencia tropical y tropológica, que altera y voltea las formas de la materia isleña en su relación con las aguas y las tierras. Esta tropicalidad no es un atributo de la excepcionalidad del archipiélago Caribe o de la cubanidad. La resaca-significante, a manos de Lezama, agujerea el mismo tropo de la resaca, exponiendo su imposible carácter fundador. Por lo tanto, la singularidad poética del sensorio isleño *en resaca* estimula una serie de consecuencias de sentido que, a su vez, se dispersan en el discurso según la escritura moviliza sus objetos, arrastrados entre la orilla y el horizonte. El discurso sobre el paisaje deviene oleaje y este devenir es simultáneo el resto que deja la percepción de la resaca como la llamada poética que hace este autor sobre su escritura[10]. En otras palabras, cuando la resaca imaginaria trabaja en el orden discursivo del objeto cultural isleño, su sensibilidad o insensibilidad regresa a *la orilla de su percepción*, al sujeto que al contemplarla en la distancia sabe de esta otra hoja de mar depuesta por el archipiélago que insiste en resistirse. La disolución en lo marino deviene un extraño aporte sensorial de lo cubano a las corrientes marinas del mundo, al hacer fluir una materialidad alejada y sin necesidad de un punto de origen. El don de la resaca cubana es la colocación de la isla en el mar perceptivo del mundo que mueve el *Coloquio*:

---

[10] «But what is at issue here is that Lezama's texts, both thematically (the theory of poetry and culture) and figurally (the intricate tropological networks deployed in them), are constantly and *intensively* calling attention to and reflecting upon the presence and critical significance of a remainder which is irreducible to interpretation. Lezama's poetry does correspond to a highly unusual *way of experiencing language*. This experience produces an estrangement from ordinary participation in language. Such a distancing opens up a space within which it is possible to engage in critical reflection about how language works and how one represents and makes sense of the world» (Lupi 2012: 79; énfasis de Lupi).

2.B. Islas interpuestas ( ) mar adentro, tierra abierta   179

Olvidando otros incitantes, la resaca y desvinculándola ahora de su más estricta alusión, es quizás el primer elemento de sensibilidad insular que ofrecemos los cubanos dentro del símbolo de nuestro sentimiento de lontananza. La resaca no es otra cosa que el aporte que las islas pueden dar a las corrientes marinas, mientras que los trabajos de incorporación se lastran de un bizantinismo cuyo límite está en producir en el litoral un falso espejismo de escamas podridas, en crucigramas viciosos. (Lezama Lima 1938: 9)

Esta colocación exhibe a la isla desde su mar y de igual forma expone la condición de la lengua lezamiana para pensar sobre esta relación. Es por esto que Lezama insiste en que la resaca no sea leída desde su referencialidad más burda[11]. Lezama desea, fantasea más bien con percibir la resaca sin alusiones simples a su realidad referencial. Sin embargo, Lezama no cesa de reproducir discursivamente su *modus operandi*. El discurso de Lezama en más de un sentido retrocede ante la posible demarcación de su objeto. *Enemigo rumor* abre con un verso para esta condición archipiélago en tanto tiempo y movimientos de esa imagen que, cual resaca, materializa su forma en el instante de su retirada: «Ah, que tú escapes en el instante / en que ya habías alcanzado tu definición mejor» (Lezama Lima 1975: 663). Su deseo es *aislar* la resaca, separarla del mar de la realidad, para destilar una *poiesis* isleña, otro sentido de lo *a-islado* en el mar del más allá que socave la noción misma de lo aislado como sinónimo de isleño. Se trata de que la resaca devenga figura, que la figura devenga resaca en otro mar de figuras y entre los *tropoi* de una cultura planetaria desquicie la subyacente perspectiva geográfica que ha dominado el imaginario dedicado a las islas. La resaca en tanto disposición de sentido del cuerpo cultural de cara al mar es una manera de saber, otra manera de saberse entre lo que (des)organizan las aguas. Sin embargo, la contrariada figura cultural que se quiere potenciar con este «elemento» (pues a través de su «resaca» ya Lezama añora, en estas páginas, fundar/jugar

---

[11] La crítica ha leído este pasaje, con diferencias importantes, como una reacción del poeta a las «verdades» de la piel, del negrismo o como su peculiar rechazo a una concepción puramente étnica o racial de la sensibilidad insular. Véase Cruz Malavé 1994, Marturano 2015 y Sánchez-Eppler 1986.

con una mitología[12]) no puede dejar atrás la materialidad que arrastra la resaca como significante. Como en tantos momentos de la obra lezamiana, sus inclinaciones oximorónicas, esa paradoja discursiva trabada entre la transitividad y la clausura de sus enunciados son inseparables de esta teoría de la imagen insular. La imagen de la isla en resaca es, en dos direcciones, un cuerpo vibrando entre las resonancias de su lenguaje distante, y también ese desaliento ante lo incomprensivo de sus líneas pues la percepción en lontananza se resiste a cualquier inteligibilidad simple. De hecho, el esfuerzo de inteligibilidad al que nos somete esta escritura nos coloca, en ocasiones, cara a cara con el otro sentido de resaca en tanto malestar que sufre aquel o aquella al despertar luego de una borrachera.

La vibración en flujo informa la condición metafórica con la que trabaja el poeta cubano su punto de vista *sensitivo* en el *Coloquio*. La resaca es una metáfora ahogada en su contrariedad discursiva. Sin duda, la resaca como tropo y experiencia de lectura *desalienta*. Ella misma nos deja sin aliento en el momento que descubrimos su imaginario opaco, el cual exige, además, una difícil respiración mientras navegamos sumergidos en esa corriente marina que alzaría el «aporte» (lejano) de una cultura isleña. Esta topología y tropología en resaca es parte de un discurso literario que no descuenta el ahogo y el desorden entre sus posibilidades de sentido. El desaliento como efecto poético es lo que comienza a sentirse cuando las lógicas de sustracción y apiñamiento propias de la resaca son presentadas como «aporte». Los efectos de una retirada de sedimentos arrastrados por el oleaje escriben en las aguas, la disolución de esos mismos materiales en tanto entidades únicas u originales. Esta disolución es el comienzo del pálpito de otro cuerpo, de otro modo de «evidenciar» estos sentidos.

Al final, la escritura de Lezama no puede dejar de *disponer en fundición* el objeto que imagina su teoría de la imagen, del mismo modo que la resaca funde y confunde en las aguas el aporte de la isla. La resaca es un movimiento oximorónico, por igual asienta sus sentidos al disolverlos,

---

[12] «La tesis de la sensibilidad insular, aparentemente orgullosa, tiene tanto de juego como de mito. No desearía ser el reverso en la búsqueda de una expresión mestiza, pues lo que intenta articular es menos que un mito. Se limita, humilde, a una justificación una vida legitimista. Los problemas étnicos del mestizaje, estudiados desde el punto biológico, no me interesan» (Lezama Lima 1938: 16).

como desarregla la evidencia de sus «aportes». En su arrastre toda resaca ensucia cualquier relato de limpidez. La «fundición» que bien leyera Jiménez entre sus palabras y las de Lezama, fundición con la que finalmente se editó el *Coloquio*, es otra manifestación de la lógica significante lezamiana, como ha demostrado Ríos-Ávila. Lógica contrariada que insiste en coagularse en las figuras de la paradoja y el oxímoron[13]. No decimos que la escritura lezamiana replique simplemente la geografía, ni que la poética lezamiana devenga resaca verbal y semántica, sino algo más relevante al momento de pensar una poética archipelágica de la cual la potencialidad lezamiana participaría. Se trata de una *mímesis* fuera de quicio que transporta, crea y difiere lo marino en el ensayo y que además participa de los silogismos con los que Lezama teoriza, a través de su obra, la relación sujeto-muerte-poema-espacio[14]. Tampoco se trata de que la resaca devenga retórica, que la resaca se convierta en estilo o inclusive

---

[13] La disertación doctoral de Rubén Ríos-Ávila, *A Theology of Absence. The Poetic System of José Lezama Lima* (Cornell University, 1983), es uno de los estudios pioneros sobre las paradojas fundantes de la obra lezamiana. Ríos-Ávila establece cómo el sistema poético en Lezama yace montado sobre los desencadenamientos del oxímoron: «la cantidad hechizada», «el curso délfico» o «pobreza irradiante» entre otros. La escritura del poeta sería la materialización de una reunión de ejes que se repelen. Esta reunión de un eje conceptual y un eje metafórico es parte de un movimiento hacia la definición donde la imagen es saber y temporalidad. Esta lógica intentaría re-producir la presencia de «lo eterno entre nosotros», el advenimiento imaginario de la trascendencia en lo histórico. Lezama intenta, además, dominar una antítesis ingobernable entre la noción del equilibro clásico y su pasión por el exceso barroco. Ríos-Ávila insiste en que el empuje lezamiano no es dialéctico pues no parece producir una síntesis entre sus textos; podría hablarse, inclusive, de una síntesis averiada, una constante verificación de diferencias en tanto diferencias. El rastreo de estos diferentes elementos no se resuelven conciliados en algún contenido que los resume. A mitad de camino entre lo poético, su particular catolicismo y la filosofía hermética, la poeticidad lezamiana no sería puramente teleológica o unívoca ni incomprensible, sino ambas cosas en constante reverberación.

[14] En «X y XX» se lee: «Pero la muerte que quisiera ser propia es en realidad sucesiva. La forma en que la muerte nos va recorriendo pasa desapercibida, pero va formando una sustancia, igualmente coincidente, actuando como el espacio ocupado como un poema, espacio que muy pronto deviene sustancia, formado por la gravitación de las palabras y por la ausencia del reverso no previsible que ellas engendran» (Lezama Lima 1977: 148).

alegoría identitaria de una condición insular. Mucho menos que el estilo obtenga de la resaca un paradigma o que Lezama escriba como la resaca, no parece que la resaca sea otro rasgo de estilo del discurso lezamiano. Se trata de que la resaca como figura, como metáfora, es una condición del cuerpo que la escribe, o lo que es lo mismo, la escritura de la resaca desea un cuerpo de relaciones en las palabras que se arrastran *más allá* de la isla. La resaca es un punto de relación, emanación y anclaje del *sensorium* lezamiano que labora en el *Coloquio*. La resaca como efecto del litoral, como imagen del mismo, es una imagen percibida por un cuerpo sensibilizado por el litoral (recuérdese que Lezama nombra la resaca como el «primer elemento de sensibilidad insular que ofrecemos los cubanos»). La resaca se encuentra activada en el sujeto que escribe con ella y desde su cuerpo de efectos, de su *efectividad*. Esto es lo que el lector también podría percibir *en la lontananza* del texto o como singularidad de lo isleño.

La escritura lezamiana sensibiliza la resaca, le da cuerpo a las ideas o imágenes que se vuelven, literariamente, sensibles desde la resaca. La poesía de Lezama, a pesar de sus afanes y tonos trascendentes, está hecha como toda poesía con versos, imágenes, palabras que en su caso gravitan hacia las múltiples referencias, los saltos y los retorcimientos que tanto enhebra. La resaca como condición simbólica del cuerpo que la escribe es la marca de un momento perceptivo, la marca de su incorporación en la escritura de Lezama. Una vez su escritura figura la resaca, lo que esta última *hace* perceptible es la materialidad misma de la teoría poético-cultural de Lezama en el *Coloquio*. Cuando nos parece que la resaca es apenas una imagen más, acuñada por el escritor, asistimos a la identificación del lenguaje y la poética lezamiana; el texto deviene el momento de un presente de su escritura. Entre la figura, la metáfora de la resaca y su significante se abre la hendidura de diferencias que, sin embargo, el texto explicita. La figura ( ) resaca opera como evidencia misma de un actuar poético que exhibe su temporalidad archipiélago; el instante cuando se funden los contornos de «decisiones» ante el lenguaje con las significaciones posibles que abriría una imagen para lo que percibe en lejanía. Entonces (puede ser otra metáfora) comienza la corriente marina a sustraer los materiales de la orilla isleña de su texto. Sustracción líquida de lo sólido, disolución, ida y lejanía. Desde la resaca la escritura en el *Coloquio* presentaría el cuerpo de su poética; la resaca como la respiración de un cuerpo (en) paradoja: la isla abierta al mar, el mar abierto por la distancia.

En el *Coloquio con Juan Ramón Jiménez* las extracciones marinas de la resaca son, además, parte de la respuesta crítica que ofrece Lezama a lo que denomina «las sensibilidades negras o mestizas». Lezama con la metáfora de la resaca escribe su desconfianza ante esos relatos para la cultura isleña, que privilegiarían una peculiar evidencia étnica o antropológica y que en su contexto parecían relevantes[15]. Lezama, vale subrayar, descalifica estos relatos como parte de lo que llama la «solución de la sangre» o lo que también nombra como «feudalismo de la sensibilidad». Sin embargo, cabe meditar sobre el lenguaje que viabiliza esta *distancia* lezamania, tanto de los relatos sanguíneos como el lenguaje marino que hace posible imaginar (a la *distancia*) «el aporte que las islas pueden dar a las corrientes marinas» (1938: 9). No interesa ahora potenciar una espiritualización de las «resonancias» que desatan algunos de los célebres enunciados del escritor como «imantación», «hipertelia» o «resurrección», entre tantos, sino pensar en las cualidades del mar lezamiano y en su singular negatividad. Lo que está en juego con la figuración de lo insular como *don de la resaca*, como aquello que la resaca entrega y dilapida en

---

[15] Roberto González Echevarría resume así las líneas generales del grupo *Orígenes* que tuviera a Lezama como su principal promotor: «If an overarching principle had to be named as defining Lezama's group, it would be "transcendental nationalism"; the search for the essence of Cuban culture not in race or history but in and through poetry and art. Lezama did not partake of Afrocubanism, nor did he indulge in the exaltation of the white *guajiros* (peasants) as the source of nationality, though he occasionally used their traditional stanza, the *décima*, in his poetry. He sought a higher synthesis in which all those cultural components already would have been absorbed, with the result that, unlike Afrocubanism, his work and that of his associates, including the great mulatto poet Gastón Baquero, is devoid of exoticism. This does not mean that Lezama and his group were "pure" poets, or that their art eschewed Cuban social reality or history, but rather that these were interpreted by a hermeneutics seeking to discover their poetic essence» (González-Echevarría 2008). Cruz Malavé ha leído puntualmente este pasaje del *Coloquio* en su *El primitivo implorante: el «sistema poético del mundo» de José Lezama Lima*. En particular, véase la sección: «Los orígenes, la sensibilidad negra y el insularismo» (31-39).

el mar, es un modo de la escritura lezamiana experimentar un cuerpo en estado de relación acuática. Esta experiencia escritural es el modo de relacionarse que inscribe el sujeto isleño-Lezama con el espacio (litoral, puerto) que habita. La resaca es, además de poética, otro espacio donde se mueve un sujeto en búsqueda de una personalidad impersonal (otro oxímoron) para lo isleño. Sostenida por un acto del lenguaje, la «ciencia de la respiración», la sensibilidad poética es, en la obra de Lezama Lima, la condición paradójica de un cuerpo anfibio. En «Del aprovechamiento poético» se lee:

> Ciencia de la respiración, poesía; fotografía de la respiración, por la que tan cómodamente resulta lo inesperado, habitual: lo impersonal, agua de todos. La mejor música, ha dicho un místico, es la respiración de los santos. Corre por el cuerpo el río de la respiración, sutileza y ciega claridad. (Lezama Lima 1977: 254)

En una suerte de diatriba contra un discurso que insiste en hablar del «subconsciente» continua:

> Al borde donde el subconsciente empieza a existir en lo real de la poesía cazadora con tupida red de palabras inclusivistas, fáciles, acogedoras, para unirse con otras palabras atraídas tan solo por la virtud comunicante de su palabra inicial. Sin criticismo dominador de esos monstruos que se desperezan, se extienden fríos y verdeantes y desaparecen en el pentagrama borroso de la subconciencia. Palabras que no ajustan una imagen y que desaparecen antes que las sumerja el desarrollo de una vida despierta. ¿Nos contentaremos con hundir las manos en las aguas de la poesía y mostrar el primer pececillo, o ir despertando al separar rumores de nieblas y dominio de impresiones fugaces? (Lezama Lima 1977: 254 y 255)

La «incorporación» (palabra cara al poeta de la calle Trocadero) de la imagen y la decisión de *echar a nadar* la figura de la resaca como condición sensible del insular es una operación del lenguaje más allá o acá de cualquier voluntad de Fundación Original. Más aún, «respirar», «poetizar», en Lezama connota, de manera insistente, un cuerpo en sumergimiento, una inspiración acuática. Esta condición múltiple del cuerpo poético anfibio agita los operaciones paradojales de una imagen con la capacidad de incorporar los elementos.

Lo cubano acuario: «El planeta es el ojo»

Si atraviesa el espejo hierven las aguas que agitan el oído.

José Lezama Lima,
«Muerte de Narciso» (1985: 18)

En 1994, The Society of Spanish and Spanish American Studies, bajo el cuidado y prólogo del profesor Emilio Bejel, publica un folleto con una serie de entrevistas que le hiciera el poeta y periodista Félix Guerra a José Lezama Lima. Poco conocidas entonces fuera de Cuba, el folleto contiene entrevistas publicadas en la década de los años noventa del pasado siglo. El cuaderno trae una introducción de Guerra donde confiesa su desasosiego al ver publicado en 1970, en la serie *Valoración Múltiple* de la Casa de las Américas, el extenso volumen crítico en homenaje a la obra de Lezama Lima. La publicación de esta valoración de algún modo volvía redundantes las conversaciones de Guerra con el escritor cubano.

> Debo explicar de qué manera además le [sic] *Valoración Múltiple* sobre Lezama me golpeaba a mí en pleno mentón. Allí veía condensado y listo para consumir mucho más del 70 por ciento de lo que acumulaban mis lentas agendas. La excelente *Valoración Múltiple* de Pedro Simón trillaba un camino que yo creía intocado. Mi carga quedaba irremediablemente sin valor. (Guerra 1994: xii)

Guerra, entonces, le propone a Lezama conversar sobre los temas que no se recogían en un volumen como el que editó Casa de las Américas. En palabras de Guerra: «Yo preguntaría de todo, de cualquier cosa. Usted respondería lo que le viniera en ganas. [...] Nos iríamos a temas quizás menos cultos en el sentido cultural pero igualmente con su cultura» (1994: xiii). Lo sobresaliente de estas entrevistas, que fueron además publicadas luego en forma de libro (véase Guerra 1998), es la sostenida coherencia metafórica y tonal de Lezama aun cuando le preguntan sobre sus preferencias culinarias, sobre cuándo comenzó a leer o si disfruta de los baños de mar. No niego que existan en la conversación momentos accesibles o de fácil comprensión, pero llama la atención la recurrencia del alambicamiento, ese parsimonioso torbellino de imágenes que funciona, por igual, como matriz o como atasco para los intercambios con la obra del poeta. Al recibir la pregunta «Diga: ¿Cómo ve al mar?» Lezama comienza su contestación de la siguiente manera:

> El planeta es el ojo. El mar es la pupila con la que el ojo mira al universo y a su ampulosa eternidad. El agua es el líquido acuoso sentado sobre un cojinete de tejidos conjuntivos, al cual entra la luz haciendo piruetas invertidas. Miramos con el agua, aguzo el agua y veo una eventual e inexplorada soledad que se aleja y «Alcanza —escribió Apollinaire— el récord del mundo en altura». Me inclino sobre mi balcón existencial, es decir, El Malecón, y ambos, él y yo, damos con nuestros pechos a esa inmensidad salada donde intuimos peces, tridentes, sargazos y náufragos de diversas estirpes, todos en el coro, con sus pulmones y carrillos inflados, porque cantan o La Bayamesa o La Marsellesa o cualquier inspirado himno del ahogado. (1994: 18)

Poco se ha escrito sobre el humor lezamiano y sobre la particularidad «política» del mismo. La perceptiva que se inscribe en el fragmento hace del ahogo (todo un tema en Lezama, inseparable además de sus páginas asmáticas) el espacio donde «el ciudadano» Lezama y el Malecón *intuyen* la entonación submarina de los himnos nacionales. El poeta y el Malecón exponen sus cuerpos a la «inmensidad salada». El poeta contesta el «cómo ve el mar» con una apretada fenomenología anatómica para un paisaje que desemboca en el fondo de un mar donde «náufragos de diversas estirpes» entonan los paradigmáticos himnos nacionales cubano y francés o cantan «cualquier inspirado himno del ahogado». Mirar con el agua, desde el agua, desemboca en un comentario sobre el entusiasmo patriótico que parecen recoger los himnos. Ese ojo colosal que es la Tierra, en su pupila habanera, se conforma con la inmediatez submarina que se intuye. Como se sabe, demasiados himnos gustan de ser cantos de guerra para la libertad de las naciones sublevadas. En particular el himno cubano contiene la emblemática exhortación: «no temáis una muerte gloriosa, / que morir por la patria, es vivir!», antecedente del temible binomio «Patria o muerte, venceremos». Pero es el sumergimiento de un *sensorium*, en este caso atento a la múltiple naturaleza de una ciudadanía ahogada «orgullosa» de sus tratos con la muerte[16], donde la captación de lo marino es una superposición instantánea de imágenes y escuchas, un compartir de especificidades que entrega en un golpe lo percibido y la perceptiva. En lo acuático, ahogados y náufragos comparten el suelo marino con peces y sargazos. Allí entonan la canción patriótica amalgamada de imposibilidades. En efecto, Lezama con su visión submarina continua modifica y parece reírse de esa suerte de «after life», de esa promesa de eternidad que blasonan tantos himnos marciales. Pues donde el patriotismo interpela a sus sujetos, sujetándolos en la magia del entusiasmo a una mentira —el aniquilamiento en la guerra no será tal, sino un sacrificio que garantizará la sobrevida, la perpetuidad en el mausoleo nacional—, Lezama reúne, con demasiados guiños y sonrisas, un coro de imposibilidades contranaturales. Como si ver el mar fuera para Lezama un estilo, un modo de producir sus sentidos asentado en ese exacerbar la lógica de inversiones, de aguzar lo que invierte el cojinete acuoso del ojo una vez lo atraviesa la luz.

«El mar es la pupila con la que el ojo mira», dice el poeta al comenzar su contestación. Lo marino, pero en verdad, el ojo y el cuerpo náufrago persisten en sostener la vida imposible del ahogado, su muerte. Ambos persisten en un cantar submarino simultáneo a la contemplación habanera del Malecón. Lezama le disputa al himno patriótico el sentido imaginario de lo inmortal. ¿Cómo dudar que quien contempla desde el Malecón también ha naufragado? El Malecón pareciera casi el sitio

---

[16] De nuevo el estudio de Lupi ya citado se ha encargado de poner al día la dificultad y los malentendidos generados por el tópico de «muerte y resurrección» en Lezama al interior de sus teorías para lo poético, lo histórico y lo cultural. Mientras lee el ensayo de Lezama «Exámenes», Lupi recapitula: «This same process is evident in "X y XX": the "original" event is, and it is preserved only as a trace; *hence* «esa nostalgia que recorre el fragmento poético y que lo conduce a cristalizarse en sentencia». The 'origin' has vanished and remains only as a trace. The actualization of meaning upon one's reception of the text is an ongoing process that can only be actualized as discourse, but *cannot* be *fully* comprehended —either diachronically or synchronically— as discourse» (Lupi 2012: 138).

mismo del naufragio, del ahogo. La contestación lezamiana dispone a duras penas una experiencia estética como respuesta a la pregunta del entrevistador. Esta experiencia estética —atravesar un orden sensorial injerto en el objeto que lo excita— es, sin duda, una fabulación del poeta para narrar su contemplación del mar y dejar caer su comentario en torno al presente. Invención poética ensamblada como simultaneidad, como amalgama de naturalezas donde cada imposibilidad natural se vuelve parte de una unidad, parte de un espacio contiguo o incrustado en el cuerpo de otro. Allí siguen cantando su himno, allí continúan respirando los ahogados, los náufragos esos que han fracasado en su travesía terrenal y ahora cantan desde las profundidades.

Ante el litoral lezamiano pudiéramos ahora flexionar y mirar hacia la calidad del espacio, la espacialidad que parece reclamar lo caribe hasta este momento. Recapitulemos. Cifrado o inscrito ya con los signos de la enfermedad, del desorden o el afeminamiento (Pedreira), olla donde hierven los cuerpos arrancados entre violencias y superposiciones (Ortiz), la ubicuidad misma de un nudo de ramas y matojos, de una moña, dioses que viven entre las piernas de dos mujeres negras, el caótico vaivén de los flujos marinos o vaginales (Benítez Rojo) o los recorridos contrariados de voces tensas por un espacio raspado, vaciado por la violencia (Glissant), el espacio caribeño parece ser el depósito de una mirada cuya referencialidad nada desubicada. ¿Qué desean hacer sensible estas escrituras? Pedreira mira la tierra puertorriqueña y allí ese cuerpo femenino y enfermo levanta un signo poético: el plátano-*musa paradisiaca*; Ortiz es una cabeza que asomada a una olla histórica, otea un hervor y nunca desmenuza su sabor; Benítez Rojo liga mujeres negras en las calles de La Habana, escucha ritmos archipelágicos; Glissant se abisma en los ahogos y los delirios de voces que no parecen quedarse quietas ni siquiera en sus roturas. Lezama añadiría, tal vez, una lectura del espacio caribe que acompañe a la boca en sus saboreos. El ojo de la lectura, salado, sigue siendo el ojo (¿o es la lengua?) del mar.

Este problema literario y teórico en torno a cuáles son los afueras, los exteriores del texto, cómo se produce un espacio textual que dialogue con el espacio de la historia y el cuerpo de su lector me parece que encuentra un momento de excitación metafórica extrema y claro, de dificultad, en el mar de José Lezama Lima. Mirar este mar es ahogarse, reconocer el carácter difuso por acuático de la mirada lezamiana. Este ahogo no es una mera metáfora para otro tipo de respiración, sino una entrada en la negatividad misma de la muerte.

Mi afán de lectura no desea ser, de ningún modo, exhaustivo. Lejos de perseguir un punto de origen o de hacerle un inventario a esta escena constitutiva de la imagen marina lezamiana, alejado incluso de alguna lezamalogía, arrimo algunas ideas ante eso que el escritor cubano llama, en su ensayo «Epifanía en el paisaje», «lo cubano acuario»:

> El paisaje tiene que ser descubierto, comenzante. Se trasciende para llegar a la novedad de la imagen que lo impulsa de nuevo. Lo epifánico parece estar en el madreporario de las islas, pues estas se mecen, después de una extraña pausa, en lo que tiene que ser descubierto por una exigencia de la imagen y de la confluencia de sus leyes. En esa dimensión lo primero que percibimos es *lo cubano acuario, es decir el Valle de Viñales*. Gracia sumergida, que ondula en sus avisos de neblina angulosa y de pinares recortados. La tierra, antaño sumergida, se esboza como en rasponazos de coral, en tachas de un verde lloviznado, es la alfombra requerida por el caracol para deglutir la diversidad de sus entrañas. La perspectiva está adquirida desde unos líquidos balconetes, suspendidos, mientras unos acantilados gigantomas, acalladas presunciones de sus recuerdos sumergidos, apisonan una neblina, dúctil, apropiada para las formas que se apoyan, que exhaladas por la humedad de la boca, tocan, desperezan o se recuestan sin hundirse en el cuerpo que las acoge. La tierra aquí, en la nueva organización que le regala la imagen, parece submarina; la dimensión entre los pinares está recorrida como por corrientes y adhesiones. (Lezama Lima 1977: 514; énfasis mío)

«[L]a nueva organización» de la tierra hecha posible por la donación de la imagen es el tanteo de la firma acuática que exhibe en su superficie dicha tierra[17]. La imagen que «revelaría» esta verdad íntima del

---

[17] Y lo isleño o las islas en Lezama son con frecuencia motivos para acercarse a su teoría cultural indisociable de su teoría de la imagen. La resistencia lezamiana a las lógicas dialécticas que «explicarían» estos devenires es recurrente en sus textos. En «X y XX» se lee: «X.–Las civilizaciones minoanas o insulares hacen la síntesis del Príncipe de las flores y la Dama de las serpientes. ¿Por qué la fea palabra síntesis? Mientras en los continentes la síntesis tiene que ser superada por el concepto de

paisaje insular, en tanto reproducción (poética) del mismo, es aquella que duplique la conformación submarina del espacio y sujeto isleños. Una lectura apresurada podría confundir la naturaleza epifánica de este hallazgo sensorial alojado en «el madreporario de las islas». El espacio cultural de las islas surgidas de este mar es, en Lezama, una zona de simultaneidades y de sucesiones, de procesiones, de dudosos gestos sacramentales en búsqueda de la revelación de una unicidad que casi nunca evita manifestar su singularidad averiada, paradojal[18]. Tanto geográfica, moral o intelectualmente la poética de la resaca en *Coloquio con Juan Ramón Jiménez* o la poética del desvío isleño mencionada en «X y XX» es algo que insiste en devenir figura en el texto, no evidencia referencial del texto. El desvío, el saque de elementos de la resaca es un modo de la isla de cuestionar las costumbres de sentido, la verosimilitud obligada de cualquier sociabilidad.

El paisaje del litoral en Lezama por su parte, en ocasiones, es una sensación acuática que concierta la imaginería marina del poeta como parte de una poética de desviaciones y excesos más allá de lo familiar. Se trata, en Lezama, de una serie de imágenes que desea inscribir el trabajo del mar sobre la isla y sobre la condiciones de la perceptibilidad del cuerpo isleño que mira a la tierra o a su ciudad.

---

sentirse deudor; en las islas, *la suspensión que hay que vencer* para llegar hasta ellas, no hacen la síntesis continental de lo blanco y de lo negro, sino de raíces oscuras, cambiantes y ligerísimas; no de Oriente-Occidente, no de antiguo y nuevo, [...] En el Renacimiento el hombre ya no ve más allá del límite una oscuridad, sino su esfuerzo está por estrenar, su voluntad deseosa, y entonces donde hay un límite, su apetito se enarca, encandila sus tensiones y coloca más allá de lo que conoce, islas» (Lezama Lima 1977: 143-144; énfasis mío).

[18] «XX.–[...] Es decir, lo que en la esfera del pensamiento se llama paradoja: lo que en la moral es una aventurera desviación, en lo terrestre se llama isla. El griego utilizaba la costumbre como un telón de fondo, pero le reconocía al sujeto la capacidad de desviarse, de un opinar desviado con respecto a la cultura. De tal manera que si hablaban de una teoría de peces, en el sentido de desfile, aludían a la forma de pensamiento que más querían. Pero otra de sus formas de conocimiento, es el furioso o erótico, es decir, cuando Sócrates se tapa la cabeza con un paño para poder evocar libremente a la Venus Urania» (1977: 144).

2.B. Islas interpuestas ( ) mar adentro, tierra abierta

> El mar es carne y se alza a lo maduro
> si le da tripas a la espiral de giros vagos,
> pulpo que me conoces y me ciegas. («Ronda sin fanal» 1975: 822)

La mar continúa sus efectos perforantes, relevada ya en la brisa, ya en la superficie terrestre, ya en la forma de las edificaciones, ya soterrada. Al final podría pensarse que lidiamos con un *no mar* o un *inframar* en la medida en que no podemos discernir el límite de su contorno o al menos desprogramar los modos habituales e históricos de percibir un cuerpo marino. De manera análoga, en Lezama, la brisa es motivo para hablar de las aguas. De igual modo «las señas» de la tierra de la isla para ser percibidas necesitan «recordar» su pasado, más bien, su temporalidad submarina y el cuerpo que la singulariza.

> Las bases no tienen que estar por los profundos;
> la piel, la superficie del mar y la cara de la hoja,
> mantienen su indisoluble y la tosquedad de la cuchilla
> no logra inaugurar la enemistad ni el enloquecido dispersarse, [...]
> [...]
> La superficie del mar no refleja la incontinencia de sus entrañas;
> la lámina al tapar la boca pocera no se frunce por el oculto cisma
> / de las palabras.
> La severa fundamentación de las espumas
> no nace del incesante interrogar de las entrañas.
> El rostro y las raíces tienen el mismo canal
> para particularizarse el airecillo. Y el rostro
> enterrado en el aire o la raíz que vuela
> dentro de la tierra, tienen el mismo surgimiento
> para que la voz y el aliento se encuentren.
> (1975: 1027; «Aguja de diversos»)

Sólo a través de un sumergimiento perceptivo lo poético *descarga* en Lezama (ya que no transmite) su efecto archipiélago. Aquí «el rostro» se entierra «en el aire» o la raíz vuela. Los descensos son movimientos, son, con recurrencia, inmersiones, entradas en lo acuático. De la misma manera que continúan en el aire el trazo de los signos. En «X y XX» se lee:

Así como Platón no pudo llegar en el *Parménides* a una definición de la unidad; podemos seguir pensando en la continuidad misteriosa, casi diríamos, continuamente resuelta de la poesía. Discontinuidad aparente: enlace difícil de las imágenes. Continuidad de esencias: prolongación del discurso y solución incomprensible de los enlaces, que nos hacen pensar en que si el papel en que se apoya desaparecería, seguiría trazando los signos en el aire, que de ese modo afirmaría su necesidad, su presencia incontrovertible, ¿es entonces el papel una red? pero añadamos ¿el pensamiento pescado tiene que ser un pez muerto? (1977: 146-147)[19]

Estas son lógicas de deseo que encuentran al final de sus recorridos cómo el cuerpo que se busca yace adherido al cuerpo de la búsqueda. La imagen acuática es un cuerpo compartido, heterogéneo, inverificable.

De igual manera, confrontado por un «doncel» que le vende por «diez céntimos» una estalactita, el sujeto poético en «El arco invisible de Viñales» se aboca a *verificar la invisibilidad* de efectos de los «arcos». El contra-movimiento, incluso el contrasentido que genera el arco invisible ha labrado en el valle cubano, mogotes, grutas, árboles, en fin el horizonte del Valle de Viñales. Los arcos *descargan* en el paisaje su invisibilidad, «pulsados por la participación en sus instantes dobles» (1975: 890). El arco invisible es el acicate poético que necesita la materia del oxímoron para hacer agua o si se quiere lo poético es en Lezama aquello que materializa el oxímoron. De modo análogo, el oxímoron hace y deshace la materia en la lengua del poema. Líquida, sólida o gaseosa el texto archipelágico

---

[19] «What X calls "discontinuidad aparente; enlace difícil de las imágenes" corresponds to reading and interpretation in the broadest sense: the actual–and difficult–attempt to make sense of the world, the pursuit of meaning, and the concrete production of discourse about what the world is. At the same time, inserting this activity in history, which amounts to acknowledging not only its past (the "memory" of symbolic inscriptions) but also its *futurity*, results in the recognition of *potentiality*: the yet-to-be conceived "prolongación del discurso" that is impossible to foresee in actuality–*lo increado*. The oxymoron "solución incomprensible" condenses the notion that continuity can only be conceived in its *futurity*, and that futurity necessarily belongs to the realm of pure potentiality–a realm that is impossible to foresee and comprehend. This opens up the space of a poetics of the *incommensurable*: [...]» (Lupi 2012: 154-155).

en Lezama *liquida el sentido obvio* de lo material. Una invisibilidad de relaciones acuáticas, que son y no son del agua, sostiene el paisaje:

> Los arcos en la mezcla de los pinos y esos dormidos militares,
> son pulsados por la participación en sus instantes dobles;
> las ondulaciones de ese arco son llamas que descargan en las hojas
> y el oleaje como el círculo clavado del delfín.
> Las espirales crecen en el círculo de los pinos enanos
> y alcanzan su marina en el círculo del guerrero,
> entre las flechas de los pinos y el sueño de las hojas.
> *En realidad, aquí el hombre no puede adormecer sus silencios,*
> *pues no brota del puente de cuerdas y del látigo,*
> *tiene que apoyarse detrás de colosales franjas de agua,*
> *arder en la parrilla que no era para él,*
> o destacar un manto voluptuoso que no sirve
> dejado caer sobre la colina de su cuerpo.
> Tiene que cobrar un ademán, detrás de la cascada
> que él no podrá mirar sin reproducir.
> Las ondas del címbalo sumergido son también pétreas,
> sin embargo, romper la sucesión de la piel en mustios apoyados ademanes,
> era destruir los antiguos metales, los calderos asirios,
> por una elaborada disociación de la brisa.
>
> La harina que habría rodado por el perfil de los emperadores,
> sustituía con su sembrada larga hilacha a los pinos del valle.
> Pasaban por debajo del puente entresoñado
> largas espirales de harina surgida de los huevos del carnaval.
> No hacían ruido en una felpa largamente arrugada,
> como piedras de cobre con predominio del verde en la hilacha áurea.
> Nadie despertaba como queriendo ganar a nado la otra noche,
> la suspensión del sueño era ágil como el varillaje de la gaviota,
> como la quietud vigilante del martín pescador cuando
> clava sus ojillos entre dos bambúes. (1975: 890-891; énfasis mío)

Este «apoyarse detrás de colosales franjas de agua» es equivalente a ese serie de actos intransitivos, negativos («En realidad, aquí el hombre no puede adormecer sus silencios» / «un manto voluptuoso que no sirve», «Nadie despertaba como queriendo ganar a nado la otra noche»).

O eso que no sirve, que no se puede o que nadie logra, en los versos es, sin embargo, una ganancia, un exceso, una «voluptuosidad». Ante la imposibilidad de sentido que el verso lezamiano genera, estas imágenes de una contrariedad rica se ofrecen como respuesta a su sentido imposible. En otras palabras, clara y oscura, esta cerrazón comunicativa del texto lezamiano es un agua que se mira en lo acuático desde lo acuático. Esta poética no cesa de abismar los perfiles y límites de sus objetos en el cuerpo inmediato de aquel/aquella que *percibe* el paisaje en el poema. La identidad de ese paisaje es un desastre perceptivo incapaz de discernir dónde comienza qué. Así «las ondulaciones de ese arco son llamas que descargan en las hojas / y el oleaje como el círculo clavado del delfín» o «Las ondas del címbalo sumergido son también pétreas». En ese espacio el hombre «Tiene que cobrar un ademán, detrás de la cascada / que él no podrá mirar sin reproducir». La labor de la «disociación de la brisa» supondría (difícil) entregarse a ese momento cuando la contemplación del paisaje es idéntica a esta reproducción en manos de Lezama. Por eso «La harina que habría rodado por el perfil de los emperadores» (1975: 891) de paso por el valle, cohabita y señala ese otro cuerpo amalgamado, superpuesto, expuesto y oculto en el orden natural: «ágil como el varillaje de la gaviota».

La de Lezama es, sin duda, una metafísica agujereada, desfondada por una materialización insensata del paisaje del valle isleño. Una suerte de mímesis delirante pivoteada por esa interacción inexacta de cuerpos que es el Valle de Viñales o la catedral de La Habana. Este sensorio poético imagina un pasado sumergido y un cuerpo, ambos inscritos en los accidentes del valle, sin los cuales es imposible percibir la secreción de la imagen. O la imagen es esta secreción. Lo «cubano acuario», a pesar de convocar a la mirada como el sentido que captaría mejor la singularidad del paisaje del valle, termina siendo una experiencia estética apuntalada por una sinestesia que también hace cuerpo e interviene la particularidad del sentido visual:

> Pero ahí en Viñales los ojos no definen, musicalizan lo sumergido en un acordeón que es una esponja. Acordeón que recoge la neblina y esponja que chorrea el espíritu epifánico. Está ansioso de una nivelación, de un entrelazarse de manos. *Tierra y mar confluyendo en la línea del horizonte:*

se define la Bahía de La Habana, dorándose en la luz culterana, exquisito delfinado, que viene muy colado de las colinas de Cojímar. Don Aire ¿a dónde va tu lección? Oriental anemoscopio. ¿Cuál aire fue el postrero, el más sabichoso? (Lezama Lima 1977: 514; énfasis mío)

La línea archipelágica del horizonte, a diferencia de los ojos, delimita los términos de la epifanía *en* el paisaje. Lo que ocurre en el paisaje, lo que manifiesta como hecho extraordinario es esta confluencia de espacios y atributos del mar y de la tierra, ya sea en la línea del horizonte, ya en la fachada de la catedral, ya en la bahía de La Habana o sobre la topografía del Valle de Viñales. La epifanía en el paisaje es, por lo tanto, trasiego de cuerpos, interpenetración de elementos y realidades constitutivas del paisaje, siempre dadas en la distancia, siempre en su «lontananza». En este paisaje donde lo «sumergido» opera en la superficie, es la esponja quien *secreta* la epifanía[20]. Lezama además lee en el paisaje un deseo de nivelación, «un entrelazarse de manos», surgido de «la arenisca madreporaria» (1977: 515) roto por la luz, que junto a la dicción musical de la brisa hacen de la perspectiva isleña un situación flotante. Este deseo de nivelación apunta hacia una «batalla» y un rompimiento entre mar, arena, brisa y luz donde la isla, el isleño y su paisaje han aprendido a sobrevivir(se). Esta supervivencia es lo que el paisaje interpreta como epifanía y la escritura de Lezama entrega como versión literaria de la misma. En la playa de Varadero:

> Penetramos en el mar flotando sobre el banco arenoso, seguimos en esa onírica marcha de la levedad, y cuando el volumen de la marina se arriesga más allá de la medida griega del hombre, el terror de la pérdida costanera nos previene con clásica conseja: penetrar en el mar hasta donde el lecho arenoso lo vence. En los atrevimientos del sueño, la prudencia es otro atreverse. La luz fría es la que rectifica. Y aquí la luz impulsó a las arenas,

---

[20] La esponja es, por igual, animal y objeto marino con apariciones decisivas en poemas del Caribe hispano como «Canción de mar» de Luis Palés Matos y «La isla en peso» de Virgilio Piñera. Como si en la colindancia de elementos del litoral, el cuerpo poético gravitara hacia esa imagen-objeto que duplica la teoría acuática o marina que adelantan algunas poéticas del archipiélago. Más adelante lidiaremos con estas esponjas.

dictó como leyendo en pergamino por debajo del mar, las órdenes de la batalla. (1977: 515)

El paisaje es la superficie textual donde esta confluencia de devenires y atributos sensoriales, desplazados y sin origen único, entrega su condición marina en tanto batalla o realidad conflictiva. Lezama Lima llegó a imaginar su patología respiratoria, el asma, como otro modo de respirar entregado por «ondas» que le permitían disfrutar de «los placeres de la resurrección»:

> El médico me ha dicho que se debe a un *hongus focus*, un hongo que vive en el aire. Yo, en cambio, vivo como los suicidas, me sumerjo en la muerte y al despertar me entrego a los placeres de la resurrección. Mi asma llega hasta mí en dos ondas: primero, desaparece por debajo del mar, y luego arriba al gran acuario donde todos los peces saborean el mundo.
> Yo también soy como un peje: a falta de bronquios respiro con mis branquias. Me consuela pensar en la infinita cofradía de grandes asmáticos que me ha precedido. (Centro de Investigaciones Literarias de la Casa de las Américas 1971: 48-49)

El paisaje es el acuario que recoge la naturaleza de la isla y donde vivir es saborear el mundo. El sujeto isleño vive entre inmersiones y su destino parece ser doble, como sería más que doble su *habitus* sensorial, si me permiten la redundancia. Se trata por igual de usar ese *anemoscopio* en el cubano acuario, como de saborear el mundo como los peces. El acuario es, por lo tanto, condición, más bien el depósito donde se contempla la topografía isleña, la imagen del territorio insular como el modo siempre corporal de aprehenderla. Este saber saborear el paisaje-acuario es un saber de la lejanía y la inmediatez, del cuerpo y del espíritu, de lo animal y lo vegetal, de lo sólido y lo líquido, de la historia y de la poesía, entre otros. Sin embargo, dicho saber ante lo acuario no trafica con binarios o absolutos. La puesta en discurso literario de esta experiencia imaginaria es, en Lezama Lima, la corrosión constante de las diferencias o atributos de cualquiera de los binomios. Se trata de una mímesis impetuosa, incesante, que intuye en las superficies la posibilidad perceptiva de lo que se niega a la evidencia sensorial y con dicha negatividad trabaja otro orden de sentidos.

Viento submarino. En el ensayo «Doctrinal de la anémona» (1939), Lezama asedia el sentido de las contradicciones, el por qué de lo difícil, incluso lo que Lezama llama «misterioso», desde la forma misma de su dificultad literaria:

> Las dulzuras y la metafísica del aire, el imperio de las torres y aquel suave tacto marino que reemplaza a la quemazón de arena y cordaje. Visillo de nieve, voluptuosidad de lo extenso. ¿Cómo puede ser que los árabes que sustituían por ornamentos a las figuras animadas fuesen tan puntuales cirujanos? No se podrá ignorar que los leones de la Alhambra fueron traídos de Persia. Escalas del viaje: la crápula bizantina y la crueldad que se quema en una línea imaginaria ecuatorial. Entre la tierra y la leyenda se posa el ave que tan solo se nutre del rocío. Entre la tierra y la línea del horizonte el gamo puede proclamar la fraternidad: sonríe y huye. Entre la tierra y el error nocturno, la brisa que no quiere a llegar a ser aire, lo maravilloso que no tiene que ver nada con lo misterioso, abren la anémona nocturna. (Lezama Lima 1977: 228)

La respuesta al misterio de esos saberes inesperados es la puesta en imagen de «la anémona nocturna». Se trata de una disquisición que vuelve a movilizar un oxímoron archipelágico («metafísica del aire»), una suerte de metafísica que *actualiza* la materia, una metafísica buscando un cuerpo entre las sensaciones. «Visillo» y «voluptuosidad», cortina o velo como sensualidad o apetito desmedido. En fin, estamos una metafísica averiada por su propia búsqueda de un espacio para manifestarse: «entre la tierra y el error nocturno». Montada sobre la creencia de que el contacto con una parte del objeto a representarse –en este caso, la sensación: «el suave tacto marino» o «las dulzuras»–, no importa si esta parte yace separada de su complexión original, la sensación lo entregaría por sustitución («aquel suave tacto marino que *reemplaza*»), toma el lugar del objeto a ser representado.

Entra ahora en juego la imagen y el sentido de la palabra: anémona[21]. ¿Flor de viento o flor de mar? Tanto la planta como el animal comparten un parecido: la flor que corona ambos cuerpos. La flor y el pólipo, *ánimas*

---

[21] *1. f.* Pólipo solitario antozoo, del orden de los Hexacoralarios, de colores brillantes, que vive fijo sobre las rocas marinas. Su cuerpo, blando y contráctil, tiene en

y vientos, fragancia y boca. Muchos años después cuando «Minerva define el mar», la flor extraída del infierno viene acompañada de un cangrejo:

> Proserpina extrae la flor
> de la raíz moviente del infierno,
> y el soterrado cangrejo asciende
> a la cantidad mirada del pistilo.
> Minerva ciñe y distribuye
> y el mar bruñe y desordena.
> Y el cangrejo que trae una corona. (Lezama Lima 1975: 1130)

La definición marina de Minerva son «ordenanzas áureas» (1975: 1130), el «deletrear corintio» donde se escucha «el graznar / de las ruinas» que quema «las entrañas del mar» (1975: 1131). La definición de Minerva es un reto y un espejo que el mar recibe muy mal e incluso lo hace contorsionarse. Se trata del contacto y de una relación entre órdenes que se necesitan pero nunca se complementan. El poema parece registrar un evento que queda suspendido como el sentido de esa corona que trae el cangrejo. La doctrina de la anémona, su doctrinal, es por igual exclamación como secreto, emanación como ingestión. Más aún, la anémona en tanto metáfora para la condición sensorial del sujeto poético isleño revela la no distinción, la indiferencia corporal que representa la *materia* para Lezama[22]. El doctrinal de la anémona es un imposible manual de

---

su extremo superior la boca, rodeada de varias filas de tentáculos, que, extendidos, hacen que el animal se parezca a una flor. (Diccionario de la lengua española)

[22] Muy temprano Virgilio Piñera distinguía *la materialidad* poética lezamiana (aquello de lo que estaría hecha su poesía) frente aquellos que imaginaban entonces su mejor versión poética en la obra de Pablo Neruda: «Ciertos avisados arguyeron que este mundo, tal procedimiento, eran ya universo rendido de Neruda; penetrando sólo la epidérmica zona de su poesía y no pudiendo calar en zonas más profundas afirmaron que Lezama asimilaba el procedimiento nerudiano que procede por agregación de materia, por suma de elementos los más disímiles en apariencia. Olvidaban que un somero examen de ambos poetas pondría de manifiesto absoluto desligamiento entre sus modos de poesía: Neruda, gran romántico (entiéndase esto nada más que como una actitud del espíritu) presenta un cosmos de gran sismo: mareas, naufragios, terremotos; materia deliberadamente desordenada, aventada, que siempre asumirá el vertical sentido de la caída. *Contrariamente, en Lezama la materia asume siempre un*

instrucciones para el rastreo de las emanaciones (expulsión e inhalación de espacios) que diversifican la materia lezaminana. Pues quien respira bajo el agua o lo que es lo mismo, para el asmático, que vive ahogado o entre ahogos, la *inspiración* es una pregunta angustiante como la posibilidad de un momento más de vida. Lo que abre la anémona nocturna es por igual lo que está entre una cosa y la otra ( ), como el espacio despejado entre ellas, lo que va y viene como la brisa ( ). Es esta la forma de la respiración dañada por el asma. Sobre el daño, como queriendo reconfigurarlo y negarlo también, Lezama inscribe su poética para una naturaleza misteriosa donde la imposibilidad de sentido es la marca de una nueva fauna y flora. Lo anfibio entonces no es meramente la posibilidad de un organismo atravesar fases y desarrollos como parte de su vida en la tierra o bajo el agua. Lo anfibio para el sensorio lezamiano no es simplemente ganar o perder branquias o pulmones. Lo anfibio es el sostén imaginario *en* el cuerpo del tránsito de las dos (o más) disposiciones corporales; la experiencia de contacto, incorporación y réplica textual de las disposiciones móviles que son la materia. Materia que se propaga como una mancha que avanza en el horizonte de la percepción de lo distante:

> Fuego, líquidos y vegetales, caen o invaden, como varas o como lo horizontal mordiente. Los líquidos invaden mientras el hombre sentado en su túmulo se desespera, frotándose los labios con cisnes y anémonas. *Esta invasión que avanza es lo horizontal líquido, duro y batiente, fragoroso tal vez, absorbido por la tierra, no sin enviarnos antes el jinete y su necesario remolino.* Puede resumirse en hilos de lluvia y el trigo creador reaparece si se ha formado en el soplo porquero o vaginal. (Lezama Lima 1977: 229; énfasis mío)

Se trata de una experiencia imaginaria, archipelágica, inscrita en estos procederes y escrituras. El texto (archipiélago) sería esta inverificable fijación de una sensación en tránsito hacia su ocaso. Pero igual, en el caso de Lezama, el archipiélago parecería la suma poética que saldaría

---

sentido horizontal de ondas que se propagan sin posible línea fronteriza que las limite; ¿no ha declarado él mismo: "esta invasión que avanza es lo horizontal líquido, duro y batiente"... "Visillo de nieve, voluptuosidad de lo extenso"...?» (Piñera 1941: 18-19; énfasis mío).

esa batalla de órdenes y elementos que superpone la imagen marina por vía de la indistinción. El triunfo del fracaso jerarquizador de algún orden perceptivo. El texto que «contiene» el doctrinal de la imagen no sintetiza ninguna identidad jurídica o estatal, antropológica o geográfica. Tampoco la invasión perceptiva da cuenta de alguna transculturación americana. Se trata de una experiencia de paso, del estar de paso, de estar entonces en el paisaje, de estar expuesto a ese litoral, incluso sexual. Se trata de una experiencia *anemográfica* necesaria para la adquisición (ya que no comprensión) de esa «metáfisica del aire y del vegetal»:

> El vegetal que oye por ojos innombrables. Su piel, su continuidad morosa, sus silencios que la eternidad no se atreve a raspar... La anemografía, valiosísima desde luego, ya que une la comprensión estilizada de los silencios botánicos, y atrapa también a los meteoros maravillosos. Maravilloso: el último fragmento de los meteoros que volatiliza a los espejos. Misterioso: ligereza del airecillo nocturno que toca la almendra verdeoro de la anémona y le abre los pétalos que la mañana –incomprensible imperio de Vulcano– se encarga de soldar. (1977: 228-229)

¿Soldar dónde? Se suelda en el cuerpo perceptivo la indistinción entre la imagen y la percepción de la misma. La soldadura del aire es la firma de la desaparición *nocturna*, de la invisibilidad de esa cicatriz o marca la guerra entre los elementos del acuario.

> Ese estanque neurovegetativo puede ser turbado por la necesaria chispa, casi siempre nocturna, que cae cortando o levantando llamas, malas aparejadoras y de suficiente continuidad invisible. Hasta ahora el líquido parece vencer. Pero... dos rocas se separan, el pie vacila, y el vacío tuerce el líquido como una cascada de corderos. Lo líquido mal dirigido por culpa de su bisagra impropia, se hunde sin que el hombre pueda conducirlo hasta su devenir perentorio. *Llama y poesía en el momento mismo de su torcedura, parecen no acercarse a la bisagra del menos, exigente separadora del continuo método del líquido invasor y la discontinuidad friolera e inaprovechable (intraducible)*. (1977: 230; énfasis mío)[23]

---

[23] Se lee en «X y XX» esta imposibilidad de representación como el modo mismo de lo poético adherido o replicando a la muerte. Por igual lo poético acarrea «*la*

La poesía es esa *torcedura* llevada a cabo por el vacío, aquello que hace vacilar las progresiones. La poesía es la torcedura de ese elemento que parece copar el presente de alguna percepción. Enfrentamos una teoría de lo poético en distensión archipelágica que permitiría una crítica a la economía de sentidos que ha cristalizado en cierta sociología banal para lo literario. La poética marina en Lezama (y claro está de otras escrituras) permitiría una lectura política de la productividad política de la muerte como condición constitutiva del Caribe, como una lucha sensorial que parece retar las verdades del estilo, incluso las demandas de la lengua consuetudinaria. Leer el «Doctrinal de la anémoma» como una preceptiva irrepresentable desde donde movilizar otra sensorialidad del sentido fuera de la metafísica bipolar identidad/diferencia latinoamericanista:

> Esa llama no estilizada, visible en una eminente dignidad, insistirá por las pruebas de sus límites, contentándose con el archipiélago de puntear sus contornos, pero le salvará siempre la oscilación inefable como que su arquitectura o instrumento es el viento y su destrucción el mismo viento. (1977: 231)

Esta sería una política del poema archipiélago en tanto alteridad alterada, no alternativa. Una política de los sentidos en el poema pertur-

---

corriente que choca con la discontinuidad», como también «*Si la poesía se nutre de la discontinuidad, no hay duda que la más lograda discontinuidad es la muerte*» (1977: 147). «XX.–[...] La *poiesis* es la forma o máscara de esa discontinuidad, es la única capaz de provocar la visibilidad de lo creativo» (1977: 146; énfasis mío). Lupi en su lectura en extenso de este pasaje en «X y XX» ha precisado una contestación ante los sentidos del término «discontinuidad» en Lezama: «Thus one comes full circle, for death–now the fundamental deviation or the rupture of the "continuity"–is the condition of poetic discourse. *Poiesis*, therefore, is the "mask" or "form" of death, and death, in turn, is the necessary condition for the redemptive "segundo nacimiento." This passage is especially important because it presents the link between the idea of death-as-discontinuity-as *poiesis* and what I want to call the poetics of the incommensurable. In the first place, X describes a progression in which death is a creative force: death "acts" as the "space" of the poem, and this in turn becomes "substance." Secondly, this "substance" has, as it were, two "sides": "la presencia de la gravitación de las palabras" and "la ausencia del reverso no previsible que ellas engendran"» (Lupi 2012: 151-152).

badora de cualquier búsqueda de orígenes perdidos o de ese inventario de atributos identitarios iguales a su *ídem*. Una política también de la experiencia de lectura que se abre para que *pase el cuerpo*, que *expone* sus gustos, sus dolores, sus imposibilidades, su decadencia y claro está, sus fantasías de permanencia y habitación de la tierra.

Esta situación, sin duda insensata, es la sutura imperceptible que atraviesa un sensorio en la proximidad de las aguas, en el litoral. Vuélvase a *dormir junto a las aguas*. En «Noche dichosa» de *La fijeza* un pescador solitario duerme mal:

> La choza a la orilla del mar por una noche ha guardado el cuerpo desnudo del pescador solitario. El sueño ha sido inquieto, pero esa no abandonada realidad del pincel de lince acompaña como un paño de rocío. [...] Al destellar sus ojos, ya su cuerpo se levantaba del lecho; buena manera de contestar al rayo de luz con el movimiento del cuerpo. *Ahora su cuerpo está ya entre las ondas y el siniestro fanal* de la enemiga orilla ondula como los caprichos de la bestia enemiga. En sucesivas conversaciones con los peces dormidos su cuerpo avanza riéndose de sus reflejos. Un brazo, una pierna, pero siempre el cuerpo como una señal perseguida termina en una dignidad perpetua. *¿Cómo el cuerpo al salir del sueño y de la choza ya ha podido estar listo para la definición temblorosa de la corriente?* [...] El silencio de su cuerpo acompañado del canto de los peces, de la sangre acurrucada de los acordones de coral y de los árboles de luciérnagas que se allegan a la orilla para tocar el cuerpo del pescador solitario. (Lezama Lima 1975: 841; énfasis míos)

Proximidad y transformación física por cercanía, diálogo y compenetración son los modos de proceder de esta imagen marina. El texto archipiélago como ese estar entre ( ), la cifra de la brecha que horada el cuerpo del pescador y aloja la pregunta por los cuerpos compartidos. Esta falla que atraviesa el cuerpo es una perceptiva dedicada a un afuera que además subraya el espacio propio, la casa, la choza, la identidad como una habitación imposible. La imagen aquí al *contactar* deviene la forma misma del pasar acuático, la imagen de la representación como corrosión de un espacio por otro, de un cuerpo por otro. La no identidad innegociable de lo que no puede contener nada, agujereado, ni contenerse. El cuerpo del pescador ante el misterio de esa noche sólo replica la lógica de las expulsiones:

> Pero el pescador no interrumpe su alegría en la Presencia, lanza un curvo chorro de agua, reminiscencia de amor a la enemiga orilla y a la choza benévola, y nos dice: *¿Qué ha pasado por aquí?* (1975: 842)

Ha pasado la experiencia de un cuerpo al cual el mar le ha malogrado su representatividad, dígase cultural, gubernamental, institucional. Lo caribe en tanto experiencia sería este insomnio, este estar sometido a la cercanía de las aguas, su historia y sus cuerpos. Se trata de un saber de lo impropio, de lo intransitivo quizás que desde su orilla se sabe invadido por la lejanía que en la invasión deja de serlo, corroído por la *naturalidad* del espacio que se ocupa. La falta radical de propiedad y de expectativas, de origen y pertenencia de este pescador sin embargo apuntala una experiencia productiva, una experiencia de la errancia en quietud, del tránsito y de la indeterminación. El pescador solitario de Lezama es un sujeto predispuesto al pálpito, al marinado que ofrece el espacio propio. Abierto a eso que siempre está allá, se menea, ondula y entonces descarga sus potencias expansivas.

En demasiados textos de Lezama, esta metamorfosis marina siempre invasiva *pasa* por partículas mínimas del cuerpo («corpúsculos») que operan como cesuras, cortes, incisiones que para colmo son la invisibilidad o, en su contrario oximorónico, la manifestación de algún orden. «Censuras fabulosas» abre del siguiente modo:

> Deprisa, el agua se reabsorbe nerviosamente en el corpúsculo; lenta es como el chapaleo invisible del plomo. Las grietas, las secas protuberancias son llamadas a nivel por el paso ballenato del agua. Tapa Tártaros, Báratros y Profundos, y no se aduerme en su extensión por el zumbido. ¿Quién oye? ¿Quién persigue? La misma roca, anterior congeladura –va cociendo en el recto y decisivo corpúsculo veloz enviado por la luz, los nuevos cuerpos de la danza–. El recipiente cruje morosamente, y el tiburón –ancha plata lenta en el ancho plomo acelerado–, va asomando su sonrisa, su frenesí despacioso y cabal. (1975: 843)

El misterio (la cesura) es como esta «censura», el evento inaudito, fabuloso del mar cuando retira del orden de la constatación realista la forma de su cuerpo. *El doctrinal del anfibio* no es un dictamen o corrección moral, sino la incesante inscripción de una suerte de franja o tira (las «grietas» o «secas protuberancias») que «corregiría» alguna verosimilitud perceptiva que se niega a errar. Los animales marinos también participan de esta escritura anfibia (entre aguas)[24]. Esta agua *tapa* culturas, infernos o las grietas mismas.

Playas de Lezama

Quizás sea conveniente concluir con retazos. El litoral abre y cierra la poesía de José Lezama Lima. Dígase más: las playas y uno de sus objetos preferidos avistado siempre a cierta distancia, *el archipiélago*, parpadean al comienzo y al final de la obra poética del escritor cubano. Estos poemas-paréntesis demarcan el espacio donde la estética marina lezamiana no se cansa de abrir espacios de interconexión entre los elementos. La imagen-archipiélago es este abrirse, abrir la perspectiva para que ocurra otra cosa cercana a la amalgama y la desprogramación sensorial:

> Narciso, Narciso. Las astas del ciervo asesinado
> son peces, son llamas, son flautas, son dedos mordisqueados.
> Narciso, Narciso. Los cabellos guiando florentinos reptan perfiles,
> labios sus rutas, llamas tristes las olas mordiendo sus caderas.
> Pez del frío verde el aire en el espejo sin estrías, racimo de palomas
> ocultas en la garganta muerta: hija de la flecha y de los cisnes.
> Garza divaga, concha en la ola, nube en el desgaire,
> espuma colgaba de los ojos, gota marmórea y dulce plinto no ofreciendo.
>
> Chillidos frutados en la nieve, el secreto en geranio convertido.
> La blancura seda es ascendiendo en labio derramada,
> abre un olvido en las islas, espadas y pestañas vienen
> a entregar el sueño, a rendir espejo en litoral de tierra y roca impura.

---

[24] En un trabajo aparte me ocuparé del bestiario marino y la mariscada lezamianos.

2.B. Islas interpuestas ( ) mar adentro, tierra abierta

Húmedos labios no en la concha que busca recto hilo,
esclavos del perfil y del velamen secos el aire muerden al tornasol de
/ cal salada,
busca en lo rubio espejo de la muerte, concha del sonido.
(Lezama Lima 1985: 18)

En lo que se considera su último poema, «El pabellón del vacío», el deseo del sujeto poético por disminuirse, hacerse invisible y caber en el *tokonoma* encuentra en el reverso del vacío abierto con los dedos, nada más y nada menos, que una playa:

Me voy reduciendo,
soy un punto que desaparece y vuelve
y quepo entero en el *tokonoma*.
Me hago invisible
y en el reverso recobro mi cuerpo
nadando en una playa, (1985: 548)[25]

«El pabellón del vacío» registra, como gran parte del libro póstumo de Lezama Lima, *Fragmentos a su imán* (1977), cierto abandono del alambicamiento y la espesura características de la verba lezamiana. *Fragmentos a su imán* parecería la torcedura final del barroco lezamiano. Sin duda, la penosa situación personal y vivencial de la década de los años setenta han marcado las decisiones en la escritura del poeta. Sin embargo, podrían leerse ambos poemas como textos coherentes y consistentes con la estética marina del poeta de Trocadero; textos preocupados por darle

---

[25] Traduzco la definición de *tokonoma* que ofrece la *Encyclopædia Britannica*: «*Tokonoma* es la "hornacina" de una habitación japonesa, usada para exhibir pinturas, cerámicas, arreglos florales y otras formas de arte. Los accesorios del hogar son removidos cuando no se utilizan, para que el *tokonoma*, que se encuentra en casi toda casa japonesa, sea el punto focal del espacio interior. // Característico del estilo arquitectónico *shoin*, y originado durante el período *Kamakura* (1192-1333), el *tokonoma* se desarrolló a partir del altar privado (*butsudan*) encontrado en los hogares de sacerdotes budistas. El *butsudan* consistía de una hornacina que contenía una mesa de madera angosta, un incensario, velas votivas y jarros con flores colocados ante un pergamino budista colgado de la pared. Al ser adaptado a la casa japonesa, fue utilizado exclusivamente para exhibir objetos de arte».

cuerpo y materialidad a la experiencia sensorial que sostiene y desea la escritura literaria de Lezama. Ambos poemas persiguen la travesía o el darse de una imagen (incluso subjetiva) que amalgama y complica los sentidos de su cuerpo para *liberarlos en una indistinción*. Ambos poemas imaginan un espacio y un cuerpo impropio, inverosímil, cuya *fuga* o *evaporación* son un modo de perdurar en las cosas. Estos poemas (al igual que otros textos) registran la afición del poeta por la inquietud que pulsa en la fijeza, la desubicación que define tanto lugar propio. Esta suerte de fracaso del silencio marcaría todo final –situación queridísima en Lezama– porque de lo final, en tanto muerte, el poema ha hecho un cuerpo que es la condición radical de la lengua e imagen lezamianas. Radicalidad inverificable entre las genuflexiones propias de la Casa de contratación de la cultura latinoamericana.

> Ola de aire envuelve secreto albino, piel arponeada,
> que coloreado espejo sombra es del recuerdo y minuto del silencio.
> Ya traspasa blancura recto sinfín en llamas secas y hojas lloviznadas.
> Chorro de abejas increadas muerden la estela, pídenle el costado.
> Así el espejo averiguó callado, así Narciso en pleamar fugó sin alas.
> (1985: 19)

Envolturas, traspasos, horadaciones que constituyen eso que supo el espejo. *Así* es la fuga de Narciso. ¿Es este *así* consecuencia, cualidad o equivalencia sin duda inverificable entre los adjetivos del poema? No importa, la fuga «sin alas» de Narciso es una coincidencia con el fin de la creciente marina, con la temporalidad del cuerpo marino en crecida. Se trata de una imagen acuática que figura otro tipo de final donde la disolución de los contornos es la firma de la «misma agua discursiva [donde] se bañan el inmóvil paisaje y los animales más finos» (1985: 23).

> Si dejásemos nuestros brazos por un bienio dentro del mar se apuntalaría la dureza de la piel hasta frisar con el más grande y noble de los animales y con el monstruo que acude a sopa y a pan. Toscas jabonaduras con tegumento del equino. Masticar un cangrejo y exhalarlo por la punta de los dedos al tocar el piano. [El brazo...] *soporta el sueño de las mareas primero, y las miserables joyas que van taladrando su carne, hasta quedar bendecidas*

2.B. Islas interpuestas ( ) mar adentro, tierra abierta 207

por un róseo vacío doblador, para hacer tal vez con ellas una región de arenas como ojos, donde la pinza hueca, el pie vergonzoso son transportados con natural ligereza de aire espesado por luz dura de plata. *El brazo sumergido al convertirse en un aposento de centraciones y burbujas, indócil giba para los resueltos soplones,* se ve rondada por el insecto como punto que vuela; mientras el caracol como instante punto, frenético pero lentísimo, *se incrusta en aquella porción, carne y tierra, batida con maestra artesanía por los renovados números del oleaje. Así aquel fragmento sumergido, asegurado por la paz probatoria, es devuelto por eco y reflujo, en misterio sobrehumano, blanquísimo.* Al pasar los años, el brazo sumergido no se convierte en árbol marino; por el contrario, devuelve una estatua mayor, de improbable cuerpo tocable, cuerpo semejante para ese brazo sumergido. (Lezama Lima 1975: 845; énfasis míos)

La «sustancia adherente» es lo que se produce en el contacto (doble) del cuerpo y las aguas, es el resultado sensitivo, la imagen secretada por la inmersión. Más aún, esta sustancia deviene «giba», bulto, joroba para las «incrustaciones». Esa *cosa incrustada* además atrae otras criaturas en las que provoca nuevos deseos de perforarse en ella. El resultado improbable es ese «misterio sobrehumano, blanquísimo»: la sustancia que retorna el brazo convertido en otro cuerpo, en otro elemento. Esta suerte de narración impregnada de tonos y matices pseudoteológicos es, sin embargo, una proposición teórico-poética sobre la conformación de la poético como «posibilidad infinita» para la materia[26]. La sustancia tiene la cualidad de la adhesión, adhesión que es metamórfica (dada a doblar, a los doblajes) una vez materializa –vía el oxímoron– «un róseo vacío doblador». La ficción poética que conforma esta inmersión marina prolongada del brazo no insiste en saturaciones, mojaduras, sino en la

---

[26] Lupi lee en el «Preludio a las eras imaginarias» el *testimonio material* de lo poético en Lezama: «Lezama closes the account of his theory of poetic thought in "Preludio a las eras imaginarias" by incorporating another neologism: *el potens*, a nominalization of the Latin adjective *potens*, meaning "powerful", "able", "mighty." The exchange [*intercambio*] between *la vivencia oblicua* and *el súbito* creates "el incondicionado condicionante, es decir *el potens*, la posibilidad infinita" (*LLOC* 816). "The material testimony of this process is the *doble misterioso* of poetry: "el hombre causalidad ... penetra en el espacio incondicionado, por el cual adquiere un condicionante, un *potens*, un posible, del cual queda como la ceniza, el vestigio, el recuerdo, en el signo del poema" (*LLOC* 810)» (Lupi 2012: 65).

paradójica configuración de objetos, incluso espacios arquitectónicos que comparten en su consistencia cierta maleabilidad, cierta movilidad penetrante. Se trata de una meditación poética sobre el hecho sensible y el objeto estético que harían posible esta inmersión. La inmersión es simultáneamente lugar y secreción de los cuerpos en contacto bajo el mar, como la posibilidad de producir objetos estéticos. El hacer con joyas o mareas «una región de arenas como ojos» es otra de las consecuencias de tener el brazo sumergido en el mar. Estamos ante otro devenir cuerpo de la playa, del litoral en tanto zona sensitiva. Bajo las aguas, esa «ganancia» lenta y blanquísima de un «improbable cuerpo tocable» es lo que exhibe el texto poético, cual acuario o *tokonoma*, una vez el brazo se ha convertido en «aposento de centraciones y burbujas».

Alejado de la profusión que domina su obra, al final de sus días Lezama insistirá, en *Fragmentos a su imán*, en figurar esa «sustancia adherente» que conforma su imagen y su teoría del cuerpo sumergido. Sin duda su verba se siente desprovista de su acostumbrada escuadra de imágenes.

> Me hago invisible
> y en el reverso recobro mi cuerpo
> nadando en una playa,
> rodeado de bachilleres con estandartes de nieve,
> de matemáticos y de jugadores de pelota
> describiendo un helado de mamey.
> El vacío es más pequeño que un naipe
> y puede ser grande como el cielo,
> pero lo podemos hacer con nuestra uña
> en el borde de una taza de café
> o en el cielo que cae por nuestro hombro.
> [...]
> Araño en la pared con la uña,
> la cal va cayendo como si fuese un pedazo de la concha
> de la tortuga celeste. ¿La aridez en el vacío
> es el primer y último camino?
> Me duermo, en el *tokonoma*
> evaporo el otro que sigue caminando.
> (Lezama Lima 1985: 548, 549)

«El pabellón del vacío» se orienta hacia ese corte que inscribe el sujeto poético sobre la superficie de lo inmediato. Uña en la cal de la pared ( ). La hornacina, el *tokonoma* hecho con el dedo del poeta no exhibe sus proezas metafóricas de ayer, al menos no del mismo modo, pero sí un deseo de finalidad. Ahora se trata de moverse pendularmente entre la aspiración por empequeñecerse y desaparecer el cuerpo, y por otra parte «recobrar» el cuerpo; entre abrir un hueco en la pared de la casa o en la mesa del café y entregarse al sueño. Raspar con el dedo, arañar e inscribir el hueco como sumergir el cuerpo en el mar es la actividad que abre el espacio para la transformación y el revolver de las causalidades.

La humedad de la arena playera donde el sujeto poético recobra su cuerpo literalmente nimbado por la sabrosura no parece ser «la aridez en el vacío». Entre el rigor menor de inscribir el *tokonoma* y el gozo playero queda ese espacio, inverificable e imposible, abierto por la uña poética. Lo decisivo es que dicho espacio inscribe la indecisión misma de la potencialidad poética. El *tokonoma* aloja la pregunta estética y desata otro doblaje. Dormido como el pescador a la orilla del mar, sumergido como el brazo, en este espacio donde un cuerpo se convierte en vapor, fugado *en pleamar*, (va) *sin alas*.

3.

«ES YO MISMA BORRANDO LAS RIBERAS DEL MAR»: TEORÍA DE LA IMAGEN (ARCHIPIÉLAGO) EN JULIA DE BURGOS

> Estoy en altamar...
> En la mitad del tiempo...
> «Entre mi voz y el tiempo»
>
> Julia de Burgos,
> *El mar y tú. Otros poemas* (1981: 52)

El archipiélago cuando no se abisma, ondula –espejo acuoso–, emanación de señales que recorren las lenguas del Caribe. ¿Qué sucede cuando aparece un «yo» entre sus aguas? ¿Por qué echar manos de la primera persona en esas circunstancias? ¿Podrá esta aparición evitarnos la predecible isla que siempre se le impone a los que recorren los mares? En esa estela, ¿quién dice «yo» entre las aguas marinas del poemario póstumo de Julia de Burgos (1914-1953) *El mar y tú. Otros poemas* (1954)? ¿Cómo deviene mar sin orillas este cuerpo poético? ¿Qué imágenes arriesga el poema marino de Julia de Burgos? ¿Cómo deviene *mar sin orillas* el cuerpo poético en *El mar y tú*? ¿Por qué este mar sin litoral, además, se figura allí como una nada? Si bien se ha leído el poemario, con insistencia, como un texto premonitorio de la muerte de la poeta o como la transcripción «poética» del tránsito doloroso de un amor fracasado, *El mar y tú* es, también, un texto que insiste en un deseo imaginario, un deseo que devenga imagen poética con la potencialidad de figurar otro espacio y otro tiempo donde hacer perdurar una compleja querencia que se sabe ya sin futuro. El *tormento* y la *tormenta* de los últimos días de Julia de Burgos, sin duda, son la materia y la temporalidad afectiva con los que se escribe el poemario[1]. *El mar y tú*, por su parte, se niega a deponer un trabajo con la imagen y con la zona donde esta podría sentirse. *El mar y tú* podría leerse, incluso, como una teoría de la imagen para un espacio y tiempo afectivos imposibles. Se trata de un proceder de la imagen fuera de cualquier idealización de su objeto u objetivo. Esta teoría registraría además, a través de la dificultad de sus imágenes, el momento cuando el sujeto percibe el acabose de su relación amorosa. El sujeto poético insistirá, por lo tanto, en configurar su mar precisamente a partir de esta *sensación*. El poemario, además, se afana por exponer un poder singular de la imagen amorosa en la poesía de Burgos. Este poder de la imagen se juega en el redimensionar las posibilidades sensitivas de lo marino, ya sea como espacio potencia-impotencia para lo subjetivo.

Burgos continúa, en *El mar y tú*, su trabajo con la indiferenciación de cuerpos (presente al menos desde *Poemas en veinte surcos* [1938]) y espacios donde se jugarían las particularidades del «yo», el «tú» y «lo marino» mismo. Todas son figuraciones recurrentes en la obra de la poeta puertorriqueña. El poemario, además, se afana por exponer un poder singular de la imagen amorosa en la poesía de Burgos; este poder

---

[1] «Julia de Burgos da por terminado su último libro, *El mar y tú*, en 1941. Nunca lo pudo publicar. Hubo que esperar hasta 1954, un año después de su muerte, para que apareciera una edición póstuma. Esa versión incluye algunos poemas posteriores a 1941, publicados en Nueva York durante los doce años que transcurrieron entre el final de su romance con Jimenes-Grullón en La Habana, donde escribe una versión bastante final del libro, y el período de destitución y aniquilamiento que culmina con su muerte anónima en una calle neoyorquina en junio de 1953. Durante la redacción del manuscrito se encuentra en La Habana, donde ha ido a tomar cursos de letras en la Universidad, pero sobre todo a convivir con su amante, un médico y sociólogo dominicano que nunca puede llegar a consolidar una relación estable, sobre todo por el aparente rechazo de la familia de él. Las cartas de esa época a su hermana reflejan los estados de ánimos ambivalentes, que van de la esperanza a la desilusión, según se va dando cuenta del fracaso inminente de la relación amorosa. *El mar y tú* puede leerse como el libro en el que Julia de Burgos se enfrenta a este desenlace e intenta darle forma poética, no sólo a su fracaso amoroso, sino a la soledad, el abandono y el desamor en los que su escritura va encontrando los resortes centrales de una poética urdida ya en la intimidad del sufrimiento» (Ríos Ávila 2005: 89).

de la imagen se juega en el redimensionar las posibilidades sensitivas de lo marino, ya sea en tanto espacio que como potencia para lo subjetivo.

El mar y tú no dispone un «mar adentro» como metáfora consabida para la lejanía extrema, ya de la intimidad recóndita y, por lo mismo, «auténtica». El título del libro póstumo y del poema homónimo de Julia de Burgos inscriben una condición contrariada de la situación afectiva, inclusive tonal, que estructura el texto y parece la intensificación de un proceder de la imagen, ya presente en su poesía temprana.

Un paréntesis de agua ( ) para el «Río Grande de Loíza»: («Río Grande de Loíza»)

Quizás sería productivo comenzar a percibir la *hidrografía íntima* que escribe la poesía de Julia de Burgos en su poema-firma «Río Grande de Loíza» antes de llegar a su *escondite final* en *El mar y tú*. Esta *hidrografía*, escritura del agua (o con el agua), es la matriz subjetiva desde donde la poética de Burgos trabaja las figuras e imágenes que despliegan los sentidos y la potencia de las aguas en su poesía. En la escritura del agua (una escritura montada precariamente sobre lo que fluye) la poeta puertorriqueña en *El mar y tú* hará de la metáfora acuática un emblema excitado y fatal[2]. En *El mar y tú* de Burgos lleva hasta el paroxismo un deseo *íntimo* y por igual político que recorre toda su obra poética preocupada por las maneras del agua y los modos de percibirla.

Para sentir la particularidad del agua marina de Burgos habría que subrayar cómo las aguas textuales de sus textos han sido primero corrientes de río, fluidos íntimos, y su devenir marinas es consecuencia del trabajo con

---

[2] Marta Aponte Alsina ha pensado una «patria líquida» al momento de proyectar la tradición y poéticas a las que se afilia: «Si alguien me pidiera una definición inmediata de la patria yo pensaría en las voces de mis parientes, gente de pueblo con sus resistencias y lealtades profundas, familiares que quizá no entendieron los gestos del nacionalismo épico, pero que fueron irrompibles. Parientes de otras gentes que no pudieron darse el lujo del miedo, los emigrantes. Primero a San Juan a las márgenes del caño, a construir casitas en los manglares. Gente acostumbrada a construir sobre el agua, a caminar sobre el agua. Esa obra de la precariedad, la innovación y la liquidez es la que asocio con mi tradición de lectura y escritura, y con mi biblioteca» (Aponte Alsina 2011).

la imagen que la escritora exaspera en *El mar y tú*. Las aguas del emblemático «Río Grande de Loíza» llegarán al mar no por la fuerza de gravedad sino por una confusión imaginaria, la confusión de corporalidades que el poema trabaja. Se trata de un proceder oximorónico, un esconder-mostrando la evidencia del río, su imagen. Este movimiento contrariado, además, tiene como punto de llegada el cuerpo mismo del sujeto poético, su intimidad: «confúndete en el vuelo de mi ave fantasía, / y déjame una rosa de agua en mis ensueños» (Burgos 1979: 26). Este derivar de la imagen en el poema comienza con la interpelación y con el mandato. El *eros* de Burgos es inaudible sin los mandatos que insisten en sus versos. Con la orden se comienza a percibir el cuerpo excitado y excitable, y con la misma orden se interpela al lector. Así, la «distensión espiritual» del río moviliza el esconder y desdibuja el escondite donde se pierde el cuerpo amado. Este perderse mutuo, del cuerpo propio y del cuerpo amado, hará del poema la fantasía de una regeneración compartida y simultánea: resurgir de la voz en el poema y reaparición del río íntimo sobre la isla.

El mandato de Julia de Burgos confía en el acatamiento cómplice del río. Esta causalidad imperiosa constituye la matriz sensorial que trabaja «Río Grande de Loíza» como una manera de potenciar lo que la imagen acuática *prepara* políticamente:

> ¡Rio Grande de Loíza!.. Alárgate en mi espíritu
> y deja que mi alma se pierda en tus riachuelos,
> para buscar la fuente que te robó de niño
> y en un ímpetu loco te devolvió al sendero.
>
> Enróscate en mis labios y deja que te beba,
> para sentirte mío por un breve momento,
> y esconderte del mundo, y en ti mismo esconderte,
> y oír voces de asombro, en la boca del viento. (Burgos 1979: 26)

Hurtarle el cuerpo a la patria de la visibilidad es un modo simultáneo de objetivar la imagen del deseo y de subjetivar la propia voz poética mientras ésta replica al objeto deseado. En palabras del poema, el agua es lo que debe perderse en el cuerpo de la poeta para potenciar la búsqueda de esa «fuente» que enigmáticamente secuestra y devuelve el río a su «sendero». El agua es el escondite del río, como también el cuerpo del sujeto es el escondite del río. Y a la voz le interesa del río su devenir riachuelo, el irisar acuático de su cauce y esta «búsqueda» de la fuente nunca se lleva a cabo, más bien su lógica de sustracción y traslación es replicada en el destino acuático que experimentará el cuerpo de la voz. O si se quiere, la fuente es un hallazgo sensitivo, la fantasía erótica por lo mismo fugaz como imposible. El lugar de la fuente es la posesión sensorial «por un breve momento» del sabor del río. En efecto, el lector no encuentra la fuente porque el poema es la figura misma de su estado en emanación y del consumo de la misma por el sujeto.

Así, la sensación que busca la voz en el río es, primero, una incorporación del río fuera del orden consuetudinario. Luego, saberlo es sentirlo como objeto íntimo e histórico; ambas experiencias poéticas son inseparables del cuerpo de sentidos de la voz. El «ti mismo», el espacio singular del «tú» sólo es perceptible en el cuerpo de la poeta, desde el territorio donde resuena el «yo». El «ti mismo» del río comparte los atributos del «íntimo secreto» de la voz: mudadizo y retirado de alguna acepción verosímil, el río íntimo deviene el móvil de la pesquisa sensitiva que conforma el «Río Grande de Loíza».

Esta búsqueda de «la fuente que te robó» es, a fin de cuentas, una *pesquisa poética averiada*, herida en su linealidad teleológica por ese contramovimiento que busca sus objetos/sujetos para ocultarlos en ellos mismos o en la voz poética. La *avería* que movilizan los mandatos es la forma misma de la efectividad poética y tonal del poema, en la medida que ésta deviene la precondición que habilita el espacio sensitivo que desea y trabaja la imagen de Burgos. Interesa aquí la acepción marina que registra el Diccionario de la Real Academia Española para *avería*:

> 5. Mar. Daño que por cualquier causa sufre la embarcación o su carga.
> ~ *gruesa*. f. Daño o gasto causado deliberadamente en el buque o en el cargamento, para salvarlo o para preservar otros buques, pagadero por cuantos tienen interés en el salvamento que se ha procurado. (Real Academia Española 2014)[3]

---

[3] En una carta escrita a su hermana Consuelo, Burgos representa de la siguiente manera la separación definitiva de quien fuera su amado y amante durante los años

La avería sabotea su propio hallazgo, en tanto su finalidad no lo es. La voz daña, gasta, consume su objeto para «salvarlo». En el caso del río de Julia de Burgos, el objeto buscado, el sujeto amado una vez «encontrado» es sometido a constantes metamorfosis, o el encuentro «íntimo» con este busca su pérdida; la intimidad de todo esto es otro avatar de la indistinción corporal, de una indiferencia sensitiva que se niega a concluir. El daño es ese acto de la voz (los mandatos) que comenzarán a negarle límites o una localización precisa al río para así mantenerlo como un cuerpo en continuo movimiento y transformación.

En otras palabras, como el título de otro célebre poema de Julia de Burgos, *Yo misma fui mi ruta*, esta recurrente indistinción compartida por los objetos y el sujeto poético en la obra de Burgos no es una simple tematización de la individualidad o del afán de unicidad, originario de la voz, sino una condición de la imagen y del lenguaje poético trabajada por Burgos a partir de su economía de mandatos. La avería sabe del goce[4] que va enredado, paladeado y perdido entre los mandatos. La avería facilita el proceder, el tránsito que es la imagen. En la poesía de Burgos *se es* idéntico al espacio por donde se camina, *somos fundidos el cuerpo acuático* por donde navegamos. En dirección contraria puede decirse lo mismo: la fundición es la condición del «yo», la travesía es el dudoso todo subjetivo, las partes son el todo sin conformarlo. En los poemas archipiélagos de Julia de Burgos el todo vive «escondido» en sus partes. La experiencia archipiélago que inscribe Burgos en *El mar y tú* desanuda

---

de escritura de *Canción de la verdad sencilla* y *El mar y tú*: «A veces, para salvar algo hermoso hay que destruirlo, para que no caiga mustio y envilecido por nuestras miserables manos humanas. Nada más puedo decirte. Compréndeme. Y no hagas nada por enmendar lo trozado. Tú sabes que cuando tomo decisiones supremas son para siempre» (Burgos 2014: 152).

[4] No dudo que bastante se podría decir del *goce* en la poesía amorosa de Burgos. Sin embargo, uno de los afanes interpretativos de este ensayo es apalabrar la *jouissance* acuática de Julia de Burgos desde la tesitura misma de su poética, no proceder a explicarle a los lectores lo que este concepto representa —siempre en el horizonte de la clínica— para el psicoanálisis lacaniano desde la poesía de Burgos. Tampoco interesa encontrar en de Burgos una versión tropical o puertorriqueña del mismo. Ambos gestos interpretativos son válidos pero llevarían la teoría que aquí se esboza a otra latitud. Véase Braunstein 2006.

las naturalizaciones y sometimientos perceptivos que asientan el sentido del presente y de lo sensitivo en el mar.

De nuevo, el río importa, por lo tanto, como potencialidad sensorial donde comenzaría una experiencia o una «devolución» firmada por el desate y el derrame. La experiencia poética del río será *entendible, entenderla sería apenas una posibilidad*, en tanto continuación del enrarecimiento de su referencialidad sobre la tierra de la isla. Este entendimiento nunca es una plenitud razonada o razonable. Este enrarecimiento del río ante su doble histórico y geográfico es imprescindible para arribar a la condición política de la isla que cierra el poema. Dicho enrarecimiento es un índice de la materialidad del río, y en su poetización Julia de Burgos sensibiliza su política acuática.

La fluidez demandada al río es simultáneamente un avatar del cuerpo amado, del propio cuerpo subjetivo, como el preludio que anuncia la aparición del *ethos* doliente del «esclavo pueblo» de Puerto Rico en la última estrofa del poema. El río que el sujeto poético convierte en figura y doble en el «Río Grande de Loíza» es, en verdad, una serie de imágenes para una historia íntima de avatares compartidos sobre la tierra. Se trata de un ineluctable cuerpo traslaticio, siempre compartido. La política del agua que *encarna* los cuerpos poéticos de Burgos (el río, el mar, el «yo», el amado) es ante todo una relación sensorial con lo que hace y significa el agua isleña. El agua es la forma misma de una experiencia de la desnudez y del conocimiento sensual que torna transparentes y fusiona los cuerpos afectivos del poema.

> ¡Río Grande de Loíza!.. Mi manantial, mi río,
> desde que alzome al mundo el pétalo materno;
> contigo se bajaron desde las rudas cuestas,
> a buscar nuevos surcos, mis pálidos anhelos;
> y mi niñez fue toda un poema en el río,
> y un río en el poema de mis primeros sueños. (Burgos 1979: 26)

La escena del comienzo en emanación, el río como un cuerpo desubicado y fuera de sí, es lo que *comunica* y participa del cuerpo de la hablante poética. Es ese trabajo de las aguas lo que firma la condición difundida del «yo». En ese sentido es coherente que esos reclamos iniciales sobre la «fuente» del río repitan la escena del comienzo ahora sobre el cuerpo de la poeta. El intercambio agitado de atributos, ese cuerpo fuera de lugar, gozando en otro espacio, firma la imagen del río como destino de las «formas» del cuerpo de la voz.

> ¿Adónde te llevaste las aguas que bañaron
> mis formas, en espiga del sol recién abierto?
>
> ¡Quién sabe en qué remoto país mediterráneo
> algún fauno en la playa me estará poseyendo!
>
> ¡Quién sabe en qué aguacero de qué tierra lejana
> me estaré derramando para abrir surcos nuevos;
> o si acaso, cansada de morder corazones,
> me estaré congelando en cristales de hielo! (1979: 26-27)

La mutación acuática del sujeto poético es su pasaporte imaginario a la indistinción de límites corporales. Así hace política el agua de Julia de Burgos. En la poesía acuática de Burgos para que exista imagen debe haber traslación de cuerpos. O sólo cuando los cuerpos del deseo cambian de forma es posible percibir la imagen. No obstante, la identidad compartida por la voz y el río es una identidad averiada pues no reproduce la Mismidad del Uno, sino la potencialidad metamórfica de las aguas. El agua es vacío y forma, simultáneamente transparencia y turbidez. Un verso tremendo en *El mar y tú* precisará esta ética política de la forma «el pudor duerme nupcias eternas con la forma» (Burgos 1981: 81). Burgos *daña* las expectativas causales, las posibles analogías verosímiles entre su voz y el cuerpo para «salvar» la corriente del río-poema. Los *estados* del agua, sus posibilidades mórficas, son usados como exigencias eróticas de la voz poética como una manera de constituir un espacio que es más un espacio para la sensación, para el contacto sensorial, que una mera tropicalización de alguna subjetividad lírica en clave femenina. Lo sobresaliente de esta sensorialidad es que no viene presidida por alguno de los sentidos. En todo caso prevalece la posibilidad del tacto, del tanteo, del con-tacto con el objeto poético:

3. «es yo misma borrando las riberas del mar»

> Apéate un instante del lomo de la tierra,
> y busca de mis ansias el íntimo secreto;
> confúndete en el vuelo de mi ave fantasía,
> y déjame una rosa de agua en mis ensueños. (Burgos 1979: 26)

La confusión es la emanación del mandato, es el signo que emana y es la forma hacia donde Burgos desea llevar el río. Es esto lo que por igual *con-funde* al «yo», como se confunde con él. El *potens* averiado del río, la imagen acuática es un modo de habitar (transitoriamente) una sensación y de demostrar la poética del río. La imagen para operar su deseo debe darse a la confusión y al daño de las expectativas verosímiles. La confusión, por lo tanto, es el pasaje contrariado de una sensación infinita y a la vez momentánea que ni va de un lugar a otro ni tiene un destino fijo. La forma «final» de esta confusión es la desaparición de fronteras y límites que se imagina acuática. El agua por lo mismo *florece* en el territorio de la fantasía, del mismo modo que el río *corre* por el cuerpo del poema.

¿Qué hacer ahora con la estación final del «Río Grande de Loíza»? El eros acuático que estimula el río en sus tratos con la voz encuentra, sin embargo, un *pathos* angustioso en la última estrofa del poema. Al acercarse a su final, a su detención, el poema, como el «yo» o el río, dejan de ser tropo del tropo, *ars poetica*, figura de lo figurado, hombre, amante doble del «yo» en metamorfosis incesante, para de repente devenir metáfora para una consecuencia sensible ante la situación colonial de la isla:

> ¡Río Grande de Loíza!... Río grande. Llanto grande.
> El más grande de todos nuestros llantos isleños,
> si no fuera más grande *el que de mi se sale*
> por los ojos del alma para mi esclavo pueblo. (1979: 27; énfasis mío)

¿Cómo dar cuenta de ese *final político* que literalmente cierra el poema? ¿Es este el momento político puntual del poema o es su límite infranqueable? ¿Se encierra en este final la cualidad política del «Río Grande de Loíza? ¿Por qué la *grandeza* del llanto de la voz insiste en superar a la del llanto isleño? Como en un poema que le es contemporáneo (1979: 11) en tantos sentidos, «Plena del menéalo» de Luis Palés Matos, el erotismo que lo sostiene *moviliza* un actuar político de la palabra poética ante la situación colonial de la isla. El movimiento de la imagen es la política de estos poemas[5]. Pero donde la voz de Palés Matos incita al *potens* del meneo, del caderamen antillano, Burgos concede una condición de fijeza corporal (fijeza, sin duda, averiada) para vislumbrar el avatar final del río: el llanto esclavo. Hasta su final, el río como espejo donde se reflejan e imaginan las contigüidades que son la isla conforma los instantes del poema. Sin duda, el llanto es algo muy disímil a la quietud, a la inmovilidad, pero el poema se detiene en su estrofa final a medirse con la grandeza del río, a comparar el volumen de esos llantos. Es fascinante que sea este el único momento en el poema donde no hay indistinción entre ambas aguas y que este momento coincida con su final. Una vez han sido «separados» los cuerpos poéticos del «yo» y el río, aunque sea por un instante de medición y de comparación lírica, el poema debe hacer silencio. La *caída* del «más grande de todos nuestros llantos isleños» es literalmente el final de los devenires compartidos que han concertado el poema. Una vez Burgos llora, el río exhibe su fuente más íntima y no puede escapar de la gravedad de la tierra.

El poema prepara su final a partir de ese momento cuando en su registro entra un tipo de superioridad expresada en la comparación declarada o sobrentendida: «*si no fuera más grande el que de mí se sale* / por los ojos del alma para mi esclavo pueblo (énfasis mío)». El poema tiene que *acabarse*, por lo tanto, una vez las aguas del río y la voz poética «regresan», luego de su viaje transoceánico, al territorio isleño de la «fuente» esclava. Sin traslación no hay metáfora, como no hay río posible. Es *allí* donde río y sujeto poético compiten por la inmensidad, por el volumen del llanto insular. Cuando este poema eminentemente sensual recala en la endeble dicotomía moral que lo recorre —eso que en el poema moviliza al cuerpo como algo distinto al alma («...Alárgate en mi espíritu / y deja que mi alma se pierda en tus riachuelos», «y fui tuya mil veces, y en un bello romance / me despertaste el alma y me besaste el cuerpo». «... Único hombre / que ha besado en mi alma al besar en mi cuerpo»)–, el rumor abierto de las aguas del río va camino al silencio. La aparición del *alma en*

---

[5] «Dale a la popa, mulata, / proyecta en la eternidad / ese tumbo de caderas / que es ráfaga de huracán, / y menéalo, menéalo, / de aquí payá, de ayá pacá, / menéalo, menéalo, / ¡para que rabie el Tío Sam!» (Palés Matos 1995: 616).

duelo detiene las metamorfosis, saca al río de su escondite para entregarle un perfil todavía averiado, pues ahora se trata de un perfil preciso en la historia geopolítica del archipiélago caribeño que todavía *corre* como avatar de llanto. La intimidad colonial es el dolor, el duelo que *sostiene en flujo* la voz de Julia de Burgos en «Río Grande de Loíza»; el llanto que surca la geografía de la isla. «Río Grande de Loíza» *termina* una vez topa con la fuente subjetiva, histórica, de donde emanan sus aguas. Se trata de la estación final para la fijeza averiada que designa la imagen final del río. Avería de otro tipo es esta, porque para exhibir el llanto colonial, Burgos le hace violencia a la metamorfosis corpórea que es lo mejor de su poema. Esta dudosa detención es la mejor imagen para el río-llanto colonial. Antes hemos sentido otro río:

¡Río Grande de Loíza!... Azul, Moreno, Rojo.
Espejo azul, caído pedazo azul del cielo;
desnuda carne blanca que se te vuelve negra
cada vez que la noche se te mete en el lecho;
roja franja de sangre, cuando bajo la lluvia
a torrentes su barro te vomitan los cerros. (Burgos 1979: 27)

Este espejo, más que una superficie que calca lo que se presenta ante ella, ha sido el espacio donde la imagen especula y reproduce la potencialidad erótica compartida de la imagen y los fluidos de Julia de Burgos. La avería (desnudez que conforma el agua) es lo que «vuelve» superficie este cuerpo. Aunque surgido del *potens* metamórfico de las aguas, el llanto colonial es un límite para la tropicalidad que acicatea la avería constitutiva del poema. Salido «por los ojos del alma para mi esclavo pueblo» el río «encuentra» su fuente «grande» en la condición extrema de la esclavitud que el dolor de la voz poética rápido supera. O si se quiere, esa intimidad apeada de la tierra que identificó al río durante todo el poema, la subjetividad hecha líquido y escondida del mundo, encuentra su *término* (su palabra y su final, su palabra final) en el cuerpo colonial de la isla.

El agua termina exponiendo la circunstancia colonial de la isla como una condición de expropiación y objetivación extrema. El extrañamiento de la verosimilitud geográfica cede ahora para hacer de los cuerpos de agua isleños signos de la condición y del daño contemporáneo de la isla. La geografía subjetiva, al final del poema, es el cuerpo dañado por el coloniaje y el agua tiene su avatar final en esa lágrima esclava que no puede rivalizar con el llanto de Julia de Burgos. Lo político de este gesto no reside en el sujeto biográfico que escribiera y firmara el poema, ni en la súbita aparición del enunciado «esclavo pueblo», mucho menos en la proclamada superioridad del llanto poético. La política del «Río Grande Loíza» *corre, se le sale* a Julia desde su primer verso. Esta política encarna y por igual *diluye* la subjetividad que hace posible el poema. La tan añorada *confusión* («confúndete en el vuelo de mi ave fantasía») convertida ahora en agua colonial ya nada puede decir y baja a tierra. El final del «Río Grande de Loíza» no constituye la sorpresiva revelación política del poema, sino su límite, su término infranqueable ante el cual la metamorfosis acuática, como los goces eróticos se detienen.

En resumen, ¿cuál serían los pormenores de «la propuesta política» del poema ante el llanto esclavo? Ni cancelar el llanto, ni sublimarlo en algo que represente su contrario en una suerte de metafísica de la ausencia/presencia de la «verdadera» condición puertorriqueña. La política del «Río Grande de Loíza» es un sumergimiento en el duelo, en el daño colonial, un modo de atravesarlo, *de recorrerlo*, de dominar su flujo. El río, asimismo, corre para arribar al *locus penoso* desde cual emana un sentido final para el poema. La comunidad de sentidos, la comunidad de sentidos por venir acogerá este llanto como el comienzo para otra cosa y libertad puertorriqueñas. La avería, la estructura oximorónica que sostiene el poema «Río Grande de Loíza», por lo tanto, no aspira a desanudar su paradoja política sino a exhibir su cuerpo de sentidos. Y este cuerpo se encuentra *oculto pero expuesto*, a la vista pero escondido, entre ( ) los cuerpos acuáticos que tensan la comunidad de elementos (sujetos y objetos) del poema: el «yo» y el río geográfico: yo ( ) río, yo (agua) río, (yo)-(río) río (yo) pueblo, yo (río) pueblo, yo (pueblo) río. (Yo)-(«Río Grande de Loíza»). Este franja es por igual vaso, poro, máscara, espejo siempre maleable. De manera análoga, la comunidad poética del «Río Grande de Loíza» no es solamente aquella conformada por sus lectores: también dicha comunidad es esta condición sensorial que en la escucha-lectura del poema confunde los límites de los cuerpos y las aguas. Esta comunidad *se activa* tan pronto aparecen la evocación y mandatos que inauguran el poema. *Comunidad* entendida aquí como todo *eso* que comparte, que le es *común* al sujeto poético en su texto, en su abrazo metamórfico al río. Pero *eso compartido* no es meramente su Historia sino la condición y el estado de exposición (afectivo, tonal, corporal) *común* que facilitan las aguas, las lenguas del río como azote erótico. Lo que comparte, más bien lo que *con-funde* el río con su comunidad de sentido y lo ha imantado a la memoria poética de Puerto Rico son esas instancias para la indiferenciación de los cuerpos, esa disponibilidad, ese ofrecerse en perpetuidad a *la posesión de la metamorfosis líquida*. Esta es su política literaria. Metamorfosis que (no cabe duda) *líquida* y *agua* (licua) toda noción de identidad o cualidad nacional inequívoca. Un río poético ni tiene ni posee un perfil definitorio o definitivo. La descolonización en el «Río Grande de Loíza» es un relato de la indistinción como tiempo, como presente del cuerpo, como imagen de un futuro que se tienta tras haber atravesado el llanto. El río de Julia de Burgos (nos) reúne porque *no es un ídem*, porque no es idéntico a Puerto Rico, ni tan siquiera a sí mismo. El río de Burgos *mana* para propagar y hacer indistinguibles sus efectos. De este modo, la comunidad subjetiva del «Río Grande de Loíza», la inestable «puertorriqueñidad» de este cuerpo de agua, siempre será una ondulación y se apreciará mejor entre esas imágenes que se niegan a concluir en objetivos sensibles. Dicha comunidad se percibe *entre* ( ) la comunidad política formada por el llanto del «esclavo pueblo» y la común-unidad erótica que ha dominado la historia de devenires acuáticos de la voz poética durante el poema. Lo sobresaliente de esta sarta de imágenes es la manera en que emerge al final del poema haciendo sensibles (y claro está, vinculando) el lugar de la «fuente» y el lugar del «yo». Pero la equivalencia subjetiva, si se quiere, la instancia de identificación puertorriqueña surge como diferendo, como brecha, como distancia *entre* las dos aguas: la del duelo colonial y la de la metamorfosis erótica. Esta brecha negativa ( ) inclusive, opera invisible desde el comienzo del poema. Al final el «yo» acuático se distancia de sí mismo, tensado por esa «competencia» por el tamaño del llanto para dejar abierto el espacio de esta diferencia radical, que contradictoriamente asiste en la fusión de ambos cuerpos de agua.

La aparición del llanto esclavo mantiene a distancia y detiene las posibilidades metamórficas que el poema mismo ha depuesto y abrazado eróticamente. Con su final penoso, este poema político de Julia de Burgos exhibe que los sentidos abiertos, *echados a correr*, es todo eso que se nos sale del cuerpo. Esta emanación sostiene la pesquisa erótica del poema con preguntas que recibe y de algún modo han preparado la «respuesta» imaginaria de sus lectores: «¿Adónde te llevaste las aguas que bañaron / mis formas...?» (Burgos 1979: 26). *A cualquier lugar*. Esas aguas y sus formas bañadas las tenemos todos, tú, yo, ella, aquellos que *saben* de ese lugar, o lo que sería lo mismo: ¿quién sabe dónde queda ese lugar? Todas serían contestaciones, mas bien reiteraciones ante las preguntas del «Río Grande de Loíza». Estas preguntas no piden exactitudes ni latitudes: sirven como incitaciones de la imagen y para la imaginación poética. Estas preguntas contextualizan, además, las demandas que tanto el río como *cualquier* lector debe sortear. La comunidad de imágenes y expectativas del «Río Grande de Loíza» es la de un cuerpo exhibiendo sus goces metamórficos más allá de la isla pero allí oculto y manando desde ella.

Se trata, por lo tanto, de imaginar la transformación final de la demanda corporal que hiciera agua universal la subjetividad poético-política de Julia de Burgos. La demanda final, surgida ahora de la contemplación-lectura (otra vez) de las dos aguas —el llanto histórico que es el río colonial y el llanto del sujeto poético— nos implica políticamente en tanto espectadores de un mismo daño. Este espectáculo poético cierra un poema para abrir la fuente de ese otro poema que comienza con su relectura. Así, leer el poema, haber saboreado el cuerpo cambiante de su voz, conforma una subjetividad política que no puede afianzarse en ninguna evidencia indiscutible, en tanto el poema comparte, cual cauce, el sentido negativo de las aguas históricas de la isla.

En fin, la política del río de Burgos maniobra una vez vuelve simultáneas la referencialidad histórica del río que corre sobre la isla, su *desfiguración* geográfica (su *apearse* de la tierra) y la confusa reconstitución acuática del «yo» poético. La coexistencia y mutación de todas estas diferencias en la voz del texto es lo que dispone la política del poema. Se trata de una experiencia del límite para lo político convencional. La dudosa evidencia del río es también el trazo de la labor escritural de Burgos sobre el vacío referencial que dinamiza la metamorfosis de su río. Burgos desencadena la multiplicidad de formas y figuras para el río para hacer aparecer su improcedencia política, no como otra «posición» o ideario invisible en la arena de la política, la respuesta bienhechora a la situación colonial de la isla, sino como el río negativo, impensable e improcedente que ahueca la escena política convencional. El río de Burgos hasta ese final es un *infrarío*, un río robado a lo predecible de la geografía; un río que además ha «obedecido» los mandatos de la poeta en la medida que estos facilitan su eros metamórfico y acaban con su servidumbre verosímil isleña. El poema político de Julia de Burgos, por lo tanto, desempeña esa coincidencia deseada, imposible, entre sus elementos: río, yo, pueblo (isla), en ese orden. Así *la libertad puertorriqueña*, la libertad a la Burgos, es un asunto de sus fluidos, de sus aguas, de la indistinción de sus formas.

Pero esta coincidencia de los objetos y la causalidad del poema exhibe también la política del agua: una poética para la des-sujeción identitaria como comienzo del final colonial. La «solución» política que provee la avería archipelágica como sentido poético/político enfrentado a la condición colonial puertorriqueña es otra vez la *con-fusión*. Con-fusión de cuerpos y de palabras que no *procederá* en el terreno de la Historia sin un previo desate de los presupuestos y referentes verosímiles que organizan hasta el hoy el espacio del *ídem* puertorriqueño. La verdad de las aguas no se parece a ninguna de ellas porque las incluye todas y las esconde en su forma-informe; esta es su comunidad sensorial fundada a sus aguas. La libertad, el río y su doble femenino son secreciones de la pasión que contradictoriamente *obedecen para escapar en sensación, abocadas a lo escondido*, en sintonía con lo perdido, todo eso que se le roba al sentido común y sus naturalizaciones incesantes. La avería que sufre la causalidad convencional, la confusión de objetos y el sujeto es un intenso trabajo con el significante acuático que converge al final en esa «fuente secreta» donde se expone el daño mismo. Ante la situación colonial puertorriqueña, el poema es la figuración de un daño inseparable del erotismo metamórfico que conforma los cuerpos isleños. Este daño acaba con dicho erotismo cuando la experiencia de sus imágenes se acercan a la nomenclatura propia de la palestra pública; esa suerte de exhibición melodramática de la grandeza del sufrimiento de quien siempre ama a su pueblo. La «fuente» del río una vez «revelada» como llanto colonial hace callar al poema para ocultarlo de otro modo en su final.

Ante el silencio final del poema debería comenzar otra conversación comunitaria sobre lo que significa el «Río Grande de Loíza». Es sobresaliente, sin embargo, que sea el gozo metamórfico de las aguas, aquel que incluso ha sellado el tono del poema en la escucha histórica del mismo a lo largo del siglo XX (fruición erótica que domina el cuerpo del poema) lo que el poema cede, concede sin remedio, ante el llanto colonial. En esa agua nada puede seguir su curso. La avería salva al río de la mismidad de la tierra, para *acabar* con y en el llanto esclavo. Parece el sacrificio de la poeta de uno de sus mejores cantos. Esta concesión a la verdad geopolítica de la isla es el modo de precipitar su final, cifrar su historicidad y dejarnos esa paradoja siempre *soluble* como comienzo.

Recorrer un trópico sin riberas: El mar (yo) tú

La escritura de esta agua en la alta mar de *El mar y tú* es un *tour de force* para los significantes y referentes que recorren todo imaginario marino. Para hacerse una imagen del triángulo poético en *El mar y tú* habría que prolongar esta desconfianza perceptiva de Burgos ante la geografía y geometría isleñas, cristalizada en parte en su «Río Grande de Loíza». La desautorización de los referentes que proveerían «veracidad» a los cuerpos acuáticos en el poema-firma de Burgos se agudiza en su poemario póstumo. En particular, *El mar y tú* contiene un trabajo de indiferenciación que aspira a sensibilizar un imposible horizonte marino, ya que en este espacio no parece apreciarse la distancia que presupone y entrega todo horizonte[6]. Más aún, en *El mar y tú* estamos ante un triángulo amoroso, donde las personas biográficas no son, ni serán, distinguibles de los espacios que a su manera recorren. Este

---

[6] Ivette López Jiménez ha leído la geografía del poemario como «paisaje interior» donde el «yo» poético fragua su disolución: «La geografía de *El mar y tú* constituye un paisaje interior en el que el mar es el escenario principal; no se trata de poemas con sobre un tú concreto, como sugiere el título del libro, sino sobre la máscara de un yo y su disolución. El tú aquí es aquí una relación espacial...» (López Jiménez 2002: 118).

triángulo de indiferencias además es lo que deja como efecto el abismo marino que engulle ( ) y des-localizará la situación referencial de la tríada[7]. (El mar)-(y)-(tú).

Como el conocido triángulo de las Bermudas que enlaza puntos de Puerto Rico, la Florida y las Bermudas, donde aviones, barcos y pasajeros *se pierden* entre naufragios y accidentes «misteriosos», la triangulación íntima de *El mar y tú* diseña una zona inexacta como la mejor figuración de los poderes de este mar poético. A diferencia del de las Bermudas, el triángulo de *El mar y tú* no es una zona donde los sujetos u objetos en tránsito se pierdan, en tanto objetos específicos que no han podido ser localizados, sino que esta objetividad afectiva de Burgos son los lados de una relación triangular donde las partes pierden el cuerpo *en* las partes de los otros cuerpos. *El mar y tú* dibuja la *oceanografía* de una relación subjetiva donde el lugar del «yo», punto de emanación del poema, pareciera disuelto en la imprecisión marina, cuando no avasallado por esta incertidumbre liminar. Mejor aún, se trata de un mar-desfiladero, mar-subjetivo donde emana y también se abisma la imagen de Burgos:

> Mar mío,
> mar profundo que comienzas en mí,
> mar subterráneo y solo
> de mi suelo de espadas apretadas.
> Mar mío,
> mar sin nombre,
> desfiladero turbio de mi canción despedazada,
> roto y desconcertado silencio transmarino,
> azul desesperado,

---

[7] La ensayista Lena Burgos-Lafuente ha sentido la mar afectiva de la poeta y por su parte registra el triángulo que recoge su enunciación. Ante «el mar y tú» de la poeta puertorriqueña, Burgos-Lafuente imagina ese triángulo como el registro íntimo de la presencia del orden de lo social. «Al enunciar «el mar y tú», el yo pone en escena la estructura triangular que subyace en todo vínculo entre un yo y un tú. Desde el espacio literario, el título del poema devela un tejido que excede dicho espacio; la inmersión del tercero apunta a la estructura del otro y la estructura del otro no es otra cosa que el orden de lo social» (Burgos-Lafuente 2011: 169).

mar lecho,
mar sepulcro... (Burgos 1981: 64)

Esta situación abismada y de indeterminación entre lo marino y el «yo» es también una situación asociada a la figura del «tú». En el poema «El mar y tú» se lee:

La carrera del mar sobre mi puerta
es sensación azul entre mis dedos,
y tu salto impetuoso por mi espíritu
es no menos azul, me nace eterno.

Todo el color de aurora despertada
el mar y tú lo nadan a mi encuentro,
y en locura de amarme hasta el naufragio
van rompiendo los puertos y los remos. (1981:13)

La zona donde se disuelven las particularidades del mar y las *otras personas del verbo* es la sensación que el sujeto insiste en poetizar. El cuerpo marino, además, se comporta como el cuerpo que lo navegaría. Esta suerte de invaginación, esta redundante sinestesia marina (*color nadado, color nadador, color que nada*) es la técnica que busca, por igual, aislar como devenir ilimitada la sensación. La sensación poética, por lo tanto, aspira a imaginar el contacto (en este caso del color) que esconde este doblez que luego es superficie inmensa y más tarde se calificará como «eterna». La nada como nadadora. Más aún, el título y el poema, *El mar y tú* presentan la conjunción «y» como un señuelo que, por igual, vincula las partes diferenciadas de la secuencia, como denota la continuidad que existe entre el «mar» y el «tú». Continuidad y enlace conjuntivo donde se disimula la grieta ( ) desde donde invaginado enuncia el «yo» oculto en su franja: *El mar* (yo) *tú*. En «Proa de mi velero de ansiedad» la mar es una extensión que cancela el afuera y el adentro, las distinciones entre el «cosmos» del «yo» y el «tú»:

¡Si fuera todo mar,
para nunca salirme de tu senda!

¡Si Dios me hiciera viento,
para siempre encontrarme por tus velas!

¡Si el universo acelerara el paso,
para romper los ecos de esta ausencia!
[...]

Nuestras almas, como ávidas gaviotas,
se tenderán al viento de la entrega,
y yo, fuente de olas, te haré cósmico...
¡Hay tanto mar nadando en mis estrellas! (1981: 15)

La continuidad e indistinción entre los miembros de la tríada que registra *El mar y tú* es, además, producto del laboreo invasivo del mar o de ese difuminarse el «tú» sobre la playa del «yo», de ese «yo, fuente de olas». Lo que parece haberse *perdido en la historia* de los amantes es lo que moviliza la escritura de Burgos al borrar la referencialidad de lo marino como modo averiado de generar una afectividad amorosa que prescinde de uno de sus componentes claves. Lo que laborea, por lo tanto, en este mar negativo es la escritura de Julia de Burgos como fábrica de un universo oceánico indistinto.

Los signos de identidad de cada punto en la ecuación se perderán sin remedio entre las marejadas de una escritura que avanza borrando riberas. Se pasará entonces del (El mar)-(y)-(tú) a (*Elmaryotú*)

Si mi amor ya no es mío,
es yo misma borrando las riberas del mar,
yo inevitablemente y fatalmente mía,
germinándome el alma en mis albas de paz... (1981: 51)

Un poema que desde su título parece asentado en este difuminar constante los límites de sus objetos es «Donde comienzas tú». No se trata de una pregunta sino de explicitar lo que ese adverbio relativo significa: el espacio vacío y pleno donde la tríada comparte y diluye, entre las aguas, sus cuerpos:

Soy ola de abandono,

> derribada, tendida,
> sobre un inmenso azul de sueños y de alas.
> Tú danzas por el agua redonda de mis ojos
> con la canción más fresca colgando de tus labios.
> ¡No la sueltes, que el viento todavía azota fuerte
> por mis brazos mojados,
> y no quiero perderte ni en la sílaba! (1981: 21)

La actividad estética de esta indistinción acuática atraviesa *El mar y tú* (nótense otra vez los mandatos) como la tonada de esa *canción* que, en Burgos, es la materialización poética de la sensación, de la imagen como sensación, como contacto y amalgama. Incluso, la operatividad de la imagen en Burgos además construye un espacio que aloja y estimula toda una escucha y dicho espacio está vinculado a los motivos e imágenes de lo musical, de las canciones, de esa sonoridad que aquí y allá emerge entre los versos de Burgos. Cuando la música aparece, cuando el sujeto trabaja con el canto, el trabajo imaginario no desea hablar, comunicarse en su sentido más simple: algo de la razón comunicativa cesa o desborda sus palabras. Es por esto que el agua y su potencialidad metamórfica es la mejor metáfora para este incesante sacar del orden de la realidad el cuerpo imaginario del poema. Es ese otro trabajo de la avería: despejar el espacio de obviedades y expectativas verosímiles en preparación para el arribo de la sonoridad del cuerpo amatorio de Burgos lanzado aquí a las aguas por una catástrofe indetenible.

En *El mar y tú* las superficies, las dimensiones abiertas a algún tránsito ya han sido incluidas en el «vehículo», en la embarcación supuesta a recorrerlas.

> ¡Una vela!
> ¡Una vela nadando en el mar!
> ¿Es el mar que ha salido a mirarme,
> o es mi alma flotando en el mar?
>
> ¡Una ola en la vela!
> ¡Una ola en la vela del mar!
> ¿Es mi amor que se trepa en el viento,
> o es tu vida en las alas del mar? (1981: 19)

3. «es yo misma borrando las riberas del mar»

Otra vez la indistinción es consecuencia de este invaginar superficies y pliegues de objetos y dimensiones contiguos. Ese «barco del mar» con el cual cierra este poema, «¡Remaremos el barco del mar!», sintetiza cómo la parte ahora es el todo, cómo la nave está hecha del cuerpo de agua por el cual debe transitar un «yo» plural que ya ha incluido a su «tú».

En *El mar y tú*, la sinécdoque hace aguas en el todo del cual se desprendiera. Ahora el final no lo escribe el llanto. La escritura del mar como imagen, la mar como imagen para la sensación, como condición del sensorio poético ancla el imaginario poético de *El mar y tú*. Dicho anclaje es el paladeo de la intemperie vacía. En «Donde comienzas tú»:

> Hoy anda mi caricia
> derribada, tendida,
> sobre un inmenso azul de sueños con mañana.
> Soy ola de abandono,
> y tus playas ya saltan certeras, por mis lágrimas.
>
> ¡Amante, la ternura desgaja mis sentidos...
> yo misma soy un sueño remando por tus aguas! (1981: 22)

Pero este «yo» que se declara «fuente de olas» (1981: 15) es zona donde pierden su identidad las aguas tornando dimensión expansiva la sensación afectiva, dolorosa, que recorre el poema. Una imagen para esta condición del (con)tacto sensitivo de la imagen doliente en Burgos es ese «corazón [que] no sabe de playa sin naufragios» (1981: 46-47). El ahogo, el desastre es la embarcación que mueve la escritura del mar en el poemario. La muerte es un don de la intemperie, otro modo de esa libertad oscura que recorre en *El mar y tú*[8]. En «Poema para mi muerte»:

> Que nadie me profane la muerte con sollozos,
> ni me arropen por siempre con inocente tierra;
> que en el libre momento me dejen libremente

---

[8] En carta del 13 de enero de 1941 se lee: «He escrito como 40 versos en estos últimos días, todos cantándole a la muerte. Son terribles, a Juan le han impresionado mucho. Ya estoy un poco más sosegada, pues Juan estuvo tres días a mi lado, y a fuerza de ternura revivió mi alma» (Burgos 2014: 92).

disponer de la única libertad del planeta.

¡Con qué fiera alegría comenzarán mis huesos
a buscar ventanitas por la carne morena
y yo, dándome, dándome, feroz y libremente
a la intemperie y sola rompiéndome cadenas! (1981: 91)

La palabra de la comunicación diaria no puede redimensionar el imaginario que hará indistinto el espacio entre el mar y el «tú»: «La palabra no puede con mi carga de angustia, / y no cabe en mi verso mi dolor exaltado» («Es un algo de sombra», Burgos 1981: 37). La palabra no puede, pero la voz poética no hará silencio. Por otra parte, el sujeto poético sabe y se angustia ante la certeza de que el cuerpo amado yace inscripto en este paisaje por el laboreo oceanográfico –paisaje creado por el encuentro amoroso y contemplado por la extrañeza de este mar sin litoral.

Palpita en *El mar y tú* un erotismo profundo por distanciado y brumoso. Se trata de un erotismo de la extensión, más que de un erotismo de la sucesión de imágenes precisas, confiadas en la genitalidad de sus insinuaciones. Se trata de un erotismo, además, hechizado por el pálpito mortuorio[9]. Lidiamos con un eros que nombra pero nunca abarca la extensión, que no conoce límite, un eros más zonal que deliberada o gráficamente manifiesto. El eros, su escritura en *El mar y tú* figura un *mar sin ribera* donde se agita la sensación como convergencia de los cuerpos. Este mar sin litoral es el regalo poético y político de Julia de Burgos. Este re-diseño significante de lo marino no es un salvoconducto para la relación amorosa y tiende a declinar ante la negatividad de la muerte.

---

[9] Juan G. Gelpí ha leído el «sujeto nómada» de Julia de Burgos. A propósito de *El mar y tú*, Gelpí señala: «En *El mar y tú*, libro póstumo publicado en 1954, culmina la trayectoria del sujeto nómada. Dos textos de ese libro ejemplifican las particularidades del sujeto: "Letanía del mar" y "Poema para mi muerte", el poema de cierre. A diferencia del sujeto caminante de los primeros dos libros, en "Letanía del mar" el sujeto se define identificándose metafóricamente con el espacio del mar; ámbito múltiple e inestable en el cual se funden los contrarios: el erotismo y la muerte» (Gelpí 1993: 46).

3. «es yo misma borrando las riberas del mar»

La imagen marina entonces, el *eros* de esta poesía, es la liquidación de fronteras o lindes entre la sensación y el pálpito de muerte de un amor que lo ha hecho posible en primer lugar. Dispuesto el espacio poemático de este modo, no hay contradicción cuando el «tú» amado es a la vez un todo cósmico, un todo roto, como un todo abismado y liquidado por el presente eterno de la sensación del «yo»:

> Único hasta en el mar
> prestado a mi silencio.
>
> Para tu soledad
> desaté la distancia de tu
> vida y la mía
> y estoy en ti,
> viva
> y multipresente. (1981: 72)

Sólo cuando la parte es el todo (nunca su miniatura), o el todo es una parte infinita, una parte imposible de dimensionar, el cuerpo de la imagen *vive* en ese otro. Así el sensorio marino de Julia de Burgos en *El mar y tú* logra pivotear la *con-fusión* de los objetos como la condición para que el (yo) o el «tú» devengan el horizonte imposible, negativo, para esa mar sensitiva. En «Mi senda es el espacio»:

> Vuélvete la caricia. No quiero que limites
> tus ojos en mi cuerpo. Mi senda es el espacio.
> Recorrerme es huirse de todos los senderos...
> Soy el desequilibrio danzante de los astros. (1981: 34)

La poética del mandato, tan cara a «Río Grande de Loíza», se revela ahora, en *El mar y tú*, como lo que siempre ha sido, el doble de la lógica erótica de las aguas, la herramienta clave para des-figurar las expectativas de una racionalidad verosímil.

> ¡No me recuerdes! ¡Siénteme!
> Hay sólo un trino entre tu amor y mi alma.

Mis dos ojos navegan
el mismo azul sin fin donde tú danzas.
[...]

Los ríos que me traje de mis riscos,
desembocan tan sólo por tus playas.
[...]

¡No me recuerdes! ¡Siénteme!
Mientras menos me pienses, más me amas. (1981: 23)

Sensorialidad y sentido. El agua corre en *El mar y tú* acicateada por el mandato. El mandato en Julia de Burgos se manifiesta como una corriente. El mandato dirigido al amado recoge un deseo que intenta presentarse cual sensación del amado en el tiempo del poema, o mejor, la sensación como el tiempo donde y cuando se despliega la imagen. La entrada de la voz poética, del «yo», torna indistintos al triángulo, el mar, tú, y yo. El yo se encuentra alojado en la conjunción copulativa de las aguas (yo) donde abisma los demás términos del libro: (*El mar-(yo)-tú*). Este paréntesis de agua es la cámara de resonancias, la grieta archipelágica donde la escritura de Burgos corroe los límites propios y los límites de lo otro. El poema averiado en *El mar y tú* aspira a figurar el puro contacto que restituiría poemáticamente la relación con el amado: *El mar (yo) tú*. Bajo este esfuerzo, el mar deviene espejo que incorpora todo lo que lo reproduce o le es inmediato. La sensación como mar, la sensación como imagen del yo perdido en esa inmensidad indecidida (aspecto tan cercano al *Altazor* de Vicente Huidobro[10]) es la «marea sobremarina» (Burgos, *El mar y tú* 36) donde el «tú» es el «único tripulante» (36). Por lo tanto, *regresar*, como *ir*, para este cuerpo poético o con este cuerpo carece de finalidad. Regresar o ir son dimensiones y estados que carecen de fin. En «Retorno»:

---

[10] En *Altazor* se lee: «¿En dónde está el mirage delirante / De los ojos de arcoiris y de la nebulosa? / Se abre la tumba y al fondo se ve el mar / El aliento se corta y vértigo suspenso / Hincha las sienes se derrumba en las venas / Abre los ojos más grandes que el espacio que cabe en ellos / Y un grito se cicatriza en el vacío enfermo» (Huidobro 1978: 116).

3. «es yo misma borrando las riberas del mar»

Indefinidamente,
larga de sombra y ola,
quemada en sal y espuma y calaveras imposibles,
se me entristece la tristeza;
la tristeza sin órbita que es mía desde que el
mundo es mío,
desde que ardió la tiniebla
anunciándome,
desde que se hizo mío el motivo inicial de todo llanto.

Como que quiero amar
y no me deja el viento.
Como que quiero retornar
y no acierto el porqué, ni adonde vuelvo.
Como que quiero asirme a la ruta del agua,
y toda sed ha muerto.
Indefinidamente... (1981: 77)

«[L]arga «de sombra y ola» (1981: 77), a la voz el mar no le sirve sino para redundar su pasión triste y obstruida. El paréntesis de agua donde labora la escritura poética de Burgos es una potencia negativa que nunca logra vencer esa imposibilidad afectiva. El paréntesis trabaja, sin definir, la no posibilidad de este amor como su último avatar de intensidad. En este momento, el enunciado que identifica al «yo» representa la sensación misma, deviene mar o litoral imposible, litoral sin ribera en tanto condición ilimitada del dolor: (yo). Así el eros de lo ilimitado, que en otros momentos de la obra de Burgos ha sido vibración, frotamiento, metamorfosis húmeda, utiliza ahora este acto de re-dimensión para cifrar la oclusión de los deslizamientos, ya que en este mar invaginado no hay adentro ni afuera, sino pulsación vacía. Es por esto que la voz rechaza el recuerdo, la memoria. Hasta cierto punto, Burgos reconoce que una concepción «histórica», anecdótica del amor, ha dejado trazos, signos de lo que ese amor *fue*, de lo que *dejó de ser* sobre el cuerpo de sus imágenes poéticas. En esos espacios temporales del ayer el recuerdo del amor está enmarcado en su fijeza, en la quietud de lo ya pasado en la historia. Allí, en esa memoria simple y común, no en la sensación que pivotea la imagen marina, las imágenes amatorias propenden al cálculo y a la obviedad. Julia de Burgos rechaza la racionalidad lingüística que domina toda «comunicación» convencional sobre la historia de su amor y de su desastre como algo meramente sucedido en el correr de los días. La longitud marina de la voz cae, por lo tanto, en la nada, para intentar de manera negativa reconfigurar una sensación de pérdida del amor en el presente, en el ahora de su escritura marina. Burgos no esconde que se trata de un desastre y *El mar y tú* se niega a escamotear el cuerpo en carencia del amor muerto:

> Indefinidamente...
>
> ¡Qué palabra más mía;
> qué espectro de mi espectro!
> Ya no hay ni voz,
> ni lágrimas,
> no hay espigas remotas;
> no hay naufragios;
> no hay ecos;
> ni siquiera una angustia;
> ¡hasta el silencio ha muerto! (1981: 77)

El sujeto poético escribe este desdibujar de diferencias y límites entre los objetos consciente de su imposibilidad y de su avería: esta es la teoría en funciones de la imagen en *El mar y tú*, o si quieren, no es otra la operatividad de la imagen marina en la poesía de la Julia de Burgos que escribe *El mar y tú*[11]. Se trata de una concepción no dialéctica de la imagen. El mar es una totalidad sensitiva hecha posible por el horadar de expectativas del *sensorium* que escribe el libro. Esta escritura, en el mar, hace de la separación y el vínculo (la «y» conjuntiva) la contradicción

---

[11] Ríos-Ávila lee este mar como «el escenario de la poesía». Luego de citar el estudio de Ivette López Jiménez, *Julia de Burgos: la canción y el silencio*, leemos: «Es decir, se trata del mar como una metáfora del verdadero escenario de la poesía, la escritura misma. El *tú* del título es visto por López como una transposición del yo poético diluyéndose en el mar de la escritura. El libro podría leerse como el escenario de ese duelo (en el sentido de lucha agónica) entre los intentos de figuración del yo y sus desvanecimientos continuos frente al límite impostergable del mar, que es el Otro de ese yo, su afuera inexorable, que le marca el perímetro, lo sitia y en última instancia «lo traduce» y se lo apropia» (Ríos Ávila 2005: 91).

intransitiva de un universo corporal indistinto para el «yo». Si bien hay un deseo de decirle al «tú» que se imagine «orbe» como un modo de viajar «sobre la claridad»:

> ¿Qué la razón te abate?
> Dile tú a la razón que eres el orbe,
> Y que si vas demente,
> te acompaña la risa de los montes. (1981: 17)

El «yo», a dos manos, sabe de su ineluctable condición líquida y que su esfuerzo por re-imaginar el tiempo-espacio de la relación amorosa donde reaparecería el «tú» arrastra una marca mortal. La avería es incisión pero también la concesión a un afuera del poema, que en el presente del texto sólo merecerá figurarse como un deseo de paralizar los movimientos de la imagen acuática:

> Si mi amor es así, como un torrente,
> como un río crecido en plena tempestad,
> como un lirio prendiendo raíces en el viento,
> como una lluvia íntima,
> sin nubes y sin mar...
> Si mi amor es de agua,
> ¿por qué a rumbos inmóviles lo pretenden atar? (1981: 51)

Ahora ¿por qué la voz poética invagina su mar sensitivo? ¿Por qué, si este mar sensitivo se ha retirado del orden de la inteligibilidad común, la voz insiste en interpelar a esas otras voces (rumbos) que procuran sujetarlo con explicaciones? ¿Por qué insiste en dirigirles la palabra a estos custodios de lo habitual? La escritura del agua, que Burgos hará desembocar en el póstumo *El mar y tú*, ha sorteado los saberes de la indistinción como modos de figurar su eros metamórfico. Sin embargo, en *El mar y tú* topamos con un dolor, más bien, una angustia y un llanto que, si bien prescinde de tematizarse como colonial o «esclavo», parece la concesión del sujeto poético a la separación que en *el mundo de los hombres* se ha declarado entre Julia de Burgos y su amante. Este no pertenecer a dicha realidad ni pertenecerse es la cifra de una muerte pública que ahora todos deben contemplar:

> Si mi amor ya no roza fronteras con mi espíritu,
> ¿qué canción sin su vida puede ser en mi faz?
> ¡Si mi amor ya no es mío!
> Es tonada de espumas en los labios del mar... (1981: 51)

La avería opera contradictoriamente a través de una imagen que borra sus expectativas referenciales, la imagen que desfigura la certeza referencial de lo marino para que el todo-mar (yo) sólo sea extensión sin límite. El «yo» registra, en varias instancias, que esta averiada reconstitución oceanográfica del cuerpo de los amantes está hecha de los pedazos, de esos recuerdos, de los trazos de la relación en la historia. La avería imaginaria, este invaginar los objetos cercanos, es lo que le permite a Burgos «salvar» el proceder de su navegación sensitiva. Es esta, también, la forma misma donde la avería trabaja los sentidos del poema. La metáfora de lo indistinto (la mar sin ribera) es, en otra dirección, la encarnación poética del fin de la relación amorosa en el afuera social. La no-pertenencia, no poseer ese amor es lo que de un modo paradójico lo «eterniza» como superficie sin límites, como *altamar* contradictoriamente fatal que, por igual, hace de la sensación escritura para «lo eterno» y anuncio indiscutible de su muerte. Burgos no puede sino reconocer, entre mortificaciones, que el recuerdo de los amantes, el trazo que en la memoria ha dejado el contacto erótico en la realidad, persiste todavía en esta tachadura marina que practica *El mar y tú*. Desde la tristeza, otro cuerpo marino se levanta para la sensación amorosa:

> ¡Te llevarán! Los ecos del viento me lo dicen,
> los labios del mar lloran que sí. ¡Te llevarán!
> Partirás, y mis ojos que tanto te nutrieron,
> bajarán quedamente a nutrir a la mar.
> Podrás amarme en sueños, pero mi voz, mi risa,
> mis ojos con riachuelos, de ti se ocultarán.
> Puede estrecharte el eco que ha estrechado mi nombre
> desde mis labios, ¡nunca mis labios besarás!
>
> Y cuando se alce el ruido marino, entre las noches
> apagadas y crueles de tu pena inmortal,
> mi fiel camino de olas llevará hasta tu sueño

3. «es yo misma borrando las riberas del mar»

la ternura que mi alma te ha salvado del mar.

Amado, mis verdugos ya me han medido el paso,
el color de mis huellas conocen, y mi ajuar:
el pudor duerme nupcias eternas con la forma;
hacia el alma es muy largo el camino que andar.
(1981: 80-81)

El poema en *El mar y tú* es una despedida sin puerto, una condición afectiva encerrada en su percepción, es la escritura de una escucha marina que necesita *pasar* al otro mar de Julia de Burgos. Se trata de un canto de muerte, derrotado por la distancia irredimible que ya existe entre ella, la voz y el amado. El desalojo del cuerpo de la amante por la ruptura amorosa quiere hacerse presente en el libro, pero sólo logra dejar «la canción de la muerte» (1981: 81) que desemboca en el mar. La canción también es una *parte marina, la letanía* con la que navega y donde el mar mismo precipita al sujeto en la muerte:

mar sin nombre,
desfiladero turbio de mi canción despedazada,
roto y desconcertado silencio transmarino,
azul desesperado,
mar lecho,
mar sepulcro... (1981: 64)

De nuevo, esconder el río y sentirlo son cónsonos con la escucha de la naturaleza de la imagen en procesión. Los motivos de la música, de la «la canción» en *El mar y tú* suman un más allá de la razón memoriosa o de un proceder verificable a esta voluntad poética dedicada a enrarecer el sentido del *paisaje marino de la relación amorosa*[12]. Esta cualidad innom-

---

[12] Ya en «Alta mar y gaviota» en *Canción de la verdad sencilla* (1939) las expectativas de un lector que tras el título del poema va en busca de alguna perspectiva o paisaje quedan frustradas. Estas son la primera y última estrofas de dicho poema: «Por tu vida yo soy... / En tus ojos yo vivo la armonía de lo eterno. / La emoción se me riega, / y se ensancha mi sangre por las venas del mundo. [...] Por tu vida yo soy / alta mar y gaviota: / en ella vibro / y crezco...» (Burgos 1982: 32).

brable de la musicalidad es un indicio imaginario de este contraponerle a la muerte una tonada hecha con los materiales que la muerte misma, el final del trance amoroso, descargara sobre los amantes. En «Canción amarga»:

> ¡Perdóname, oh amor, si no te nombro!
> Fuera de tu canción soy ala seca.
> La muerte y yo dormimos juntamente...
> Cantarte a ti, tan sólo, me despierta. (1981: 35)

En el poema «Te llevarán» se escribe:

> ¡Te llevarán! Para esa eternidad de llanto
> cantemos desde ahora que la vida se va.
> Para ese día de espanto y pañuelos al viento
> la canción de la muerte nos llegará del mar. (1981: 81)

Este tiempo-espacio de la «canción», como en casi toda la poesía de Burgos, es una imagen para la temporalidad poética, no es un proceder que se ha aprendido mirando el reloj; no se trata de un efecto de la sucesión y la razón de Cronos traducido al poema. La canción indica que la ocupación corporal del sentido ha ocurrido y ya trastoca la referencialidad convencional de esa zona, ahora impregnada por el cuerpo marítimo en estado de expansión sensitiva. Esta in-distinción enturbia la claridad binaria del título, *El mar y tú* –y dicho sea de paso, algo habría que decirse sobre la dificultad constitutiva de las poéticas de la «claridad» o la «sencillez» en Julia de Burgos.

De igual manera, la fuente inubicable del «Río Grande de Loíza» es un acto de lectura que con todo rigor inaugura la posibilidad de escuchar la canción de la naturaleza que lo circunda. En este litoral sensitivo nos queda sólo escuchar la canción inaudible del sujeto consumido por su mar íntimo («quemada en sal y espuma y calaveras imposibles» 1981: 77). La tonada de la espuma es la radicalidad extrema de la descarga (negativa) marina, su desaparición, su difuminarse sin remedio.

3. «es yo misma borrando las riberas del mar» 241

El regreso del río

Ya en el primer poema del libro, «Poema de la cita eterna», no sólo reaparece el emblemático río de Burgos, sino que *la eternidad de la cita* no será la descripción de un encuentro amoroso, ni su figuración poética, sino un *saber* inscrito y declarado por un paisaje corporizado, *encendido e incendiado*:

> Lo saben nuestras almas,
> más allá de las islas y más allá del sol.
> El trópico, en sandalias de luz, prestó las alas,
> y tu sueño y mi sueño se encendieron. (Burgos 1981: 11)

La cita es una ocurrencia de un paisaje del «más allá» que, con una mano sensibiliza su aparecer, y con la otra, subraya la afectividad que emana de un *claro desorden* donde parte y todo, sujeto y objeto yacen fusionados Esta redundancia y superposición fatal (desorden y negatividad) es el índice de la intensidad que representa *la cita*. En estas agitadas aguas se verifica la conformación incierta del triángulo «yo», «tú» y «mar» a través de todo el poemario. La cita, acaso, constituye la arena (eternidad averiada, pues toda arena es detritus), una inmortalidad demasiado real donde se manifiesta un saber íntimo del trópico cuyo proceder topográfico es sinónimo de conflicto:

> Se hizo la cita al mar... tonada de mis islas,
> y hubo duelo de lirios estirando colinas,
> y hubo llanto de arroyos enloqueciendo brisas,
> y hubo furia de estrellas desabriéndose heridas...
> Tú, y mi voz de los riscos, combatían mi vida. (1981: 11)

El primer poema de *El mar y tú* ancla la utopía imaginaria que gobierna los sentidos del libro: la reconstitución imposible de la relación amorosa en el poema es inseparable de la representación del archipiélago, de esta singular *verdad del mar* como imagen acuática que excede cualquier referencialidad ya sea marina, telúrica o erótica. Este llamado a una «cita eterna» es, en sí misma, una contradicción temporal, pues un sentido simple del vocablo «cita» apunta hacia el tiempo y el lugar específicos que son la cita. Por el contrario, la eternidad de esta pasión triste es aquí el doble de la condición archipelágica de la imagen en *El mar y tú*:

> El mar, el verdadero mar,
> casi ya mío...
> el mar, el mar extraño
> en su propio recinto...
> el mar
> ya quiere ser el mar sobremarino... (1981: 11)

La propiedad de este «recinto» es lo que la imagen de *El mar y tú* busca convertir en situación sensorial absoluta. La «extrañeza» del mismo es su distancia deseada y trabajada con relación al mar de la geografía. El libro construye, por lo tanto, una cámara de imágenes donde reconfigurar el cuerpo y la materia sensual del mar poético. Ahí, el eros de Burgos actuará su vacío en ese *mar sin ribera* y agitará la sensación como convergencia de cuerpos despedidos, averiados, separados y amalgamados en el agua (nada) de este mar luctuoso.

> Nada para su azul perpetuo
> donde duermen sus lágrimas.
> Nada desde el silencio que la borra
> como se borra el agua. (1981: 88)

Eternamente ambigua en un contexto marino, *la nada* poética o *el nadar* de Burgos se desfonda en el mar sin litoral de *El mar y tú*[13]. La voz *ya no es* debida a la distancia y al corte afectivo que exacerba la condición fluida. La imagen marina en *El mar y tú* es un cuerpo sin límites, averiado en sus pretensiones de inmortalizar el tiempo de la relación amorosa en un todo ilimitado que nunca puede dejar atrás su acabose histórico.

---

[13] Cómo dejar afuera la respuesta de Julia de Burgos a cierto nihilismo en «Nada»: «Brindemos por nosotros, por ellos, por ninguno; / por esta siempre nada de nuestros nunca cuerpos; / por todos, por los menos; por tantos y tan nada; / por esas sombras huecas de vivos que son muertos. // Si del no ser venimos y hacia el no ser marchamos, / nada entre nada y nada, cero entre cero y cero, / y si entre nada y nada no puede existir nada, / brindemos por el bello no ser de nuestros cuerpos» (Burgos 1979: 34).

En este sentido, la construcción del mar como un cuerpo absoluto para la intimidad poética, no puede prescindir del uso intenso de la preposición «sin» con la cual Burgos lleva a cabo un inventario de carencias que simultáneamente hacen visible e invisible el mar del poemario. La preposición «sin», como el adverbio «casi», inscriben las extracciones de sentido común, ese *des-tierro* de las expectativas habituales en las cuales el poema no quiere aparecer, ser sentido o ser leído. Este des-tierro es un gesto constitutivo de «Río Grande de Loíza». En otras palabras, el poema en *El mar y tú* comienza una vez se ha despejado la mar de sentido común que arrastra toda concepción meramente referencial de lo marino. Extraer, señalar la falta donde se abisma la voz poética es lo que, de un modo contrariado, desaloja el espacio del poema para que reaparezca la plenitud triangular del mar (yo) tú. «[O]la sin playa» (1981: 48), «Es una sombra vaga sin ancla y sin regreso» (1981: 50), «azul sin barcos y sin puertos» (1981: 29), «dolor de ser ola sin playa» (1981: 48), «Mi corazón no sabe de playa sin naufragios» (1981: 46-47), «canción sin puerto abierto» (1981: 74) De igual modo el «casi», la «casi alba» (1981: 20), o el pronombre indefinido, «algo», «[A]lgo de mar sin playa», «Es un algo de sombra» (1981: 37), son maneras de la imagen marina insistir en la cualidad indefinida o indefinible de su hacer(se) sensible; modos de transcribir el instante negativo de ese deseo donde sombra y luz, agua y tierra devienen sensación de un cuerpo compartido, de un objeto cogido entre sensorialidades, entre la opacidad y la luminiscencia, entre el desgarramiento y la extensión pura: «azul sin barcos y sin puertos» (1981: 29), «dolor de ser ola sin playa» (1981: 48). Julia no explora estas sensaciones por ser simplemente extrañas, sino porque efectúan la extracción de sentidos que ambiciona su poética; remueven las islas y los mares del sentido común que han naturalizado a golpe de convención y banalidad la singularidad azul del azul, la salinidad del mar, la extensión del archipiélago lo que ha hecho de todo lo anterior referentes ordinarios, verosímiles, dictados de la geografía del litoral.

Este *sensorium* marino es un saber de la exposición, un viaje por sí misma a partir del corte del dolor. La afectividad dolorosa es la parte y la nave de este mar. La imagen como contacto-dispositivo del cuerpo y de la afectividad escoge, entonces, borrar la tierra, negar el límite que escribe la ribera: hacer del mar una perpetuidad es acabar con cualquier litoral. Se trata de un sensorio en intemperie, en la carne viva de su percibir:

> Sobre mi pecho saltan cadáveres de estrellas
> que por ríos y por montes te robé, enternecida.
>
> Todo fue mi universo unas olas volando,
> y mi alma una vela conduciendo tu vida...
>
> Todo fue mar de espumas por mi ingenuo horizonte...
> Por tu vida fue todo, una duda escondida. (1981: 64)

El mar es ese lugar donde sucumbe la historia de la relación y comienza el otro mar –mar: pura intemperie sin orillas–. ¿El mar de Julia? Cuando la imagen deviene dolor deviene superficie, deviene agua. El mar de Julia es la imagen de un dolor vuelto *sobremarino* al abismarse en el triángulo de *El mar y tú*. ¿Cuál es la política del dolor-archipiélago en *El mar y tú*? Darle la espalda a la tierra de los grandes asuntos, negar las expectativas de sentido común y las sensaciones de un litoral convenido por los ritos de la costumbre y de lo siempre igual.

4.

«Dije al mar mi sublime desventura»: hacia la «mar inédita» del *Tuntún de pasa y grifería* (1937-1950)

> Lo visible que hallamos a nuestro alrededor parece apoyarse a sí mismo. Es como si nuestra visión se formara en su centro, o como si entre lo visible y nosotros hubiera un intercambio tan íntimo como el que hay entre el mar y la playa. Y, sin embargo, no es posible que nos hundamos en lo visible ni que lo visible pase a nosotros, porque se desvanecería la visión en el momento mismo de producirse, por desaparición del vidente o de lo visto.
>
> Maurice Merleau-Ponty, «El entrelazo – El quiasmo» (1970: 163-164)

Tiempo del litoral: porosidad ( ) absorción

> al mar
> espejo de mi corazón,
> las veces que me ha visto llorar
> la perfidia de tu amor.
>
> Alberto Domínguez, «Perfidia»

El mar *se toma su tiempo* en la poética de Luis Palés Matos (1898-1959). La *toma* del tiempo en el poema marino de Palés Matos es un modo de producirle tiempos al paisaje del litoral, de echárselo a la boca, de aguardar por la llegada de sus efectos. La mar palesiana gusta con este tiempo sacado del mar producir la temporalidad en la que aparecería la imagen antillana. Este tiempo es inseparable del trabajo sensorial que materializa a la imagen y la entrega. Rara vez acompasado, por lo general inquieto, el mar palesiano es una actividad imaginaria que redunda de tiempos. *Al tomarse el tiempo* deglute y manifiesta *el temporal* de su imagen. Esta imagen en particular se dedica a revelar el tiempo del temporal (la tormenta de tiempos que nuclea la mar) y por lo tanto comporta inscribir alguna lógica de la crisis o de la descarga en el poema[1]. Sin duda, esta toma del tiempo, este *aplazamiento* en su obra es una suspensión perceptiva, no una demora cronológica de parte del autor en figurar al mar en su poesía. Inclusive la aparición de la tormenta es un momento emblemático para la potencialidad poética del archipiélago palesiano, pero la tormenta (o el naufragio)[2] no constituyen los modos privilegiados por la poética palesiana al momento de representar la carne de las aguas[3]. Ya su «primer poema», el soneto titulado «Para Papá», presidido por estos cuartetos, trabaja con la salinidad compartida por las lágrimas y la mar:

> Cuando se oculte en el ocaso frío,
> de tu existencia el sol, astro que guía
> de mi anhelo el bajel ante el sombrío
> y revuelto océano de la vida:

---

[1] Sebastián Bartís en conversación personal me comenta sobre esta imagen del tiempo en los versos de Palés: «puede ser también una lógica musical-rítmica, pensando en el doble sentido de tiempo como tempo/velocidad y tiempo como la métrica. También en las posibilidades de tensiones (la tormenta) entre las capas de tiempos».

[2] Véase Blumenberg 1997.

[3] «La carne no es materia, no es espíritu, no es substancia. Para designarla, haría falta el viejo término «elemento», en el sentido en el que se empleaba para hablar del agua, del aire, de la tierra y del fuego, es decir en el sentido de una *cosa general*, a mitad de camino entre el individuo espacio-temporal y la idea, especie de principio encarnado que introduce un estilo de se dondequiera que haya una simple parcela suya. La carne es, en este sentido, un elemento del Ser. No hecho o suma de hechos, aunque sí adherente al *lugar* y al *ahora*. Mucho más: inauguración del *donde* y del *cuando*, posibilidad y exigencia del hecho, en una palabra facticidad, lo que hace que el hecho sea hecho» (Merleau-Ponty 1970: 174).

4. «Dije al mar mi sublime desventura»

Cuando yo quede como en el vacío:
paja al acaso por la mar bravía,
permite bañe con el llanto mío
las flores mustias de tu fosa fría... (Palés Matos 1995: 21)[4]

Este poema «iniciático» de Palés es la escritura marina de una doble desventura y la temprana figuración de lo marino como causalidad y contingencia afectiva. Desventura que, en esta poética, será siempre asunto de fluidos y tensiones: la vida como exposición en la intemperie oceánica y el llanto ante la muerte del padre. En su primera aparición, el mar de Palés Matos es apenas superficie arisca sobre la que el «yo» erra en estado de intemperie exhibiendo su duelo. Desde el principio, el mar y el «yo» poético palesianos compartirán el cuerpo y los afectos de esta agua negativa que traspasa el poema. O si se quiere, el cuerpo marino es, desde el comienzo, destinatario de las verdades íntimas del sujeto poético y envoltura sensorial que replica la afectividad de la voz poética. Las respuestas marinas a la condición subjetiva del poema serán siempre desempeños *superficiales*, asunto de extensiones en este caso expresivas, *reflexivas*, que la escritura palesiana ha hecho posible.

Esta poética hace del mar una superficie activa y evita con notable coherencia hacer del litoral un mero decorado impasible, colocado «en las afueras» de la voz. El mar, en la poesía de Palés Matos, es transformación, pugna y la dificultad de precisar su localización, *entre* los cuerpos sensibles, apenas cede en toda su obra. El signo conflictivo del mar palesiano marca su capacidad sensorial en tanto superficie reversible en el poema: el mar toca y es tocado, la mar es textura que (se) descarga y recibe la descarga de otros elementos. Es quizás el desbordamiento de sus límites la imagen visual (contrariada) para el estar marino *entre los sentidos*. La mar invisible en su inundación y, por lo general, ominosa en altamar[5].

---

[4] El padre de Palés Matos, Vicente Palés Anés, poeta también y maestro de clases privadas de francés, colapsa en un teatro de Guayama mientras recitaba un poema en homenaje a José Santos Chocano. Manejo de aquí en adelante la edición de Mercedes López-Baralt, *La poesía de Luis Palés Matos. Edición crítica* (1995).

[5] Se lee en la novela *Litoral*: «La costa es apenas un franja "verdinegra" de palmas y manglares, allá lejanísima. Y entre nosotros y la costa, esta inmensa masa en mov-

Este mar difícil se despliega como una pantalla sensorial que, por igual, replica como horada sus alrededores e insiste sobre los cuerpos que entran en contacto con sus aguas. Su otredad innegociable rápida deviene invisible e invasiva. El laboreo marino en Palés Matos anota los trajines negativos a los que se dedican tanto el sujeto poético como algunas de sus figuras marinas. El mar, sobre todo, estimulará la cámara sensorial e imaginaria que el poeta puertorriqueño ensambla en su poema marino. La condición compartida por la situación y la localidad marina en el poema palesiano no es meramente una condición individual, íntima, banalmente sensitiva asociada a una inaudible descripción biografista que sostiene algunas lecturas que manejan categorías como «el hablante» o el sujeto poético. Se trata de una escena política que se niega a confundir las pasiones (cualquiera de ellas) con la palabra político-partidista convencional y los modos de su escenificación social. La pasión marina es agite, *masa* y recorrido. En el despliegue de sus gestos esta pasión se juega la representación de alguna lesión que convoca y constituiría a alguna comunidad política desde ella. Esta cámara sensorial que se recoge en el poema es además el espacio donde el poema confecciona la lectura que desea de sí, o el lugar donde desea efectuar su potencialidad política. La particularidad corporal como espacial de esta cámara es *el caldo* donde se cuece la imagen palesiana. El avatar culinario de esta política marina recibirá sus letras más adelante.

Tan temprano como el año de 1915, Palés Matos (apenas cuenta diecisiete años) publica un poema titulado «Compasión». Este poema es uno de los prototextos políticos del poeta. Quiero reproducirlo por completo, pues parece ser una de las primeras tomas de posición política del paisaje palesiano ante la condición colonial puertorriqueña:

>Para un enorme patriota:
>Luis Muñoz Rivera
>
>Dije al mar mi sublime desventura,
>y le mostré la zarpa de mi anhelo…
>El mar se restregó con amargura,

---

imiento, aupándose por todas partes en pequeños hervores de espuma, como enseñándonos los dientes y las garras. O peor todavía, los tentáculos» (Palés Matos 2013: 63).

4. «Dije al mar mi sublime desventura»

y me brindo jazmines de consuelo.

Conté al manglar enclenque y pensativo,
este dolor voraz, afán de ilota...
El manglar tuvo un gesto compasivo,
y nevó su ramaje una gaviota.

Entonces habló Dios. «¡Puertorriqueño
Tu corazón enorme es muy pequeño
Para el ósculo azul por que desvelas!»

«¿Conoces los arranques del soldado?»
Miré al cielo: la noche había llorado,
una inmensa piedad de lentejuelas... (Palés Matos 1995: 75)[6]

El poema es el abrir (cual don) de su espacio para una conversación entre el paisaje, el sujeto poético (puertorriqueño) y Dios. Esta conversación, sin embargo, enfrenta algunos estorbos. El tema, incluso, de esta conversación *obstruida* es la potencialidad descolonizadora de la *patria* puertorriqueña. La conversación política además es aquí una conversación con el paisaje y no con la comunidad de paisanos boricuas. Ahora bien, el poema no desgrana pormenores sobre la fórmula poética o política que *anhela* el sujeto político puertorriqueño. El poema es, en primera instancia, la representación de la aspiración de libertad como desgarradura de la voz. El poema es, incluso, el registro de la transmisión con sordina del anhelo libertario a la naturaleza del litoral, nunca su explicitación denotativa. «Compasión» es un antecedente de la modalidad de *ese otro poema político caribeño contemporáneo*: el poema político caribeño como la escritura simultánea de una lógica de sentido por igual corporal como

---

[6] «Luis Muñoz Rivera: líder autonomista puertorriqueño, padre de Luis Muñoz Marín, el creador de la fórmula política del "estado libre asociado" entre Puerto Rico y los Estados Unidos, electo gobernador de la isla en 1948, 1952, 1956 y 1960» (Nota 104 en Palés Matos 1995: 75). Véase sobre el «mal» y «pequeñez» puertorriqueños la serie de artículos que Luis Muñoz Rivera publica los días 17, 19, 21, 26 de febrero, 3, 5, 12 de marzo de 1891 en el periódico sanjuanero *La Democracia*. La secuela de ensayos fue titulada «Los remedios del mal» y luego «Las causas del mal» (Muñoz Rivera 1925).

política, sensual como colectiva, en este caso crítico de las evidencias de «lo patrimonial». La especificidad política de esta poemática caribe es siempre un modo de distanciarse de cualquier uso o modo convencional de la palabra patriótica o de la palabra propia del tribuno, así como también una inclinación por lógicas oximorónicas, negativas al momento de imaginar su objeto poético. En «Compasión» el escenario del litoral, su paisaje acaso, es parte del tejido que hace posible al poema. Sobre este paisaje se escribe el *pathos político* compartido con el otro/Otro una vez la «sensibilidad poética» ha convocado la situación colonial de Puerto Rico.

El soneto levanta primero el paisaje que ha hecho posible la acogida sensorial del afecto negativo del poeta. En otras palabras, el poema es la inscripción de la particularidad imaginaria que los elementos de la costa exhiben una vez acoge «la zarpa [del] anhelo» del sujeto poético (1995: 75). Paisaje y afectividad son estados estéticos idénticos al poema. Mar, manglar y cielo son los elementos básicos de este paisaje expuesto a los deseos del «yo» poético. Ahora bien, la política del poema se juega el cuerpo de su comprensibilidad en esa cámara sensitiva, donde se perciben los «anhelos» políticos del poeta junto a las respuestas, en este caso, las imágenes que el paisaje produce a partir de la escucha del decir doloroso, desventurado del poeta.

Este presentarse ante lo sublime-otro del paisaje afecta también la economía de sentidos que desata la dedicatoria. La dedicatoria del poema establece cómo sus sentidos van dirigidos a esa *enormidad* del patriota. Desde la salida el texto establece ese juego de tamaños que parece triangular en el poema el modo de pensar el destino de la *patria*: litoral, poeta y Dios. Patriota y Dios son el Otro de la voz, el reino de las Mayúsculas, como también el litoral es *la otra superficie* hacia la cual enuncia la voz poética: el litoral es el doble de la página. O si se quiere, la voz poética habla en dos direcciones, en dos registros. Mientras la otredad de las primeras figuras es de orden simbólico y jerárquico (Dios y Patria), la otredad natural del litoral marino es una diferencia estética y espacial (menor, frágil) con relación a los deseos del sujeto. En este sentido lo que significa simbólicamente el prócer Muñoz Rivera, la reacción afectiva del litoral marino, como las palabras de Dios se convertirán en la *natura política* a la que dirige el sujeto colonial su decir íntimo. El envío mismo es su *poiesis* política; el poema la elevación sensorial de una proposición política (incluso histórica) inseparable de la explicitación de una particular fantasía playera[7].

Ahora ¿cómo el paisaje deviene caja de resonancia política para el sujeto poético palesiano? El paisaje es la cámara de resonancias donde el sujeto político figura su deseo de libertad-*patria* como modo de escapar del infortunio esclavo. La libertad es aquí un deseo contrario y contrariado capaz de producir *otra* imagen. El poema *le da espacio* a esta política de paisaje, en tanto la nominación del daño colonial, la aspiración esclava («afán ilota») por la libertad se aloja y estéticamente parpadea en este litoral. El litoral es, por su parte, la pantalla estética producida por la imagen poética y el espejeo que hace posible sobre el cuerpo del poema. El poema es la interpretación de este espejeo. Ahora bien, lo sobresaliente del poema «Compasión» es que no proporciona detalles de ese *cuento* que escucha el «manglar enclenque y pensativo». Los detalles son presupuestos sordos, detonados quizás desde la dedicatoria misma del poema. Nada tampoco sabemos de los pormenores del decir *sublime* y desventurado que escucha el mar de labios del poeta. El deseo y el tono de esa libertad ansiada por el sujeto poético nunca forman parte de un contenido. No se sabe el contenido de lo que el poeta dijera al litoral de la misma manera que no sabemos las razones para la empatía del mismo con el decir subjetivo del colonizado. Se trata de actos de la voz, de decires, de emotividades y hasta de miradas que el paisaje devuelve contrariado, uniendo opuestos o replicando la poética de imposibilidades que es aquí la política estética palesiana.

La política deviene paisaje en «Compasión» cuando han quedado desalojadas las expectativas del sentido común y los supuestos son señales

---

[7] Michael Taussig ha pensado el encanto fantasmático de la playa: «For with the surfacing of the archaic, we become aware that different orders of time may coexist with a past precisely because that past is both real and fictional, nature and "second nature", reminiscent of Freud's depiction of fantasy as a play with memories involving montage and overlays. As a site of such fantasy production, the beach's job is not to conceal but reveal and revel in revealing just such play, announcing itself as playground and transgressive space for excellence, displacing by far all previous rituals of reversal and pleasure. The beach, then, is the ultimate fantasy space where nature and carnival blend as prehistory in the dialectical image of modernity» (Taussig 2002: 326).

sordas, «afligidas» de un cuerpo efectivo *allí*, gracias a su gestualidad imaginaria. Este poema, en específico, es la resonancia afectiva que la *poiesis* palesiana despliega como superficie y en la superficie del poema. Podría decirse que la desventura política del sujeto *aguijonea* el paisaje isleño y lo contagia con su malestar. El poema anota cómo el paisaje del litoral recibe el decir sombrío y *desolado* del sujeto colonial, cual herida. La línea que separa el decir colonial del sujeto de su efecto sobre el litoral es el mismo trazo que torna imperceptible la diferencia entre dicho decir y el susodicho efecto en el paisaje. El poema se convierte, entonces, en la aparición de la poética-política palesiana como dificultad y apertura imaginaria ( ) que descoloca su singularidad política en las afueras del sentido común. Pues la imagen en «Compasión» al negarnos el contenido del relato descolonizador no se cansa de exhibir y enfatizar sus efectos sobre el litoral. El secreto del sujeto –lo que retira cual misterio del orden comprensible del poema– es su modo de apalabrar la «desventura», el «dolor voraz» de la condición esclava/colonial. Y dicho deseo de libertad siempre se manifiesta aquí como una condición negativa. El efecto que desatará sobre el paisaje del litoral surge del dolor, de la mala suerte que para este sujeto comporta desear la libertad *allí*, en la noche marina, sin visos de alguna colectividad.

«Compasión» es la escritura de la *empatía* imaginaria llevada a cabo por el litoral ante el dolor colonial puertorriqueño. Lo que el sujeto cuenta (y a su vez reciben los cuerpos del mar y del manglar respectivamente) es la forma afectiva de la desdicha colonial y lo que ésta genera en el paisaje. En la noche costera se recogen los efectos del *decir el cuento libertario* como deseo e infortunio del sujeto poético. Inclusive lo desafortunado para el sujeto es algo que no coincide con la mera declaración de la condición colonial. Inseparable de esta condición, la *desventura* es justamente un saber este deseo convertido en palabra ante el mar y retirado de cualquier protocolo realista. En este espacio-otro del poema, como cámara de resonancias del litoral, en este otro espacio se percibiría (no se entendería), más bien se *extendería* el cuerpo imaginario donde se efectúa este diálogo político entre el poeta y *su tierra*.

Antes de escucharle a Dios sus versos, el sujeto poético consigna las respuestas del mar y del manglar.

4. «Dije al mar mi sublime desventura»

El mar se restregó con amargura,
y me brindó jazmines de consuelo.
[...]
El manglar tuvo un gesto compasivo,
y nevó su ramaje una gaviota. (Palés Matos 1995: 75)

Una vez el sujeto poético dice su desventura político-colonial, dispone la entrega de lo que ha *visto* como reacción a su palabra. Se trata de dos respuestas imposibles, inauditas en términos de la causalidad que firma esta extraña *productividad* marina. Las respuestas del litoral son respuestas estéticas, dos modos de hacer sensible un objeto: el cuerpo gestual del paisaje playero. La imagen antropomórfica en Palés Matos le entrega un cuerpo al litoral. El poema sería en primera instancia la escritura de una sensibilidad del litoral nocturno ante la *desventura* colonial del sujeto. Pues lo que «se ha visto» son imágenes de una imposibilidad costera que, sin embargo, especifican la situación afectiva del litoral ante el deseo político del sujeto. Estas metáforas constituyen un temprano tanteo de la potencialidad marina en la obra de Palés Matos. Ambas metáforas inscriben compasiones (¿se sumará otra?) que subrayan la artificialidad, la condición estética que despierta la palabra política (íntima por inaudible) del hablante poético en la orilla isleña. *El mar se restriega, el manglar tiene un gesto compasivo.* Ambos actúan una tensión corporal donde reverbera el dolor del sujeto poético.

El decir del sujeto es su dolor (su duelo tal vez), surgido de esa aspiración esclava que, de antemano, prefigura la imposibilidad de alcanzar su objeto. Por su parte, la figuración de la escena en el litoral es, en principio, el devenir corporal de una imagen de dolor, de sufrimiento empático. Es revelador que el aparecer de la imagen costera, en este poema en particular, se levante sobre la opacidad de un dolor causado por un deseo de libertad, no por la intervención colonizadora. El dolor subjetivo se inscribe en las imágenes que *recogen* el anhelo de libertad como ese decir que niega sus detalles, como un secreto que representa la imposibilidad, incluso la aceptación de la inviabilidad del deseo de libertad. Lo que decide, en efecto, la compasión del litoral, en tanto interpelación poemática-política, no es la ausencia de esta querencia independentista, sino la figuración (brumosa) del anhelo como zarpa, del anhelo como herida, del beso como desvelo. Así lo que le duele al sujeto poético, el litoral marino lo devuelve cual espejo oscuro. El poema es la puesta en poema de esta localidad íntima del deseo libertario como representación de un decir y de un cuento impresentable. Relato sordo que, para colmo, le es devuelto a su autor. La negatividad de esta libertad, a la que no se le distinguen los vocablos, es precisamente la insistencia de una querencia, de un amor sin la compañía (real o imaginaria) de esos otros que sostendrían y consumarían este amor en el orden social de la patria. Lo que permite que el litoral se *con-mueva*, es la falta, la ausencia ( ) de esa subjetividad imaginaria, comunitaria, que consentiría amar y llevar a cabo dicho anhelo.

Ahora, ¿por qué el litoral sostiene el dolor del sujeto poético con sus imágenes de compasión? El litoral-cuerpo, el litoral-imagen es un otro que recibe a política subjetiva y la devuelve como imagen. El regalo del litoral al sujeto desgraciado, su compasión, podrían ser esos gestos que ayudarían al sujeto a vivir, a sobrevivir su condición de esclavo. El retorcimiento y el llanto del litoral es la figuración de su materialidad sorda como modo de «recordarle» al «yo» que su afán patriótico pertenece al orden de lo Ideal. El litoral se solidariza pero no da señas de unirse a la lucha libertaria. La compañía compasiva que transporta el litoral es un instante perceptivo y no pondera, ni desenhebra el decir político del sujeto, más bien lo mimetiza en su cuerpo y escribe la soledad absoluta del dolor subjetivo del deseoso ante la *patria esclava*. Así le *dice* al sujeto que su amor político es un amor idéntico a su idealidad. La idealidad parece *dañar* el anhelo político del sujeto. El litoral al recibir este anhelo, al probarlo en su cámara sensorial y replicarlo, exhibe que todo anhelo para cumplirse en el orden de la *realidad patria* necesita algo más que su mera enunciación en tanto deseo e inclusive algo más que la imagen de su «creador». Quizás por esto el litoral no transmite tampoco el contenido del decir poético-político, ni le recorta un perfil al «yo» poético. El litoral se conmueve compasivo porque le devuelve al sujeto poético la imposibilidad de transmisión de su decir político.

La potencialidad política del poema, en otra dirección, se verifica también en el traslado de la experiencia imaginaria, corporal, concebida como una descarga del deseo negativo del sujeto. La repetición y engan-

4. «Dije al mar mi sublime desventura»

che subjetivo del poema re-inscribe el dilema político puertorriqueño como una escena afectiva y afectada cuya irresolución es también su mejor y, quizás, terrible aparición histórica. La imposibilidad de transmisión del deseo de libertad más allá del «yo» de cara al mar necesita aquí re-significar el sentido mismo de lo imposible. El poema político es un desfondamiento de lo imposible y el ensamblaje de otro sentido para lo imposible que nunca escamotea la ineluctable negatividad de este trabajo escritural. El frotamiento marino, acaso metáfora para el oleaje sobre la orilla del litoral, logra hacer visible lo inverificable: permite ver al mar cual jardín, como superficie fecunda y productiva[8]. Sin duda, se trata de jazmines imaginarios, de imágenes como gestos afectivos que «firman» la compasión emitida por el paisaje. Sin embargo, sólo a través del frote del cuerpo marino es posible percibir la compasión de las aguas. De modo análogo, el ramaje del manglar deviene condición invernal, antípoda e imposibilidad atmosférica para el manglar tropical, y *deja caer* un pájaro como si nevara. De algún modo esta gaviota que cae cual nieve es también una lágrima. Restregar, caer y llorar son los gestos compasivos que acompañan el dolor, el duelo inaudible que recorre ese decir descolonizador irrepresentable. La *caída*, la *falla* es lo que abre la posibilidad de la imagen en tanto aparición y contacto con lo imposible. Muy cerca estamos de esa voluntad sinestética que en la poesía *antillana* de Palés Matos será una constante: la amalgama de atributos corporales conforma la imagen marina, la mestura imaginaria de lógicas sensoriales, capaz de generar una nueva potencialidad política, la de la imposible sensorialidad del paisaje marino[9]. Incluso, *en el litoral*, se trata de las «asociaciones» que

---

[8] «Mas el Mar: ¿qué re-vela su nombre, este nombre, Mar, que el griego ignoraba? ¿Lo ignoraba tal vez porque provenía de la raíz -*mar* que indica el morir, del sánscrito *maru*, que significa el infecundo desierto? ¿O nos vendrá esto, más bien, justamente del 'fondo' mediterráneo, pelásgico? Mar es el hebraico *mar*; es el acadio *marru*: es el sabor salino de *Thálassa*. Es lo amargo de su ola. Es el antiguo, mediterráneo nombre de *háls*. [...]. Las lenguas germánicas 'vieron' el lago, las inmensas extensiones aluvionales en los afluentes de los lagos, los prados. No 'vieron' el Mar, sino más bien los pantanos que lo anuncian. Y cuando conozcan el alta mar, lo llamarán todavía con el nombre de sus aguas 'internas': See, Sea» (Cacciari 1999: 22-23).

[9] La sinestesia es una figura intensamente manejada tanto por el Romanticismo, los simbolistas como por las vanguardias históricas. La figura ha logrado amasar en

las partes o los sujetos establecen en el imaginario con el que el sujeto poético trabaja. Menos que una fuerza determinista, el *ambiente* es un acicate corporal que desencadena la imagen palesiana. La configuración del *ambiente* en el texto es aquello que le permite al sujeto exponer los materiales y los modos con los que se articula su teoría de la imagen e incluso de la memoria[10].

Ahora, ¿de qué maneras la amalgama sensorial que trabaja el poema conformaría una nueva potencialidad política? El uso y paladeo de la imagen poética es la incorporación y el tanteo de un inédito *ethos* senso-

---

torno a si, en años recientes, una considerable bibliografía y una polémica donde las artes y la medicina pulsean en tanto la articulan como figura del pensamiento o patología perceptiva respectivamente. Interesa aquí movilizar la sinestesia como una *particular experiencia sensorial*. Caroline A. Jones, a partir de la pregunta e investigación a las que Kandinsky se dedica en 1911, ¿qué significa sentir un sonido amarillo?, califica los «verdaderos sinestetas» estudiados por E. Benoist y Jules Millet de la siguiente manera: «These true synaesthetes feel not a deficit but a profound enrichment; they don't substitute sight for sound (or smell for hearing), but rather experience a particular sensory stimulus *through and accompanied by* another powerful perception, usually a visual image, but often a smell or tactile sensation that is easy to remember but difficult to describe» (Jones 2003: 217).

[10] La novela en clave autobiográfica de Palés Matos, *Litoral. Reseña de una vida inútil*, está llena de momentos que firman esta relación subjetiva entre paisaje, «sensibilidad» y memoria. En el «Capítulo XXVI. Manuel se decide por la política», ante el «dilema» que le supone al personaje principal ocupar una plaza de trabajo en el Municipio y poder finalmente ayudar a su familia —o abandonar su continuo vagabundeo ensimismado en un pueblo entregado al sopor— el narrador siente que debe precisar la cualidad de su *sensibilidad*: «Bueno es que haga resaltar aquí, para mejor comprensión de mi actitud, el extraño desvarío que atacaba mi sensibilidad durante esa época. Era insensata a todas luces la forma en que algunas personas sugestionaban mi espíritu. Por ejemplo, cuando recordaba a Tomás Sandoz, hospedábase en mi memoria la visión de una gran catedral gótica con viejos e historiados vitrales y profunda música de órgano. Banderas me sugería un prado verde y Dámaso Sánchez un lupanar. Al ingeniero Luzunaris asociábalo a un centro azucarero, a don Pedrito Navedo a un buey castrado y el conde Faluchini me evocaba un aire de mazurca. Natalia era una noche de luna. Comprendía que estas asociaciones eran meras insensateces pero resultaban tan espontáneas que para mí tenían una realidad profunda. *Tenía tan tensa la sensibilidad que hasta imaginaba descubrir un olor característico en cada paisaje, en cada pueblo conocido*» (Palés Matos 2013: 131; énfasis mío). La inutilidad vivencial palesiana es una poderosa máquina *tensada* para la productividad imaginaria.

rial, de una corporalidad otra, que iniciaría al sujeto, al lector también, en los saberes afectivos y sensuales que conformarían una «patria» cuyas «verdades» no se saben del todo ni se dan de antemano como evidencias, ni son tampoco placeres axiomáticos. Cuán ciudadana sería esta ética política es asunto de una larga conversación. Dígase, al menos, que este *ethos* sensorial habría logrado recibir y traspasar la negatividad constitutiva de su singularidad histórica y se esfuerza por mantener la distancia ineluctable de su *estar en resonancia* ante lo(s) otro(s), de cara al archipiélago.

La dificultad sensorial de los futuros «paisajes digestivos» o la inverificable localización del «Pueblo negro» del *Tuntún de pasa y grifería* ya se cifran en «Compasión». Me refiero, en específico, al reto sensorial que desata el poema al negarle al lector una experiencia perceptiva clara, denotativa de los detalles responsables del duelo político del sujeto que le han merecido la *compasión imaginaria* del litoral[11]. Esta dificultad perceptiva, además, estimula una solución imaginaria, utópica acaso, en el espacio imposible de las imágenes. Me refiero a esa unión inverosímil de potencias de la imagen compasiva ensamblada por sus metáforas y extraños símiles: un mar que regala flores, el ramaje de un manglar con la capacidad de hacer nevar un pájaro. La firma poemática del texto palesiano es la interposición de este cuerpo imaginario insistente en su oclusión verosímil y en su productiva amalgama sensorial: colores percibidos como cuerpos, afectos percibidos como fricciones, mares como tierras, manglares como cielos. De igual manera, la propensión a la sinestesia que recorre la obra marina de Palés Matos no está nunca lejos de sus usos del oxímoron.

No deja de ser significativo que en la estructura del soneto la «palabra de Dios» aparezca *entremetida* entre las escenas de compasión que regala el paisaje y el infortunio colonial que dijera el sujeto poético. En efecto,

---

[11] Sería interesante filiar esta naturaleza costeña a la poderosa tropología del romanticismo, la que sin duda es detectable en la poesía de Palés Matos. Sobre todo, esta particularización sensitiva que acoge a la voz poética inscrita en el paisaje del litoral. Sin embargo, podríamos evitarnos alegorizar los sentidos posibles de «Compasión». «Compasión» expresa en sus estaciones de afectación del paisaje la separación infranqueable entre sujeto y Dios, pero no así la relación entre sujeto y objeto poéticos.

Dios es aquel cuya palabra en el litoral palesiano *aparece* entre comillas. La deriva del poema guiña un sentido (no sé si es un ojo) al rodear la palabra de Dios con estas imágenes enmarcadas por las comillas. En este diálogo interviene un dios mayúsculo, o puede decirse que el poeta al hablarle al nocturno costero logra despertar un oído divino. En este sentido la política poemática en «Compasión» es una experiencia entre dos términos (sujeto/litoral) en la que *inter-viene* Dios, en la que un Dios anda de por medio. Luego de escucharse la voz de Dios, el poema terminará con el llanto piadoso del cielo nocturno. Sin embargo, de nuevo el cuento o el dolor de la voz poética no emana de una separación entre sujeto y litoral, ni de no «entender» la palabra divina. Ocupando el primer terceto del poema y el primer verso del último, la palabra divina entrecomillada es, simultáneamente, puente y corte ( ), obstrucción del diálogo entre los gestos compasivos del mar y del manglar y el ambiguo llanto final del cielo nocturno. «¡Puertorriqueño / Tu corazón enorme es muy pequeño / Para el ósculo azul por que desvelas! / ¿Conoces los arranques del soldado?», dice este Dios seguro de conocer las plantillas del cálculo de la humanidad política. Demasiado retumbante entre esas comillas que lo separan de los gestos compasivos del litoral, la palabra de Dios es la calificación oximorónica del puertorriqueño y una duda ante la potencia sacrificial de su desvelo político.

El habla de Dios, en los entremedios de la compasión costera, tironea ahora el imaginario dimensional que se inscribiera en la dedicatoria a «la enormidad» del patriota Muñoz Rivera. Los modos mayúsculos de la autoridad, ya sea la del patriota como la de Dios, no forman parte de la gestualidad afectada del paisaje, sino que parecen ser, por igual, límite y receptáculo para el *afán ilota* del sujeto. De hecho, Dios no se compadece ante «la desgracia» del sujeto poético, y alecciona al puertorriqueño sobre esa contradictoria condición corporal, geográfica, oximorónica que sobreabunda en el archivo puertorriqueño: la grandeza insuficiente, la pequeñez enorme de lo puertorriqueño para los asuntos y gozos de la libertad ciudadana. La lección divina es primero una calificación/descalificación y luego una pregunta que deberá exponer la imposibilidad de otro frote amoroso: besar el cielo o el azul de la bandera patrios. Ese corazón, enorme pero pequeño para el acto libertario, no sabe –diría Dios– que

4. «Dije al mar mi sublime desventura»

sólo un beso mortal, fatal, de labios del *ethos* guerrero transformaría el anhelo en realidad política. El desconocimiento de los «arranques del soldado», ese no saber del ímpetu o del desespero marcial, es la cifra de la pequeñez ética del puertorriqueño, de su imposibilidad política, según el dictamen del Dios entrecomillado. Los arranques del soldado no son otra cosa que su entrega, saber y devoción sacrificial, la disponibilidad suprema de ofrecer la vida por un ideal, de luchar, de matar o morir por la patria. Los arranques, por lo tanto, serían pedazos desprendidos que cifran el exceso incalculable que es la guerra, los desafueros de esa creencia que lleva al soldado a asumir la guerra como el modo supremo e inevitable de *hacer (la) patria*. Dicho esto, la pregunta divina tampoco recibe una contestación clara en «Compasión». ¿Dice acaso este puertorriqueño algo de las «opciones» que ofrece la guerra como camino a la libertad? ¿O es su silencio ante la pregunta por los arranques del guerrero una contestación poemática ante el contenido (inaudible) de la «sublime desventura»? Si parte de los arranques del soldado es morir por la patria cual manera de liberarla-besarla, ¿no son una consecuencia lógica de estos «arranques» la degradación e invisibilidad moral en el pabellón heroico de la Patria de todos aquellos que se niegan a creer en la demanda de este fatal *beso libertario*? ¿Cree este puertorriqueño en la inmolación, en el sacrificio último, como modo privilegiado de descolonizar el azul patrio? ¿O es la declaración de su dolor y vulnerabilidad ante el litoral otro signo de su «insuficiencia»?

Sin escucha no hay posibilidad de libertad. Si la indistinción entre magnitudes (la enorme pequeñez del anhelo libertario y el beso marcial o la idealidad patricia) no favorecen el deseo político del sujeto puertorriqueño, la indistinción de órdenes entre «lo enorme» y «lo muy pequeño» carece de potencialidad y el oxímoron aquí es parte de una retórica de la condescendencia propia de lo Supremo. La palabra divina está ahí para certificar otra imposibilidad más en el litoral. En este sentido, ante ese oído divino que termina moralizando al puertorriqueño, el final del poema apabulla por la coherencia de su incertidumbre. La mirada final al cielo por parte del sujeto poético registra que de allí *no* proviene la palabra de Dios. Al final del poema topamos con otro gesto compasivo que confirma su cualidad afectiva, estética, artificial inclusive, del litoral marino: «Miré al cielo: la noche había llorado, / una inmensa piedad de lentejuelas...». Ante el daño colonial, el poema literalmente eleva el nivel de actividad ética de su imagen hasta llevar su imaginario compasivo a la *piedad*. Virtud que junto a las imágenes compasivas del mar y del manglar responden al dolor colonial sin cuestionarlo. Se trata ahora, ya que el poema se acerca a su final, de subrayar y dejar en vibración la potencialidad poética-política de la «compasión» del litoral en tanto doble afectivo-corporal del «corazón puertorriqueño». Es aquí donde el litoral marino desborda los límites de la posibilidad política de un deseo liberador condicionado por esa retórica de los tamaños que recuerda el Dios de las comillas. Al desdibujar las dimensiones corporales de la imagen de la peculiar pequeñez puertorriqueña y borrar los linderos entre el decir subjetivo y la performance del litoral, el poema adelanta *la evidencia imposible, ese otro volumen* del cuerpo marino como signo político inaudible para el *sensorium* divino. La piedad del cielo real (no el habitáculo de la Gloria) es esa lluvia o proliferación estética, artificial, de la noche que redimensiona, más allá de las meras mediciones, la verdad compasiva del escenario marino como la pertinencia misma de la pregunta divina. Del cielo nocturno en condición archipiélago no desciende el Verbo, el consuelo o el maná milagroso que sostiene en el desierto, desciende un extraño líquido estético. La lluvia, además, es un llanto que ocurre simultáneo a la palabra que Dios le dedica al puertorriqueño. Como si ante el *dictum* de las Evidencias que pone en *entre-dicho* la potencialidad política del sujeto colonial, sólo la condolencia afectiva del litoral marino podría inscribir *los sentidos* de la particularidad del espacio llamado *patria*.

El poema no puede sino transmitir el forcejeo corporal que ha desatado la palabra adolorida del colonizado. La palabra poética *haría política* al habilitar sensorialmente el espacio del poema como tensión, como frote de reacciones ante el dolor colonial. La voz del Dios de las comillas no hace sino meter el dedo en la llaga. El litoral en «Compasión» es el registro de un tiempo de sensaciones, sensitivo, afectivo, estimulado por el deseo libertario del sujeto colonial. «Compasión» contiene un trance sordo para el lector, pero exhibe con fuerza un trance afectivo (valga la redundancia) eminentemente visual y corporal en su figuración del paisaje. En este escenario, Dios es portavoz de una palabra de alerta y superioridad que busca poner en su sitio (infranqueable) la negatividad que ha generado el deseo de libertad puertorriqueño. La corporalidad que afecta el litoral marino es lo que la voz envía a las entidades Mayúsculas del poema: la enormidad del patriota y la palabra categórica del Ser Supremo. La respuesta del Dios confirmaría que no hay nada que hacer ante ese deseo adolorido de libertad sino preguntarle/recordarle al sujeto el tamaño de su falta. En las afueras o interpuestos entre los elementos del poema los otros destinatarios del dolor colonial (el patriota y Dios) no exhiben el *pathos* compasivo que sin embargo vincula al poeta con el paisaje. Dios no ha *leído el deseo esclavo* y se desentiende de los gestos del litoral marino.

La política del poema, a diferencia de la «divina», es una secreción de la imagen o un re-dimensionar la especificidad material de este *existir en el decir* como condición constitutiva de la palabra política. El poema es el espacio que registra la respuesta del escenario marino ante la afectividad desgraciada del sujeto colonial. El poema no es el libreto poético del independentismo palesiano. Tampoco se trata de que la independencia puertorriqueña será una realidad histórica una vez rebasemos esa relación piadosa o de conmiseración con la minoridad del corazón boricua. Tampoco la *compasión* del paisaje del litoral nocturno esconde su melancolía. Se trata de una «respuesta» poemática que desquicia la dialéctica simple que ha dominado los modos de pensar este *tranque* político puertorriqueño. En otras palabras, para el sentido común la «solución» al *status* político puertorriqueño sería otro tipo de acuerdo de proporciones y medidas entre la pequeñez geográfica e inclusive social de la isla y la grandeza afectiva o el sacrificio que requiere la libertad. El poema abandona cualquier péndulo oposicional como también desatiende los presupuestos de espacios y las capacidades necesarias para el tarea patriótica que presuponen de antemano «lo grande» o «lo pequeño». El poema construye otro adentro y otro afuera, modifica incluso los modos de delimitar tales convenciones. En dicho espacio, la lengua de las Mayúsculas, como *el contenido* del decir sublime del sujeto colonial, obedecerían a lógicas de sentidos marcadas por otro tipo de verdad obtusa: la lógica equivalencial entre los Grandes asuntos y los Cuerpos llamados a Representarlos. La «esclavitud» jurídico-política de Puerto Rico es un asunto que el poema manifiesta en suspensión temporal, obturado, paralizado por las propensiones del mundo de las Mayúsculas: el mundo de los absolutos, de las esencias espiritualizantes, el mundo de las superioridades y certezas incuestionables. En otras palabras, la decisión poética de no nombrar con sus pelos y señas las razones del «dolor voraz» colonial, como negarse a responderle a Dios, es una manera de desautorizar las nomenclaturas Mayúsculas, Fundamentales. Denotar o responder hubiera representado entregar la verdad frágil del poema a los asuntos *capitales*, entendidos estos últimos como aquellos asuntos relativos al orden esencial, original de la experiencia histórica. El poema se niega entonces y transforma el «asunto colonial» en una experiencia sensitiva, en una ética del existir afectivo y una afectación del paisaje intervenidos, ambos (paisaje y sujeto), y a la vez constituidos por la interpelación religiosa y marcial de Dios. El poema no *re-liga* al sujeto con el paisaje del litoral, mucho menos con la anatomía afectiva descrita por el dios parlante, ni expone algún conocimiento sobre el arranque bélico. La pregunta de Dios no recibe respuesta del sujeto poético, pero sí encuentra una respuesta inaudible que la saca de su *lugar*. La respuesta es una consecuencia posible de las secuencias del poema en su deseo por registrar la compasión del litoral. El parlamento divino ha sido acompañado, en simultaneidad, por la lluvia nocturna que revisita la imposibilidad imaginaria del poema: el mar que regala flores, el manglar que nieva, la noche llora lentejuelas.

Finalmente, este llanto de la noche ¿qué significa, qué representa? ¿Se trata de la consabida metáfora para la lluvia o de una metáfora para el firmamento? El llanto nocturno no parece un fluido que emane de algún lugar. Este llanto parece emanar de algo o de alguien en consonancia con los *regalos* imaginarios del litoral. Y más que una emanación parece ser la extensión misma que facilita la mirada. Este llanto, incluso, es otra caída en la compasión del paisaje. El «había llorado» de la noche corta y une (suspende) dicho llanto con esa coma que anuncia (cayendo) el final donde se lee la «inmensa piedad de lentejuelas…». En fin, el poema político del adolescente Palés Matos es el registro de un tránsito, de la imagen como tránsito: la actividad afectiva transita hacia un volumen dimensional inconmensurable. Y esta «inmensidad» de la imagen no es numérica sino su condición sensorial, en tanto inscripción estética y amplitud desatada por el daño colonial. Ahora bien, la piedad ¿es parte del devenir antropomorfo de la lluvia en tanto llanto, o es multiplicidad de la luz en la oscuridad nocturna, en tanto cielo *tachonado* de estrellas? Una respuesta podría comenzar aceptando que *eso que sería* la compasión o la piedad, en tanto *virtud del litoral* (sea esta una virtud estética o ética) en el poema, se manifiesta siempre como una descarga del cuerpo del litoral, como imagen para el existir político de los cuerpos allí convocados. En ese sentido, los puntos suspensivos son la grafía misma del reto poético a la palabra divina y la interpelación a una comunidad del sentido poético como *sacudimiento* de los modos de pensar la política descolonizadora.

Los puntos suspensivos, además, dialogan con el carácter Otro, la condición de cita, esa palabra-sumatoria que separa la voz de Dios de las imágenes del poema. Pues las comillas son maneras de hacer resaltar la frase o la palabra del resto del orden discursivo, mientras los puntos suspensivos anotan el carácter incompleto, en este caso, infinito de la respuesta del litoral. Los puntos suspensivos apuntan, por lo tanto, hacia el punto de emanación del poema, allí donde se contactan la imagen del litoral y el espacio del «yo». Más aún, los puntos suspensivos subrayan la condición y el deseo de significación de *la imagen compasiva* en tanto imagen política que debe continuar abierta. Este devenir ortográfico de la condición suspensiva del paisaje íntimo puertorriqueño (la imagen como cuerpo del litoral) redimensiona el tamaño de lo puertorriqueño al exhibir simultáneamente que su *potens* es inseparable de su falta, de su condición inacabada o, lo que es igual, de su abertura constitutiva. La *patria de la orilla*, la *patria del litoral* es un territorio incompleto, abierto y siempre expuesto hacia un más allá afectivo y perceptivo que no respeta metafísicas. La poética-política que lidia con la condición colonial es *aquí* un asunto de cuerpos: cuerpos afligidos, aguijoneados y perforados (ética y subjetivamente) por la imagen. La imagen política que regala el poema es esta concepción cinética del sentido, no como movimiento abstracto ni como mera proposición alegórico-moral, sino como procesamiento sensorial del daño, la productividad estética del frote, de la caída, del duelo: la política como paladeo de la posibilidad/imposibilidad de existencia para los cuerpos de cara al mar.

El cuerpo del mar: Orto azul ( ) costa difícil

> Costa gris, agua cruda, cielo lleno
> de vapores acuosos, y en la línea
> muerta de la distancia una goleta
> como un vago dibujo que formaran
> las nubes, y estuviera
> propenso a disolverse sobre el fondo
> mismo que le dio forma.
>
> Luis Palés Matos, «Croquis del natural»
> (1995: 306)

La actividad marina en los poemas de juventud de Palés Matos tiene otro momento importante cuando en 1920 Palés incluye en el manuscrito de *Canciones de la vida media*, bajo el epígrafe de «Otros poemas 1920», el poema «Voces del mar». «Voces del mar» es un conjunto de cuatro sonetos marinos (I-IV) que podrían ser leídos como el registro de esa situación acuática compartida por el sujeto, su comunidad y el litoral. Se trata de una mímesis articulada por la contigüidad de los cuerpos. La imagen que esta actividad mimética manifiesta firma su condición de retícula, de porosidad sensorial, entre los elementos de la situación en el litoral. Es significativo que el poeta aún en su veintena de años imagine *la voz del mar* como una urdimbre de efectos humorales de y sobre el litoral. Estos poemas habilitan una teoría del poema como espacio donde se inscribe la *escucha de la voz* del mar y sus efectos sobre las contigüidades marinas[12]. El poema marino en Palés es con regularidad el trazo de lo que el mar ha dejado sentir en un sujeto que ha entrado en contacto con su cuerpo, como también el registro del laboreo marino sobre la tierra costera. En estos poemas, la mar, sus criaturas u objetos, los habitantes de la costa, como los espacios contiguos gozan de una relación especular. El mar y sus contigüidades constituyen superficies donde un modo particular de

---

[12] Mercedes López Baralt registra al pie de página entre las versiones de estos sonetos: «una versión publicada sin datos bajo el título de "VOZ DEL AGUA, DE LA BRUMA Y DEL SILENCIO…" y dedicada a Esteban López Cruz, en la que alguien –probablemente Palés– anota a mano "1921" y hace dos correcciones…» (1995: 369).

4. «Dije al mar mi sublime desventura»

lo marino se *refleja* en tanto exposición de sí mismo en el espejo de sus aguas y, a su vez, este mar *especula* con lo que comparte una marinería dada a las penetraciones e invaginaciones de sus *humores*.

Pronto la condición visual que privilegia cierta índole especular al momento de figurar al litoral perderá su pertinencia y brillo a favor de una condición acústica. La aparición del litoral marino devendrá entonces algo más que una entrega al orden de lo visible, y procederá como una detención y complicación de las expectativas sensoriales ante el aparecer del paisaje cercano al mar.

Los sonetos que componen «Voces del mar» llevan los siguientes lemas: «Pueblo de pescadores», «Mediodía marino», «Sugestión del mar» y «Los pescadores sueñan» (1995: 369-371). Sin duda, cada lema anuncia los términos de cada poema, pero también apuntan hacia el itinerario que permitiría distinguir y escuchar las «voces del mar». La cámara de resonancias marinas donde se escuchan las «voces del mar» se encuentra entre «el pueblo trepado sobre las rocas como / un cangrejo» (1995: 369), pasando por un «mar [que] se achata laxo bajo el sol, ...» (1995: 370)[13], hasta llegar a ese lugar donde «las aguas cantan; / [y] cunde el retumbo de la armonía sideral» (1995: 371). Esta cámara nunca depone su condición cavernosa y porosa además de ser la marca indeleble de la imagen archipiélago en Palés. La condición compartida conforma la cámara sensorial que el poema archipiélago replica:

> Tierras oscuras, bruma constante, aguas espesas,
> Y allá el pueblo trepado sobre las rocas como
> un cangrejo. Los hombres tienen naturalezas
> torvas, bajo el influjo de los cielos de plomo. (I, 1995: 369)

Esta condición del poema es compartida también por la figuración marina, que siempre se encuentra en estado de afectación de los sujetos/

---

[13] Estimulante por demás esta economía del comienzo del temprano poema marino palesiano donde al menos en dos ocasiones el símil enreda en sus efectos a la figura del cangrejo. En «Marina» (1917) se lee: «La mañana de yodo y marisco/ desparpaja en el mar su decoro,/ y el sol corre en las ondas arisco/ como extraño cangrejo de oro» (1995: 251).

objetos que le son inmediatos. Cámara y poema conforman el espacio de emanación de la imagen marina en Palés Matos. El temprano poema marino en Palés es la explicitación de una sensorialidad interpuesta y porificante. A final de cuentas este poema tampoco aspira a entregar el perfil visual del mar. La interposición que habilita el poema se encuentra, por su parte, allí donde el sujeto se sabe traspasado y procede a *tras-pasar* la irresolución marina, su corrosión incesante en la cualidad sensorial de sus imágenes. El «yo» ante las aguas interpone su sensorio y la imagen que éste produce se hace eco de la descarga marina y de su perforar inmediato. La *inter-posición* de estos cuerpos se manifiesta como un compartir el *tras-paso*, como cavidad, como recorrido de esa zona com-*partida* que al comunicar los cuerpos y los objetos marinos los *agujerea*, interviniéndolos con sus oquedades y haciendo así que el agujereo recuerde la condición porosa de los sentidos.

La porosidad ( ) es la forma que interpone el archipiélago antillano de Palés Matos. Esta interposición opera también en el Gran Archivo de las Cosas Caribeñas. Su célebre poema «Danzarina africana» (1917-1918), con el que, al decir de Mercedes López Baralt, Palés se convierte en el «iniciador indiscutible del negrismo en las Antillas hispánicas; nuestro poeta precede a Guillén, Pereda, Guirao, Tallet, Carpentier, Ballagas; incluso a Langston Hughes y a Claude McKay...» (1995: 255) termina con los siguientes tercetos:

> ¡Oh negra densa y bárbara! Tu seno
> esconde el salomónico veneno.
> Y desatas terribles espirales,
>
> cuando alrededor del macho resistente
> *te revuelves, porosa y absorbente,*
> *como la arena de tus arenales.* (1995: 255; énfasis mío)

La relación marina en Palés si vincula algo lo hace a partir de aberturas y orificios, no a partir de ligaduras o cabos. En su textualidad, el paisaje marino por igual descompone como produce, agita como cuece, desborda como retira esta condición espacio-temporal y subjetiva que manifiesta lo marino como *sugestión sensorial* y no como simple sucesión de indicios geográficos.

4. «Dije al mar mi sublime desventura» 267

El día con molestos resoles verticales
rebota en las techumbres con irritado grito;
el sexo abre sus goces profundos y abismales
bajo la noche hueca como un pozo infinito.

Fermentan las tabernas, el vicio se desborda
como un tonel encima de la embriagada horda
de marinos en largas abstinencias sexuales,

y se oye en el silencio de medrosa calleja
un grito desgarrado de mujer que se queja
en medio de espantosos dolores puerperales. (I, 1995: 369)

Sexo abierto, aberturas y pozos, sucesión de huecos, receptáculos, masas monstruosas pueblan desde entonces los paisajes marinos palesianos. La apertura de estas concavidades pasan del desbordamiento por fermentación, al desalojo de ruidos que la cámara acústica prepara para el silencio. El silencio es el recuadro para el próximo sonido, el de la muerte siempre inmediata a los goces de la embriaguez. La condición ética en estos paisajes marinos nunca está muy lejos de ser una condición etílica o de un humor consumido y producido por las estaciones en el litoral. Los modos del sujeto/objeto marinero y de su hábitat devienen materialización de una atmósfera y de un imaginario constituidos por fluidos sutiles («bruma constante, aguas espesas») por un *éter* condicionante que ancla la potencialidad sensorial y subjetiva de aquellos que lo respiran[14].

Incluso cuando el soneto II, dedicado a la representación del «mediodía marino», se esfuerza por presentar el centelleo de un paisaje que «brilla como un cuento / mitológico, y cunde un vago encantamiento / de hazañas piratescas y chorreantes tesoros» (1995: 370), la «descomposición» solar de sus oros sobre el mar y la falta de consistencia del paisaje luminoso no pueden sino declinar en paisaje lejano, «quimérico». El fulgor del mediodía presidido por la juventud y aspereza del sol no puede evitar

---

[14] Así el paso por un pueblo de negros se recorta cómo «El caserío inmundo se amontona en un rojo / pegote miserable de andrajos y ruinas, / y sobre el viento lento cunden ásperos tufos / de lodos y amoníacos, mientras en la sombra, / los sapos negros croan al fondo de la noche» («Esta noche he pasado», 1995: 257).

que el sujeto imagine y traiga a su presente *la sombra* del pirata, y que anuncie el «triunfo» subjetivo del «fulgor siniestro» del incendio pirata sobre el brillo del «cuento mitológico». Bajo esta luz de dudosa claridad el sujeto piensa «en los piratas de negra hiel salvaje / que poblaron el agua de episodios sombríos» (1995: 370). En fin, el afán luminoso no puede detener el avance en retirada de la oscuridad sensorial de lo marino que imagina el poeta. Y de repente, ¿es la hora de la siesta?:

> El mar se achata laxo bajo el sol, una lenta
> modorra va ganando la mente soñolienta
> que en un vapor oscuro disuelve su emoción...
>
> El paisaje se pone quimérico y lejano,
> y se oye sobre el ronco silencio del océano
> un cantar langoroso de inefable atracción. (1995: 370)

Los tercetos recogen los efectos cuasi-narcóticos del «vago encantamiento» que dispara el pensamiento pirata en el sujeto. Pero la modorra no es sólo un estado subjetivo, es también una situación que afecta al paisaje. Los tercetos registran el resultado del encuentro de dos cuerpos líquidos durante el mediodía: el mar y el hechizo imaginario que *cunde* de piratas, donde el extenderse imaginario del sopor termina eclipsando el brillo del mediodía. Se trata de un cambio de aspecto en lo que respecta al *paisaje* marino. El *paisaje* marino es, al final del poema, parte de ese *ambiente* oximorónico, luego, sinestético que permite escuchar «sobre el ronco silencio del océano» el trazo de la acústica marina, del cantar otro de su paisaje.

El poema del mar, en manos de Palés Matos, ensambla un avatar esponjoso que, de igual manera padece, replica y comparte el sujeto del litoral. El poema como esponja subjetiva. Esta esponja se mira en el espejo perforado del paisaje que contiene. Allí, el mar es una superficie maleable, «El mar se achata laxo, bajo el sol» ( ), que permite, por igual, reflejar y acicatear esos estados afectivos y sensoriales que identifican la marinería palesiana. En el soneto III con el lema «Sugestión del mar» los tercetos inscriben:

4. «Dije al mar mi sublime desventura»

> La voz del mar, la luna sanguinosa, el aliento
> viscoso de las aguas... ¡Horror! ¡Socorro! Siento
> que de la sombra llena de voces intranquilas,
>
> surge una masa informe, pesadillesca, cruda,
> y en medio de la noche plenilunar y muda
> *me clava inmóvilmente sus trágicas pupilas.* (III, 1995: 371; énfasis mío)

¿De dónde le proviene la sangre a esa luna? ¿Qué carne constituye esas aguas? La *sugerencia marina* que levanta el poema es la puesta en palabras del hechizo sensorial y la insinuación de las aguas como penetración y contagio. De nuevo, ante el litoral nocturno el *sensorium* que demanda el poema debe procesar fluidos y estar predispuesto a las sugestiones. La *sugestión del mar* es un despliegue sinestético: más una «voz» donde se toca un movimiento, una voz que fluye cual líquido, mejor, una direccionalidad de sentidos que una mera palabra que separa sus sílabas. Incluso, el *ethos* desatado, representado por *la sugerencia marina*, a diferencia de cualquier lógica de sentido (predominantemente moral) como la que poseen nociones cercanas al término «sugerencia» como *recomendación* o *consejo*, no transporta un sentido de beneficio para el receptor:

> La luna sanguinosa tiembla sobre el inmenso
> creyón nocturno, abriendo clarores instantáneos,
> y la costa difícil efunde un tufo denso
> de cavernas marinas y humores subterráneos. (II, 1995: 370)

La *sugerencia marina* no manifiesta ni presupone un especial interés o afecto de parte del mar hacia el sujeto/objeto que recibe su descarga. El primer momento de esta sugerencia es el subrayado estético de un paisaje marcado por una doble efusión: el temblor sanguíneo de la luna y el derrame de la «costa difícil». La sugestión marina manifiesta su vocación invasiva y persigue transformar del orden sensorial que ahora ocupa, satura, embriaga.

Este mar, nunca yoico, tampoco desea mirarse en el espejo de sus sugerencias. La sugestión marina es la inscripción del trance poético ante el litoral y es el trance imaginario del litoral. La sugestión marina es la firma misma del efecto inmediato y distante de lo marino. Y dicho trance sólo es sensible a través de continuos desgajamientos y desmembramientos, la precipitación que recogen sus versos y preparan la escena para el nacimiento de la voz sinestética o de esa «masa informe, pesadillesca, cruda» que habrá de *mirar* al sujeto como si lo clavara. De igual manera, la teoría del cuerpo poético o del paisaje marino en Palés Matos es ilegible sin una meditación sobre esta propensión y paladeo de cavidades, pozos, curvas que proliferan en sus versos. En este sentido, la representación erótica en Palés Matos, aquella que se sabe tocada por la mar, es con recurrencia la inscripción de un *daño* productivo, de una negatividad que gusta de figurarse como exceso, como penetración y derrame. *Daño* que en principio es una descarga, un «influjo» que libera la naturaleza marina sobre el *ethos* del litoral.

Ahora bien, la descarga como la penetración es lo que exhibe el mar como su tenor, como su voz. Esta acústica es indistinguible de su corporalidad agujerada. La mar no es figuración para lo translúcido, sino despliegue de una transpiración densa. Es este otro de los pormenores de esta *costa difícil*. La simultaneidad superpuesta de esfuerzos cinéticos recogidos en «la voz del mar», e inclusive su particular espesura, constituyen la inscripción de la singularidad corporal del mar palesiano. Para que la voz devenga clavo, para que el objeto penetrante sea análogo al humor marino, la bruma viscosa debe constituirse en mirada, en pupila especular. Ejercitado y tensado por una actividad que delata también la forma y figura del cuerpo marino, el mar, en Palés, raras veces evita ser un pugilato sensorial. Los términos del combate nunca son bipolares ni se los encontrará decantados en espacios impermeables el uno del otro:

> Abajo, el agua púgil, se descoyunta y raja,
> muscular y gimnástica como impulso salvaje,
> *y la voz del mar tumba como una enorme caja*
> de truenos sobre el vasto silencio del paisaje. (III, 1995: 371; énfasis mío)

Este mar insiste, por su parte, en ser la inscripción de un agua «muscular y gimnástica» —resaltada ahora— por la mudez del paisaje[15]. La mar

---

[15] Ya en el poema «Marina», de 1917, se lee: «Orto azul. Por el mar que convida / a la brega cual músculo fuerte, van los botes que llevan la vida / y los botes que llevan la muerte» (1995: 252).

y su voz son un conjunto de efectos que evitan *ser* meramente un algo identificable en el paisaje. La «voz del mar tumba como una enorme caja». En otras palabras, la voz del mar retumba como todo espacio vacío que libra su traqueteo contra el silencio, en este caso, del paisaje. Pero también la voz del mar suena cual *tumba*, como un tambor fatal o como caja entendida ahora como ataúd. El sonido del mar, su cuerpo, sería esa caída violenta, oximorónica, labrada por la nada sonora de la muerte. La voz del mar caja, la voz del mar muerta, la voz del mar tumba, la voz del mar re-suena. Muerte y tumulto, impaciencia y laxitud, trueno y silencio, extensión ilimitada y nada son modos de figurar la *contrariedad* sensorial del cuerpo marino en la poesía palesiana. Estas maneras de (re)*tumbar* no habría que verlas como la simple unión de contrarios que alguna lógica bienpensante lee, con el oxímoron, como una forma de amistar los enemigos.

La mar salida-orto, la mar tumba verifica el piélago, la hoja donde se abisman estos opuestos aparentes en la *llanura* convulsa y rota que es la mar abierta. La rotura del mar no es tampoco su ser fragmentado, despedazado. La rotura del mar no conoce un antes cuando fue parte del Todo. El mar como roto sinestético es lo que siempre señala el *estar* de las aguas marinas como comienzo del tiempo perceptivo de los cuerpos. El mar en avatar (tropical) –cosa oximorónica el revolcarse de sus aguas– es la combinación del *tropos* archipiélago con alguna condición sensorial que desee inscribir o trabajar con sus imágenes. El mar estético del Caribe es aquello que no puede dejar de transformar y agitar las técnicas desplegadas al momento de imaginar las relaciones de la tierra Caribe con sus aguas ( ). En esta estela, la imagen palesiana –esa imagen donde se juega el cuerpo algún imaginario marino– difícilmente evada esta exposición sensorial, ensamblada con contrariedades y abismada por contra-movimientos más que tensada por polos absolutos. Este saber(se) expuesto al mar, este manejar el saber del mar, es lo que la escritura palesiana repite con su propensión al agujereo, a figurar como cavernosidad aquello que singulariza al mar como masa viscosa y proteica.

El mar en Palés gravita hacia lo monstruoso, pues se trata de un mar que *muestra* aquí y allá sus apetencias sensuales como las que excita en los cuerpos[16]. El *monstrum* marino, como todo monstruo, advierte y señala —a través de su exceso de signos— su condición fenomenal, el *prodigio* (nunca) religioso que significa su cuerpo. La escritura palesiana nunca escamotea lo que se *expone* en relación con (y) ante lo marino. El contacto, su contacto, es la imagen informe de una corporalidad inconstante, inconforme con *ser* algo, e interpuesta en el poema, entregada allí a la afectación incesante de todo aquello que le es inmediato:

> Los pescadores tienen pesadillas monstruosas.
> Almas despabiladas en el marino empeño,
> cuando duermen, arrojan grandes formas viscosas
> por entre las cavernas fantásticas del sueño.
>
> [...]
> ¡Oh mente marinera que a fuerza de morar
> lo grandioso, se puebla de monstruos como el mar!
> Pescadores que un sueño de negro humor inunda,
>
> pasan la noche en hondos tormentos dilatados
> y amanecen ilógicos, sombríos, extraviados,
> tal como si brotaran de una inmersión profunda. (IV, 1995: 371)

Dobles cavidades, aguas duplicadas, orificios dobles encajados por su mutua invasión e implicados por expulsiones análogas. La «mente» marinera *mora* en la grandiosidad marina. Y esta morada, que se mira en el espejo de sus contigüidades, es la que «se puebla» de monstruos y la que se sabe «inundada» por los humores marinos. Morada abierta, espejo parentético ( ) habitación permeable y saturada, la mar es la hendidura que expulsa las imágenes. El poema marino, doble sinestético que le que construyera el poeta.

Luis Palés Matos se coloca ante el mar como quien se coloca frente a un lienzo a punto de dejar de serlo. Es quizás esta la lección negativa, la experiencia estética de su mar. Este dejar de ser es una experiencia

---

[16] «Abajo, el pueblo se cuece a lento hervir, en calurosa humedad. El crepúsculo es rápido, sofocante, y sobre el mar de estaño que cierra hacia el sur, húndese el sol, calamar gigantesco, ahogado en su propia tinta luminosa» (Palés Matos 2013: 138).

especular compartida por el sujeto poético y la mar. El mar palesiano es una experiencia mimética inseparable de la copia y corrosión de sus contigüidades. Dicha experiencia entorpece cualquier deseo puramente referencial, que aspire a pensar los objetos del archipiélago como totalidades simbólicas de fácil correspondencia con la evidencia antropológica del litoral caribe. De igual manera, la desaparición del sujeto es matriz poética y atraviesa el imaginario marino de Palés Matos. En su célebre poema premonitorio de muerte, «El llamado», lo contemplado en la superficie marina es análogo a la sensación subjetiva:

> Estoy frente a la mar y en lontananza
> se va perdiendo el ala de una vela;
> va yéndose, esfumándose,
> y yo también me voy borrando en ella. (1995: 634)

Frente a este mar, el sensorio palesiano *va* a contemplar un espacio estético que, además, subraya cómo las cosas *se van*, cómo las cosas se alejan o, lo que es análogo, el sujeto se coloca ante el mar para sentir el contagio de los haberes y cualidades acuáticos del cuerpo marino.

Ante el mar, el temprano sujeto poético palesiano parece pendular entre dos configuraciones que hacen de los espacios, cuerpos, de los cuerpos, superficies. La primera y quizás iniciática es aquella que nombra al «yo» como «amplio personaje» cuya superficie es también interioridad. De igual manera, ya este «yo» por igual es lienzo como cavidad, donde las afueras se entremeten e impregnan de efectos al sujeto. De sus primeros poemas, en «Sic ego» se lee:

> Yo soy un amplio personaje:
> albino lienzo de un paisaje
> que el Todo unta en mi interior,
> y cuya suavidad de raso,
> chupa en la llaga del ocaso
> el vino rancio del dolor. (1995: 22)

La escritura poética de Palés Matos es de una consistencia extraordinaria al preparar el espacio poemático como zona donde han de representarse los efectos sensoriales que experimenta el sujeto. Esta preparación, mejor, este *aderezar* la escena poética para la sucesión de las imágenes es una experiencia sensorial que, en importantes poemas, provoca enumeraciones o desfiles de imágenes que representan la subjetividad tanto de los espacios íntimos como la particularidad de lo que Palés representa como cultura antillana. Dicha disposición arrastra una temporalidad cuyos efectos buscados necesitan cierta distensión. Este compartir de especificidades corporales entre hablante y objeto representado es una de las marcas que recorren toda su obra literaria y en la que, sin duda, inciden sus lecturas de Baudelaire, Darío, Herrera y Reissig y E. A. Poe, entre otros.

En este temprano estadio del poema (archipiélago) palesiano, el mar no emerge aún como paisaje u objeto que «adorna» el litoral, mucho menos es nombrado como tal. El mar es una dilatación y su dilatarse es lo que se abisma en el escenario del poema. La segunda configuración del sujeto poético en el joven Palés ocurriría en la oscuridad submarina, quizá, de la mano de la metonimia, en las «brumas interiores» de una organicidad lujuriosa. En «Sic ego», este «así soy yo», la presentación poética del «yo» es parte de un *sumergimiento visual* que produce la imagen de la personalidad poética como perla:

> Rijo la sonda de mi Ojo,
> mezcla egoísmo, fiebre, antojo,
> en mi honda personalidad,
> y de mí mismo al extraerla,
> sale borracha de una perla
> de embeodante claridad.
>
> Perla divina, perla fina:
> zarco suspiro de neblina,
> llena de Psiquis y ebria de
> esencia vagamente antigua:
> sándalo y ámbar... Gota ambigua
> de caridad, ensueño y fe. (1995: 23)

Este hundimiento en sí mismo es precondición para que la dilatación avance según se suceden los versos. Aquí la imagen del «yo» la recoge ese comprimido que ha ocurrido «dentro» del poeta. El ojo es puesto

4. «Dije al mar mi sublime desventura» 275

allí, sumergido en la «honda personalidad» a *regir* una transformación mineral, escatológica, averiada pues la concreción a la que adviene la perla acaba como «gota ambigua» donde proliferan imágenes y afectos. Sin embargo, ¿mide el «yo» allí la profundidad de su subjetividad, o expone los habilidades de su «Ojo» a esa sensualidad amalgamada como quien se presta a un aprendizaje? El «yo» poético es simultáneamente el ojo de la persona poética como la subjetividad rijosa, libidinosa producida desde la perla. Este temprano «yo» palesiano emerge como una concreción nacarada que ha rumiado, entre conchas, un molusco submarino. La ambigüedad que resuena a partir de ese «rijo», ya como conjugación del verbo «regir» o como propensión sensual, materializa al «yo» como emisión ambigua de una ostra de otro tiempo. El «yo», cual perla, es lo que expulsa la apertura calcificada y, por lo general, cerrada de la ostra subjetiva. Esta perla yoica es un monstruo mineral que, además, insiste en la ebriedad y espacialidad constitutivas de su aparecer estético. No estaría demás recordar que toda ostra es un filtro, un paréntesis ( ) calizo, que respira y come mientras atrapa, en su cuerpo baboso, sedimentos, algas y sustancias que navegan en las corrientes. De igual manera, la ostra excreta como masca sus desechos. Otra cosa no es la perla.

Este poema no puede sino llevar los afanes «yoicos» de la voz al desfiladero de referencias y precisiones de la imagen archipiélago. El paisaje no es el doble de la voz poética sino la superficie desnuda que verificaría su desaparición deseada. Esta difuminar «yoico» es un modo de integrarse a la condición corporal, cual ventosa o herida, que caracteriza al paisaje:

> Yo anhelo el choque formidable
> de lo invisible y lo palpable,
> en el connubio sepulcral:
> quiero estrellar mi pobre nao,
> y difundirme, como un vaho
> dentro del Alma Universal. (1995: 25)

El sujeto poético para emerger debe rendir su singularidad a esa amplitud que asegura el proceder de las imágenes: un presente en sucesión. El poema no atiende los antecedentes originarios de esa pintura que el Todo *unta* en el interior poético. La interioridad es consustancial a su carácter liso. El «yo» termina succionado *en* la «llaga del ocaso» por el devenir líquido del dolor. Incluso, la imagen en el temprano poema archipiélago de Palés se sucede como efecto de un desastre náutico: el choque sensorial, sinestético entre «lo palpable», «lo invisible» y lo secretado. La imagen como eructo del «yo».

> Pasa el desfile de visiones,
> ceremoniado de emociones
> que erupta, opíparo, mi «yo»…
> Se descontorna la emotiva
> virginidad de perspectiva…
> y, el Hombre en mí, resucitó… (1995: 24-25)

Sin ese «descontornar» la perspectiva, sin desdibujar el perímetro perceptivo la imagen no sucede. El «yo» desaparece, pierde su «virginidad» afectiva (efectiva) para que emerja «resucitado» ese dudoso hombre de las mayúsculas que eructa su emoción.

Otra inscripción temprana del quehacer marino en Palés Matos nos acerca al mar a través del trabajo sensorial que efectúan sus *descargas* en la tierra. En «Este olor a brea…» el sujeto designa el olor como una doble cercanía: la del puerto y la del olor mismo *traído por este*. Más aún, el olor a brea prepara el sensorio que habrá de figurar el imaginario espacial y moral del pueblo de Arroyo, en la costa sur de Puerto Rico.

> Este olor a brea me trae el puerto…
> Un pueblecito blondo que se aúpa
> sobre el miedo del mar y prende velas
> a la Virgen del Carmen; casitas que se rascan
> al calor estival, cuando el sol gira
> sobre la cobardía de los techos. (1995: 31)

Se trata de un paisaje olfatorio, una suerte de *smellscape* caribeño donde el olor a brea abre una larga sucesión de imágenes para la vecindad contigua al puerto del pueblo[17]. Sin embargo, el espacio social que habrá

---

[17] «Just as odours exist in time and change with time, so do they exist and change within space. In the Andaman Islands, for example when the species of *Sterculia* flower

4. «Dije al mar mi sublime desventura» 277

de representarse en el poema no es una sucesión de aromas u olores. Tampoco el sujeto poético se dedica a la taxonomía moral del pueblo a partir de lo que los olores le *dicen* o le *hacen* al pueblo. El olor de brea dispone la experiencia espacial y sobre todo la experiencia ética, incluso gestual, que el puerto transporta y efectúa sobre el pueblo. El poema apuesta por el tiempo de una imagen que, pivoteada en este caso por lo olfatorio, desate una mímesis que logre capturar un trajín pueblerino singularizado por sus cuerpos.

> Un pueblecito tierno,
> inocentón a fuerza de muchachas
> de duras y sabrosas pantorrillas,
> y de dorados senos,
> y de caderas audazmente rítmicas,
> y de labios carnosos y voraces,
> y de ojos entornados porque temen
> que se haga noche el día, (1995: 31)

Lo olfatorio, por lo tanto, moviliza un sensorio que contempla los cuerpos y su trajín como un modo de presentarnos la singularidad del pueblo costero. Muy rápido el olor a brea que *trae el puerto* escenifica un conflicto de cuerpos, de carnes que especifican la naturaleza del miedo pueblerino y el porqué tras ese *auparse* sobre el mar. El olfato es quizás el sentido más «sospechoso» y por igual desestabilizador de las pretensiones de unicidad de todo sensorio occidental que cristaliza un «yo» distintivo ante alguna otredad, o cuando este reflexiona sobre

---

called *jeru* comes into blossom, "it is almost impossible to get away from the smell of it except on the sea shore when the wind is from the sea". Such potent floral scents make the Andamans "islands of fragance" surrounded by the salty smell of the sea. The opposition between the air of the jungle and the sea provides the Andamenese with an olfactory definition of the space in which they live. That space is further differentiated by more localized odours of villages, dens of animals, different plant zones, and so on. Together these configurations of odours constitute the olfactory landscape, or "smellscape", of the Andaman Islands[7]» (Classen & Howes & Synnott 1994: 97). En la nota 7 escriben: «The notion of smellscapes is derived from the work of D. Porteous, particularly his *Landscapes of the Mind: Worlds of Sense and Metaphor*, Toronto, University of Toronto Press, 1990»).

su singularidad ante los demás. El olor que *trae* consigo «[e]ste olor a brea...» es una sucesión de imágenes que deja en suspensión −como si flotara− la indistinción ética de esta comunidad costera y la condición de litoral marino. El poema aquí es un trabajo con la continuidad paradójicamente iniciada y obstruida por ese *miedo del mar*. El olor a brea del puerto ha puesto en alerta al sujeto poético ante la particularidad inconsciente de la ciudadanía pueblerina:

> Este olor a brea me trae el puerto...
> Por la mañana pálido,
> al medio día moreno
> y por la tarde lánguido:
> sollozo, deseo y desmayo.
> Tal Arroyo, trepado en el sahumerio
> de su fe y religión; sollozo neto
> de inconsciente virtud... ¡Oh la mañana (1995: 31)

Un olor que deviene color, adjetivo, exhalación, cuerpo. «Este olor a brea...» es un texto que hace de la experiencia olfatoria el detonante para un paisaje sensorial donde se registra una lucha ética entre cuerpos costeros secretamente vinculados. La lucha no esconde los instantes donde esta virtud *inconsciente* de lo caribe irrumpe con su verdad, haciendo de su irrupción la verdad de su cultura. La aparición en negación, paradojal, del *potens* corporal, impuro de sus sentidos. El pueblo de Arroyo, literalmente, se convierte en este poema en un arroyo negativo, de espaldas, en este caso *negando* la potencialidad multiforme, lúbrica y ética del día marino.

Ahora bien, ¿por qué anudar la indistinción *moral* entre los espacios y los modos corporales del pueblo, esos adentros o los afueras que temen por igual la cercanía de la noche, los giros del sol de mediodía como los efectos de la cercanía marina? La dudosa sensación de distancia que genera el «yo» palesiano en el litoral puertorriqueño (¿desde dónde percibe el litoral esta voz poética?) obliga a preguntar: ¿es la isla materialización de un miedo al mar, o es *el miedo del mar* la *carne* de la cultura del litoral (cotidiana, arquitectónica) *despertada* en más de un imaginario por el olor del puerto? ¿Es este miedo del mar lo que *levanta* al pueblo costero en la isla, o es contra dicho miedo que *se eleva* la población isleña? ¿Por qué tanta «cobardía» cifrada en el poblado? Esta afectividad negativa del mar, como la que exhiben «los techos», no tiene una procedencia clara entre los versos. ¿Cómo o cuándo deviene la tierra *miedo del mar* sobre el cual el pueblo *se aúpa*? De igual manera, ¿cuándo y cómo es cobarde un techo?

La mañana constituye el comienzo sensorial del poema y un conjunto de sensaciones inscribe el tiempo de esta labor marina, limítrofe, que determina la redundancia acuática que comunica el final del poema –el *líquido* imaginario del trajinar pueblerino en la mañana *desembocará en* las aguas marinas y vice versa–. Pues la mar ya ha trabajado *entre* los cuerpos del pueblo:

> ¡Oh la mañana fresca de salitre,
> y marisco, y alboroto de marinos,
> y suave tintineo de carretillas,
> y mugidos de buey, y yerbas frescas,
> y expresión maternal de las gallinas,
> y abanico de palma, y gloria de
> el sol, como una copa de buen vino
> echándose en el mar, oh la mañana! (1995: 32)

Líquido vertido en lo acuático, la sensorialidad matutina, solar del pueblo se derrama «como una copa de buen vino» en el mar. La mejor figuración de este cuerpo compartido por la mar y uno de sus pueblitos costeros es este lanzarse a rebosar, en verdad, a redundar las especificidades de una sensibilidad compartida tanto por el sujeto como por sus objetos poéticos:

> Tal Arroyo en la fuerza paradójica,
> de su romanticismo por las tardes,
> bajo la lepra santa del ocaso,
> cuando el día se acumula en el crepúsculo
> y se va yendo tenuemente frágil
> sobre el moaré del mar...
> se humedecen de llanto las campanas,
> se humedecen de llanto los rosales,

>   se humedecen de llanto las palmeras,
>   se humedecen de llanto las orillas,
>   se humedecen de llanto las llanuras,
>   se humedecen de llanto las montañas,
>   se humedecen de llanto los recuerdos,
>   se humedecen de llanto los amores,
>   y todo el pueblecito se humedece
>   de llanto como un gran paño de lágrimas
>   tendido a la piedad de un gran dolor.
>   ¡¡¡Oh la tarde en el seno compasivo,
>   del pueblecito blondo que se aúpa
>   sobre el miedo del mar!!!
>   Este olor a brea me trae el puerto... (1995: 32)

La «democracia sensitiva» del pueblo costero es un avasallante mojarse, humectarse del paisaje cual llanto. La temporalidad costera, de nuevo, *se va*, se precipita con delicadeza en la textura marina. En la tarde coinciden los tejidos que se vierten: el *gran paño de lágrimas* sobre el *moaré del mar* representan el *tenderse* a los pies de un «gran dolor». En el crepúsculo la condición epidérmica del pueblo declina y «democratiza» la humedad de sus tejidos como forma de representar un dolor cuya causa o razón nunca se explicita. Este encuentro de telas, por su parte, certifica la doble aparición, textual y estética, de la relación acuática que firma la *textura cultural del pueblo costero*. Allí *se va todo tarde, se va todo en la tarde a perderse* en las aguas.

La representación del tiempo y el espacio cotidianos del pueblo sureño no se cansará de enfatizar el trabajo sensual de los elementos costeros sobre el *ethos* cotidiano de la población, así como también vincular el «miedo» o cobardía ciudadanos a rituales de la fe o la religiosidad asociados al cristianismo. *El irse de las aguas es cónsono al irse del tiempo, a su pérdida replicada por el Arroyo puertorriqueño*. Por lo tanto, el olor del puerto transporta un dolor imaginario, la contracción dolorosa de un cuerpo social que se niega a usar el cuerpo en tanto cuerpo. En este tiempo de sensaciones se encuentran y se confunden las acumulaciones en un mismo tejido que no puede sino hacer(se) agua. La fragilidad emocional y material del pueblo fluye hacia el mar porque allí encuentra su doble vacío sobre el cual diluirse. Esta disolución es el dolor y el paisaje. Por esto el llanto es una mismidad sensorial expansiva, y allí el mar moja, no por ser un cuerpo de agua, sino porque se trata del mar imaginario, entendido aquí como un tejido propenso a las ondulaciones que es la imagen. El mar en «Este olor a brea» se figura llanto extendidísimo porque ondula, porque deviene un pliegue acuático ( ) que satura todo aquello que toca. Aquí la saturación es consecuencia del pliegue y no secuela de algún empapado. El carácter sinuoso del mar en tanto superficie estética es lo que le confiere su condición líquida, no al revés. La ondulación secreta. La ondulación es secreción. La afectividad que recubre el espacio del pueblo logra su mejor extensión sensorial a través de ese tejido capaz de recibir el cuerpo del otro. Por estar llenos de pliegues, porificados, ambos cuerpos se encuentran y se funden. El remojo en tanto pliegue es la condición imaginaria del agua marina, su cuerpo de sensaciones.

Ahora, ¿por qué esta humedad es la humedad del llanto y no necesariamente la del mar? ¿Quién o qué llora de tal modo? ¿Por qué? La onda expansiva del tejido marino encuentra, de modo sorpresivo, su doble metafórico, más bien su némesis, en el llanto. Durante la hora crepuscular se precipita del llanto, en tanto éste inaugura una particular temporalidad para lo indistinto. El llanto es la imagen de un paisaje que ha dejado de ser, que ha dejado de aparecer en la complexión de sus cuerpos. El llanto, por lo tanto, es la «compasión» del litoral ante ese negarse de los cuerpos a salir, a exhibirse en las afueras, en las calles y descampados del pueblo. Desde este momento del poema podríamos mirarle la cara a «la cobardía» de los techos del pueblo. El techo es la estructura que le opone el pueblo a la exposición, a la intemperie. El techo es aquello que parece protegernos de los elementos, es el signo estructural mismo del cobijo, del refugiarse al interior del domicilio. El ocaso contiene asimismo, cual «lepra santa», la fuerza paradójica del signo romántico que es el pueblo de Arroyo. La cobardía, el miedo religioso del pueblo al darle la espalda a la tensión irresuelta (romántica) entre el cuerpo de su metáfora («fresca de salitre, / y marisco») y el «orden» natural del litoral. En este caso en particular, las metáforas del litoral, las metáforas marinas no son combinaciones o comparaciones entre dos elementos sino el sondeo de la superficie voluminosa que en las afueras parece contener el sentido de la vida y el destino cotidiano del *ethos* pueblerino. En la hora crepuscular el mar puede *cosechar* el trabajo marino (afectivo) de la cotidianidad cultural del litoral, una vez el sol ha dejado de girar, de acosar el cuerpo diurno del pueblo. El llanto es, así, la pena poética, la aceptación imaginaria de la voz ante el único gesto de *levantamiento* del pueblo, auparse sobre el miedo del mar como un modo aceptar su carácter «maligno», incluso «pecaminoso». Antes hemos leído:

> Tal Arroyo, enyugado al peso firme
> de un sensualismo dulcemente exótico
> que le vuelve coqueto: sol perverso
> riéndose en las calles, y encendiendo
> frús-frús en el nido del pecho. (1995: 32)

El llanto es la pena poética ante la «resolución» de este conflicto, cortejo de cuerpos como escena de deseos intransitiva que suprime cualquier comercio carnal ciudadano desenfadado. La afectación púdica de los modales del sensualismo exótico *no sale a encontrarse* con la perversión que se exhibe en la intemperie. Este sol diurno es otra monstruosidad costera, un pariente aéreo del mar titánico que leeremos en «Canción de mar» o del mismísimo mar de la mañana marisquera del pueblo. La perversidad es ese encender los *frús-frús*: onomatopeya para el roce de los tejidos, para el frotamiento de los cuerpos. Entre el *moaré* y el *paño de lágrimas* la onomatopeya textual, la combustión de esa otra textura, el *frú-frú ígneo*, es la experiencia sensorial, la valentía a la que públicamente se niega el pueblo. El llanto final es el tejido de una resignación ciudadana protegida, temerosa de los rigores de un afuera, cobijada apenas bajo el techo de los modales de la culpa y la genuflexión moral. El paisaje llora ante la cobardía, la falta de acometimiento que destila la economía de deseos pueblerina: «Pereza de deseo y pereza / de laxitud nerviosa» (1995: 32).

Al momento de desenhebrar *el miedo del mar* sobre el que se eleva el pueblo de Arroyo depóngase, por lo tanto, un presupuesto. El mar en Palés Matos no es meramente una circunferencia, o el escenario natural de la vida de los pueblos isleños. El mar en Palés Matos es un elemento, un volumen monstruoso, una carne en lucha con la tierra y su aparecer no siempre coincide con una condición limítrofe, exterior a la tierra. El precipitarse del pueblo al mar crepuscular –espejo de sus rituales de expurgación y limpieza moral– produce el llanto del paisaje costero, en tanto el tiempo del crepúsculo ha desactivado la perversidad del sol, declinando en nada la sensualidad diurna del pueblo.

Lo que arrastra el olor del puerto y agita al sujeto es este imaginario para una sensibilidad ciudadana paradójica, *recogida* en el paisaje crepuscular pero irremediablemente *yéndose* «frágil / sobre el moaré del mar…». Este poema es un arco de imágenes para el pueblo de Arroyo una vez se le ha sentido el tufo al puerto. Se trata, por lo tanto, de construir un paisaje poético con la pacatería moral de un pueblo provinciano que lidie con el reto del olor del puerto. El merodeo sensitivo, ante el miedo del pueblo, es el tiento de una verdad corporal compartida. El poema es la escritura de este palpar un doble cuerpo hecho carne de litoral caribe; cuerpo que además la sociabilidad pública niega y teme. La voz pre-siente la participación común del pueblo con la mar, la empatía de sus carnes con *un sensualismo perverso*. Esa tela que ondula, el mar, es secretamente la verdad íntima de esos cuerpos del pueblo que se *pierden*, en este caso se derrochan sin gusto en la mismidad ondulante de las aguas marinas.

Este poema no es una suerte de acto de memoria, ni tiene la forma de un fluir de la conciencia disparado por el olor del puerto. El poema es el testimonio de lo que *lleva el olor a brea del puerto* consigo, la descomposición metafórica de la descarga cultural, espacial e imaginaria del pueblo provinciano. El olor no anuncia cualidades nutricias del litoral marino sino las impresiones que inscriben el claudicar de un deseo que apenas se ha paladeado. El poeta aquí, por lo tanto, es quien ha presenciado las *emanaciones* del litoral, el texto de su naturaleza «romántica», el tejido de relación entre la tierra y la mar a través de sus narices. La escritura poética, por lo tanto, es la disposición de las imágenes que la emisión costera desata y de la cual el techo provincial «protege» (niega). En esta estela, la imagen del litoral no es otra cifra estilizada de los avatares biográficos del poeta, sino la malla de afectos y efectos que su imagen entraña en la materialidad del poema.

Como quien contempla con detenimiento un cuerpo vestido para apreciar sobre el detalle de las telas, los tejidos, *la textura* estética que sólo el cuerpo cubierto acentúa. La costura de las aguas del archipiélago en Palés Matos va de la mano de una escritura poética que opera atando corrientes, trazando el encuentro de los cuerpos de agua. Cualquier intento burdo que haga de este mar caribe el doble antropológico o incluso sociológico *sentirá* sus aspiraciones de sentido intervenidas y obstruidas por *estas partes de la experiencia marina* que se niegan a cristalizar el Todo, llámese este resultado el Meta-Archipiélago, el Mediterráneo caribeño o la Continentalidad Caribeña. La mar caribe siempre devuelve a la altamar, al piélago los elementos que en principio inspiraron su imagen. Esta devolución no es una eternidad feliz. Esta deglución de un Todo por sus partes se niega a la mismidad de la tierra o sus poblaciones, reinstaurando sensorialmente la otredad innegociable de lo marino, paradójicamente imbricada en la familiaridad de las tierras del archipiélago. Es esto lo que niega y perpetua la abertura ( ) de archipiélago, la invitación a un más allá perceptivo, a un más allá del orden del discurso institucional en el Caribe. La corrosión archipelágica del sentido, la devolución constante de los elementos constitutivos de la playa de sentido caribeña a una extensión o superficie que nunca los asimila en un Todo provee una imagen para el materialismo que dinamiza este Caribe. Esta sacada de orden y la amalgama de sentidos en Palés Matos entorpecen las fáciles interpretaciones o equivalencias simbólicas, incluso conceptuales. La *poiesis* archipiélago de Palés Matos, al contradecir una expectativa verosímil o incluso alegórica de sus aguas, *libera*, *secreta* una nueva literalidad: aquella que devuelve la experiencia del poema a una esfera de sensaciones sumergida en su inconclusión y en su singular oscuridad. Los afectos y sugestiones marinos idos, fugados, indescriptibles, son el tiento de esta descarga negativa del mar palesiano.

La expulsión, si se quiere la *exhalación*, es aquí la imagen marina por excelencia, que además duplica la lógica corporal de las aguas marinas palesianas. Pues en este litoral lo cercano redunda en inmediatez, amplitud y contaminación. Más aún, la cercanía con lo marino de inmediato deviene infiltración, penetración que desdibuja límites y especificidades. El litoral palesiano es el sitio donde se ejercita una mímesis lúbrica. La *poiesis* marina es una extraña morada activa en su porosidad y reconocible por sus expulsiones, por sus *descargas* somáticas. Por eso una lógica contraria transporta las mismas consecuencias. La mar es una familiar dimensión activa en su porosidad y reconocible en sus ingestiones, en sus disgregaciones. El saber del mar, por lo tanto, su imposible pedagogía política aparecerá en aquellas tecnologías que experimenten con su cuerpo contrariado, tensado por las heterogeneidades que lo exponen. Se trata del saber de un cuerpo lleno(-)vacío, *entre-tenido* en sus partes, que no se cansa de manipular (incluso cuestionar) las lógicas de la corrosión y del consumo. La superficie marina donde se ejercita este saber es grieta, raja y longitud. Más aún, la mar es la insinuación poética de una inmensidad de posibilidades sensoriales, políticas, que aparece y desaparece cual orificio en pulsación.

> IV
> «¿Qué es la vida?», el marinero filosofa.
> «Un gemido sumergido en una estrofa;
> un puñal entre asfodelo, margarita y tulipán;
> dulcedumbre de palmera que sal traga
> vuelo raudo de gaviota que se embriaga
> sobre el lomo en movimiento de la mar». («Boguemos», 1995: 91)

5.

«Luchando por salir de su agujero»:
poéticas marinas ( ) paisajes digestivos
en el *Tuntún de pasa y grifería* (1937-1950)

> Y si yo soy el traductor de las olas
> Paz también sobre mí
>
> Vicente Huidobro, «Monumento al mar»
> (1978: 125)

«Canción de mar»

Contendiente ofuscado en una lucha que parece, por igual, tanto un destino como una avería subjetiva, el mar del imprescindible *Tuntún de pasa y grifería* entrega su apoteosis imaginaria en «Canción de mar»[1]. La mar en el *Tuntún* levanta una serie de imágenes decisivas para pensar en las posibilidades éticas y políticas de lo antillano en la obra de Luis Palés Matos. Más aún, una lectura de lo marino en Palés podría considerar

---

[1] «Canción de mar» es el poema con el que Palés Matos cerrará la sección «Flor» en la edición de 1950 del *Tuntún*. Reproduzco la nota 301 de López-Baralt en *La poesía de Luis Palés Matos*: «Arce no incluye este poema dentro del conjunto del *Tuntún*. Sigo la voluntad de Palés en la segunda edición de 1950, quien cerró la sección «Flor» con «Canción de mar», que sigue –coherentemente– al poema «Aires bucaneros». Nuestro original lo constituye la versión O 57 [edición de Federico de Onís (UPR 1957)]. Contamos con la versión autógrafa, fechada por el mismo Palés en 1943 (SEH [Seminario de Estudios Hispánicos]/UPR [Universidad de Puerto Rico, Río Piedras]), y con una versión publicada en 1944, sin datos y con una foto del mar chocando contra unas rocas (SEH/UPR, SP/UI [Sala palesiana de la Universidad Interamericana en Guayama])» (Palés Matos 1995: 608).

mejor la política literaria de los textos palesianos, incluso ayudaría a releer algunas de las «enigmáticas» declaraciones del autor puertorriqueño en torno a su *ser político*[2]. El *Tuntún* abre sus tempranas figuraciones de lo marino en concordancia con la presentación escenográfica conjunta del libro y del archipiélago caribeño, como espacios que recogen la *performance* de la cultura caribe[3]. Los sujetos u objetos destacados por ese «telón isleño» en el «Preludio en boricua» del *Tuntún* (Palés Matos 1995: 502) son esos cuerpos en procesión, literalmente las islas y sus personajes estereotípicos empeñados en desplegar sus potencialidades e impotencias sobre el «yermo de un continente» (1995: 503). Sin embargo, desde la salida del libro se especifica la localización del «negro» en este escenario:

> Y hacia un rincón –solar, bahía,
> malecón o siembra de cañas–
> bebe el negro su pena fría
> alelado en la melodía
> que le sale de las entrañas. (1995: 502)

Este negro dedicado a escucharse, a escuchar la melodía entrañada de su cuerpo, comparte el carácter incierto de otro poema clave en el *Tuntún*, «Ñáñigo al cielo», donde el negro muerto en la historia es elevado al cielo de Jehová y logra armar una fiesta en el cielo, un «borococo», escribe el poeta, y al final no se sabe quién es Dios y quién es el negro confundidos en un abrazo y en un poderoso tufo a ron. La escenografía

---

[2] Quizás la más conocida sea la declaración que hiciera al periódico *El Mundo*, publicada el 13 de noviembre de 1932: «Siempre he sido independentista, pero entiéndase, independista en trágico, en dramático, de los que ingenuamente creen en la independencia a cualquier hora, en cualquier circunstancia y a cualquier precio. No concibo otra solución más práctica para el magno problema espiritual en que se debate nuestro pueblo...» (citado por López-Baralt en 1995: 489).

[3] «Para Palés el Caribe no es un todo, sino el conjunto abierto y cambiante de varias etnias entrecruzadas, de varias comunidades intersectadas. Si el *Tun Tun* [sic] es un libro tan particularmente performativo, tan teatral en su composición, lo es porque el conjunto de poemas puede leerse como una representación de la raza como diferencia, como el tropo de la diferencia. Los poemas se despliegan, no a través de la esencia ontológica de la raza, sino a lo largo de su escenario: el archipiélago del Caribe» (Ríos Avila 2002: 152).

poética que es el *Tuntún* nunca olvidará esta condición limítrofe de esa escucha alelada, ebria. Entre el aturdimiento y el éxtasis bobo, el *Tuntún* trabaja una musicalidad que en estos casos reverbera en el aparato gástrico. La palabra «entraña» comenzará a aparecer en momentos claves y nunca estará muy lejos del imaginario que se levanta en el libro para representar al mar. Este preludio entrañado subraya la condición liminar, de extramuros, del sensorio que privilegia el *Tuntún*, como también apunta hacia la cavidad de labores y emanaciones que sostiene el cuerpo poético palesiano.

Regresemos a la boca del mar. *La dilación marina* de Palés Matos, que en otras ocasiones es demora dramática, expectativa poemática, cederá en el *Tuntún* una vez el mar devenga materia del poema y no sea meramente la superficie sobre la que se despliegan los personajes y las tierras del Caribe. La aparición de lo marino es un componente imprescindible para apreciar el imaginario y la temporalidad sensorial que inician las aguas marinas en el *Tuntún*. Devenido cuerpo o personaje, el mar palesiano insiste en demostrar la incomodidad y el forcejeo que firman sus aguas. ¿De dónde proviene esta incomodidad que escribe el mar palesiano? ¿Cómo se produce esta apetencia por el agite como imagen-emblema del mar palesiano? ¿Qué tipo de productividad destilan las imágenes marinas en el *Tuntún*? Y claro, ¿dónde se tocan el mar y las entrañas del *Tuntún*?

Se trata (como se verá más tarde) de una incomodidad vinculada a un lugar por igual lejano como impúdico, cercano como «evidente». También se trata de la explicitación de un gozo por igual inútil como productivo. El tiempo que *se ha tomado* este mar es el tiempo que la experiencia poemática dispone para convertir la superficie marina en cuerpo y eventualidad sensorial en la lectura. La demora en hacer aparecer al mar en tanto cuerpo voluminoso responde a una temporalidad corporal que confecciona el poema archipiélago en Palés Matos. Este diferir la aparición «plena» del mar, su emerger como titán o monstruo colosal en «Canción de mar», expone que dicho aplazamiento significante es una experiencia de lectura de la obra palesiana, no una decisión del autor. Sin embargo, un recorrido cronológico de su obra levanta algunas preguntas ante el *cuerpo* marino en Palés Matos. La escritura del poeta difiere el cuerpo marino al momento de explayar los efectos de la mar sobre el cuerpo de sensaciones trabajado por su poema. Y este demorarse, como la aparición plena del carácter colosal del mar, constituyen la poética de la posibilidad política de los cuerpos del mar Caribe en Palés como un modo de articular el *potens* de la zona caribe.

El mar poético del *Tuntún* primero se ofrece en contigüidades, luego deviene superficie para los desplazamientos, estera para el espectáculo de la isla sobre el archipiélago –«ágil bayadera- danzas / sobre la alfombra del mar / con fina pierna de palmas» (1995: 563), para emerger en «Canción de mar» como titán sensorial cuya *superficie* no esconde los *pespuntes* de la tierra: «abotonado de islas / remendado de continentes, / luchando por salir de su agujero» (1995: 608). El asunto de este mar será un asunto de orificios y de su resistencia ante la gravedad de la tierra. Este proceder marino nunca dejará a un lado la condición conflictiva, tensa e intensa de la corporalidad desplegada entre las islas. Consistente con la poética humoral de la temprana serie «Voces del mar», «Canción de mar» es con rigor un canto hecho *con mar*, construido con el cuerpo-la carne de sus imágenes y gracias a sus sugerencias. No se trata de una canción entonada por el mar, pues lo marino en el *Tuntún* vuelve indistinta la canción de mar, del *canto* de mar, la musicalidad de su pedazo de carne[4].

La mar del comienzo en Palés Matos es superficie horadada, lindero afectivo: zona de navegaciones que no excluye los empantanamientos[5].

---

[4] Cuerpo incómodo, ansioso por desocupar su lugar en la tierra, el cuerpo marino de los últimos días de Palés será una recámara sorda, el margen, la abertura negra, hueco ( ) donde el sujeto tantea sus opciones finales: «Un mar hueco, sin peces, / agua vacía y negra» o en los ojos de la amada «…negro hondón de sus pupilas / que son un despedirse y una ausencia, / algo me invita a su remota margen / y dulcemente, sin querer, me lleva» (1995: 634-635).

[5] Mercedes López-Baralt persigue una imagen que le parece central («polisémica», «bipolar») en la obra poética de Palés Matos. La denomina «el barco en la botella». Su exhaustivo rastreo y fichaje de las figuraciones del «barco», «el pantano» y «el barco en la botella» en *El barco en la botella: la poesía de Luis Palés Matos* culmina en una interpretación «yoica» del «ten con ten» palesiano. La suya es una lectura erudita que «personifica» y «explica» estos avatares del imaginario palesiano en dos registros: por un lado, tendríamos figuraciones del inconsciente atormentado y «empantanado» del poeta en la sociedad colonial, y en otro registro, sortearíamos figuraciones de «la esencialidad» antillana que su poesía pone en movimiento. Hasta qué punto la lectura de la imagen palesiana que López-Baralt lleva a cabo es una lectura «dialéctica» o le

Este mar es, hasta el final, una superficie tanto para los desempeños estéticos de la isla, de las tierras y objetos del litoral, como para los de aquellos sujetos expuestos a sus aguas. Así la verde y huracanada isla que en «Ten con ten» baila «sobre la alfombra del mar» (1995: 563) luego será «botón» en ese «overol azul» que recubre el cuerpo de titán mitológico en «Canción de mar». Esta superficial y metamórfica *situación marina* nunca será abandonada en el *Tuntún*. En numerosas ocasiones dicha situación constituye una escena erótica, ligada tanto a la sensorialidad y deseo del «yo» como a sus travesías afectivas. Así en «Plena del menéalo» se lee:

> En el raudo movimiento
> se despliega tu faldón
> como una vela en el viento;
> tus nalgas son el timón
> y tu pecho el tajamar;
> vamos, velera del mar,
> a correr este ciclón,
> que de tu diestro marear
> depende tu salvación.
> ¡A bailar! (1995: 615)

La escucha del bochinche isleño que es la isla es la manera que escoge el «yo» poético del *Tuntún* de participar y agitar la performance potenciadora del meneo:

> Bochinche de viento y agua...
> sobre el mar
> está la Antilla bailando
> –de aquí payá, de ayá pacá,
> menéalo, menéalo–
> en el huracán. (1995: 613)

---

hace justicia a las categorías psicoanalíticas que maneja es algo, cuando menos, discutible. López-Baralt demuestra el carácter pionero de muchas de las imágenes de Palés Matos en el archivo «negrista» y antillano moderno, pero su concepción de la imagen palesiana no puede evitar recalar en una concepción biografista del sujeto poético.

Si a la Antilla se la invita a que se mueva, si a la Antilla se le pide que *lo mueva* como un modo de proyectar «en la eternidad / ese tumbo de caderas», mejor. Ante el mar de «Canción de mar», la voz poética parece exhibir otro modo de la proyección y figuración del cuerpo en distensión archipelágica[6]. Como si cambiara el foco y le subiera el volumen a su sensorio, el sujeto poético en «Canción de mar» deja la persecución de su objeto marino predilecto, la «mulata-Antilla», *mareada* y *mareante*, para concentrarse en ese cuerpo que hasta ahora ha servido como escenario para los desplazamientos del archipiélago.

Ahora el mar será objeto del trajín metafórico del poeta. Los cuerpos del archipiélago en el poema, a primera vista, continúan siendo cuerpos antropomórficos, pero «Canción de mar» registra tanto un cambio como una continuidad en el imaginario archipelágico de Palés.

> *Dadme esa esponja y tendré el mar.*
> El mar en overol azul
> abotonado de islas
> y remendado de continentes,
> luchando por salir de su agujero,
> con los brazos tendidos empujando las costas. (1995: 608; énfasis mío)

Este cambio en la aparición de la imagen marina ocurre en medio de esa situación (afectiva, tonal) con la que Palés firma la urgencia y la demanda de su deseo y tenencia marinos. Continua ese juego de partes que *reflejan*, contienen y mimetizan sus contigüidades, sin embargo, ¿a quién se dirige ese mandato, ese pedir la esponja como modo de apropiarse el mar? ¿A la isla, al mar mismo? Al lector, en última instancia, o a alguna figura próxima al «lugar» donde se encuentra la esponja. Aun más, ¿de qué manera *dar* la esponja, el don de la esponja, le entregaría el mar al «yo» poético? ¿Qué significa, por lo tanto, *tener el mar*, obtenerlo? La imagen marina que moviliza la esponja es el engarce entre cuerpo y significante; incluso el desate de la contorsión de todos los términos

---

[6] «Dale a la popa, danzando, / que te salva ese danzar / del musiú que está velando / al otro lado del mar. / Ondule tu liso vientre / melado en cañaveral; / al bulle-bulle del viento / libre piernas tu palmar;» (1995: 616).

que comprenden la secuencia poética desatada por el mandato: dadme-don-(esponja)=mar. La súbita representación del cuerpo marino como un cuerpo en labores forzadas se mirará en el espejo de ese mandato, en el «dadme» que inscribe la potencialidad poética como remedo de lo que es y puede hacer el mar. La esponja que deberá ser entregada parece activar la posibilidad del trabajo poético entendido aquí como producción de imágenes para la labor y sujeción marinas. La voz a través del mandato desea devenir doble del mar, replicar su potencia imaginaria. Pero un enigma cubre a la voz poética con ese presupuesto de cercanía y potencialidad marinas «contenidas» en la esponja. Se trata de un desafío corporal, de una provocación incitados por el mandato mismo: *si me das esa esponja contendré un cuerpo que no cabe en ningún lugar y lucha incluso por escapar.* El imperativo «dadme» ¿busca ayudar al mar en su lucha por escapar de la tierra o es otro modo más de sujetarlo? El enigma reside en la clara contradicción de magnitudes y dimensiones que arrastra la habilidad de la esponja para contener al mar. Más aún, la monstruosidad del mar palesiano es también el trazo del trabajo marino sobre la situación sensorial de los sujetos del litoral[7].

Cuando comprendemos que la esponja es otra *prenda* poética del archipiélago, marca de una cualidad somática específica, la imposibilidad espacial que blasona el verso (atrapar el mar en una esponja) desaparece. Cuando dejamos que la esponja sea el doble imaginario del sensorio marino que pivotea el *Tuntún*, su talismán, otra lógica de lo espacial y lo corporal emerge. En efecto, el mar de «Canción de mar» no es un cuerpo desnudo, aquí emerge como un cuerpo tejido. O su urdimbre es sinónima de su exposición. El mar de «Canción de mar» es superficie cubierta de remiendos, cosida, cogida y conectada a dos superficies: la tierra y el cielo.

---

[7] Ya en un texto contemporáneo a «Canción de mar», en *Litoral*, se lee: «En los días de marejada la llanura retiembla con su voz esponjosa y abrumadora, produce la sensación de un gran silencio. Al escucharlo, en el duermevela de las madrugadas friolentas, siento un placer medroso y sombrío. ¡Mañana estará la costa llena de fuco fresco, de azules aguavivas, de conchas, de esponjas, de estrellas de mar, *de todo lo que el monstruo, revolviéndose en sí mismo, se ha arrancado de las entrañas como si se hubiese abierto las tripas con un olímpico* harakiri*! ¡Y ese olor de bestia encelada que llena el ámbito...!* (Palés Matos 2013: 51; énfasis mío).

Más aún, son esos jirones y botones los que paradójicamente subrayan la forma humana de su cuerpo, como también hacen sensible que este cuerpo es un cuerpo sujetado. Estos recosidos (el continente y sus islas) inscriben la condición del mar como cuerpo a la intemperie y sobretodo como cuerpo *sujetado* a la tierra. Su intemperie es la exposición de su laboreo imaginario como condena subjetiva.

Entre botones y remiendos, la esponja, por su parte, ofrece una alternativa textual, otra *textura* íntima por donde acercarse a los sentidos de ese deseo de fuga que escribe el mar. La esponja desfamiliariza la posibilidad antropomórfica del cuerpo marino. Entrar en contacto con su atributo supremo, la porosidad, es un modo de *palpar* la singularidad de esta poética marina y sus productos: sus imágenes. Así, tener la esponja es imaginar el mar, percibir su contención y sus descargas. La petición urgente de la voz poética, por lo tanto, presupone y desea el *toque prodigioso* de lo marino. El mandato interpela el regalo sensitivo, la potencialidad corporal de la imagen imantada por la porosidad marina: el (con)tacto y reproducción que hacen posible las aguas marinas a pesar de estar sometidas a la fijación telúrica. Luego de que la voz poética, con la demanda, inscribe el enigma de dimensiones que supone la captura marina por la esponja, el poema puede comenzar a representar la labor del mar, su *canto* a través de ese anhelado contacto con su parte emblemática: la *esponja*. La esponja es imagen, *poiesis* y forma. La esponja es el cuerpo de la imagen marina. La esponja es la *imagen de mar*.

El llamado a la entrega de la esponja, por lo tanto, despeja el espacio que necesitan las proezas imaginarias del «Jornalero del Cosmos» (1995: 608). En avatar antropomórfico, el mar es primero «jornalero», «Peón de confianza y hércules de circo» (608), «minero» más tarde, hasta recalar en un «Hércules prodigioso» (1995: 610). Esta condición «laboral» del mar no habría que leerla como una mera celebración proletaria del sujeto marino. Este mar obrero, en overol, es la figuración de un cuerpo atado a una labor incesante con visos de condena inevitable. El mar es la imagen donde la voz poética se reúne con una *parte del objeto marino*, la esponja, para confeccionar con ambos (mar y esponja) la propuesta política de la imagen marina palesiana como trabajo incesante.

Este doble marino que figura la forma de la esponja de ninguna manera oculta la sujeción que padece el mar en su agujero de tierra. La esponja es una suma de agujeros, una relación diferente con la gravitación que abisma en los agujeros. La esponja transmite la productividad contrariada, negativa incluso, de la estética desplegada por ese mar palesiano que pugna por escapar. La esponja es una forma que moviliza la imposibilidad de salida experimentada por el mar para producir esta otra inverosimilitud del mar palesiano. El mar de Palés Matos no puede evitar producir imágenes desde su sujeción a la tierra. La fuga marina sólo es posible como imagen de un deseo que no alcanza su objeto. El no poder ser libre del mar palesiano asegura que el mismo no cese de *liberar* imágenes. Una vez el mar siente sobre su cuerpo la gravitación del «agujero», pugna por ensayar su deseo de libertad como un modo de exhibir el cuerpo. La imagen es la lucha cuerpo a cuerpo como una actividad que lo des-sujete de la tierra. Esta es su paradoja, su tragedia corporal. «Canción de mar» es un poema sobre la imagen contrariada de una *salida* para la libertad, no la ideologización poética de alguna receta para la liberación de los pueblos del archipiélago.

Ahora bien, de existir alguna melodía marina, alguna «canción *del* mar», su acústica estaría conformada por otras imágenes: corrientes, fenómenos atmosféricos, volúmenes hechos sensibles por el amasar continuo de las aguas poéticas de Palés. El mar en «Canción de mar» es más un pedazo de cuerpo que un personaje que canta. De hecho, el mar aparece como una superficie en las afueras del mandato con el que abre el poema. Esta exterioridad, incluso, es acentuada por la imagen de la esponja. No sólo por el carácter poroso de esta última, sino porque la esponja misma torna sensible el fluir multidireccional que define el laboreo marino y las aspiraciones de sentido del poema. La esponja viene, por igual, a exacerbar como a resolver la diferencia y la tensión que atraviesa al mar en su relación con la tierra. La situación anfibia de la esponja ancla el horizonte perceptivo del poema. La elementalidad múltiple inscrita en su cuerpo (sólida y líquida a un mismo tiempo, aparentemente inanimada) es otra representación de lo marino como una condición de la imagen como avería oximorónica que exhibe y desfamiliariza su objeto. La avería morfológica es aquí la copia del agujero como condición constitutiva del mar como un cuerpo que podría ser contenido: la grafía porosa donde cabe lo inmenso en tanto cuerpo movedizo. Es con la esponja en la mano que el sujeto puede aspirar a figurarse *dueño* de la potencialidad de ese cuerpo fenomenal cuyo volumen es idéntico a su deseo de fuga. Sólo la imagen que es la esponja puede ayudar a con-tener –defectuosamente– ese cuerpo que lucha «por salir de su agujero». Extraordinaria y avasallante es esta apoteosis marina como contemplación de una lucha contra el agujero de la tierra que figura la libertad como un proceder agujereado, como una performance llena de huecos, como un proceder irreparable, averiado entre y por los rotos. La libertad marina es aquí la figuración de un deseo de escape *mal contenido* por la masa porosa y porificante de la esponja ( ).

Este *locus* archipiélago que diseña el acontecer de la imagen es consecuencia del contacto con los haberes y saberes del mar. El «yo» poético aspira a reproducir(se) con el mar, a ser su doble escritural. La tenencia de la esponja es lo que desata la escritura. En «Canción de mar» el archipiélago registra esta economía desafiante y descontrolada entre el vacío y el hueco (y la subjetividad que el poema exhibe). Entregado el don de la esponja el cuerpo marino deviene cuerpo antropomorfo y simultáneamente pura magnitud. Este mar, tanto «Himalaya invertido» (1995: 609) como cuerpo en «overol azul», encuentra prendas con la capacidad de *con-tener* esa masa hecha de aguas y abocada a las profundidades en las imágenes de la esponja y el botón (isla). La mar materializaría su poética, más bien su cuerpo, en el entra y sale de las aguas que paradójicamente constituyen y movilizan un volumen a partir de estas prendas estéticas. Así la política marina es aquí hacer un cuerpo, constituir un espacio de acción donde no parece haberlo y exhibir la productividad intensa de su sujeción. En este sentido, el mar de Palés Matos no es exactamente un mar infecundo, incapaz de la productividad (agrícola) que rumorea en el vocablo «cultura». De nuevo, la «cosecha» marina en «Canción de mar» devela una *agricultura* imposible, donde no se recogen frutos convencionales sino objetos estéticos, sensorialidades, *performances* facilitados por el contacto con el *don de la esponja*.

>Dadme esa esponja y tendré el mar.
>Peón de confianza y hércules de circo

5. «Luchando por salir de su agujero»: poéticas marinas ( ) paisajes digestivos   297

en cuyos hombros luce su acrobático genio
la chiflada y versátil *troupe* de los meteoros… (1995: 608)

La esponja es la forma del mar, el espejo poroso que «contiene» su vacío constitutivo. Esta forma marina es, a su vez, un cuerpo que soporta y duplica los desempeños estéticos que sobre él ocurren. La esponja, además, promete la averiada contención del mar que, sin embargo, determina las imágenes de la productividad marina. La esponja inscribe la capilaridad abrumadora del archipiélago marino, la apertura formidable de esas aguas ( ) estéticas. Esta capilaridad es la *textura* de la superficie donde la criatura marina refleja el cielo nocturno. Pues la esponja es la agujereada por excelencia, la que hace de las curvas una direccionalidad absorbente múltiple y emisora. La esponja es la efectividad estética misma del mar figurado por Palés Matos, la mejor imagen para el sensorio político y estético que dona aquí el archipiélago palesiano como espacio abierto y espejo carnal.

Luego de las tres estrofas iniciales, el «dadme» se convierte en «ved» al interior de un largo paréntesis donde Palés alinea una extraordinaria galería de fenómenos atmosféricos, dobles performáticos de la lucha marina contra el agujero de tierra. El mar en Palés es superficie para el *despliegue* (palabra cara a esta poética) y su cuerpo sostiene y aprecia cómo lo atraviesan el tifón, el monzón, el huracán, el ciclón, el simún africano, la cellisca con sus «trombas hermafroditas» (1995: 609) e incluso el iceberg[8]. La poética archipelágica en «Canción de mar» es el

---

[8] López Baralt en la nota 307 al poema reconoce: «La voluntad exótica de Palés emplea en este poema voces como "yagatán", "rischa", "ulalumes" y "cellisca" que no hemos logrado definir» (1995: 608). La permuta de la «t» por la «g» le esconde a la crítica el término «yatagán»: «Especie de sable o alfanje que usan los orientales» (Real Academia Española 2014). De igual modo, el vocablo «rischa» en los versos, «El mar infatigable, el mar rebelde / contra su sino de forzado eterno, / para tirar del rischa en que la Aurora / con rostro arrociblanco de luna japonesa / rueda en su sol naciente sobre el agua» trabajaría con dos posibles imágenes, 1) *rickshaw*: «A light two-wheeled passenger vehicle drawn by one or more people, chiefly used in Asian countries» (Oxford Dictionaries 2014) o 2) *Alrisha* o *Alrischa*: el nombre tradicional para una estrella en la constelación ecuatorial de Piscis. «Al Rescha, or Al Rischa, derived from the Arabians' Al Risha', the Cord, is 20° south from the head of Aries,

testimonio estético de ese continuo lanzamiento de objetos imaginarios sobre el mar o sumergidos ya en él. El mar, además, es quien *estetiza* el globo planetario, lo llena de objetos e imágenes que si bien el poema identifica con culturas históricas del planeta, son fenómenos atmosféricos o criaturas marinas que logran hacer lo que el mar no podría: escapar de la gravitación de la brecha marina. El tifón, el monzón, el tornado, el huracán, el ciclón, el simún, la cellisca, la tromba y el iceberg, criaturas-procederes que amalgaman el agua y el viento, lo líquido y lo sólido y en traslación parecen escapar del agujero que atrapa al mar, mientras lo relevan. Estos fenómenos, además, exhiben performances corporales cercanas a las de «la verde isla estilizada» de «Ten con ten», a la Tembandumba de «Majestad negra» o a la isla-nave de «Plena del menéalo». Más aún, los desplazamientos de estos «sucesos» atmosféricos los facilita el agua, el uso y relación con el agua; con ella adquieren las dimensiones y cualidades metamórficas de lo líquido. Estos fenómenos son atributos de este obrero acuático que ha hecho, de su sujeción y encierro, exceso, secreción y desorden. Todos replican el deseo marino por zafar de las verdades de la tierra y, de algún modo, están relacionados con la esponja:

> Sobre su pata única, vertiginosamente,
> gira y gira el tornado mordiéndose la cola
> en trance de San Vito hasta caer redondo.
> Le sigue el huracán loco del trópico
> recién fugado de su celda de islas,
> rasgándose con uñas de ráfagas cortantes
> las camisas de fuerza que le ponen las nubes;
> y detrás, el ciclón caliente y verde,
> y sus desmelenadas mujeres de palmeras
> fusiladas al plátano y al coco. (1995: 609)

2°.7 north of the celestial equator, and marks the knot in the united cords of the Fishes; the same title being applied to beta (β) Andromeda (Mirach). This word originally may have come from the Babylonian Riksu, Cord» (Constellations of Words 2014). «Ulalume» es un célebre poema de Edgar Allan Poe, escrito en 1847 (Poe 1975) y «Cellisca: Temporal de agua y nieve muy menuda, impelidas con fuerza por el viento» (Real Academia Española 2014).

5. «Luchando por salir de su agujero»: poéticas marinas ( ) paisajes digestivos

El despliegue de esta productividad portentosa del mar no esconde su eventualidad negativa, pues la contemplación del mar confirma que este trabajo del mar es consecuencia de su «sino de forzado eterno» (1995: 610). La canción de mar que escribe Palés Matos es, entonces, el imaginario de un prisionero que insiste en producir sus imágenes aun en medio de su condición *forzada*. La esponja es su claraboya y su matriz. La tierra abierta, la fuerza de gravedad de ese «agujero», parecería impedirle incluso al mar que manifieste su deseo por ser doble del cielo.

El sujeto poético, por lo tanto, exige la esponja como un modo de iniciar un trabajo con los múltiples vacíos e imposibilidades que inscriben la esponja. Sin embargo, ¿por qué demandar la esponja ante el espectáculo del mar «por salir de su agujero»? ¿Qué vincula a estos dos cuerpos, a estas dos imágenes que se prestan el cuerpo de su singularidad? Es incierto el deseo del sujeto poético ante el esfuerzo del mar por escapar. Podría incluso percibirse que ese deseo por *tener* el mar es análogo a la gravitación que padece el mar en «su agujero». La diferencia radica en que el sujeto poético palesiano desea el contacto, incluso el contagio con ese cuerpo que forcejea, para con su forcejeo, producir las imágenes. Una invisible o inaudible creencia sinestética (*sinestesia*: del griego *syn* = unión + *aisthesis* = sensación) amarra la promesa contenedora que el contacto con la esponja produciría. La esponja *entrega* al mar por tratarse de una experiencia perceptiva, sensorial, aconteciendo en el presente de su sensacionalidad. No se trata de una experiencia de la memoria o de un cotejo de atributos. Esta unión de sentidos, en verdad de espacios o formas marinas, en el caso del con-*tacto* de la esponja no aspira a visualizar el mar o la esponja misma. La *sinestesia* sumergida en «Canción de mar» es una sinestesia táctil que aspira a hacer sensible la cualidad corporal del mar y su imaginario. *Tener el mar* por lo tanto implica tener acceso y participar de su condición de cuerpo brotado, excedido y secretor. Desde esta habilidad para *secretar* imágenes, la esponja *explaya* y miniaturiza el cuerpo excedido y tenso del mar. El secreto de esta poética es la esponja; el secreto del mar son sus secreciones.

Dadme esa esponja y tendré el mar.
Jornalero del Cosmos

> con el torso de músculos brotado
> y los sobacos de alga trasudándole yodo,
> surcando el campo inmenso con reja de oleaje
> para que Dios le siembre estrellas a voleo. (1995: 608)

Esta condición de la imagen marina nunca será espiritualizada en la poesía de Palés Matos. Palés nunca le niega el cuerpo, con sus pelos, olores y señas, a la reproductibilidad estética marina. La imagen marina, como el cuerpo marino, es aquí brote, secreción, irrupción, nunca es una abstracción. Esta representación de cuerpo marino como experiencia cinésica en despliegue de su carnalidad voluminosa es consistente con representaciones del mar en otros momentos de la obra palesiana[9]. El mar palesiano es un cuerpo imantado y atrapado por la abertura planetaria (el agujero) que lo obliga a una incesante producción metamórfica de imágenes y paisajes. Cuando el mar palesiano es un cuerpo voluminoso *echa cuerpo* (adquiere volumen y musculatura), echa imágenes como consecuencia de ese laboreo continuo contra su sujeción terrena. Tocar la esponja, a fin de cuentas contactar, es unirse a esa secuencia de estímulos que definen lo marino como un imaginario del absorber y expulsar. El trabajo del mar no es su *ser*, sino la conmoción de su condición espacial.

Esta «condena» estética del mar es por igual resistencia como deseo de fuga. La mar es un cielo que no puede volar; una magnitud sujetada a la que dios procede a sembrarle estrellas. Incluso devenir espéculo del cielo, superficie que replica, recibe y modifica las imágenes que se le ofrecen, es otro modo contrariado de resistir y responder, desde la imagen, a esta sujeción terrena. Al no poder escapar de la tierra, el mar palesiano decide trabajar con sus adentros. La lucha contra la tierra por igual le da cuerpo a la intemperie marina como a sus imágenes submarinas:

> Dadme esa esponja y tendré el mar.
> Minero por las grutas de coral y madrépora
> en la cerrada noche del abismo

---

[9] En un temprano poema de 1917, «Marina», se lee «Sobre el mar que a la brega convida / palpitante cual músculo fuerte, / van los botes que llevan vida / van los botes que llevan la muerte» (1995: 251).

5. «Luchando por salir de su agujero»: poéticas marinas ( ) paisajes digestivos   301

>   –Himalaya invertido–
>   le alumbran vagos peces cuyas linternas sordas
>   disparan sin ruido en la tiniebla
>   flashes de agua de fósforo
>   y ojos desmesurados y fijos de escafandra. (1995: 609)

El sensorio marino, activo ahora en las profundidades, pasea su singularidad entre contradicciones sinestéticas: disparos sin ruido, linternas sordas, flashes de agua, ojos ciegos. Este mar es un cuerpo expuesto y penetrado, en emanación aun cuando es escenario o volumen para los desempeños de los otros. La transformación como matriz poética del archipiélago encuentra en el mar palesiano (o en su esponja) su mejor cavidad. La expulsión es el mejor signo para la sensorialidad marina palesiana. La expulsión, incluso, es la firma estética del mar-órgano palesiano. De modo similar, la esponja –doble metamórfico del mar– en tanto objeto agujereado es un organismo capaz de expulsiones y brotes. Superficie absorbente, dada a las penetraciones o los sumergimientos, tanto la mar como la esponja tienen la capacidad de «devolver» los objetos que antes han incorporado.

>   Abajo es el imperio fabuloso:
>   la sombra de galeones sumergidos
>   desangrando monedas de oro pálido y viejo;
>   las conchas entreabiertas como párpados
>   mostrando el ojo ciego y lunar de las perlas;
>   el pálido fantasma de ciudades hundidas
>   en el verdor crepuscular del agua…
>   remotas ulalumes de un sueño inenarrable
>   resbalado de monstruos que fluyen en silencio
>   por junglas submarinas y floras de trasmundo. (1995: 610)

La mar palesiana recoge *una fábula profunda donde se exhibe el potens marino*. La devolución de la esponja ocurre a través de esta puesta en escena submarina, hecha con naufragios, desastres y oscuridades. Allí topamos con otro avatar para el mar poético palesiano en el símil de la concha como ojo entreabierto: la concha entreabierta (paréntesis calcificado) muestra «el ojo ciego y lunar de las perlas». El mar es este mostrar sus objetos con «funcionalidades» negativas. Incluso, el mar encuentra otro doble en ese paréntesis calcificado ( ), «ojo ciego» que más que ver algo significa otra *ex-posición* del proceder imaginario que «en silencio», por lo bajo, exhibe otro cuerpo «crepuscular».

Así, cuando la abertura deviene concha archipelágica, la mar es otra figuración para la poética-política del poema palesiano. El titán archipelágico de Palés Matos lleva el *traje* hidrográfico de la poética marina palesiana[10]. El mar es el héroe sometido, obrero estético del Caribe palesiano, subyugado somáticamente al exhibicionismo corporal de esas prendas que sólo destellan cuando son expulsadas *más allá*, donde el otro las recibe y les contempla su secreto. La sujeción de este obrero no es al capital en su sentido marxista, sino a la gravitación sensorial del «agujero» que lo retiene y sujeta, al capital simbólico del agujero terrestre. Su productividad incesante es inseparable de ese laboreo continuo, de esa lucha «por salir de su agujero» (1995: 608). En esa abertura el mar deviene sujeto de las imágenes, allí labora contra la sujeción telúrica y dicha sujeción deviene luego, en el mar, superficie ofrecida, abierta a las intervenciones estéticas, a las penetraciones de las poéticas globales. Dicho laboreo también deviene exhibición de su musculatura. La poética archipiélago de Palés Matos ante la cavidad subyugante de la tierra (su agujero) moviliza la corporalidad agujereada de la esponja como forma de incorporar y desafiar –en negativo– los sentidos a los que obliga el agujero. La tensión de este «forzado eterno», «con el torso de músculos brotado», es metáfora para el oleaje (aproximación y alejamiento) como el empeño de un cuerpo de sentidos que resiste la fijeza de las costas sin poder evitar apoyarse en ellas.

Por lo tanto, la esponja entrega al mar porque la forma de esta duplica la lógica porosa con la que Palés inscribe el sensorio marino de su poema. La efectividad poética del mar palesiano es esta habilidad para absorber,

---

[10] Ante el titán marino de Palés que insiste en escapar de la tierra sería interesante colocar el titán lloroso del Rubén Darío en «A un poeta»: "Nada más triste que un titán que llora, / hombre-montaña encadenado a un lirio, / que gime, fuerte, que pujante, implora: / víctima propia en su fatal martirio. // Hércules loco que a los pies de Onfalia / la clava deja y el luchar rehusa, / héroe que calza femenil sandalia, / vate que olvida la vibrante musa» (Darío 1984: 176).

succionar, copiar y claro, expulsar las imágenes de este proceder. La esponja, en tanto doble metamórfico de la mar, está saturada de imágenes. Mar y esponja, ambas las *secretan*. El trabajo con el vacío produce la forma marina. Sus dinámicas de exposición, ingestión y expulsión activan esta lógica corporal grata a las extremidades y a los extremos. Formas negativas también ya que se activan para incorporar o expeler los fluidos del otro, incluso de lo otro sobre su «alfombra de mar», *negando* lo que torna aparente el «agujero» terrestre.

En resumidas cuentas, ventosa es la mar palesiana. Muy cerca estamos ya, si no es que nunca hemos salido, del estómago palesiano, de *esa parte* del aparato digestivo cuyas paredes esponjosas segregan jugos y enzimas. Sus dobles submarinos (la esponja o la concha) se abren ( ) para dar paso a los fluidos. La ventosa marina, incluso, está muy cerca de esa organicidad capaz de producir ventosidades, fluidos y vapores. Se tiene al mar *por* la esponja, porque la mar palesiana es una experiencia estética distendida en el poema como aspiración y ex-presión, incorporación y descarga de las imágenes. Ya la esponja tironea los saberes del estómago y avizora su aparición.

La tarea del sabor: el estómago de Palés Matos

En una temprana reseña de *La isla que se repite*, el crítico Juan Duchesne Winter leía las singularidades y, por qué no, las evidencias históricas que Antonio Benítez Rojo le atribuye a la especificidad cultural caribeña. Bajo el provocador título «Europa habla, Caribe come», Duchesne Winter meditaba en torno a *la cubanización* del Caribe que el libro de Benítez Rojo parece transportar. Duchesne Winter también anotaba la vacilación del texto ante categorías recién halladas en el archivo filosófico del posestructuralismo y la postmodernidad y, sobre todo, enfatizaba las «totalidades primordiales» que el escritor cubano paseaba a la hora de imaginar el perfil estético del Caribe. La reseña de Duchesne Winter finaliza con una agresiva crítica a la figuración del intelectual que *La isla que se repite* reproduciría:

¿Por qué este retorno, no de lo reprimido, sino de lo represor, de la compulsión de homogenizar lo otro? En ello se manifiesta la propensión populista de bastantes intelectuales latinoamericanos de pretender representar con su voz a su cultura, es decir, a su pueblo («mi gente»), de querer hablar por quienes por definición previa «no hablan» o si se admite que lo hacen, necesitan de todos modos «intérpretes», pues sus lenguajes, también por previa definición, serían supuestamente intraducibles, esotéricos, extraños al gran ritual de la razón y el saber, es decir, el poder. (Duchesne Winter 1991: 318-319)

Si bien no comparto esa suerte de veloz decantación que separa las actividades del comer, el hablar y el pensar en el texto de Duchesne Winter, quisiera, sin embargo, continuar este cuestionamiento sobre el *cuerpo propio* del Caribe figurado por alguna escritura que le entrega a las metáforas y devenires gastronómicos la lógica de sus resonancias. Se trata, a dos manos, de una tradición intelectual y de un orden discursivo vastísimo. *Almuerzos en la hierba, Cuba es un ajiaco, banquetes lezamianos, banquetes canónicos, comidas profundas, elogios de la fonda, Callaloo*; comida y literatura parecen compartir más de un comensal o por lo menos (que no es poco) todo un *corpus* en el Caribe.

Las figuraciones de ingestión y cocimiento en el *Tuntún de pasa y grifería* levantan imágenes para pensar la irreductibilidad del archipiélago confeccionado no sólo por la mano y boca, también por el estómago de Luis Palés Matos. El escritor Edgardo Rodríguez Juliá, quien en más de una ocasión ha cruzado letras con tenedores, o libros con platos, en uno de sus textos entrega una pista para acercarnos a uno de sus últimos avistamientos[11]. En las páginas finales del ensayo *Luis Palés Matos y su trasmundo poético* descubriré finalmente el pasaje aludido por Rodríguez Juliá (de Diego Padró). Allí lo encontraremos reposado y provocante, esponjoso aún, produciendo la saturación estacionaria como imagen para las últimas travesías que en vida ensayara el poeta mayor puertorriqueño. El libro que recomendara Rodríguez Juliá es un breve ensayo escrito

---

[11] «Aprovecho el pequeño homenaje a J. I. de Diego Padró para recomendarles uno de mis libros favoritos. *Luis Palés Matos y su trasmundo poético* (San Juan: Ediciones Puerto, 1973) es, sin duda, una de las grandes semblanzas y memorias de la literatura puertorriqueña» (Rodríguez Juliá 2003: 27).

por José I. de Diego Padró, que podría calificarse como el registro de la amistad y las tensiones entre dos escritores puertorriqueños durante los primeros 50 años del siglo XX. De Diego Padró escribe allí la última conversación que tuviera con el poeta Luis Palés Matos, además de recordarnos que el restaurante sanjuanero *La Mallorquina* fue escenario de frecuentes tertulias entre escritores puertorriqueños de principios del siglo XX. Según de Diego Padró, su última conversación con Palés giraba en torno a la supuesta falta de madurez de los escritores jóvenes del entonces presente. Estamos en el emblemático 1959, año de la muerte de Palés debido a un ataque cardíaco. Cuando de repente, a rajatabla (la expresión es de Diego Padró), le pregunta a Palés lo siguiente:

—Bueno, ¿qué estás haciendo ahora?
(Referíame a algún empeño intelectual.)
Me respondió:
—Nada... ¡Comer!... Después de los cincuenta años no se hace más que comer.
—Por eso estás tan gordo.
—Sí. Estoy pesando ciento ochenta libras. No puedo prescindir de los spaghetti. Tú sabes que los prefiero a cualquier otro plato. Si se unieran en un sentido longitudinal todos los que he emburrado en esta vida, creo que formarían un cordón que podría darle la vuelta al mundo. (De Diego Padró 1973: 80)

Cuando la escritura del poeta comienza a cesar por los achaques de la edad, el poeta «trabajará» con sus entrañas. Más bien el estómago de Palés en sus últimos días releva la escritura como nave para las sensaciones y espacio para los recorridos. Entonces el poeta cena porque no escribe o el cenar y la digestión devienen experiencias del tránsito; poéticas del tránsito de las sensaciones previas al trance final. Desde esta escena crepuscular podríamos ahora volver a visitar los momentos gastronómicos, inclusive repensar el imaginario asociado al ingerir que recorre el *Tuntún de pasa y grifería*. Ahora la simultaneidad de lo digestivo y lo escritural, la sinonimia de lo culinario y lo literario devienen lógicas de significación constantes en el libro insignia de Palés. A través de las páginas del *Tuntún* se pueden encontrar, por lo menos, dos modalidades del ofrecimiento gastronómico del poeta puertorriqueño. Por un lado, desfilan las enumeraciones frutales, los productos y sustancias locales que transmutan y metamorfosean sus atributos:

> Eres ahora, mulata,
> todo el mar y la tierra de mis islas.
> Sinfonía frutal cuyas escalas
> rompen furiosamente en tu catinga.
> He aquí en su verde traje la guanábana
> con sus finas y blandas pantaletas
> de muselina; he aquí el caimito
> con su leche infantil; he aquí la piña
> con su corona de soprano… Todos
> los frutos ¡oh mulata! tú me brindas,
> en la clara bahía de tu cuerpo
> por los soles del trópico bruñida. (Palés Matos 1995: 571)

Por el otro, se desplazan representaciones del paisaje poético, incluso del cuerpo, como consecuencias de una cocción impostergable.

Ahora bien, comer implica incorporar eso que, en ocasiones, aderezado allí se ofrece. Ingerir, aprehender a través del plato o la bebida que brinda sus sabores y texturas son operaciones de sentido con las que una subjetividad singulariza sus «modos de sustento», negocia una relación con la otredad y localiza en la historia algunos de los rituales de su sociabilidad. Sin duda podría rastrearse el momento en que lo alimentario deviene históricamente una estética culinaria. Interesa ahora ante la mesa palesiana, sin embargo, esta posible relación con lo otro como una experiencia de la lengua, en más de un sentido, un modo de adobar la lengua al momento de exponer qué significa *vivir la vida, existir en ella*. No me interesa tampoco «antropologizar» lo caribeño a través de las variadas imágenes digestivas producidas por algunas estéticas en la región caribeña. Estas imágenes de ingestión y de ofrecimientos culinarios consienten una reflexión sobre los modos de participación política de la palabra literaria, o si se quiere, las comidas que confeccionan algunas poéticas en el Caribe son entradas de lleno en los poderes estéticos y políticos de la metáfora y de la literalidad misma de estas confecciones. De igual modo, la gastronomía, en tanto estética culinaria, es un umbral donde parpadea esa indistinción de aconteceres de vida y aconteceres de muerte que son el cuerpo.

Las *políticas ingestivas* en ocasiones trafican sus sentidos desde una inmediatez y un cuerpo metafórico que pasan por desapercibidos dada su «sencillez». El trabajo culinario de la letra, la contigüidad de la cocina y el paisaje son, específicamente en Palés Matos, modos de darle espacio a una singularidad imaginaria que el poeta denomina «paisaje digestivo». *Paisaje digestivo*: enunciado con el cual Palés designa la condición de sus panoramas caribeños:

> Mi restorán abierto en el camino
> para ti trashumante peregrino.
> Comida limpia y varia
> sin truco de especiosa culinaria.
>
> Hete aquí este paisaje digestivo
> recién pescado en linfas antillanas:
> rabo de costa en caldo de mar vivo
> con pimienta de luz y miel de ananas. (1995: 601)

Estas son las primeras estrofas del poema titulado «Menú», escrito por Palés Matos en 1942 e incorporado a la edición de 1950 del *Tuntún*. Esta compleja condición «digestiva» es presentada simplemente como parte del «menú» del restorán palesiano. ¿Qué experiencias y órganos perceptivos son movilizados en el *Tuntún* para apreciar la posibilidad digestiva del devenir gastronómico del paisaje? Se trata de un paisaje entregado, *concedido* de manera análoga al «dadme esa esponja y tendré el mar» en «Canción de mar». En «Menú» adverbio y pronombre, el «hete», inscriben (otra vez) la cercanía aparente y la accesibilidad del «paisaje digestivo» que se le ofrece *tal cual* al peregrino. En específico, «Menú» también puede ser leído como un manual de insinuaciones para la relación entre imagen y lectura, texto y lector que pide el texto de Palés.

La trashumancia que define al lector como personaje del poema, sólo puede ser detenida por la paradoja (móvil-inmóvil) del paisaje que despliega e invita al reposo, a la digestión. Incluso, el poema «Menú» podría servir como meseta sensorial desde donde leer ese libro en constante cocimiento que es el *Tuntún*. Ahora bien, ¿cómo apreciar la imagen que se digiere o la que presupone la deglución como lógica constitutiva? ¿Qué saberes maneja ese «pescador» de perspectivas para la digestión? ¿Qué se quiere significar con una «comida limpia y varia»? ¿De dónde le proviene «la vida» a ese «caldo de mar», o sólo *está vivo el mar en su caldo*? Una respuesta podría comenzar por sintonizarnos con las particularidades del aparato gástrico[12]. La imagen que se orienta más allá de las capacidades del ojo y trabaja con viscosidades aéreas, pringosas, entreteje la lengua y la nariz, el ojo y el oído, la nariz y la lengua. Apreciar este «caldo de mar vivo» implicaría cambiar el tradicional «punto de vista» por *una zona sensorial extensiva* y estar atentos a lo que le sucede al cuerpo ante el plato que se desea o se consume: *la boca se nos hace agua*, los pequeños ahogos que electrifican las manos, vapores y movimientos que recorren el vientre. El rumor antillano de Palés le debe demasiado a la boca y al oído que se le prestan a las experiencias de la saturación y la embriaguez. De igual forma, la posible alegoría que levanta la relación entre cocinero-*restauranteur*, archipiélago y sujeto errante no puede prescindir de esa exhibición de platos o paisajes montados sobre una economía de deseo protagonizada por el «comensal» y el «chef».

El paisaje digestivo antes de serlo ha sido presa, objeto *pescado en el caldo de mar vivo*. Por lo tanto el proceder animal del paisaje insiste en su carácter fluido; criatura constituida por flujos y corrientes, dada a las in-fluencias, de nuevo (como el mar de «Canción de mar») extrañamente sujetada. Como si no nos sobraran redundancias acuáticas o contradicciones, el paisaje digestivo, además, ha sido capturado en *la linfa antillana*[13]. La escritura palesiana se esfuerza por proyectar un archipiélago gastronómico que es, asimismo, una criatura linfática[14]. Por lo tanto, el paisaje

---

[12] Como nos recordara el crítico Rodríguez Vecchini (1995).

[13] «*linfa*. (Del lat. *lympha*, agua). 1. f. *Biol*. Parte del plasma sanguíneo, que atraviesa las paredes de los vasos capilares, se difunde por los intersticios de los tejidos y, después de cargarse de sustancias producidas por la actividad de las células, entra en los vasos linfáticos, por los cuales circula hasta incorporarse a la sangre venosa» (Real Academia Española 2013).

[14] Este esfuerzo poético, linfático ahora y, en otras ocasiones, *cocinero*, me parece una experiencia ligada al cuerpo íntimo, incluso la relación con el cuerpo maternal de Palés Matos. Esta poética dialoga de manera intensa con el cuerpo nutricio y

linfático que dispone el poema de Palés es siempre una forma presta a desalojar las contundencias categóricas de lo geográfico, a desbordar sus evidencias, a hacer, de las exactitudes cartográficas, esponjosidades. Este paisaje es a su vez un torrente donde se mantienen en suspensión sus objetos. A través de su linfa, además, este paisaje *cocina* y expulsa esos humores bajo la forma de platos, criaturas o presas[15]. La linfa antillana, como todo nódulo para la emanación y el traspaso, se encuentra entre los pliegues de ese cuerpo; allí sirve de intermediaria entre la sangre y las células que buscan alimentarla. Por allí, como humor o sudor, transita y filtra sustancias o viscosidades. La linfa al expulsar sus secreciones volatiliza sus efectos; de ese modo dispone un paisaje. La linfa es avatar corpóreo de la esponja marina. Ella misma es otra imagen de la secreción que es el poema antillano en manos de Palés. *Dadme esa linfa y tendré el mar.*

El paisaje digestivo es una imagen para el tiempo de las sensaciones, incluso una imagen para la lengua que se excita en el claroscuro de los cuerpos. Mar-(esponja): titán negativo y ahora paisaje digestivo son avatares de esta sensorialidad intensa y en continua inestabilidad, cuyas superficies exhiben aberturas donde contemplar lo que *allí dentro se cocina*. En otras palabras, no hay superficie marina en Palés si no hay cavidad, boca, hondonada en la cual por igual se precipitan los cuerpos, expulsa sustancias, se abisma el cuerpo mismo de la voz, como también

---

sabroso de la emblemática Lupe, la nodriza y sirvienta de la casa familiar de Palés. En «Estampas del sur» se lee: «Lupe lo hace todo. Lo mismo montar el burro e irse los domingos al mercado de Salinas, trayendo las banastas *chorreantes* de vianda y legumbre, que tumbarse a la sombra del balcón, durante el bochorno amodorrante del mediodía *y sacarse una mamila enorme para dar de mamar al más pequeño de mis hermanos, que se adhiere vorazmente, lo mismo que una ventosa, de aquel odre blando, terroso, inagotable.* De esa leche hemos bebido todos, pues mi madre al traernos al mundo, queda siempre tan agotada que a los pocos meses se hace menester despegar los mamones para evitarle la muerte. De este modo *Lupe es en nuestra casa cocinera y nodriza*» (Palés Matos 1984: 234; los énfasis son míos).

[15] La pesca del paisaje en la linfa antillana es análoga a la recurrente pesca de lunas en la noche e incluso la pesca de fenómenos atmosféricos; animales para el consumo culinario. En «Canción festiva para ser llorada» se lee: «Aquí está San Kitts el nene, / el bobo de la comarca. / Pescando tiernos ciclones / entretiene su ignorancia. / Los purga con sal de fruta, / los ceba con cocos de agua, / y adultos ya, los remite / C.O.D. a sus hermanas, / para que se desayunen / con tormenta rebozada» (Palés Matos 1995: 544).

aloja el taller imaginario del poeta, mejor aún su cocina poética. Siempre que nos asomamos a algunos de estos rotos topamos con una boca, una axila, un sexo o con un estómago. De nuevo, la imagen marina replica sus contigüidades en los modos mismos de su aparecer, exponiendo que la relación entre mar e inmediatez es una relación de texturas y costuras; *cocerlo* es otra forma de *coser* la cualidad sensitiva de la imagen palesiana. Se trata de una serie de imágenes encadenadas, especulando, mirándose y transformándose en y desde el cuerpo de la otra: el litoral marino, la culinaria, el aparato gástrico. En el caso particular del paisaje digestivo, el mar es cuerpo-caldo, objeto como sujeto de la cocción. En el *Tuntún* el estado del tiempo, el calendario y las particularidades topográficas del archipiélago tienen la forma de un hervor, las posibilidades sensoriales que abre un sofrito: esa amalgama de ingredientes que ancla un plato entre la aparición y desaparición de sus sabores. La ebullición en el paisaje digestivo palesiano surge, no se sabe bien, ya por la fermentación o por el cocido constante de ese mismo cuerpo[16]. Pues no se trata meramente de metaforizar el tiempo caribe como guiso, sino de algo más extremo: pensar el tiempo de la imagen como un guiso, la experiencia sensorial del tiempo como una *praxis* que por igual cocina como digiere el archipiélago.

Ya el poema que sirve de pórtico al *Tuntún*, titulado «Preludio en boricua», insinúa que la composición poética del libro era el resultado de un avatar cocinero:

> Tuntún de pasa y grifería,
> este libro que va a tus manos
> con ingredientes antillanos
> compuse un día... (1995: 503)

---

[16] Incluso en *Litoral:* «Rebota el sol contra las techumbres y borbollonea, como caldo suculento, el agua espesa de las marismas» (Palés Matos 2013: 50). Incluso las centrales azucareras en la novela son figuradas consistentemente como fauces y entrañas: «Allá vese la "Bustamante", envuelta día y noche en su cauda de vapores, masticando cañaveral tras cañaveral. Y la azúcar caliente y mulata, con el olor entrañado de las Antillas, brota en áureo chorro del vientre de los tachos gigantescos» (2013: 87).

5. «Luchando por salir de su agujero»: poéticas marinas ( ) paisajes digestivos

Más aún, la aparición de la isla de Puerto Rico en el *Tuntún* posee los atributos de una víctima propiciatoria o de un siniestro plato principal en la gran cena latinoamericana:

¿Y Puerto Rico? Mi isla ardiente,
para ti todo ha terminado.
En el yermo de un continente,
Puerto Rico, lúgubremente,
bala como cabro estofado. (1995: 503)

La isla es una contrariada cocción somática y acústica. Como la esponja, como la linfa, el símil para el balido puertorriqueño es una emanación que esconde su complejidad en su inmediatez. La isla es un olor que se escucha, un ruido que huele. Otro proceder sinestético secreta, esconde y muestra el *telos* ardiente de la sonoridad puertorriqueña[17]. En el poema la representación de la condición isleña es, además, la contemplación de su sonoridad oximorónica. O digamos que el carácter oculto de la sinestesia hace posible el oxímoron «balido de cabro estofado». La sonoridad de la Isla, su balido es una sinestesia que funde sonido y olor en medio de un territorio inhóspito. ¿Por qué ahora ese mar que ha sido titánico o, inclusive en el mismo *Tuntún*, «alfombra», es de repente territorio baldío, espacio inhabitado e incultivable?

La sonoridad que representa a Puerto Rico brota, cual siniestro aroma, entre los borbotones, vapores y alaridos de un guiso averiado en sus sentidos. La isla es el grito ahogado de un extraño cuerpo muerto cuya voz contradictoriamente sobrevive a través del guiso. Lo puertorriqueño allí se anuncia como un sabor cocido que, con igual fuerza, emerge desde la muerte que escribe el caldo o como el olor que expele el animal

---

[17] El neurobiólogo Jean-Pierre Ternaux define la sinestesia fisiológica del siguiente modo: «Synesthesia can also be considered as a physiological feature belonging to every individual, hyperexpressed in some subjects, such as artists. In this context, synesthesia should be described as a simultaneous cerebral processing of all sensory modalities, leading to suitable behaviors closely adapted to environmental conditions. This process can be illustrated by behaviors such as food intake: to trigger motor activities in the digestive tract, the brain integrates afferent messages from sensory-specialized organs responsible for the five senses [1]» (Ternaux 2003: 321).

estofado que todavía gime. El olor de lo que sabe, digámoslo ya, es un sonido, un alarido. El balido de un cabro estofado es su olor, su sabor. El balido del cabro es la productividad sabrosa, negativa de su estar ya, de su *término de cocción*.

El yermo del continente, el mar del *Tuntún* aloja esta *entraña-olla* cuya escucha alela a más de un lector. ¿Es el mar el espacio vaciado por la masa continental u otra figuración para lo infecundo? Pues en el yermo del continente el cabro se estofa. En su isla (olla tapada) el cabro se cocina a fuego lento, en su propio jugo. Bajo estas condiciones, allí, se produce el sonido de su olor, el sonido del sabor que conformaría la sinestesia que se esconde en el símil puertorriqueño (balido-cabro estofado). Sin duda, este sonido no es «la verdad incomunicable del campo de concentración» (Esposito 1996: 150), pero sí es el indicio o el trazo indecidido de la lengua impolítica en Palés, eso que por igual escapa de lo evidente pero se torna impostergable. Es clave recordar que el poema «Preludio en boricua» es la tonada que prepara la experiencia de lectura del *Tuntún*, además de ser la explicitación de su campo de operaciones poéticas. La sonoridad «lúgubre» de Puerto Rico, ese símil animal y gastronómico, es por lo tanto una imagen iniciática que Palés Matos confecciona para el *ethos* popular puertorriqueño en medio de esa pista para la performance de naciones caribeñas que habilita el *Tuntún*. En el balido del chivo puertorriqueño, del *tragos* boricua, palpita una pregunta como una posibilidad para su viscosidad ética.

Aun así y a final de cuentas, ¿qué se le puede, en verdad, escuchar a un cabro estofado que insiste en balar? El balido es la prolongación de vida que logra el plato. El final del cabro estofado, su «término», su «fin», es más una condición culinaria que meramente moral o religiosa. El balido del *tragos* puertorriqueño es la llamada a los comensales[18]. Su mortandad oxímorónica no es simplemente la reedición de la mansedumbre colonial del puertorriqueño, sino la figuración de la detención histórica de una voluntad civil para la libertad, de su oclusión ético-

---

[18] El balido del cabro estofado puertorriqueño como la «burundanga» que representa a Puerto Rico en el importante poema «Canción festiva para ser llorada» son insignias humorales, emanaciones sinestéticas que piden otras lecturas: «Cuba –ñáñigo y bachata– / Haití –vodú y calabaza– / Puerto Rico –burundanga–» (1995: 543).

política. Más (o menos) que una finalidad, se trata del *término* de la performance puertorriqueña en el mapa de las Américas. Puerto Rico *is done*, su condición ciudadana es para Palés un asunto inseparable de la cualidad gastronómica del «balido» y el saboreo de sus emanaciones. El balido del cabro estofado apunta hacia el cuerpo y el espacio donde se cocina (se revuelve), una constelación *infrapolítica*[19] revuelta en la gastronomía poética del *Tuntún*. El balido del cabro que representa a Puerto Rico devela la *cavidad* y la *linfa* que le da extraña vida, el caldo donde se cocinan y se desbordan las emanaciones del *ethos boricua*.

En la indistinción entre muerte y vida –suspensión doble entre acción o muerte política, entre movilidad y la queda(era)[20]– se inscribe el balido como la forma misma de la indeterminación de la imagen archipelágica, su *apertura* ante los eventos que siempre se suceden y se retiran (como las olas). Esta *apertura* ( ) también evita totalizar algún principio o moral inequívoca para el ensamble de la imagen caribe. La indistinción de la imagen (archipiélago) en su avatar culinario no niega la existencia de alguna ética caribe. Al contrario, la imagen gastronómica palesiana aparece allí como signo incierto, como ejercicio de desnaturalización de la evidencia caribe y como un posible comienzo para otra relación entre el estar y el tiempo de la imagen entre las aguas. Fugado de las bipolaridades absolutas (valiente o cobarde, arrojado o medroso, vida o muerte, sonido u olor, patria o muerte) el cabruno balido puertorriqueño no cesa de acontecer su condición terminal. Otra vez lidiamos con una eternidad fatal que insiste en dar señales de vida, *de existir* en medio de su acabose o un nunca acabar de morir del todo. Todo parece haber terminado para ese cabrito adobado pero, sin embargo, insiste en balar.

La falta de algún hacer puertorriqueño en medio de las performances antillanas persiste en el poema como la extraña «actividad» de la sines-

---

[19] La infrapolítica «lives and opens up in the withdrawal or the *retrait* of the political field, which means it does carry along an intense politicity, but it is the impolitical politicity that suspends and questions every apparent politicization, every instance of political emergence, every helio-political moment, and places them provisionally under the sign of a destruction» (Moreiras 2015: 14). Véase también Moreiras 2010.

[20] Para una discusión inicial del concepto «queda(era)», véase «De la queda(era) 1-3» (Quintero Herencia 2011).

tesia que transporta el balido donde el sonido deviene quizás aroma y sabor. Más allá o acá de las voluntades de su autor o de sus lectores, el balido puertorriqueño en «Preludio en boricua» es otra representación de la «productividad» de lo negativo, de la desolación, la impotencia como un siniestro comienzo que se niega a desaparecer disipándose. ¿La pregunta por el sentido del balido? La apertura desengañada hacia otra cosa para la democracia archipelágica o quizás la simple indicación de que quizás nada está ocurriendo ahí en el *yermo del continente*, sólo el espejismo demasiado real de una fantasía negativa entre los vapores de un muerto comunitario que siempre sabe bien. El acabose de las voluntades comunales de cierto *ethos* social *en el páramo marino* emerge aquí como la infra-imagen de la trabazón discursiva que aloja la *entraña* democrática puertorriqueña.

Las figuraciones del tiempo, del espacio y la sonoridad del archipiélago caribeño, incluso las performances subjetivas como parte de un trajinar gastronómico, recorren con insistencia las páginas del *Tuntún*. No sólo porque entre sus páginas se pasean el «Duque de la Mermelada» o el «Conde de la Limonada» (Palés Matos 1995: 559, 562), o porque de la «inmensa grupa» de Tembandumba «resbalan / meneos cachondos que el gongo cuaja / en ríos de azúcar y de melaza» (1995: 536), o porque el libro destaque «una aristocracia macaca / a base funche y mondongo» (1995: 502). En el poema «Ten con ten» la «isla verde estilizada» es un signo *digestivo* que no puede esconder o esconderse de lo que dicha singularidad pone en evidencia. El estilo de la isla es parte de la emanación de un cuerpo que no puede evitar el desparramamiento somático cocinado en su interior.

> Pasarías ante el mundo
> por civil y ciudadana,
> si tu axila –flor de sombra–
> no difundiera en las plazas
> el rugiente cebollín
> que sofríen tus entrañas. (1995: 564)

La Antilla es delatada por esa sonoridad olorosa que la explaya y la pone al descubierto. En este sentido, el trajinar culinario delata al

5. «Luchando por salir de su agujero»: poéticas marinas ( ) paisajes digestivos 315

cuerpo de la isla. Allí donde se producen los jugos, *en la sombra*, se arriesgan los cuerpos y *se con-jugan*, para la transformación, voz y paisaje, olor y sonoridad, cuerpo y caldero. En la sombra, además, se conjuga la transferencia de sensaciones propia de la sinestesia. Qué hermosura la de esa imagen agazapada en la axila isleña, donde un sujeto se dedica a olfatear el aroma de una linfa en emanación. ¿Cuántos versos tendremos entre las páginas para celebrar el agite y la belleza umbría que desata un sobaco?

Incluso, la misma sonoridad del tambor, su tun-tún, es una onomatopeya que cuece lo irremediable de una guerra que amenaza la integridad del turista, la unicidad del cuerpo de ese «hombre blanco» palesiano que ha decidido visitar el Caribe. En «Intermedios del hombre blanco» se escucha:

> Es un Tuntún asiduo que se vierte
> imponderable por la noche inmensa.
>
> A su conjuro hierven
> las oscuras potencias:
> fetiches de la danza
> tótemes de la guerra,
> y los mil y un demonios que pululan
> por el cielo sensual del alma negra. (1995: 567)

Esta acústica *tuntuneca*, esta acústica onomatopéyica acompaña la repetición percusiva con el eco de la voz. El conjuro percusivo en Palés cuece el espacio y la lengua. La onomatopeya en Palés es otro avatar de esa mímesis poética obcecada con reproducir el espacio y la materia de sus objetos deseados. La acústica tuntuneca es el indicio del derrame sensorial que *imagina*, que deviene imagen archipelágica en Palés. La imagen, en tanto frote y cocción, del tiempo adereza el espacio antillano y raras veces nos evita la literalidad de su sofreír:

> Toda un atizo de fogatas,
> bruja cazuela tropical,
> cuece la noche mayombera

> el negro embó de Obatalá.
> Cuajos de sombra se derriten
> sobre la llama roja y dan
> en grillo y rana su sofrito
> de ardida fauna nocturnal.
>
> Jungla africana - Tembandumba
> Manigua haitiana - Macandal. (1995: 516)

Sin embargo, con notables excepciones esta confección palesiana de la imagen antillana ha sido leída como parte de la fácil y siempre asequible referencialidad cultural que sostendría y simplemente celebraría la poética de Palés Matos. Cierto ímpetu antropológico o las diversas pedagogías populistas caribeñas, isleñas o continentales coinciden en leer en Palés alguna evidencia verificable del archipiélago: llámese un dato etnográfico, una ideología negrista o una resistencia contracultural. ¿Qué nos podrían decir estos relatos bienpensantes sobre el paradero de esas linfas antillanas que secretan el paisaje digestivo? ¿Qué tipo de experiencia de lectura demanda un paisaje digestivo? ¿Cómo apreciar un paisaje marino que es la figuración misma de una digestión? La primera consecuencia que desata la configuración de un *paisaje digestivo* en el espacio de un poema es la confusión de sentidos que imagen digestiva secreta. La más urgente condición de ese paisaje, por lo tanto, será la entrega de su especificidad no al ojo sino a la boca o al estómago, o mejor a *la boca del estómago*. Palés ante el archipiélago ejercita un ojo más preocupado por avisarle a la boca lo que está a punto de saborear, que un ojo preocupado por precisar el contorno y forma de su objeto. Los paisajes digestivos no pueden distinguirse bien. El poeta llama a la lengua del gusto, la que percibe los sabores, para que aprehenda dicho paisaje o, para que, al menos, devenga los atributos sensoriales de los demás órganos sobre ese ojo-boca que ahora lucha en el *yermo de un continente* por percibir su objeto. Para apreciar el paisaje digestivo, además, es necesario figurar el sabor de dicho paisaje como una promesa o un desafío cuya transmisión no dependa del adjetivo y sus límites. La promesa de un sabor desplegado en un paisaje digestivo, por lo tanto, es y no es la imagen de una plenitud excesiva que no rebasa el hecho de ser una provocación metafórica. La insinuación del *cómo sabe* o en futuro, el *cómo sabrá el plato-paisaje* es la carta que se juega el sujeto poético para traquetear con los deseos del lector. La singularidad de este paisaje digestivo se organiza a través de un ofrecimiento. Y dicho ofrecerse del paisaje en Palés tiende a cobrar forma a partir de una escena antropomórfica: tanto el paisaje en tanto objeto como el sujeto que lo consumen deben ser metaforizados por las cavidades del deseo. Viajar, luego, por las tierras será consumirlas y el poeta sabe que todo viajero trae sus inclinaciones en la lengua. La experiencia de sentidos que confecciona el chef-poético es una experiencia afectada y dedicada a la afectación:

> Si la inocua legumbre puritana
> tu sobrio gusto siente,
> y a su térreo sabor híncale el diente
> tu simple propensión vegetariana,
> aquí está este racimo de bohíos
> que a hombro de monte acogedor reposa
> —monte con barba jíbara de ríos,
> de camarón y guábara piojosa—
> sobre cuyas techumbres cae, espesa,
> yema de sol batida en mayonesa. (1995: 601)

El poeta invita a su lector-comensal consciente de las diferencias que lo separan del otro paladar, señalando el «aquí» donde acontece su paisaje. En este poema, Palés insiste en llevar a la mesa a un viajero con aparentes inclinaciones ascéticas. Su gesto es el del provocador erótico pero también el de un adversario que busca, con su ironía como carnada, seducir y desinhibir la lengua de su oponente. El cocinero ofrece paisajes y espacios para un apetito colosal, otra vez titánicos, pues nuestro comensal devoraría zonas, climas y poblados. En otro momento ese viajero a quien el poema incita podría ser un sofisticado *connoisseur* de platos internacionales. El poeta-chef, aun así, no cede en sus tanteos y en el exhibicionismo de la potencialidad de su menú. El ofrecimiento del paisaje digestivo es análogo a la performance del mar en «Canción de mar», pues ambos desempeños prometen la alteración perceptiva y la condición de aquel que logre consumir sus objetos imaginarios. En un paisaje digestivo, el poeta apuesta por la fuerza de la carnalidad que sostiene su poética perceptiva. Ofrecer un paisaje en Palés es desplegar una somático arsenal ávido de afectaciones éticas:

> Mas si en la gama vegetal persiste
> tu aleccionado instinto pacifista,
> con el vate de Asís, alado y triste,
> y Gandhi, el comeyerbas teosofista,
> tengo setas de nubes remojadas
> en su entrañable exudación de orvallo,
> grandes setas cargadas
> con vitaminas eléctricas de rayo,
> que dan a quien su tónico acumula
> la elemental potencia de la mula. (1995: 602)

Algo se ha escrito sobre las ambiguas o metafóricas declaraciones políticas de Palés Matos, su amistad con el fundador del Estado Libre Asociado de Puerto Rico y el casi poeta Luis Muñoz Marín, sobre todo a partir de la declaración de Palés en torno a su «independentismo trágico». Por igual, la incomodidad o la rápida adjudicación que genera su aparente perfil político quizás se deba a la imposición de categorías que borran la especificidad de la actividad política del poeta. El sociólogo, el crítico literario, el historiador, aquejados de *contextitis* (afición a la simpleza determinista en rastreo y detección de los «contextos»), el maestro bien o mal pagado continuamente le han pedido a la lengua de las ciencias sociales, a los tonos de los mayúsculos debates gubernamentales o a los modos de discusión de los preclaros o los políticos profesionales, los nombres y galardones que permitirían visibilizar la posición política del poeta. No es de extrañar que las más evidentes y predecibles se resistan a paladear las complejidades que demanda el poema. No obstante, la acción de digerir el paisaje o que el paisaje sea el digestivo blasonado por el poema contiene mucha de la singularidad que sostiene la teoría cultural y política de Palés Matos sobre el Caribe. *Cocinero y nodrizo*, el poema palesiano y su política se ofrecen al lector cual ventosa o plato que demanda incorporaciones, usos. El poema como pieza, el poema-chupón que al oprimirse expresa el vacío con el cual quedará adherido a alguna superficie.

Agarrado al agua

Hagamos un brevísimo paréntesis para incluir dos *escenas marinas* que recogen la politicidad palesiana como el reconocimiento de una verdad íntima y como su interpretación de lo que constituye «la realidad política». En ambas topamos con una revelación submarina. La primera escena es parte del capítulo XIII, «La pesca», donde es el mar quien escenifica para el narrador de *Litoral* el código del sentido de la vida. Se perdonará la extensión:

> El mar no tiene misterio para nosotros y, sin embargo, a veces, inclinado sobre alguna poza de agua clara y profunda, hago descubrimientos inauditos.
>
> *Cierto día recuerdo que asisto a una escena, repetida constantemente bajo las aguas*, pero que yo jamás había visto. Tenemos los cordeles echados en una poza llena de róbalos, que resbalan silenciosos por el fondo, mostrando, de vez en cuando, las plateadas escamillas del vientre. De pronto el agua se oscurece, rizándose de temblores inquietos. Es una tropa de sardinas en fuga. Los róbalos arrójanse sobre tan fácil presa y durante un momento hay una ebullición luminosa de escamas, saltos, huidas y retrocesos, *hasta que se despeja el escenario y puede verse nuevamente el fondo*. Los róbalos han hecho una caza abundante, aún persisten sobre los últimos residuos del cardumen destrozado. Ahí va, ahora un agujón, rápido como una saeta, persiguiendo una jarea descarriada de la mancha, y en pos del agujón, un pargo esbelto remando furiosamente por darle alcance. *Luego aparece una nueva figura en el drama*. Es un pez largo, fino, sigiloso. A juzgar por el reposo de su actitud, no trae intenciones agresivas. Pero yo le conozco bien. Es una picuda, la más ágil, veloz y peligrosa de las pequeñas fieras marinas. Por algún tiempo se mantiene inmóvil y recta. Tal es su inmovilidad, que apenas percibimos el movimiento de la agalla y la leve ondulación de la cola. Los róbalos van escurriéndose uno tras otro, con la calma y sigilo que les dicta su instinto de conservación. Cuando sólo hay dos o tres rezagados por el fondo, vese un tiro relampagueante, *un fustazo de luz*, y un róbalo queda destrozado. Luego otro, y otro... La matanza es completa, al minuto, vuelvo a ver la picuda inmóvil, larga y sigilosa, *en el mismo punto en que la perdiera de vista*.
>
> Al levantar los ojos, horrorizado ante aquella escena de ferocidad, un pelícano viejo, atraído tal vez por el temblor propicio de las aguas, *gira sobre su superficie trazando círculos con pasmosa paciencia*.

—Está agarrado al agua por su estómago— pienso.

Y entonces, como en un ramalazo, se me revela el alma del mundo. No es el alma tierna y bondadosa de mis intuiciones infantiles. Es algo sangriento, implacable, monstruoso. Es la terrible ley de la vida, el inexorable «tienes que vivir», con una selección brutal y fiera desgarrándolo todo. Por dondequiera que extiendo los ojos, *deslumbrados aún por el pálpito inaudito de la revelación, todo es lucha, forcejeo, destrucción y muerte.* [...]

[...] La naturaleza me da ahora una terrible lección; me muestra su implacable código. En la noche estrellada de los arenales, he sentido el abandono del hombre sobre la tierra; su pequeñez y orfandad ante las fuerzas ciegas del Universo. *Aquí, bajo las aguas, se completa el cuadro.* (Palés Matos 2013: 60-62; énfasis míos)[21]

No estamos meramente ante la fábula moral del pez grande que se come al pez chico o ante alguna caribeñización de la teoría evolutiva darwiniana. Me parece un pasaje decisivo para pensar el lugar del sujeto poético/político palesiano y la superficie estética que le «revela» el «código» de la naturaleza humana. La metáfora escenográfica («cuadro», «escena», «escenario», «fondo», «drama») es la que moviliza el sentido del *drama* submarino. La mar es la pantalla sensorial donde «la ley de la vida» es escenificada con sus pequeñas fieras como personajes. El mar sigue siendo volumen que tiembla, masa que facilita y participa del *cuadro*, del *drama* que expone lo real para Palés. Ahora es un cuerpo que imanta a sus criaturas.

Este pasaje además aspira, entre otras cosas, a entregar una sensación del espacio marino cuya contundencia pase desapercibida y sea la medida misma de su «efectividad» literaria. La narración desea hacer sensible la transparencia que vincula el espacio narrado y la perspectiva del narrador. Para esto el mar debe darle el cuerpo a lo real a través de ese código que se le revela allí al personaje principal. El código de la existencia es lo que el mar *le prepara* sensorialmente al sujeto del litoral una vez este último se ha asomado a sus aguas translúcidas y lidiado con ese juego de luces que distribuye el cuadro. La metáfora teatral no sólo escribe el

---

[21] Mucho de lo aquí discutido dialoga con la presentación académica de Sebastián Bartís, «La mirada del pelícano: hacia una política de lo sensible en *Tuntún de pasa y grifería* de Luis Palés Matos» (Bartís 2013).

5. «Luchando por salir de su agujero»: poéticas marinas ( ) paisajes digestivos

sentido del lugar del observador, del narrador como ese que presencia la revelación, sino que parece formar una cadena de perspectivas que se miran unas a otras hasta, literalmente, consumirse. El narrador con anzuelo en mano mira hacia la poza, los róbalos (un pargo, un agujón) acechan y acaban con las sardinas, «la más ágil, veloz y peligrosa», la picuda fulmina a los róbalos, el pelícano exhibe su atadura corporal con el mar, el narrador dice comprenderlo todo como quien recibiera una lección. Se trata de una suerte de eco de miradas, de una cavidad especular que nos releva el carácter alegórico del espacio marino: el mar abismo, el mar concavidad de agua conectada y enhebrada al sentido de las cosas. El sentido del mundo se recoge, además, en una escena de pesca. El drama submarino –en palabras del narrador– es la puesta en escena de la depredación entre los peces como lección que revela el alma de las cosas. La jerarquía entre los depredadores es calibrada a partir de la supremacía que entrega la agilidad y la velocidad durante la caza. El esfuerzo del narrador por especificar los nombres de las especies y sus características es el modo del texto para participar de la batalla submarina, para no ser meramente la superficie –la página– sobre la que ocurre el texto. En este caso, la economía de atributos para la lucha marina despliega una superficie interna, una masa transparente que permite que la mirada atraviese espacios y elementos. El código de la vida está hecho de agua, destrozos velocísimos y «fustazos de luz».

En el pelícano, el sujeto del litoral encuentra un doble y una verdad íntima: la sujeción corporal del animal al agua es, por igual, visible e invisible. El apetito del pelícano y la mirada del narrador gravitan hacia *un fondo* donde se «evidencia» cómo la vida es soledad, lucha y violencia, donde el más hábil y poderoso se come al frágil. El *agarre* del mar es ese lazo corporal que une irreparablemente los deseos con la lucha y la destrucción. Esa sujeción gástrica es posible gracias al volumen que es el mar y es lo que les permite «girar» sobre la superficie marina percibiendo lo que todo esto significa dentro y fuera de las aguas. La escena de pesca en *Litoral* es un *bodegón* submarino. Bodegón con naturaleza en vías de muerte, ya que no muerta del todo. El estómago del pelícano es un doble para la mirada del narrador, entregado a la masa y al espectáculo de depredación que son las aguas marinas.

Esta epifanía laica recogida en *Litoral* es también una revelación sobre la naturaleza de lo político para el sujeto literario palesiano y su consistente distancia de la genuflexión patriótica. Antonio J. Colorado (1903-1994) representa del siguiente modo las palabras de Palés Matos al momento de rechazar su invitación para que se pusiera a hacer política en Puerto Rico dadas sus destrezas como orador:

> Me acuesto sardina, y me levanto camaleón –dice, y continúa–: Anoche erraba yo por las calles de San Juan, pensando en las injusticias, en las miserias de esta vida que hemos hecho nosotros los hombres. Llegué a mi casa revolviendo en el magín las tristes conclusiones a que hube llegado: aquello me encendió en santa indignación. Yo era una sardina, rodeada de voraces tiburones... Yo formaba legión con los diminutos pececillos, con los indefensos, con los explotados. Pues, ¿por qué no –pensaba hacer algo por mejorar esta triste condición de nosotros las sardinas? Pero, a la mañana siguiente, yo era ya otro: un camaleón, revestido de mi piel mimeticia [sic] y bien dispuesto a bailar al son que me toquen... Y así, mi querido amigo, yo soy Luis Palés, pobre diablo que sueña bajo la luna con quimeras y castillos, y duendes y encantamientos, y princesas y dragones... De lo que no sea soñar, nada sé... En el fondo no estoy seguro de creer en nada... Mis entusiasmos son momentáneos... Me roe un tremendo aburrimiento, un sentido de la inutilidad de todo. No puedo dejar de ser yo. Falsificarme sería como suicidarme, sin las ventajas del no existir que trae la muerte ¿Para qué hacer nada? ¿Es que puede hacerse nada? (Colorado 1964: 9)

El espanto del narrador ante la escena en la poza marina de *Litoral* responde, entre otras cosas, al reconocimiento de su soledad e insignificancia en el mundo real; una suerte de identificación con la vulnerabilidad de la sardina que desata su transformación camaleónica. Es notable que el Palés de Colorado descubra su *no identidad* política en su ir y devenir animal. La ficción de Colorado es, de algún modo, una re-escritura de la escena de «La Pesca» en *Litoral*. En este relato, Palés daría un paso más tras la lección submarina y ejercitará una mímesis. Se trata de la mímesis animal como manera de fluir y sobrevivir al peligro de la depredación. En las mismas aguas nihilistas la «Mulata-Antilla» mueve sus caderas. Sobre esta agua también la singularidad de la isla antillana baila el «ten con ten» como un modo de hacer sensible el *si es que no es la isla*:

> Y así estás, mi verde antilla,
> en un sí es que no es de raza,
> en ten con ten de abolengo
> que te hace tan antillana... (Palés Matos 1995: 564)

La performance antillana del cuerpo metafórico o el poema mismo son parte de la respuesta mimética, la treta del camaleón que camufla su cuerpo y traquetea con su política textual. En este registro de correspondencias y contigüidades, la garra que es el estómago del pelícano deviene el vínculo indecidido e invisible con el estómago del mar: la poza, las fauces de sus peces y el hambre del pelícano que «gira sobre su superficie». En este sentido, Palés enfrentaría las pedagogías coloniales e inclusive las emancipatorias –del invasor o del nativo– con el diluir de ese cuerpo cuya singularidad inicialmente intentó ser domesticada o reducida a alguna administración[22]. En Palés la imagen culinaria o el devenir gastronómico (no son lo mismo) no constituyen una mera preocupación nutricia, o en el sentido de Levi-Strauss –la transformación de la naturaleza por la mano del hombre–. Se trata en verdad de la creación de una cavidad, pozo, olla o habitáculo esponjoso, un estómago donde la lengua maniobra y nos coloca ante un umbral ético que deberá rebasarse.

Traspasar ese umbral implica, además, lanzarse hacia un cuerpo del cual no nos recuperaremos jamás. Los estados de embriaguez y desarreglo que suceden durante o después de la ingestión son en Palés Matos una utopía ética recurrente y cabe preguntarse sobre la potencialidad política de este hartazgo en un mundo que prescribe sin cesar el goce y el consumo como modos de estar en la historia. Por el momento, digamos que el otro, llámese el negro, la mulata o la antilla, son un cuerpo y un saber que de algún modo han contaminado al sujeto poético. Lejos de sacárselo del cuerpo, limpiarlo y hacerlo un sujeto

---

[22] De manera similar, la desautorización de lo racial como paradigma privilegiado para hacer visible históricamente lo caribeño ocurre como parte de lo aquí denomino una concepción digestiva de las identidades que termina disolviéndolas como modo de *descargar* la singularidad antillana. Rubén Ríos Ávila ha leído de manera brillante esta desautorización y desastre categorial en su magnífico ensayo «Hacia Palés» (Ríos Ávila 2002: 117-188).

presentable en la casa de contratación de la cultura latinoamericana, el sabor del otro o de lo otro, en Palés, es un saber que mancha y arrebata y nos coloca en el umbral de lo indecible, en babia, como ese negro de «Preludio en boricua»: «alelado en la melodía / que le sale de las entrañas» (1995: 502).

Política del alelamiento

En ese trasiego de cuerpos que se remenean todo deseo por hallar la mismidad de lo idéntico cae derrotado ante la contaminación que segrega ese cuerpo impúdico. El veneno de ese otro que desde la otra orilla expulsa sus vapores es un saber de la demasía. El gesto palesiano es un desparramamiento que provoca, incomoda, agita.

> Y ¡qué rabia! cuando sabia
> en fuácata y ten con ten,
> te vas de merequetén
> y dejas al mundo en babia
> embabiado en tu vaivén
> ¡Ay, qué rabia! (1995: 614)

La radicalidad impolítica[23] del *alelamiento* se inscribe en esa estética performática abocada a producir el efecto en babia. El «bochinche de viento y agua…» que baila «sobre el mar» (1995: 613) no vuelve antagónicas la rabia de quien no entiende el (sin)sentido del meneo antillano, como el estar *ajeno* (enajenado) ante lo que significa el meneo. La rabia del Tío Sam no parece dirigida exclusivamente a la Antilla sino más bien contra sí mismo, e incluso parece ocupar en más de una ocasión el

---

[23] «La literatura es la única realidad capaz de huir de la obra, de lo productivo, de lo político, la única actividad radicalmente *impolítica*, en la medida que se encuentra bajo la asechanza de una irrealidad constitutiva. O también, porque es capaz de vivir ella sola, a la altura de la muerte, contra cualquier forma de *engagement*, tal y como Bataille le escribiera a René Char en mayo de 1950» (Esposito 1996: 113).

lugar del lector. La rabia o la babia son consecuencias y efectos de ese «tumbo de caderas» que el Tío Sam no sabría descodificar, habiéndolo ya consumido. La rabia y la babia también pueden ser estados de la lectura que se saben afectados por lo ingerido. Toda rabia ante este cuerpo es el reconocimiento de saberse implicado, seducido y absorbido por ese «tumbo de caderas» que hace perder el foco. En fin, la rabia que produciría haber quedado en babia es la deuda y la conciencia de quien sabe ha quedado fascinado, como ido ante su otredad. Tras su mirada cultural o gubernamental, el imperioso Tío Sam ha palpado la carnalidad de su propio deseo por el otro, en este caso, la otra. Ambos efectos (rabia y babia) perturban para colmo por la in-transitividad ontológica que transporta el meneo; ese *marear* que «salvaría» a la Antilla «del musiú que está velando / al otro lado del mar» (1995: 616) no es un modo de ser, sino un modo de usar el cuerpo. El meneo desespera por ser el temblor de un «goce rumbero» (1995: 613). El danzar antillano sobre el archipiélago es la exhibición de una particularidad ética (averiada) que ha comenzado a descomponer cualquier concepción culturalista, nacionalista o telúrica.

¿Qué atributo fijo u original puede *dejar establecido* una performance archipelágica montada sobre la ingestión y la combustión?

> de aquí payá las caderas
> preparan el ponche fiero
> de ron con murta y yerbiya
> para el gaznate extranjero.
> ¡Ay, que se quema mi Antilla!
> ¡Ay mulata, que me muero!
> Dele a la popa, chiquilla,
> y retiemble tu velero
> del mastelero a la quilla
> de la quilla al mastelero. (1995: 613)

A la Antilla palesiana le queda esta particularidad *mareante* (marear(se)-devenir mar) que opera como imagen, gesto indecidido en un continuo «de aquí payá». Ese danzar en alta mar, en los límites del lenguaje, cuando un cuerpo sólo puede desplegar su tumbao, es «salvarse» por traslación, es poner a salvo el cuerpo en medio de la intemperie oceánica.

En verdad, se trata de una dudosa salvación, pues la Antilla dibuja un viaje sin una meta determinada. La Antilla se gasta en su meneo. Un viaje acicateado, incluso, por la mirada deseante de esa extranjería que, contradictoriamente, es necesaria aun para «salvarse» de ella. Salvación averiada entonces la de esta «huracanada balumba», pues no estamos ante la salvación vía la caridad o la expurgación del pecado. Se trata de la salvación náutica, facilitada por la avería y dirigida contra cualquier moral que aquiete o le niegue el cuerpo del goce y del gasto a esta nave cuyo único plan de viaje es (otro oxímoron) un «diestro marear»:

> En el raudo movimiento
> se despliega tu faldón
> como una vela en el viento;
> tus nalgas son el timón
> y tu pecho el tajamar;
> vamos, velera del mar,
> a correr este ciclón,
> que de tu diestro marear
> depende tu salvación.
> ¡A bailar! (1995: 615)

Con las manos sobre las nalgas el sujeto poético *corre* su archipiélago. La ética-política del meneo archipiélago es esta exposición cinésica dedicada a *embarcar y embarcarse* en una nave que duplica las lógicas de la superficie sobre la que se desplaza sin más finalidad que el mareo. La infrapolítica intransitiva de la nave-cuerpo-Antilla rebosa en esta verdad inhallable del mareo antillano: verdad constituida en el poema entre el mandato «menéalo» que enuncia el sujeto poético y la preparación (el cuerpo mismo en movimiento) de ese «ponche fiero» «para el gaznate extranjero». El meneo es la copia de la ondulación marina, diría el camaleón. Esta verdad *perdida, mareada* de la Antilla palesiana es una experiencia política que podría ser algo en el mismo movimiento que deja de serlo[24]. Si este poema, como ha señalado Arcadio Díaz Quiñones

---

[24] «Yo creo que la infrapolítica es, antes que nada, incluso genealógica y no sólo conceptualmente, una crítica general del giro político, no sólo en el campo académico, sino más ampliamente en el terreno de la concepción ideológica de la vida. Que esa

en *El almuerzo en la hierba* (1982), es simultáneamente un poema erótico y un poema descolonizador se debe, sobre todo, a la imposibilidad gubernamental de su imaginario, a la dificultad de verificar o traducir en alguna nomenclatura estatal o ideológica la verdad del mareo antillano como condición ingestiva y cinésica del cuerpo archipiélago. Este marear sin densidad ideológica no remite la poética marina palesiana a las plantillas de la identidad (el *ídem* identitario que presupone la tenencia o ausencia de valores y rasgos simbólicos inequívocos) sino a un *estar-en potencia* incluso entre la nada, al desempeño de lo potencial en tanto movimiento lúbrico o cocimiento. Esta potencia, este *potens* del mareo, *de aquí payá*, se sustrae, se abisma ( ) en su propio cuerpo haciendo de esta aparente in-transitividad la figura abierta de su posibilidad, incluso de su emergencia histórica en el Caribe.

Dicho lo anterior no sorprende que la potencia palesiana siga siendo percibida como una «extrañeza canónica», como un «canon marginal» al decir de López-Baralt[25] –el oxímoron persigue y recorre la obra de Palés Matos–. Esta extrañeza no ha sido meditada como una condición de los tanteos de sentido que su imaginario trabaja. De nuevo, la avería archipelágica infiltrando la lengua crítica: Palés en el centro del canon literario puertorriqueño pero todavía en los márgenes debido a la obscenidad de su imaginario político-cultural. Palés no es un poeta de la identidad nacional de Puerto Rico o del Caribe. Palés es una poética de la singularidad estética de las Antillas. Se trata de una poética que duda ante las posibles evidencias y superioridades de cualquier identidad, en tanto esencia o celebración idílica del Uno aunque sea bajo la nomencla-

---

"crítica general del giro político" tenga una politicidad activa en sí misma va por descontado, y eso será siempre más que difícil de tragar para los numerosos bienpensantes que circulan por ahí. Pero esa politicidad activa es en primer lugar, tiene que ser, una renuncia a entenderlo todo políticamente. De ahí el carácter "epocal" de la infrapolítica –diríamos que sólo la infrapolítica se ha atrevido a decir, contra el lema de los sesenta, que NO, "the personal is not (always) political". Coja usted todo lo que define el comportamiento político y bórrelo, lo que queda es lo que merece la atención de la infrapolítica» (Moreiras, comentario en el grupo de discusión en Facebook *Infrapolítica: Discussion Group*, 4 de agosto de 2016).

[25] Véase López-Baralt, «El extraño caso de un canon marginal: la poesía de Luis Palés Matos» (Palés Matos 1995: 1-18).

tura del cimarronaje o del mestizaje jodedor. Topamos con una poética radical figurada como emanación y disipación que desborda lo igual, lo mismo, lo idéntico.

Figurada por esta eventualidad del guiso, la Antilla es un saber de la lengua, un saber (sabor) de la imagen; un saber sensacional y a un tiempo un saber de la singularidad imaginaria como guiso. El poema archipiélago en manos de Palés parecería una experiencia vinculada a esta exposición corporal como exposición histórica e interpretación de lo que estas exposiciones heterogéneas han efectuado en el Caribe. Asomarse al mar o al guiso ( ) es un modo de palpar las apariciones en el litoral de la lengua de su heterogeneidad histórica (la conquista, colonización y eliminación de las culturas originales, la constitución del aparato colonial-republicano, el carimbo de la esclavitud, los sabores de las migraciones hasta las idas y venidas de la verdad del *pélagos*). Escrito en la lengua del conquistador, el poema archipiélago, corroído y guisado, desquiciado por esta extranjería constitutiva, escapa de cualquier ontología identitaria en la medida que sobre este se abisman o se funden, cual horizonte, las certidumbres del ser. La lengua de la Antilla es la aparición impura de un estar del *humor*. Emanación contradictoria que firma el cuerpo caribe:

> Antilla, vaho pastoso
> de templa recién cuajada.
> Trajín de ingenio cañero.
> Baño turco de melaza.
> Aristocracia de dril
> donde la vida resbala
> sobre frases de natilla
> y suculentas metáforas. (1995: 547)

La *somaticidad* de la Antilla, en tanto existencia en el lenguaje, es el tiempo-espacio de su imagen, «donde la vida resbala»; su mejor aparición se la otorga la sonoridad de ese «idioma blando y chorreoso» marcado por las lógicas del derrame y la deglución. El sabor del poema, el saber que demanda entonces es un saber abierto, no a la comunicación de un mensaje verificable, sino a la experimentación de una dimensión alterna que amenace «nuestra casa sensorial» o, si prefieren, nuestras casillas. La distorsión de órdenes sensoriales que estiliza el paisaje guisado son parte de una utopía rota; el rapto y la avería causal que el sujeto persigue como fruición, como sabor en la lengua. El poeta lee o escribe para prolongar los dones de la embriaguez, o si se quiere la circunstancia de la saturación que genera los adobos de lo otro, la diferencia que ya nos recorre el cuerpo.

Así las enumeraciones, esas cascadas de afectos y efectos digestivos en el *Tuntún* levantan una epifanía poemática donde se cancelan las aparentes distancias sensoriales y sólo queda el desfile de un cuerpo metamórfico que avanza hacia una saturada simultaneidad necesariamente brumosa. La yuxtaposición de sabores es una demasía para la nominación. Al final, el paisaje digestivo queda como algo que simplemente parece estar ahí demandando algún tipo de incorporación. En «Menú» el paisaje digestivo es consecuencia del laboreo de la casa de la lengua o en el caso del sabor prometido, se trata de una casa dispuesta para el apetito y para la pasión culinaria:

> La casa luce habilidad maestra
> creando inusitadas maravillas
> de cosas naturales y sencillas,
> para la lengua culturada y diestra.
> Aquí te va una muestra
> palmeras al ciclón de las Antillas,
> cañaveral horneado a fuego lento,
> soufflé de platanales sobre el viento,
> piñón de flamboyanes en su tinta, (1995: 603)

El gesto político, si es que hay alguno en esta poética digestiva, es la construcción de sus paisajes para el disfrute de «la casa de la lengua» diestra. El agite deseado por la intransitividad de causalidades que promueven esta imágenes digestivas llamada a representar los elementos antillanos es una interpelación sinestética de la mirada-boca del lector. Esta interpelación depone cualquier afán institucional.

Si saborear una representación de lo culinario es saborear la imagen que primero la palabra entrega de aquello que podría estar por venir en el plato confeccionado —como cuando leemos el menú *imaginando, tanteando con la lengua* sabores y texturas desde las letras que apenas describen lo que deseamos comer– el paisaje digestivo de Palés es la puesta en texto de esta convergencia sensitiva de ojo y lengua como desplazamiento de la primacía de lo visual en el aprecio del paisaje. Esta convergencia de sentidos tiende a ser rearticulada por la sinestesia, no porque esta sea suma y reunión, sino porque esta figura en las manos de Palés reta la organización que preside la experiencia sensorial convencional. Allí el poeta parece percibir un estilo que es también su modo de existir, de vivir.

En el Seminario Federico de Onís, de la Universidad de Puerto Rico, Recinto de Río Piedras, se halla un cartapacio titulado *Palés Matos, Luis. Obras/originales*. En el reverso de la última página (4) del autógrafo «Plena del menéalo» (1953) se encuentra el siguiente dibujo y las siguientes anotaciones. Las reproduzco y transcribo las palabras:

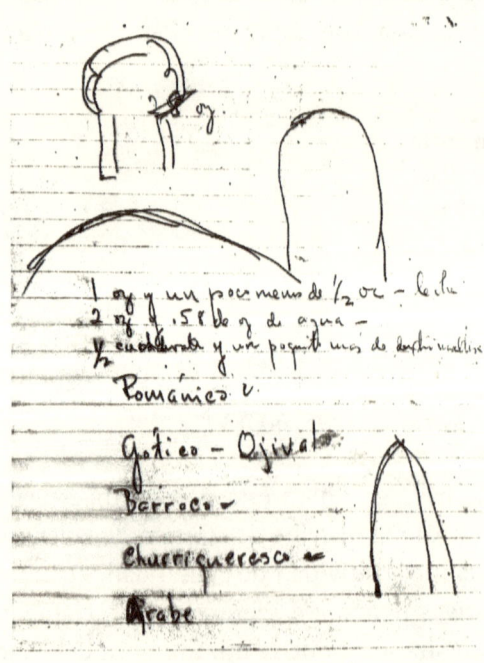

28 oz
1 oz y un poco menos de ½ oz –leche
Dos oz y .58 de oz de agua -
½ cucharada [garabateado] y un poquito más de dextrimaltisa (dextrimaltosa)

Románico
Gótico - Ojival
Barroco
Churrigueresco
Árabe[26]

¿Por qué leer estas anotaciones y dibujos que probablemente remitan a situaciones y tiempos disímiles en medio de una reflexión sobre el paisaje digestivo palesiano[27]? ¿Por qué no? ¿Y si no fueran suyos estos apuntes? Lo que parece ser una receta para niños a base de dextrinomaltosa o algún suplemento nutricional viene acompañados de dibujos y palabras en otra tinta. Este texto permite atisbar la relación cotidiana, sin fronteras entre escritura, lectura y vida de Palés Matos, quien parece no tener empacho alguno de utilizar el dorso de su poema para garabatear el estilo de unos arcos o copiar los ingredientes de la receta. Forma e ingrediente, estilo y digestión inscriben el revés del poema insignia para el meneo impolítico de la isla antillana. Más se podría decir de estos apuntes.

El paisaje digestivo, en tanto anzuelo sinestético, prepara el tiempo y el *tempo* de sus efectos. Ante un menú, como ante el paisaje digestivo, es necesario detenerse, asumir la pausa que añora la captura o disolución de los alimentos; gozar la pausa antes de silencioso alebrestarse hambriento,

---

[26] En la reproducción fotográfica de este autógrafo en *La poesía de Luis Palés Matos. Edición crítica*, página 755, es posible ver la sombra de los dibujos.

[27] Cabe preguntarse ante las notas de Palés aquello que Foucault pensara sobre la «obra de un autor»: «Pero supongamos que se trata de un autor: ¿acaso todo lo que ha escrito o dicho, todo lo que ha dejado detrás suyo forma parte de su obra? Problema a la vez teórico y técnico. Cuando se emprende la publicación de las obras de Nietzsche, por ejemplo, ¿dónde hay que detenerse? Hay que publicarlo todo, naturalmente, pero ¿qué quiere decir este "todo"? ¿Todo lo que Nietzsche mismo publicó? Por supuesto. ¿Los borradores de sus obras? Evidentemente. ¿Los proyectos de aforismos?¿Lo tachado también, las notas al pie de sus cuadernos? Sí. Pero cuando en el interior de un cuaderno lleno de aforismos se encuentra una referencia, la indicación de un encuentro o una dirección, una cuenta de la lavandería: ¿es obra o no? ¿Y por qué no? Y así hasta el infinito. Entre los millones de huellas dejadas por alguien tras su muerte, ¿cómo puede definirse una obra? La teoría de la obra no existe y aquellos que ingenuamente emprenden la edición de las obras carecen de esta teoría y su trabajo empírico se paraliza muy rápidamente» (Foucault 1999: 334-335).

gozar de ese saberse excitado ante la promesa sensitiva del plato[28]. Devorar el plato preparado no es tampoco el fin único de la culinaria palesiana, como en la orilla del litoral tampoco termina el trabajo del mar sobre la tierra. Se trata de un modo de *procesar el agite*, la impetuosidad de algunos deseos[29]. La poética gastronómica palesiana también duplica y replica las inmediateces o los momentos que separarían la experiencia del cocinar, de la experiencia del comer y la de leer. No sólo consume y digiere el estómago, el estómago de igual manera cocina como le descubre a la «verde Antilla» en «Ten con ten» ese sofrito que cocinan sus entrañas. Es bajo esta secuencia de contigüidades y mímesis de cavidades y aberturas que podríamos colocar los motivos del canibalismo africano y del estereotipo antropófago en Palés, sobre todo en su poema emblema «Ñam-Ñam»:

    Ñam-Ñam. En la carne blanca
los dientes negros - ñam-ñam.
Las tijeras de las bocas
sobre los muslos - ñam-ñam.
Van y vienen las quijadas
con sordo ritmo - ñam-ñam.
La feroz noche deglute
bosques y junglas - ñam-ñam. (1995: 518)

El gruñido de África, su performance masticatorio es análogo en dimensiones y en teatralidad a la lucha titánica del mar por salir de su

---

[28] Ya en 1945 el poeta puertorriqueño Francisco Matos Paoli anotaba el paisaje palesiano del siguiente modo: «El tono de este paisaje está adivinado a través de fuertes percepciones visuales, auditivas, olfativas, gustativas y táctiles. A menudo ocurren fenómenos de sinestesia que le prestan integridad poética a la transportación de la realidad exterior. Se sensibiliza el paisaje con musicales imágenes de movimiento» (Matos Paoli 1945: 31).

[29] «En la inauguración de la Sala Palesiana en Guayama, el 29 de noviembre de 1990, tanto la hija del poeta –Ana Mercedes– como una de sus sobrinas, María Consuelo, al hacer la semblanza del poeta, hablaron de su afición, no sólo por la buena mesa, sino por la cocina. Las imágenes nutricias de sus poesía deben no poco a esta faceta de Palés, quien solía meterse en la cocina de los restoranes para recabar recetas que luego probaría en su casa» (Palés Matos 1995: nota 270, 601).

agujero, como a las correrías performáticas de las islas entre los desastres naturales y los turistas. El tijereteo de las quijadas, su aparición estética sobre la carne blanca es inseparable del tiempo (nocturno) de la deglución. La rápida metonimia «natural» que nos hace pasar de la boca «de dientes negros» a la boca de «la feroz noche» que «deglute / bosques y junglas» recala en esa condición de la imagen palesiana que mimetiza el espacio de sus desempeños y allí superpone los cuerpos de su aparecer. La «aparición» del agujero en el litoral nos remite a una geo-grafía limítrofe, entre cuerpos afectado y afectante, siempre consecuencia de algún laboreo intenso[30]. Sólo después de este yuxtaponer de espacios puede devenir cuerpo la boca de África. Este capturar, calcar y transformar el objeto imaginario en ese cuerpo que exhibe sus orificios es la firma de la imagen palesiana como evento sensorial antillano. Ahora bien, comerse al conquistador, al turista o al colonizador no sólo comporta deshacer su poderío sino incorporar sus carnes, sus deseos y sustancias. Este poema con pretensiones míticas cifra su ambigüedad estereotípica tanto en la lejanía del tótem como en la sonoridad animal de ese gruñido proveniente de una «Nigricia» que «es toda dientes / en la tiniebla – ñam-ñam»[31]. La boca de África devora con «sordo ritmo», del mismo modo que el negro de «Preludio en boricua» se alela con la melodía de sus entrañas.

---

[30] Leemos en *Litoral*: «Hacia el lado del mar la tierra está mechada de cuevas de cangrejos. Ante cada nueva cueva se alzan minúsculas formaciones de fango que la paciencia laboriosa del crustáceo amontona durante sus noches de vigilia. Esta tierra cosida de agujeros despide un tufo mareante de moho, de cosa descompuesta, de verija» (Palés Matos 1984: 234).

[31] «Ñam-Ñam» aparece en la sección del *Tuntún* llamada «Tronco». El *Tuntún*… posee tres partes: «Tronco», «Rama», «Flor». Ríos Ávila piensa la estructura de este *extraño árbol* como parte de la respuesta «objetiva» de Palés Matos a la simplificación binaria en boga ya en el orden discursivo puertorriqueño de los años 1930: «En el *Tun Tun* [sic] se parte del tronco, pero ese tronco, más que un fundamento, es un escenario, el espacio de una representación, y lo que se representa es una danza ritual. El tronco es también el tótem ancestral, un principio de significación, un eje aglutinador, un centro ceremonial. El tronco es también un tambor, […]» donde se escuchan «La O y la U, las vocales oscuras y graves que anuncian a su vez los orificios del bajo cuerpo: la boca y el ano por donde transcurren los ritmos de la alimentación y la eliminación y la U de la curva maternal en la que se esconde "la armonía prolífica del sexo"» (Ríos Ávila 2002: 131).

Se trata de la verdad agridulce del estereotipo: las descargas del goce y la embriaguez que, en ocasiones, in-distinguen al amo del esclavo, al nativo del turista[32]. El saber del África palesiano, ese saber exhibir sus atributos corporales en medio del *telón isleño* que es el *Tuntún*, es incorporar al enemigo, dejarse arrebatarse con ese cuerpo que en principio lo niega y busca incluso sujetarlo de un modo extremo; comerse su fuerza e incluso su toxicidad, entregarse al delirio. Eso *performea* el gruñido africano de Palés: un saber onomatopéyico para y desde el delirio; sacar de quicios los protocolos de orden, belleza y armonía es lo que la onomatopeya masticadora firma con la boca del África.

Y el delirio o la desesperación, en la segunda versión del poema «Mulata-Antilla», emerge cuando ya no se puede más con ese *canto* apetecido. El sujeto poético trata de no perder la tabla pero los signos de exclamación lo delatan:

>   Cuba, Santo Domingo, Puerto Rico,
> fogosas y sensuales tierras mías
> ¡Oh los rones calientes de Jamaica!
> ¡Oh fiero calalú de Martinica!
> ¡Oh noche fermentada de tambores
> del Haití impenetrable y voduísta!
> Dominica, Tortola, Guadalupe,
> ¡Antillas, mis Antillas!
> Sobre el mar de Colón, aupadas todas
> sobre el Caribe mar, todas unidas,
> soñando y padeciendo y forcejeando
> contra pestes, ciclones y codicias,
> y muriéndose un poco por la noche

---

[32] De nuevo, Ríos Ávila lee en el uso del estereotipo del *Tuntún* la devolución de la mirada turística sin caer en el calabozo moralizante del nacionalismo: «En vez de la respuesta típica del nacionalismo, que sería el endurecimiento de algún ideal originario profundo que ponga en su sitio a la mirada trivializadora. Palés saca al negrito y la palmera de su repertorio de estereotipos raciales y construye su propio teatro nativo. Por eso es que el negro de Palés tiene que ser el más estereotípico de todos, porque tiene que alimentar, intensificar y desbordar la fantasía blanca que construye su identidad a costa de la conversión de otro en Lo Otro, el espacio del exotismo y del éxodo. El Caribe en Palés es un espejismo posible de esa fantasía» (Ríos Avila 2002: 145).

y otra vez a la aurora, redivivas,
porque eres tú, mulata de los trópicos,
la libertad cantando en mis Antillas. (1995: 600)

El despliegue en el poema de esta relación porificante en el sujeto poético, su imaginario (y en este caso el objeto de su deseo) es una relación que se despliega *sobre* la peculiar horizontalidad del archipiélago. Sobre esta superficie acuática deviene complejo el trazo de los continuos itinerarios o desviaciones que allí se perciban. Se trata quizás de la corrosión y el desmantelamiento de toda pretensión de fijeza para ciertas voluntades de poder institucionales que han apostado por la transparencia y la descripción. Este complejizar las certidumbres que trabajan algunas lenguas poéticas caribeñas quizás explique, parcialmente, la naturaleza del silencio de los grandes discursos disciplinarios sobre el Caribe ante textos insignias de ciertos autores impostergables. Poetas como el puertorriqueño Luis Palés Matos, el dominicano Manuel Rueda o el cubano Virgilio Piñera, por citar sólo algunos casos escandalosos, parecen ser reclamados (con notables excepciones) por parcelas disciplinarias o establos temáticos que algunos imaginan separados del archipiélago. En sus textos, sin embargo, habita una pertinente figuración de la singular condición isleña. Adelantemos una intuición. El escamoteo político y el silencio crítico ante algunos de estos textos se debe a la no facilidad o la infelicidad empírica y simbólica de estas aguas y tierras (islas) poéticas tan poco celebratorias y tan resistentes al credo de los especialistas de turno. O también podría suceder que en los textos de estos poetas, la isla no se la ve, cierto ojo no la encuentra porque la que se buscaba prefigurada en los presupuestos de la disciplina de turno no aparece como tal, o porque ya hay una en su lugar, entorpeciendo con su cuerpo la fiesta epistemológica de la otra. Convendría extenderse sobre esas islas atravesadas, esos cuerpos de agua que enfrentan algunos poetas y detenerse ante esas perspectivas que se les cruzan en el camino cuando levantan la mirada de sus poemas. Habría que relacionar este archipiélago *entredicho* y pensarle vínculos a una tradición poética que llamaré la estela de las islas interpuestas, el trazo de las lenguas o los cuerpos interpuestos. Se trata de una tradición poética negativa que franquea al archipiélago. Me refiero a una tradición de la negatividad, a una tradición poética de la incertidumbre, que no debe ser entendida meramente como la réplica simple a lo ya afirmado, o como la oposición ideal a todo aquello que ha triunfado como relato cultural en el Caribe y ha naturalizado su positividad y su autoridad. Interesan los textos entremedios, cogidos en y por lenguas que no definen al archipiélago como la cristalización de un Orden o un Principio Rector. ¿De qué maneras estas lenguas traban el catálogo de evidencias que levanta tanta ontología clausurada de lo caribeño?

Política de la sinestesia: el sabor del ojo, la mirada del estómago

La imagen digestiva en Palés adoba la letra, aspira a convertir el acto de lectura en una suerte de más allá para los efectos que acompañan la incorporación de la imagen. Leer como comer o viceversa no son para Palés operaciones donde se establece una simple analogía entre las supuestas lógicas culturales de la letra, por un lado, y las del «mundo antropológico» propio del Caribe, por el otro. En Palés, lo digestivo no significa desgranar elementalmente los ingredientes de una receta histórica para la antillanidad. El poeta cargará la mano allí donde el paisaje deviene estado culinario, o si se quiere, la geografía palesiana antes que un inventario nutricio es la performance de un cocimiento inaplazable, como de una demanda ingestiva provocadora. El adobo/sofrito es una suerte de humor estético que efectúan sus poemas y éste trabaja con una epistemología del curtir, del malear el cuerpo de la letra que se ofrece para el consumo. Palés prepara el cuerpo poemático para que precipite una transformación sensorial en el lector que lo paladeará con sus ojos.

En la re-escritura, para la edición de 1950 del *Tuntún*, de «Mulata-Antilla», lo comestible de la mulata-isla es el impostergable devenir guerrero de su geografía: en nave, cantante, jinete, pabellón mitológico, más tarde cavidad sexual donde transita el poeta, calurosa magnitud asimilable:

> Imperio tuyo, el plátano y el coco,
> que apuntan su dorada artillería

al barco transeúnte que nos deja
su rubio contrabando de turistas.
En potro de huracán pasas cantando
tu criolla canción, prieta walkiria,
con centelleante espuela de relámpagos
rumbo al verde Walhalla de las islas.

Eres inmensidad libre y sin límites,
eres amor sin trabas y sin prisas;
en tu vientre conjugan mis dos razas
sus vitales potencias expansivas.
Amor, tórrido amor de la mulata,
gallo de ron, azúcar derretida,
tabonuco que el tuétano te abrasa
con aromas de sándalo y de mirra. (1995: 599)

En la obra de Palés Matos, los imperativos corporales que sostienen la imagen ingestiva son parte de una poética para la continua relación con las otredades culturales que singularizan al Caribe. Una relación que, en Palés, no puede disociarse de los hinchamientos tóxicos, el enamoramiento y las saturaciones emanados, en tránsito, por la conjugación corporal. El vientre palesiano es vagina y estómago donde se cuaja (verbo caro al poeta) la voz o la saturación que sería la mejor forma de lo insular.

El estómago palesiano, asomado en los orificios, por lo tanto, vislumbra los avatares del vaho que suena, avatares sinestéticos que definen la sintaxis gastronómica de la lengua, de la salsa antillana. La consumición transformante es el espacio imposible pero imprescindible para la localización del impreciso archipiélago antillano de Palés Matos. Los estados de embriaguez y desarreglo que suceden a la ingestión son, en el *Tuntún*, una proposición ética recurrente incitada, claro está, por estos aderezos metafóricos. La problemática visibilidad de los paisajes digestivos en Palés dimensiona la viscosidad constitutiva de toda experiencia de lo heterogéneo. Sea de cuerpos en el guiso, o amalgamados por o durante la embriaguez, se trata de una corporalidad procesada y en proceso de ingestión que señala, repetidamente, hacia el lugar desde donde el poeta enuncia. Por ejemplo, la pregunta incontestable sobre el origen de la palabra «foránea», que organiza la escritura del extraordinario poema «Kalahari», hace escala en la embriaguez como parte de ese registro de contigüidades e imágenes cotidianas que sondea la mirada y la memoria del poeta, buscando explicaciones para la insistente presencia interior de esa palabra-desierto. En «Kalahari» la ebriedad rememorada aloja una perturbación que se imagina como una experiencia enigmática que se aleja:

> Anoche estuve de francachela con los amigos,
> y derivamos hacia un lupanar absurdo
> allá por el sombrío distrito de los muelles...
> El agua tenebrosa ponía un vaho crudo
> de marisco, y el viento ondulaba premioso
> a través de los tufos peculiares del puerto.
> En el burdel reían estrepitosamente
> las mujeres de bocas pintadas... Sin embargo,
> una, inmóvil, callaba; callaba sonreída,
> y se dejaba hacer sonreída y callada.
> Estaba ebria. Las cosas sucedían distantes.
> Recuerdo que alguien dijo –Camella, un trago,
>   un trago. (1995: 541)

Camella es un avatar del negro que en los márgenes del «telón isleño» de «Preludio» se alela *en* la melodía «que le sale de las entrañas». Lejanía y extrañeza, embeleso y consumición enlazan a estos personajes. Ahora bien, «Kalahari» y su «Camella» no ceden su condición enigmática. Incluso, el poeta y la Camella comparten una condición *distante*, ese saberse lejos del sentido de lo que experimentan en los límites del lenguaje. El poema despliega una serie de antítesis sensoriales ante el enigma del surgimiento de la palabra «Kalahari» que desdibujan e inscriben el itinerario que debe recorrer el sujeto poético tras el enigma de la palabra: el día es hermoso, anoche me fui de putas, esta mañana hojeaba un magazín. Al final de cada situación sólo quedan pistas, insinuaciones e invencible la repetida pregunta sin respuesta: «¿Por qué ahora la palabra Kalahari?». Así como el poema nunca aclara el misterio del asalto de la palabra «Kalahari», la borracha Camella se niega a usar la voz. En esa distancia, como la que se abre entre el sujeto poético y la emergencia del vocablo «Kalahari», como el negro de «Preludio en boricua», arrinconado en algún «solar, bahía, / o siembra de cañas», Camella yace «invadida» por los efluvios de eso otro que ya recorre su cuerpo, repleta de esa sustancia perturbadora que se extiende como una superficie indiferente a los ruidos del prostíbulo y la hace guardar silencio. La ausencia de referentes propia de esa «página blanca» que es el desierto encuentra un doble acústico en el silencio sonreído de la puta borracha. Los líquidos que el desierto (ese mar seco) diseca, sin embargo, se revuelven en el estómago ebrio de la Camella, del mismo modo que la palabra africana revolotea en la memoria alterada del poeta al día siguiente. «Kalahari» es también la escritura de la temporalidad sensorial propia de la resaca alcohólica.

¿Por qué ahora la palabra Kalahari?

Ha surgido de pronto, inexplicablemente…
¡Kalahari! ¡Kalahari! ¡Kalahari!
¿De dónde habrá surgido esta palabra
escondida como un insecto en mi memoria;
picada como una mariposa diseca
en la caja de coleópteros de mi memoria (1995: 542)

Ebrias van la puta Camella y la voz del poeta, disecada la mariposa yace, como desecada es la superficie del desierto. Paralelos bestiales son, además, la puta con nombre de animal desértico, *picada* por el alcohol, como la palabra africana, «insecto picado» que invade con su revoloteo semántico y *marea* al poeta con su ponzoña. No olvidemos que un *vaho crudo de marisco* satura la atmósfera del poema. El enigma significante de esa palabra extranjera (desierto) esconde una poderosa marejada (resaca) corporal como vehículo para su velada aparición sensorial. Atravesados todos por el aguijón de esa alteración de los sentidos que define lo embriagante, esta invasora experiencia de la pérdida del origen de la «voz» antecede y determina el itinerario de percepciones que estructura el poema como búsqueda inútil de esa absorción primigenia que, sin embargo, se ha retirado irreparablemente. La retirada de esa explicación original es inseparable de los retornos continuos de la palabra. Se trata de un oleaje sensorial que pulsa el día después de los excesos. El otro, llámese el negro, la mulata-antilla o eso que en las «brumas interiores» del poeta se dilata son cuerpos y saberes embebidos que de algún modo, *van y vienen*, contaminando para siempre su voz.

El sabor de lo otro, el sabor de los demás en Palés Matos es un saber *secretado* que ya circula por el cuerpo del sujeto poético. Este sabor arrebata y coloca en el umbral de lo indecible. Asunto de secretos y secreciones, en contadas ocasiones, la travesía sensorial del sabor queda como una perturbación que insiste «ciega contra la luz ofuscadora del recuerdo» (1995: 542). La sonoridad del tambor es también, ya se sabe, parte de la farmacopea guerrera palesiana: «¡Ahí vienen los tambores! / Ten cuidado, hombre blanco / que a ti llegan / para clavarte su aguijón de música. / Tápate las orejas» («Intermedios del hombre blanco», 1995: 567). Pues el sonido en Palés cocina, cuece penetrando; ahí «El alma africana que vibrando está / en el ritmo gordo del mariyandá» («Danza negra», 1995: 508). Así como «Puerto Rico bala como cabro estofado» («Preludio en boricua», 1995: 503), la mulata-Antilla dispone sus armas: «Imperio tuyo, el plátano y el coco, / que apuntan su dorada artillería». Balido, bala, veneno de los tambores, mazacote ondulante, proyectiles todos encampanan el imaginario del archipiélago palesiano. La palabra-tóxica como el balido del cabro estofado son imágenes somáticas, negativas que depara una corporalidad ingestiva; sinestesias que extranjerizan (que *lejanizan*) la naturalidad sensorial del paisaje caribeño.

Este trabajo sensorial que sostiene la poética palesiana ofrece materiales para una historia y crítica del *ethos* averiado de la comunidad puertorriqueña. En ese trasiego de cuerpos que se remenean a través del *Tuntún*, todo deseo por erigir la mismidad de lo idéntico caerá derrotado ante el arrebato que segregan esos cuerpos ávidos por trajinar con las entrañas. Son los mismos cuerpos que «reducen su lingo a gandinga» (1995: 503). Son los cuerpos que hacen, con la lengua, guisada de entrañas. No habría que sorprenderse, por lo tanto, de que así también se delimite «la encendida calle antillana» donde se consume la donación exigida por *ese cuerpo-máquina en procesión* que es «Majestad negra». El «veneno» de esa «masa con masa» que desde la orilla *cuaja* sus movimientos es la mejor representación para esta productividad culinaria:

5. «Luchando por salir de su agujero»: poéticas marinas ( ) paisajes digestivos

> Culipandeando la Reina avanza,
> y de su inmensa grupa resbalan
> meneos cachondos que el gongo cuaja
> en ríos de azúcar y de melaza.
> Prieto trapiche de sensual zafra,
> el caderamen, masa con masa,
> exprime ritmos, suda que sangra,
> y la molienda culmina en danza. (1995: 536)

De igual manera, en la lúbrica olla antillana se dispone el «Numen» de la Nigricia ancestral:

> Toda en atizo de fogatas,
> bruja cazuela tropical,
> cuece la noche mayombera
> el negro embó de Obatalá.
> Cuajos de sombra se derriten
> sobre la llama roja y dan
> en grillo y rana su sofrito
> de ardida fauna nocturnal. (1995: 516)

Sin embargo, los esfuerzos lúbricos del sabor( )saber palesiano o las múltiples figuraciones de la ingestión que constituyen el *Tuntún*, con notabilísimas e importantes excepciones, han sido colocados bajo las nomenclaturas de un populismo banal que idealiza la mezcla del Caribe o bajo el acervo municipal del bibliográfico y siempre antropológico mulataje nuestro. Al final esta poética queda reducida a una maravillosa condición adjetival, regimentada además por ciertos modales de archivo que rara veces desobedecen la plantilla verista que la cultura o política palesianas supuestamente refrendarían. Los horizontes digestivos palesianos habría que movilizarlos en otra dirección, como parte de un desempeño infrapolítico donde se lleva a cabo un gesto experimental decisivo para la teoría «política» y cultural del poeta. Los paisajes digestivos de Palés exhiben, además, algunos materiales para una teoría de la imagen y la vida en el Caribe. Los horizontes culinarios de Palés parecen convidar un órgano heteróclito, una monstruosidad receptiva que reúne al ojo con la lengua, el oído con la boca; en la lengua lograría producir un parpadeo. En la mirada o en la voz este órgano permite el asomo de las habilidades para la descomposición que caracterizan al estómago. El estómago de Palés es también el lugar donde se cierran los ojos. El estómago de Palés podría, entonces, imaginarse como una lúbrica cavidad sinestética que subyace momentos pivote de su poesía llamada deliberadamente antillana. Esta suerte de caldera además hace, del espacio, nave, de la supuesta fijeza del paisaje apreciado, movimiento en el poema que ya altera a quien lo contempla en su lectura. Aquí se produce su mejor proposición. Como ese cordón, esa extensa trenza de spaghetti que el poeta devoraba en sus últimos días, como eso que agarra el pelícano a las aguas, la imagen digestiva es el trazo de una travesía interior, el perímetro de una magnitud, de una circunvalación que el poema pasea como provocación sobre el saber vivir a gusto.

Viajar con el estómago, escucharlo, comporta en Palés Matos, además, un modo de especificar su teoría de la mulatez caribeña y sobre todo de expandir un avatar de los efectos de los paisajes del Caribe. La producción de una sensorialidad poemática para el Caribe como el despliegue de un ofrecimiento culinario, de una marejada sensorial, es la entrada misma de la disolución de las inmediateces perceptivas de «lo mulato», del *empirismo* racial caribeño, a favor de una concepción gastronómica, digestiva de esa misma *especia* caribeña. El gesto que transportaría esta estética no debe buscarse en el cotejo de sus temas, o en su posible correspondencia con los programas ideológicos o las nomenclaturas gubernamentales que le fueron o le son cercanas socialmente. La improbable política de la poética palesiana se define en esa refundición y repartición de las condiciones para lo sensible que ensambla el poema. Pero también lo infrapolítico de esta poética gastronómica se despliega en la reconfiguración de un escenario para la experiencia sensorial, para la experiencia de la vida, donde se podría poner en entredicho y hasta desalojar lo que se ha entendido como política y literatura en la obra de Luis Palés Matos. Dicho de otro modo, la crítica infrapolítica del poema se juega en sus modos de experimentar y producir lo sensible, en su modo de devenir sensorialidad y representación e inscribir una existencia fuera de las convenciones ideológicas que «leen» lo cultural. La lectura del poema palesiano enfrentará, tarde o temprano, esas figuraciones de la inmediatez que el *sensorium* de la política con aspiraciones hegemónicas entrega al momento de tornar visibles sus cuerpos representativos, sus sujetos políticos y las imágenes de su legitimidad histórica. La politicidad del estómago de Palés, sus lógicas, se manifiestan en su práctica poética, en esas maneras de hacer que dispone el poema y en cómo éstas a su vez se relacionan con otros modos de estar en y abandonar el Caribe.

Mucho del escándalo y la hostilidad que despertaron algunos de los poemas del *Tuntún* no sólo se debe a la nominación de un innombrable cultural puertorriqueño —la compleja corporalidad de «lo negro» en lo social puertorriqueño—, sino a la comelona relación erótica que el sujeto poético palesiano figura con esos cuerpos negros[33]. Ante el cuerpo de las islas en «Canción festiva para ser llorada», la pregunta por la lengua caribe es la convergencia del viaje, la buena mesa y el sexo:

>¿En qué lorito aprendiste
>ese patuá de melaza,
>Guadalupe de los trópicos
>mi suculenta tinaja?
>A la francesa, resbalo,
>sobre tu carne mulata,
>que a falta de pan, tu torta
>es prieta gloria antillana. (1995: 543)

Un poema como «Pueblo negro» —que, dicho sea de paso, fue desleído burdamente como la demostración de que no existían auténticos pueblos negros en Puerto Rico— levantaba sin embargo, como pocos poemas, la particular intensidad erótica que atraviesa el cuerpo del poeta al momento de ficcionalizar su pueblo negro. El poema es una suerte de trazado fenomenológico que se acerca pausadamente al origen de la obsesión misma que desata su escritura: la aparición en «sus brumas

---

[33] Mercedes López-Baralt resume el complejo itinerario de ataques y reconsideraciones circunstanciales que la crítica ha llevado a cabo ante «la negritud» de los versos de Palés en «La tercera salida de *Tuntún de pasa y grifería*», en particular en las secciones «La negritud como escándalo literario» y «La polémica oculta el libro». Véase Palés Matos 1993: 21-28 y 37-46 respectivamente.

interiores» de un pueblo negro. Ese «allá» que el poeta asedia «tumbado» cobra forma poco a poco en tanto lejanía irreductible. Lejanía que, por su parte, habrá de consumirse y cancelarse en la cavidad que es la voz. Ese «allá» es simultáneamente el arranque y «el objetivo final» de la travesía de la voz: *un canto* en su acepción doble, una sonoridad y un pedazo, un trozo, toda una materialidad lingüística que dimensiona la búsqueda y el comienzo del ligamento de los cuerpos. Este canto que se extiende encuentra su mejor figuración en la metáfora del caldo cuyos vapores y olores conforman el contorno imposible de una imagen que ya ha borrado las fronteras entre el sujeto poético que la produjera y la exterioridad estética que recogería el poema. El final es la cancelación de esa lejanía que ya se prueba en la boca del sexo o con la boca en el sexo:

> Alguien disuelve perezosamente
> un canto monorrítmico en el viento,
> pululado de úes que se aquietan
> en balsas de diptongos soñolientos,
> y de guturaciones alargadas
> que dan un don de lejanía al verso.
>
> Es la negra que canta
> su sobria vida de animal doméstico;
> la negra de las zonas soleadas
> que huele a tierra, a salvajina, a sexo.
>
> Es la negra que canta,
> y su canto sensual se va extendiendo
> como una clara atmósfera de dicha
> bajo la sombra de los cocoteros.
>
> Al rumor de su canto
> todo se va extinguiendo,
> y sólo queda en mi alma
> la ú profunda del diptongo fiero,
> en cuya curva maternal se esconde
> la armonía prolífica del sexo. (Palés Matos 1995: 534)

5. «Luchando por salir de su agujero»: poéticas marinas ( ) paisajes digestivos

La imagen de este pueblo negro que se disuelve en un diptongo vaginal se mira en la negra que disuelve su canto en el aire. La imagen aquí es la emanación de un cuerpo, que en reposo, paladea el sabor íntimo de lo otro (en este caso, la otra). El poema es la producción imaginaria de la emisión del canto o el caldo topográfico que reposa en las interioridades («brumas interiores», el «alma») del poeta. En otras palabras, el poema «Pueblo negro» parece finalizar una vez lleva a cabo la teoría del amalgamiento del cuerpo y la sonoridad que supone ese «diptongo fiero». *Lo que queda* en la «*ú profunda*» ha sido llevado a la cavidad poemática por la escucha/paladeo del vaho de la negra, ese canto que deviene líquido en la atmósfera y sólo deja el signo de la curva sexual. Pero el final apunta hacia el comienzo del «regusto» que tal vez atizó la fantasía topográfica. El saboreo de «la armonía prolífica del sexo» es un modo de adentrarse a esa pereza y duermevela constitutivas del pueblo mismo:

> Pereza y laxitud. Los aguazales
> cuajan un vaho amoniacal y denso.
> El hipopótamo se hunde
> en su caldo de lodo suculento,
> y el elefante de marfil y grasa
> rumia bajo el baobab su vago sueño. (1995: 533)

La curva es madre por acoger esa sonoridad viscosa, por esconderla, además de señalar la cavidad sexual como el término donde se liquida esa aproximación templada que escribe el poema. Llegar allí implica hacer silencio pues se toca el lugar donde el sujeto y su objeto poético se enlazan. El poema de Palés al finalizar nos sumerge en el soñolencia que prefiguró ese entresueño que recama las imágenes del poema. El poema al terminar nunca desempeña, por lo tanto, un final, digamos que su palabra nunca coincide con el silencio que supone el punto final, con el acabose sensorial que acecha al sujeto poético. Esta entrega al regusto lánguido tras la ingestión sexual no puede ser el fin inequívoco del poema, ya que acabar el tejido imaginario supondría una imposibilidad poética: dejar de paladear el gusto de ese caldo sonoro que sólo es posible una vez coinciden el sonido caldoso/sexo de la negra y el brumoso imaginario del poeta[34]. Este poema no puede cancelar, con un verso final, la persecución de esa otredad que le ha parado la lengua al poeta. La poesía es aquí el trazo de su recorrido por el cuerpo del poema o del poeta aturdido por sus efluvios.

Aires bucaneros

En una foto célebre, un demacrado Juan Ramón Jiménez y un sonriente Luis Palés Matos se dan la mano mientras el poeta Evaristo Ribera Chevremont y el rector de la Universidad de Puerto Rico, Jaime Benítez, observan[35]. Más que la sucesión de los días, el cotejo de fechas memorables, los años cincuenta podrían pensarse como el levantamiento de algunas imágenes. La historicidad de estos años será la que me entrega la lectura de un texto poético de Palés imaginado como nudo, como un erizo saturado de contactos y resistencias históricas que, dicho sea de paso, podrían llevarnos en cualquier dirección o sentido. La historicidad de ese imaginario que conforma la década en discusión emergería como condición y efecto de la forma poética. Los efectos de sentido, si algunos, generados por el junte de un poema y los fragmentos de un relato contextual que le acerco al poema, tendrán al final, en el mejor de los casos, la forma de una serie de preguntas.

La última década de vida de Palés Matos coincide con exactitud con los años cincuenta. Más aún, los años de Palés, nacido en el 1898 y muerto en 1959, recogen, cual emblema, la entrada en la modernidad colonial de la isla bajo la tutela imperial de los Estados Unidos. Ahora podré explorar todos los motivos para este comienzo imaginario a partir del enunciado de los cincuenta en el Caribe y mi mirada sobre la foto antes mencionada. Diré, sin embargo, que la coincidencia de dos figuras en la foto, Palés Matos y Jaime Benítez, agitan este empeño interpretativo. Me refiero el poema «Aires bucaneros» de Palés Matos, cuyo manuscrito

---

[34] Véanse las reflexiones de Giorgio Agamben en torno a ese evento, que él denomina «el final del poema», en Agamben 1999.

[35] La foto aparece reproducida en la página 737 de *La poesía de Luis Palés Matos. Edición crítica*.

data de 1943 y que fuera publicado en revistas culturales tanto en San Juan como Caracas en 1944. Sin embargo, su significativa inclusión en la reedición de 1950 del nunca acabado *Tuntún de pasa y grifería* le confiere a dicho poema una nueva dimensión.

Dedicado a Jaime Benítez, autor del prólogo de la reedición del 50 y rector de la Universidad de Puerto Rico (1942-1966), este poema rara vez es discutido al momento de pensar en la poética política o cultural que se aloja en la obra de Palés. Sospecho que la dedicatoria, más que un homenaje a Benítez, permite ensamblar una conversación no exenta de diferendos entre amigos, además de estimular un tejido de asociaciones. De hecho, el texto de Benítez que sirve prólogo a la reedición del 50 fue originalmente una conferencia dictada en 1938 en la Universidad de Puerto Rico, en la que el rector subrayaba, desde los textos de Palés, la condena pesimista, la falta de entusiasmo y decaimiento que la cultura y las clases altas experimentaban ante el destino político de la Isla. Si bien Benítez afirmaría que dicho pesimismo y decaimiento espiritual cesaban con el triunfo del Partido Popular y de su líder Luis Muñoz Marín en 1948 (amigo mutuo de Palés y Benítez), la inclusión de los poemas «Mulata-Antilla (segunda versión)» «Menú», «Aires bucaneros» y «Canción de mar» permiten pensar las resonancias políticas del *Tuntún* más allá de una mera lectura entusiasta o pesimista de las proposiciones de Benítez.

La figura de Jaime Benítez amerita una discusión mayor. Lo que sucede aquí es un paréntesis sin duda insuficiente. Benítez no sólo habría de nombrar a Palés Matos poeta residente de la Universidad de Puerto Rico en 1944, Benítez fue un colaborador cercano del primer gobernador electo por los puertorriqueños, Luis Muñoz Marín, y ayudó en la redacción de la Constitución de Puerto Rico en 1952. Benítez fue parte de la Convención Constituyente que funda el Estado Libre Asociado de Puerto Rico (ELA) y además colaboró en el diseño de la Carta de Derechos Humanos incluida en la nueva Constitución. Benítez y Muñoz Marín tuvieron una disputa pública en 1957; sin embargo, cuando Muñoz Marín hace público que ha «perdido la confianza» en Benítez y lo acusa de usar su posición en la Universidad para crear una movimiento político que rivalice con su Partido Popular Democrático, Benítez recibe un espaldarazo de parte del Consejo de Educación Superior por sólo un voto. Ambos se reconcilian poco antes de las elecciones de 1969.

La larga labor de Benítez como rector de la Universidad de Puerto Rico entre 1942-1966, la fundación del Instituto de Cultura Puertorriqueña en 1955, además de la creación en 1949 de la División de Educación de la Comunidad, constituyen la circunstancia fundacional de la política cultural del «nuevo» status político de la isla. El llamado «Estado Libre Asociado» de Puerto Rico fue el nombre que recibió un sistema de gobierno colonial que desde el 25 de julio de 1952 articulaba los dudosos conceptos de autogobierno y unión permanente con los Estados Unidos. Este sistema desarrolló tras su creación una serie de políticas culturales que, si bien histórica y discursivamente anteceden la fundación del ELA, bajo dicho sistema de gobierno cristalizarán en una política cultural compleja y contradictoria que institucionaliza hasta el día de hoy el nacionalismo y populismo culturalista puertorriqueño. La política cultural del ELA, heredera, en más de un sentido, de las directrices del proyecto del *New Deal* norteamericano, estuvo decisivamente marcada por las políticas armamentistas de la guerra fría y es, además, deudora de una vieja preocupación decimonónica en torno a la condición patológica de la población puertorriqueña. Bajo la vigilancia autoritaria del gobernador Muñoz Marín durante sus primeros años, la política cultural del ELA persistirá en instituir simbólicamente una cultura nacional puertorriqueña desligada de la realidad económica y hasta de la materialidad social contemporánea de la isla. En los años cincuenta el nuevo estado colonial puertorriqueño fue ofrecido internacionalmente como vitrina de un «milagro económico» que América Latina podía seguir. Esta condición modélica o contra-modélica se agudizará con el triunfo de la Revolución cubana en 1959. Hoy asistimos al derrumbe de ambos «experimentos».

Si bien diversos estudios reconocen que la temprana política cultural del ELA funda el moderno discurso identitario puertorriqueño, las contradicciones, fantasías y complejidad del mismo siguen siendo objeto de intensas reflexiones. Es precisamente durante los años cincuenta que la isla verá el desarrollo de sus comunidades rurales, la elevación de su escolaridad, un vigoroso proyecto de electrificación y de acueductos a la vez que el despliegue de continuas y efectivas campañas de higienización y medicación de su cuerpo social. Así mientras la sociabilidad rural y campesina era transformada radicalmente y prácticamente desmantelada, el imaginario del campo, el mundo del campesino, para ser preciso el mundo del jíbaro, «el saber del jíbaro», se convertirá en el territorio metafórico por excelencia llamado a constituir la puertorriqueñidad y la democracia isleña en el siglo xx. El populismo muñocista construyó una política cultural que debía legitimar moral y pedagógicamente un proyecto modernizador de industrialización, que paradójicamente tenía al campo como zona de emanación del origen de la democracia puertorriqueña. Las reuniones en el *batey*, las conversaciones bajo los árboles de la montaña tan caras al gobernador de entonces fueron los escenarios políticos y pedagógicos favorecidos para fundar una ciudadanía democrática que, contradictoriamente, entraba a la arena política no a ventilar conflictos, desacuerdos o daños, sino a validar un sistema de valores morales idealizados por los consensos (muchas veces impuestos), la serenidad y la paz de las buenas esperanzas de la gran familia puertorriqueña. Sin embargo, mientras el mundo plácido y generoso del campo imaginario recorría su oficialización metafórica, éste se desencontraba con las prácticas de emigración masiva hacia ciudades de la isla, luego New York y eventualmente Chicago. Es llamativa la correspondiente ausencia de un discurso cultural y político coherente por parte del ELA que narrara esta experiencia imparable en la historia de la isla, mientras el Estado continuaba una vieja práctica colonial que básicamente consistía en embarcar a los pobres hacia las ciudades de New York y Chicago. En términos generales, el discurso cultural del ELA apostó por pedagogías conservadoras dirigidas al mantenimiento de la salud y la higiene tanto física como moral de una comunidad imaginada. Este discurso gustó de ensalzar y espiritualizar un mundo agrícola que de un modo deliberado fue desapareciendo como base económica del estado colonial y sus comunidades. De igual modo, las prácticas de este discurso favorecieron la restauración de edificios y zonas del pasado colonial, el conocimiento y preservación de las artesanías, la música, las artes plásticas, la literatura, el teatro, la danza, el folclore y la investigación histórica.

Es durante esta década que Jaime Benítez como rector de la Universidad comienza a promover un discurso culturalista y occidentalista, apoyado, en parte, por los talentos de diversos y prestigiosos exilados de España y Latinoamérica. La metáfora de «la casa de estudios» que implementará Benítez tampoco estaría exenta de las contradicciones que vibraban en el espacio social del ELA. Arcadio Díaz Quiñones ha recordado sus años de estudiante en la Universidad de Jaime Benítez de la siguiente manera: «Se pretendía que nos construyéramos un pasado occidentalista, greco-romano de segunda mano» (1993: 63). En otra parte de su libro *La memoria rota*, Díaz Quiñones abre la caja de imágenes contrapuestas de la política democrática en el Puerto Rico de los años cincuenta:

> El poder militar estaba legitimado, además, en la misma Universidad, en la que el Rector presidía, muy ufano –su impecable traje combinado cuidadosamente con la camisa, la corbata y el pañuelo– los desfiles militares del ROTC. Una nueva versión de la vieja correlación entre las armas y las letras. Lo recuerdo en 1959. Los martes y los jueves, en las mañanas leíamos a Platón, Dante, Descartes, y a otros maestros de la cultura «occidental». En alguna clase leíamos por primera vez a Kant: «La Ilustración es la salida del hombre de su autoculpable minoría de edad. Ten valor de servirte de tu propio entendimiento». Pero en las tardes aquellos textos eran frases vacías que no podían superar la prueba de los hechos. Nos cambiábamos la ropa, se brillaban bien los zapatos, y nos hacíamos cadetes del ROTC para celebrar la lógica de la destrucción y la ocupación territorial. (Díaz Quiñones 1993: 35)

Quisiera subrayar que el año que ve la segunda edición del libro emblemático de Palés Matos, el *Tuntún de pasa y grifería*, con prólogo de Benítez, es el mismo año en que el Congreso autorizó a que se convocara la constitución constituyente en Puerto Rico. Esta constituyente fue electa en 1951 y en ese mismo año se reunió por primera vez.

Ahora bien, algunos de los poemas de Palés que han sido objeto de recurrentes lecturas políticas son textos como «Plena del menéalo», «Ñáñigo al cielo» o «Ten con ten». Sin embargo, la inclusión de los poemas «Mulata-Antilla (segunda versión)», «Menú», «Aires bucaneros» y «Canción de mar» en la reedición de 1950 del *Tuntún* complica y amplía el registro político del libro de Palés. Estos poemas resultan claves para apreciar lo que nombro como la topo-grafía digestiva de Palés, inseparable de su concepción de la antillanía o caribeñidad. «Aires bucaneros», en especial, potencia otro sentido de *la experiencia productiva* y genera otra imagen para lo que esta poética entendería como productividad caribeña. La configuración de lo productivo en «Aires bucaneros», ahora más latinoamericana que puertorriqueña, se presenta como el acopio excitado de frutos, objetos y mercancías que además tiene como momento climático el paso del botín «del león hispano / al tigre astuto de las Américas» (Palés Matos 1995: 606). El poema se presta para articular en otra dirección la incomprensión o rareza con la que la crítica ha leído la singularidad política-poética de Palés:

> Por el camino de Tierra Firme
> campanilleando viene la recua.
> Cincuenta mulas venezolanas
> traen el tesoro de las Américas.
>
> (Polvos auríferos de la montaña,
> finas vicuñas de la meseta,
> tórridas mieles de la llanura,
> resinas mágicas de la selva.)
>
> Bosques y ríos, mares y montes,
> sobre las mulas su carga vuelcan...
> Oro idolátrico del Grande Inca,
> plata litúrgica del Noble Azteca. (1995: 606)

A diferencia de una concepción instrumental de la cultura como código para la superación y administración moral de una recién nacida comunidad democrática, la cultura en «Aires bucaneros» deja de ser «tesoro» o «recurso» y pasa a ser amalgama de goces que inmediatamente se entrega al gasto y la dilapidación. El poema no termina con una suerte de clímax heroico que subraya la épica sobre la armada naval española, como de hecho finaliza la versión musicalizada por Roy Brown y el grupo de nueva trova *Aires bucaneros*[36]. El poema de Palés en su final regresa a su comienzo y apenas dedica una estrofa a la representación del ataque

---

[36] Escúchese Palés Matos y Brown 1979.

a la flota española. «Aires bucaneros» es un largo poema compuesto de ocho secciones (I-VI y dos secciones presididas por un asterisco [*]). La estrofa final es idéntica a la que inaugura el poema:

> Para el bucanero carne bucanada,
> el largo mosquete de pólvora negra,
> la roja camisa, la rústica abarca
> y el tórrido ponche de ron con pimienta. (1995: 604)

El objeto de la representación del poema «Aires bucaneros» son, con todo rigor, *los aires* que recogen y propagan la condición bucanera. Por esto el poema se extiende en especificar la geografía humoral, la *naturaleza* por donde transita el deseo y goce bucaneros. El poema además está estructurado a partir de enunciados preposicionales dirigidos a recortar los productos, más bien los efectos de los productos, sustancias y atributos de la «riqueza» americana.

> Al bucanero densos perfumes,
> el crudo aroma, la brava especia:
> las bergamotas y los jengibres,
> los azafranes y las canelas. (1995: 604)

Incluso, las continuas interjecciones («ay», «huy») que recorren el poema nos evitan las descripciones y subrayan la afectividad negativa que despiertan por igual los productos, frutos y cuerpos americanos. El poema no se cansa de señalar hacia el espacio que detona el ataque pirata a la corona española: las demandas corporales del bucanero.

> ¡Ay, el ternero desjarretado
> que se asa al humo de fronda tierna!
> *Boucan* en lonja para el almuerzo
> *Toute chaude* de tuétano para la cena.
> *¡Huy, fiera caña de las Antillas*
> *que en viejo roble su diablo acendra,*
> *y en las entrañas del bucanero,*
> *agua de infierno, ruge violenta!* (1995: 605; énfasis mío)

De esta forma el final y el comienzo del poema insisten en resaltar que el bucanero vive a su aire. El bucanero «vive» en el aire caribe y dicha atmósfera marina es inseparable del consumo de cuerpos, el saqueo y la ebriedad, la entrega negativa del bucanero al presente de su cuerpo y de su aire. Este lanzarse a esos espacios es, más que apoderarse de ellos, su modo de consumirlos y de disfrutarlos:

> Al bucanero las tierras vírgenes,
> el agua indómita, la mar inédita:
> los horizontes en donde aúlla
> la agria jauría de la tormenta. (1995: 605)

El rugido de esa infernal agua entrañada es el mismo rugido de la tormenta que recoge el horizonte del archipiélago caribe. Su in-edición es su condición excéntrica, en las afueras de cualquier *ídem* identitario. El aire bucanero es una experiencia del gasto y de lo inexplorado que depone cualquier gesto fundacional. El arsenal ético que el bucanero arroja ante el poder imperial es inseparable de su voracidad salvaje, de su avatar como *boucan negativo*, como aquel que ahúma y prepara las carnes al aire libre, en las afueras de la civilidad, lejos de las genuflexiones de la tarima política. La agresividad bucanera es una donación y un efecto de sus ingestiones al descampado.

Por lo tanto, tras el asalto de la caravana española, el poema declina en la taberna nocturna del litoral donde continua el consumo y las riñas bucaneras. Taberna y entraña son una misma cavidad para el gozo, para el final pirata:

> Noche de orgía, hez del mundo
> bulle en el fondo de las tabernas,
> entre el repique de los doblones
> y el tiquitoque e las botellas.
> El vaho íntimo de las mujeres
> prende en la sangre moscas de menta,
> y a veces rompen contra el tumulto
> los cataplunes de la refriega.

> ¡Ay, la Cayona del bucanero!
> Ron y tabaco, puta y pelea,
> juego de turba patibularia
> que al diablo invoca por veinte lenguas (1995: 607)

La extranjería y gozadera piratas son el verdadero destino de esta «canción de mar» pirata. El agite lúbrico, condición innegociable con la que figura Palés zonas claves de su *ethos* caribe.

> Ay, blando chumbo de la criolla,
> de la mulata tibia mameya.
> Huy, la guanábana cimarrona
> que abre su bruja flor en la negra. (1995: 604)

En «Aires bucaneros» el despliegue poético del saqueo del tesoro americano que «pavoneaban» los galeones imperiales españoles tiene como caldera de su potencialidad el vientre mismo del bucanero. La dedicatoria al rector occidentalista de la Universidad de Puerto Rico, Jaime Benítez, no puede salvarse de una lectura que, al menos, ironice y desaloje los «valores culturales» que Benítez blasonaba, como también la imagen del buen pueblo democrático que la política cultural del Estado Libre Asociado inventó.

Me parece que el gesto que define el poema de Palés contribuye a la incomodidad y obstruye, en parte, la domesticación política de la obra del poeta que caracteriza la historia de su recepción en y fuera de la isla. Si en los años cincuenta en específico la política cultural puertorriqueña se empeñó en la construcción de una identidad social y política gobernada por las lógicas del saneamiento y las buenas costumbres, si el nuevo estado insistía en la realidad inequívoca del capital moral y didáctico de ese buen pueblo puertorriqueño que, supuestamente, había dejado atrás su condición colonial, si esa misma política gustaba de imaginar la cultura democrática como un patrimonio que siempre gravitará hacia los consensos ciudadanos, la corporalidad poética palesiana, por otro lado, no sólo hará visible la violencia ineluctable de todo objeto cultural sino que vuelve irremediablemente indecidido el evento ético-político del isleño. Lejos de una concepción de la cultura como tesoro, como recurso, como monumento, o peor, como patrimonio surgido de la cópula gentil y solidaria de las tres razas (que iban ya de camino al museo), los cuerpos mulatos, los bucaneros excitados de Palés recordaban ese otro sujetarse del litoral, atávico y contemporáneo, agitado y enfermo que en plena carencia, a la intemperie, todavía insiste en gozar. Los poemas de Palés advierten tanto como preguntan sobre las posibilidades políticas de esta obstinada presencia del gasto y del derroche, aun en condiciones de extrema pobreza e intemperie, como una circunstancia constitutiva de la historicidad del archipiélago. De otro modo, en estos poemas no sólo regresaban «los hábitos» de esos otros sujetos del campo (o de la costa) que tanto alarmaron a los letrados del diecinueve e incluso saquearon poblaciones costeras. Aparecía otro impresentable puertorriqueño –además de lo negro– y emergía una extranjería, no moral ni enemiga, constitutiva del sentido y de lo sentido en el Caribe. En fin, aparecía otro tipo sentido de la experiencia cultural caribeña como una constante productividad desreglamentada y salvaje. Los antagonismos que agitan todo orden social recibían un espacio a través de esta poesía. La producción cultural, tanto como tema, como lo productivo, condición de la experiencia poemática Caribe en Palés, se despliega como un ofrecimiento culinario acompañado de una saturación sensorial. Este despliegue poético es la forma misma de la disolución de las certezas perceptivas que construyen la evidencia social y cultural de lo puertorriqueño, a favor de una concepción gastronómica y digestiva de esa misma forma de vida. Bajo esta estela negativa habría que colocar por igual «la espinosa trayectoria» de la obra de Palés, al decir de su editora, Mercedes López-Baralt, como la distancia del autor en vida de los modos del proselitismo político o las demandas de claridad o compromiso que recibiera y recibe todavía de algunos de sus lectores.

Tampoco creo que estamos frente a un poeta que simplemente denunciaba de manera oblicua la nueva subjetividad comunitaria y política que fundaba el ELA. La intervención política de Palés pasa por el desalojo de la falacia, el embeleco referencial, establecidos entre el imaginario de la triunfante política cultural y el sujeto u objeto de esa cultura. La política palesiana ocurre en el poema cuando éste exhibe que no existe correspondencia moral alguna entre el sujeto o la identidad que imaginan las utopías y los heterogéneos sujetos que proliferan en la historia del archipiélago. El poema «hace» y «des-hace» política en la medida en que torna sensible otro *ethos popular* con un insistente deseo de des-sujeción, habilitando así otra lógica sensorial ante y con los otros, sorteando casi siempre las idealizaciones redentoras. Palés se niega consistentemente a hablar por algún otro.

La infrapolítica palesiana, su contribución a la constitución de alguna comunidad democrática puertorriqueña, se decide en su deseo negativo, en esa cacería reflexiva e imaginaria de esa otra historia de cuerpos y agrupamientos que persisten en las afueras de las teleologías del poder y las ideologías. Palés evita hacer de la cultura y del lenguaje conquista y gloria de la civilización para que los buenos ciudadanos decoren sus casas. Las fiestas gastronómicas palesianas responden al registro moralizante o a la concepción hispanizante de un campo intelectual donde el tejido de los placeres y la belleza del Caribe devendría una suerte de inevitabilidad civil o de insufrible manual pedagógico para la ñoñería liberacionista. Otro gesto palesiano, inseparable del primero, es la exhibición inmodesta de la insolencia embriagada ante las prácticas institucionales que reglamentan los modales de la mesa cultural antillana. El poeta amalgama cocina, sexo y paisaje expulsando de su creatura poemática cualquier resabio de culpabilidad. El estómago de Palés explora las comidas y los cuerpos que le secreta el cuerpo linfático del Caribe y en él, además, se revuelven esas sustancias tóxicas y obscenas de las que se arrepienten las buenas conciencias del sentido común.

6.

«Del agua por todas partes»: carne, sensorio y *natura* política en Virgilio Piñera

> ¡Y tantas cosas nobles como pudieran hacerse en la vida! Pero tenemos estómago. Y ese otro estómago que cuelga: y que suele tener hambres terribles.
>
> José Martí, *Cuaderno de apuntes*, número 5
> (1881) (Martí 1991: 160)

> Así hemos practicado entre ambos un boquete aislador que impide toda comunicación humana.
>
> Virgilio Piñera, «Discurso a mi cuerpo»
> (1990b: 36)

Los modos de la carne

Paralela a su escritura narrativa y dramatúrgica, Virgilio Piñera (1912-1979) mantuvo una sostenida productividad poética. Antón Arrufat ha especulado sobre la «responsabilidad» compartida por Piñera y sus lectores ante el olvido de su poesía y en torno a por qué Piñera no se preocupó en su madurez por publicar sus poemas. Entre la pobreza y la excentricidad que transpiraba su vida y su palabra, además de los reiterados acosos de la represión castrista, para Arrufat la indiferencia y olvido que padecieron sus poemas tendrían una causa adicional en una decisión personal del autor:

> Yo le serví de mecanógrafo. Solía, con el original entre las manos, dejar de dictarme para preguntarme con cierto desánimo: «¿Tú crees que lleguen a publicarse?». Se reanimaba y volvía a dictar.

Sus poemas sufrieron esta indiferencia, y otra más aguda: con el tiempo su poesía se convirtió en un hecho exclusivamente personal. No sólo se negó a difundirla en público, sino que dejó de leerla incluso a sus propios amigos. Nunca hablaba de ella. Nunca confesaba «acabo de escribir un poema». Y no obstante este silencio, continuó escribiendo poesía hasta el final. Dentro de las dieciocho cajas quedaron guardados cientos de poemas. (Arrufat 2000: 11)

La sostenida indistinción entre cuerpo y objeto, carne y entorno que recorre su poesía encuentra en sus relatos y novelas otro modo de aparecerse y es de una consistencia asombrosa. Quizás habría que meditar esta «indiferencia» de Piñera ante su escritura poética más allá de los énfasis «personales» que subraya Arrufat. Quizás la reticencia a publicar o hablar sobre su poesía respondía a un reconocimiento del propio Piñera a lo que sus poemas hacían y producían en las estructuras de comprensión y lectura de su entorno más inmediato; efecto que el propio Piñera leía y padecía de sobra al meditar sobre su poesía. Más aún, esta indistinción entre cuerpo y representación sería la firma de una coherencia poética que recorre toda su obra y que el escritor de algún modo sabía que operaba como un prejuicio anterior a la lectura burda de los mismos. Los modos ensayados por Piñera para exhibir el cuerpo en sus textos mucho tienen que ver con esta desatención, cuando no produjeron la más indignada reacción o ninguneo. Incluso su indudable ascenso póstumo entre los lectores, sobre todo a partir de los años noventa del pasado siglo, tienen en ese modo *a la Piñera* de sacar el cuerpo una incitación y una dificultad que no habría que subestimar.

La mejor revalorización de Piñera se desatiende de los atributos «idiosincráticos» con los que la crítica convencional lo expulsa de las «fundacionales» discusiones políticas y culturales cubanas o latinoamericanas. En un contexto muy inmediato, la negatividad de «la lengua de Virgilio» es una intervención puntual contra las ontologizaciones glorificantes de «lo cubano». Como señala Antonio José Ponte, Piñera: «Escribía negando. Escritura reactiva como ciertos preparados químicos» (Ponte 2002: 103). Demasiadas páginas de su obra son una crítica inmisericorde a las subjetivaciones y moralizaciones que imponen los discursos nacionales sobre la refulgente «condición insular». Nada más lejos de esa escritura corrosiva

6. «Del agua por todas partes»: carne, sensorio y *natura* política

que ese homenaje perpetuo al que parecen condenados tantos discursos institucionales en el Caribe hispano. Así, hablar del cuerpo, de la carne, a través de la Biblioteca de autores cubanos es topar con su montón mayor: Virgilio Piñera. Las páginas del autor cubano casi se han convertido en su carne, en la sinécdoque perfecta de una preocupación constitutiva de lo literario en Cuba y hasta cierto punto en el Caribe. Un pasaje del valioso libro de Eliseo Alberto *Informe contra mí mismo* volvía sobre esta antropomorfología del *corpus cubensis* para *organizar el sentido de la parte de Virgilio*:

> Virgilio, el nuestro, es un clásico americano de pies a cabeza, porque su vida (complicada y pública, apasionante y secreta) funda para nosotros una tradición, nutre un nuevo árbol: el árbol magnífico de un ahorcado. Si la literatura del siglo XX fuera un cuerpo, si tal licencia anatómica fuera permitida, creo que una autopsia literaria nos permitiría apreciar algunas intimidades significativas. Lezama Lima y Alejo Carpentier serían para mí, los dos prodigiosos hemisferios del cerebro. [...] Eliseo Diego la mirada, [...] Nicolás Guillén el músculo, [...] Fina García Marruz, claro, el corazón abierto, [...] Emilio Ballagas la piel, [...] Dulce María Loynaz la fuga interior, [...] Virgilio el intestino nervioso, colon violado, hígado oculto tras el ombligo, nocturno riñón golpeado, indigesto, censurado o maltratado por los alcoholes y las envidias de los otros cuerpos políticos de la patria. Pero Virgilio ya está salvo. De todos y de todo, menos de su propia descripción, de su literatura. (Alberto 1996: 151-152)

A pesar de esta dudosa *organicidad literaria* imaginada por Alberto, dos preguntas podrían hacerse a partir de los presupuestos del pasaje anterior. La primera, ¿qué posibilidad de lectura ofrecería una corporalidad literaria que «materialice» su sentido en las letras cubanas luego de su muerte? ¿Se apreciaría la verdad de dicho *corpus* durante la autopsia? y la segunda, ¿por qué la dificultad de la carne piñeriana es un asunto de violencia, obstrucciones, de ingestiones? Pensar a Piñera como el fundador o la entidad nutricia de una tradición que tiene como emblema el «árbol magnífico de un ahorcado» descarrilaría el sentido teleológico de algunas genealogías literarias convencionales. Se trataría, pues, de una «herencia» negativa o de un árbol familiar contra-natural. Piñera, entonces, presidiría una tradición oximorónica, una genealogía poéticamente asentada en la antítesis y la contrariedad: la novedad que inaugura «el árbol magnífico de un ahorcado» donde se fundiría esa unión «milagrosa» de lo vivo con lo muerto. En esa nueva «familiaridad» de los contrarios se cuece una extraña naturalización del sentido del *corpus* cubano. No olvidemos que este árbol no da frutos, de este árbol pende la muerte, o mejor aún el fruto de este árbol es un muerto. Luego volveremos sobre los usos del oxímoron ante las demandas de la carne y la muerte.

Antes de lanzarnos a los rigores de la carne debiéramos abrir un paréntesis. Ha estado (y está) de moda hablar del cuerpo: su presencia, casi asfixiante, no sólo en los medios publicitarios sino en incontables estudios académicos apunta, en algunos casos, hacia una posible idealización u «ontologización del paradigma corporal», como ha señalado el ensayista Juan Duchesne Winter[1]. Interesa, sin embargo, asediar «lo corporal» o lo que podría parecer como su sinécdoque bíblica, «la carne», como partes de un imaginario secular y no como el lugar de la verificación dura y final de los relatos sobre «la realidad» o «lo literario», sino como un espacio donde se cuecen diversos sentidos posibles sobre tales experiencias. La carne representada, por lo tanto, es la instantánea y el comienzo de una fuga para los posibles relatos de identidad –como el intestino que Eliseo Alberto le adscribe a los textos de Piñera– transitados por fuerzas, traspasos y bolos en vías de expulsión. La carne es el tránsito de una identidad en vías de descomposición, de una presencia en consumición, de una presencia hacia su inminente re-elaboración y desecho. En este sentido, tampoco nos parece que colocarse críticamente ante la carne sea proclamar su innegable irreductibilidad, convertida, ahora, en un nuevo avatar de lo inefable. Hablar del cuerpo, de su tentativa carne es pensar en la «materialidad» que constituye dicho cuerpo, es asumir su especificidad y las estrategias presupuestas en su confección literaria[2].

---

[1] Véase Duchesne Winter 1996.

[2] Siguen siendo pertinentes las preguntas que lanza Judith Butler en su deseo por «desplazar» las estrategias de autorización de la ética y epistemologías feministas que articulan «la especificidad sexuada del cuerpo femenino» («the sexed specificity of the female body») como su «irreductible punto de partida»: «[…] I want to ask how and why "materiality" has become a sign of irreducibility, that is, how is it that the materiality of sex is understood as that which only bears cultural constructions and,

6. «Del agua por todas partes»: carne, sensorio y *natura* política

Ante los modos de la carne en los textos de Piñera no interesa diseñar una metafísica de la carne que fije o invisibilice los efectos de lo corporal, que concretice o demuestre su autenticidad en un mapa dado. Por lo contrario, las particularidades de lo carnal en Piñera remiten a un tensión significante que desea no ser leída como una instancia exterior al laboreo de la escritura del autor cubano. La carnalidad de la escritura en Piñera es, tal vez, el reconocimiento de un movimiento doble, oximorónico, en verdad no-dialéctico, de las «verdades» desempeñadas por la carne. Por un lado, la carne es la incertidumbre de su transformación, de su eventual desaparición; por el otro, escribirla es un intento por re-producir su real e impostergable alejamiento. Aquí convendría traer un momento «autobiográfico» de Piñera. En un extraordinario texto titulado «Discurso a mi cuerpo» (a mi entender clave para leer la obra de Piñera) y dedicado significativamente a José Lezama Lima, el escritor se dirige a su cuerpo como si éste fuera una entidad ajena que lo acompaña y con la cual libra una batalla. Allí Piñera relata la suma otredad de su cuerpo ante los discursos y las pedagogías que insistían, durante su niñez, en cómo aquél le pertenecía:

> El maestro decía: «Enumere las partes del cuerpo...» Y seguidamente, como en un tiempo de salmodia, mascullaba conmigo: «Un cráneo, un cuello, una región toráxica...» Y así continuábamos descendiendo hasta los huesecillos de los pies. Entonces, con un ronquido de gato destripado me aseveraba, mientras te zarandeaba: «La suma de esas regiones forman tu cuerpo». –Y añadía como para apuntalarte en mí: «Tu cuerpo tuyo».
>
> Pero todo aquello era una farsa; sentía que nadie me era más ajeno, extraño e insoportable que tú; que tenía que padecer todas las horas y minutos de la existencia; asistir cruzado de brazos a tu yantar, a tu yacer; a tus gástricas o pulmonares calenturas. En casa se armaba una gran confusión cuando me oían exclamar: «Lo voy a bañar... » por «me voy a bañar...»; o «Tiene fiebre... » por «tengo fiebre... » Entonces me preguntaban quién

---

therefore, cannot be a construction? What is the status of this exclusion? Is materiality a site or surface that is excluded from the process of construction, as that through which and on which construction works? Is this perhaps an enabling or constitutive exclusion, one without which construction cannot operate? What occupies this site of unconstructed materiality? And what kinds of constructions are foreclosed through the figuring of this site as outside or beneath construction itself?» (Butler 1993: 28).

tenía fiebre o a quién bañaría, pero yo me limitaba a repetir la frase sin más explicaciones. Sí, porque todo te lo llevabas tú; todo te pertenecía y hasta tenías tus sacerdotes en los oficiantes médicos y cirujanos que sobre ti se inclinaban. Y todo esto a ti, que aparecías limitado por dos frases lapidarias: «Dar del cuerpo; dar del cuerpo...» (Piñera 1990b: 35)

La carne es una contigüidad ajena que construye una cotidianidad por encima de, o junto a quien la apostrofa. El estilo ante el cuerpo en Piñera es el desalojo de esa nominación anatómica, adánica, del maestro que, con su palabra y contacto, regionaliza y convierte al cuerpo en un todo, una pieza más en el juego de la sociabilidad moral. Por lo tanto, el carácter «absurdo» o «grotesco»[3] con los que los lectores han calificado la escritura piñeriana (sobre todo su temprana cuentística) podría leerse también como el efecto de una técnica pronominal ligada al uso de los posesivos. Nunca volver sinónimos «yo» y «cuerpo». Este trueque pronominal, más que un «dato» a verificarse en los textos, sería el guiño poético de una escritura trabajando con las paradojas de lo inmediato-lejano, lo familiar-extraño, lo real-lo simbólico. Incluso el cambio en los pronombres para referirse a su propio cuerpo como otro escondería, revelándolo, que se trata de la misma carne. Thomas Anderson transcribe (incluidos los tachones) una carta de Piñera depositada en la «Manuscripts Division, Department of Rare Books and Special Collections» de la Biblioteca Firestone de la Universidad de Princeton, donde Piñera narra del siguiente modo lo que supuso escribir la novela *La carne de René*:

> *La carne de René* ha tenido la terrible virtud de dejar maltrecha la carne de Virgilio Piñera: maltrecha, y, además, plena de sobresalto, angustia y melancolía.

---

[3] Ya lo ha dicho su más meticuloso lector en lengua inglesa: «As I suggested earlier in this chapter, of all of the diverse terms that have been employed to characterize and elucidate these stories, "grotesque" and "absurd" seems to best embody the fundamentally paradoxical nature of the environments, situations, and characters, that Piñera depicts in them. In Piñera's stories the grotesque manifests largely through contradictions in the text itself –between the ordinary and the bizarre, the familiar and the foreign, loftiness and vulgarity– but also through the diverse range of emotions that they provoke» (Anderson 2010: 151).

6. «Del agua por todas partes»: carne, sensorio y *natura* política

¿Puedo revelar ahora las patadas en el trasero, el furor de la humillación, la cara roja como un tomate por el latigazo recibido...? Puedo describirme ahora con el rabo entre las piernas, huyendo de las furias del siglo?...
Estoy cansado, enfermo, asqueado. ~~¿Quién dijo que la literatura es~~ He escrito este libro con telas de mi propia carne: días enteros, meses, en fin dos años de manos a la obra, careciendo de lo más elemental, ~~rodeado de la estupidez de mis compatriotas~~ casi sumergido en la deletérea indiferencia de mis compatriotas, arrastrándome hasta Buenos Aires... llevado por las aguas del destino ~~hacia aguas al fin de~~ a trabajar con otros compatriotas no menos odiosos que los dejados allá en Cuba... haciéndome el tonto con los tontos, el imbécil con los imbéciles. (Anderson 2010: 154)

La treta literaria que trabaja la carne como si fuera una entidad ajena o tratar lo ajeno como propio, más que alterar las expectativas de verosimilitud, apuntaría a las naturalizaciones de caos y horror que sostienen ciertos realismos, incluso cotidianos, así como a exacerbar las consecuentes tensiones y conflictos que esta «naturalidad» desata. Extrañar el cuerpo y su carne, tornarlos otros y hacerlos, por lo tanto, exteriores al «yo», ocurre a partir de una lógica de distanciamiento similar a la llevada a cabo por el niño Piñera cuando cambiaba de la primera a la tercera persona para referirse a su cuerpo. El silencio de Piñera ante las preguntas familiares, esa ausencia de sus explicaciones ante sus modos de nombrar el cuerpo representa el cuerpo mismo como una zona muda y como una pieza de cacería que siempre escapa. Sería ésta la estrategia contrariada de la escritura piñeriana para figurar la distancia, por igual íntima como irremontable, de lo corporal:

Eras tú el inguiable, el intraducible, el refractario; asomarme a ti era como asomarme a una negra superficie que no me reflejaría; llamarte, supondría llamar al silencio que jamás desciende a escuchar la voz de los mortales.
Y el problema no lo era de enemistad, porque nunca antes hubiéramos participado de la amistad; tampoco desligamiento. Sí creo que seamos la contradicción que necesita contradecirse. La pregunta era: ¿Hasta qué punto, límite o frontera me extendía yo? ¿De ti provenía la armonía o eras el desconcierto? ¿Era yo alguna de ellas? Flotando entre tales interrogaciones crecía cada vez más, como un desmesurado aerostato, la distancia y la indiferencia. (Piñera 1990b: 36)

El cuerpo es un espejo imposible, un no-espejo donde insiste el sujeto en apreciar su dimensión. Escribir la carne de dicho cuerpo es orquestar esta separación, esta agonía y la inestabilidad zonal de sus verdades. El texto comienza de la siguiente manera: «Como en el suceso criminal te digo ahora, mi cuerpo: "Al fin te tengo..." Tú sabes de estas largas persecuciones; en verdad el discurso de mis años ha resultado ser una persecución estremecida de ti, cuerpo que escapas siempre a este momento supremo (1990b: 35)». La «captura» coincide con la escritura. La captura coincide, además, con «el fracaso» o la cita del emblemático poema lezamiano[4], liberando así los efectos de ese «boquete aislador» ( ) donde relacionarse con el cuerpo es *aislar* sin remedio los términos de una relación imposible de definir. El boquete coincide con la interpelación y con la conversación misma entre sujeto y cuerpo. Una vez Piñera imagina al cuerpo como realidad exterior al lenguaje, abisma y agujerea su acto de interpelación. Interpelar a alguien fuera de sí sólo es posible a través del uso de la lengua.

Ahora bien, «Un buen día René tuvo la comprobación definitiva de que estaba hecho de carne» («Tierna y jugosa», Piñera 1985: 244). ¿Qué significa descubrir que se está hecho de carne? ¿Cómo se lidia con tal «dato»? ¿Es acaso un dato tal descubrimiento? ¿Cómo manifiesta sus «verdades» la carne? ¿Cómo opera, cuáles son sus modos? Y sobre todo ¿cómo se vuelve el estilo o la escritura carne? Una posible entrada a estas preguntas sería la exploración de una afinidad, harto reconocida por la crítica, entre la obra del judío-checo Franz Kafka y la del escritor cubano[5].

---

[4] «Ah, que tú escapes en el instante / en que ya habías alcanzado tu definición mejor» (Lezama Lima 1975: 663).

[5] No consignaré aquí todos los textos que hablan de esta relación. Ya en 1945 Cintio Vitier, en una nota en *Orígenes*, comentaba esta afinidad a partir de la publicación en 1944 del volumen de Piñera *Poesía y prosa*. En 1964 Rogelio Llopis en su reseña de *Pequeñas maniobras* señalaba: «El nombre de Virgilio Piñera hace años que se asocia en Cuba al del escritor judeo-checoslovaco de lengua alemana Franz Kakfa. Virgilio Piñera ha naturalizado a Kafka entre nosotros» (1964: 107). Antón Arrufat ha vuelto a matizar esta relación del siguiente modo: «La crítica que se ha ocupado hasta el presente de los escritos de Piñera suele destacar su afinidad con los de Franz Kafka. La afinidad mental entre los dos es evidente, y no debe soslayarse. Pero resultaría útil también destacar las diferencias marcadas y esenciales en ambos escritores. Importa ahora señalar una sola,

De hecho es el mismo Piñera quien nos ofrece claves para su propio asedio. En un ensayo sobre «el secreto de Kafka» se atisba la «condición» del secreto de Piñera. En este ensayo Piñera defiende la «objetividad» de las construcciones kafkianas frente a los lectores que enfatizan lo «subjetivo» de sus invenciones, al igual que levanta a la «sorpresa literaria» como horizonte de toda escritura o lectura. Piñera propone una suerte de experimento para sitiar el secreto de Kafka:

> Ofreced a alguien que no la haya leído la Divina Comedia. Le sucederá lo mismo que le ocurriera al primero de los lectores de Dante: *se sentirá colmado, inundado* mediante el extraño método de la sorpresa por invención (en este caso literaria). Y no será por cierto esta sorpresa: ni el fondo ético de la Commedia o el platonismo que alienta en ella o la asombrosa erudición que la recorre. Se verá, sí, sorprendido por la invención de Dante de un infierno que se proyecta en embudos, de un purgatorio en rampas y un paraíso movido por esferas. Se llenará de estupor con sus invenciones de los tormentos infernales o aquella de la rosa de ángeles girando eternamente, y no se detendrá ni un momento en las ideas que dichas metáforas sustentan –o que dicen, ¡ay! sustentar sus hermeneutas de seis siglos– de pecado o salvación. Esta será la prueba más correcta de que el móvil último que moviera a su autor fue el de una invención estrictamente literaria, *producto de una enfermedad que se llama literatura, como la de la seda del gusano o la de la perla de la ostra*. (Piñera 1945: 42-43; énfasis míos)

En Piñera apreciar un secreto literario es hacerle justicia a su «misterio». Esta apreciación sólo es posible desde el andamiaje que provee el propio texto durante el instante de su lectura. De *suceder* el instante grabará sus imágenes –dicho sea de paso, la obra piñeriana está llena de grandes imágenes perturbadoras en las que el cuerpo es el personaje principal–. De ahí que la intertextualidad o las contextualizaciones posi-

---

que no obstante considero decisiva: la obra de Piñera carece de trasfondo religioso» (1990: 46). En este mismo número de la revista *Unión* se encuentra un texto de Witold Gombrowicz sobre los *Cuentos fríos* que también apunta hacia la relación Kafka-Piñera: «Como en nuestro país todo surrealismo resulta "parecido a Kafka", debemos cuidarnos de no desfigurar esta obra pegándole el rótulo "De procedencia kafkiana". Por cierto, Piñera se parece al checo y a ciertos autores surrealistas. Pero es también distinto. Y posee un singular talento narrativo» (Gombrowicz 1990: 75).

bles que «sostienen» y demandan ciertas lecturas pasan, para Piñera, a un segundo plano cuando se trata de leer las intensidades que un texto literario puede inscribir en un lector. Piñera propone como modos de lectura, por un lado, el reconocimiento de esa arquitectura literaria, el reconocimiento de la manufactura de esas imágenes y de esos espacios que capturan al lector, y por el otro lado, la peculiar categorización de dicha producción como una intensidad primero corporal, luego patológica. Escribir es una suerte de expulsión de contigüidades irrefrenables para ciertos autores de la misma manera que el gusano expulsa la seda, o la ostra apiña su perla. La literatura sería para Piñera una inevitabilidad corporal, un padecimiento incurable.

Dicho esto, adentrarse en el binomio Kafka-Piñera es reflexionar sobre los *inciertos procesos* que producen sus identidades textuales, sus personajes y lo que nos parece un gran tema común a ambos autores: la singularidad de lo intenso. La intensidad se procesa, la intensidad procesa, la intensidad es exceso procesado por la escritura, resignificada por ella. Más aún: aquí *la noción misma de proceso deviene otra cosa*. La intensidad es un *plus* de fuerzas inquietas que permite la inscripción del efecto literario al otro lado de la página. Proponemos los textos de Kafka y Piñera como zonas que quisieran hablar desde la carne pero huyen de la piel, de la evidencia de lo epidérmico. Topamos con textos que nos muestran personajes y secuencias que parecen exponerse pero inmediatamente se retiran, se ocultan. De igual manera hallamos, en ambos autores, textos donde son constantes las metamorfosis bajos los pliegues de algún tejido, como en el cuento de Piñera «Las partes» (1944), o las transformaciones bajo la paja de una jaula como en el cuento de Kafka «Un artista del hambre» (1922). En este sentido, la carne nos parece que opera no como metáfora de un orden trascendente sino como el conducto por donde procede el tejido de la intensidad; tejido e intensidad a los que apuestan estos textos su efectividad discursiva. Los sentidos y las direccionalidades de los «devenires-animales» unen y separan los textos de Kafka y Piñera. El magisterio de Deleuze y Guattari al momento de pensar estos devenires es innegable:

> El devenir animal no tiene nada de metafórico. Ningún simbolismo, ninguna alegoría. Tampoco es el resultado de una falta o de una maldición,

el efecto de una culpabilidad. Como dice Melville sobre el devenir-ballena del capitán Ahab, es un «panorama» no un «evangelio». Es un mapa de intensidades. Es un conjunto de estados, todos diferentes entre sí, injertados en el hombre en la medida en que éste busca una salida. Es una línea de fuga creadora que no quiere decir nada que no sea ella misma. (Deleuze y Guattari 1983: 56)[6]

El devenir-hombre del mono en el texto de Kafka «Informe para una academia» (1917) desterritorializa y desfamiliariza los sentidos de «lo humano». Por lo tanto, el carácter institucional de la reflexión kafkiana[7] pasa por una pormenorización de los sentidos de la voz y los accesos a lo representacional, en este caso, por parte de un animal que remite los comienzos de su «humanidad» a una corporalidad tensa, prisionera. Buscar una salida, «trazar una línea de fuga» es un movimiento cónsono a esta metamorfosis del cuerpo (de la voz) ante las interpelaciones y constricciones institucionales:

> Mis primeras ocupaciones en la vida fueron: sollozar sordamente, espulgarme hasta el dolor, lamer hasta el hastío una nuez de coco, golpear con el cráneo contra la pared del cajón y enseñar los dientes cuando alguien se acercaba. Y en medio de todo ello una sola noción: no hay salida. Naturalmente, hoy sólo puedo transcribir lo que entonces sentía como mono con palabras de hombres y por eso mismo lo desvirtúo. Pero aunque ya no pueda captar la vieja verdad simiesca, no cabe duda que allá está por lo menos en el sentido de mi descripción. (Kafka 1990b: 42-43)

Devenir hombre para el mono es *mostrar* la carne herida o la herida que es la carne. Este acto de demostración constituye un paradójico gesto de rigor expositivo. El personaje kafkiano es un extraordinario héroe intelectual que ante un tribunal académico demuestra como devenir

---

[6] «Un devenir no es una correspondencia de relaciones. Pero tampoco es una semejanza, una imitación y, en última instancia, una identificación. Toda la crítica estructuralista de la serie parece inevitable. Devenir no es progresar ni regresar según una serie. Y, sobre todo, devenir no se produce en la imaginación, incluso cuando ésta alcanza el nivel cósmico o dinámico. Los devenires animales no son sueños ni fantasmas. Son perfectamente reales» (Deleuze & Guattari 1997: 244).
[7] En este sentido, véase Derrida 1984.

hombre («sabio») es un acto de repetición de la mismidad que armoniza la mímesis con el asco, el discurso con el horror, la elocuencia con la brutalidad. El cruce hacia la voz pasa entonces por el grito, el ruido nunca por alguna *matesis* de lo humano. De esta forma, los textos kafkianos desestabilizan cualquier concepción binaria sobre sus modos de significación produciendo lógicas y relatos atados a los sentidos del oxímoron. Deleuze y Guattari hablan de la línea de fuga, de la búsqueda de la salida en los cuentos de tema animal como una *huida inmóvil*[8]. En «Chacales y árabes» (1917) presenciamos una «cadena de Acteón» entre el odio y el asco que se administran mutuamente los chacales y los árabes. Piñera señalaría que están amarrados por los sentidos y los usos de la carne. La atadura es oximorónica y tiene la forma de las tijeras. El narrador kafkiano le pregunta a un guía árabe, que ha dispersado la conversación que mantenían los chacales con el primero, sobre «la porquería» que es el cuerpo de los árabes. El guía tiene un látigo en las manos:

—¿Tú también sabes lo que quieren esas bestias? —pregunté.
—Naturalmente, señor —dijo él—; todo el mundo lo sabe; mientras existan árabes, esas tijeras se pasearán por el desierto y seguirán vagando con nosotros hasta el último día. A todo europeo se las ofrecen para que lleve a cabo la gran empresa; todo europeo es justamente aquel que ellos creen enviado por el destino. Esos animales alimentan una loca esperanza; bobos, son verdaderos bobos. Por eso los queremos, son nuestros perros, más hermosos que los vuestros. Fíjate; esta noche murió un camello; lo hice traer aquí. (Kafka 1990a: 32-33)

La llegada de la carroña (esa carne que ha entrado en un intenso proceso de descomposición) al final del relato de Kafka reafirma la intensidad de ese pacto misterioso.

---

[8] «Por ejemplo, en el "Informe a una academia" no se trata de un devenir-animal del hombre, sino de un devenir-hombre del mono: este devenir es presentado como una simple imitación; y si se trata de encontrar una salida (una salida y no la "libertad"), esta salida no consiste de ninguna manera en huir, sino todo lo contrario. Pero, por un lado, a la huida no se la rechaza sino en tanto movimiento inútil en el espacio, movimiento engañoso de la libertad; en cambio se le afirma como huida inmóvil, huida en intensidad ("Es lo que he hecho, me he apartado, no tenía otra solución, ya que hemos descartado la de la libertad")» (Deleuze & Guattari 1983: 25).

6. «Del agua por todas partes»: carne, sensorio y *natura* política

Ahora bien, también habría que señalar las distancias y los matices que hacen de la carne literaria de Piñera una distinta a la de Kafka. Es posible detectar en Piñera devenires-animales, por ejemplo los perros en «El caso Acteón» (1944) y la insinuante cucaracha en «Cómo viví y cómo morí» (1956). También en *La carne de René* existen pasajes en los que René yace recubierto con los modos del animal. En el episodio de la carnicería René, luego de sortear un desmayo ante la contemplación de la carne, habla como un animal: «Y una vez más, con lamento de animal, pidió un kilo de ésta y cuatro de aquélla...» (Piñera 1985: 22). En la Escuela donde intentan iniciarlo en el culto al dolor de la carne: «Al enfilar el corredor, sintió que sus orejas iban a estallar por el agolpamiento de la sangre. No cabía duda, desde ahora eran perros...» (1985: 76). De hecho la ceremonia de iniciación, que culmina la educación en esta Escuela del Dolor a la que ha sido llevado René, supone que se marque a los estudiantes con un hierro candente en las nalgas. El ex-sacerdote católico, un enano llamado significativamente Cochón, mano derecha de la máxima autoridad en la Escuela (Mármolo), hace acto de presencia en la ceremonia y el narrador piñeriano acota ante un aparente momento de recogimiento de aquél: «¿Oraba por el feliz éxito de la ceremonia? ¿Le pedía al demonio de la carne que su rebaño humano alcanzase la perfecta bestialidad?» (1985: 136). El propio «yo» poético de Piñera aparece en ocasiones como un animal. En el poema «Final» se escucha:

> He sido como un perro
> sumiso a la voz del amo:
> ¡Hop, Virgilio salta!
> He amado la hermosura,
> pretendido la gracia.
> He tenido destrezas
> de perro amaestrado.
> En premio de todo, mi amo,
> sólo te pido,
> un poco de escarnio.
> (Piñera 1988: 24)

El devenir-animal que domina los cuentos kafkianos genera su tensión significante a partir de la incorporación de la mirada del animal que paraliza una posible lectura alegórica del texto. Sin embargo, los devenir-animales en Piñera masoquistamente involucionan lo animal en el remolino de carne; el perro transita hacia la verdad del escarnio[9]. Nos parece, además, que «buscar una línea de fuga, una salida» presupone una economía de la mirada que desde el agujero otea la claridad o la presupone en su regreso a la guarida o fuga de la misma. El mono de «Informe para una academia» evita la mirada de su compañera simiesca pues «tiene en la mirada esa locura del animal perturbado por el amaestramiento…» (Kafka 1990b: 50). Sin embargo, en Piñera la *visibilidad carnal* se registra desde la perturbación y apunta hacia la opacidad del remolino. Sin duda, en ambos autores existe un relato sobre la carne que levanta como su mejor estrategia narrativa la develación de la intensidad carnal a través de la incesante consumición de su «integridad». Sin embargo «la desaparición» del «artista del hambre» kafkiano se mueve en una dirección distinta a la del vecino del narrador piñeriano en «Las partes». En «Las partes», el cuerpo es una superficie insinuada por su vacío, el cuerpo *aparece* (pues rara vez *es*) gracias a un «magnífico» tejido que cubre-revelando su continua mutilación. El narrador contempla, al final de un largo corredor, el desmantelamiento diario de su vecino bajo una capa:

> Una indagación más minuciosa me hizo ver una larga capa de magníficos pliegues. Pero lo que me chocó fue precisamente esa parte de su cuerpo que correspondía a su brazo izquierdo: en aquella región, la tela de la capa se hundía visiblemente y establecía una ostensible diferencia con la otra, es decir con la región de su brazo derecho, aunque debo confesar que la cosa no era como para pedirle explicaciones. (Piñera 1990a: 29)

De un modo análogo al escogido por el niño Piñera en su texto «Discurso a mi cuerpo», cuando no explicaba a sus padres los apóstrofes que

---

[9] La escritura piñeriana amerita una lectura que la haga dialogar con las obras del Marqués de Sade y Sacher-Masoch. La tesis doctoral de Fernando Valerio-Holguín aborda ocasionalmente esta relación; véase su *Poética de la frialdad. La narrativa de Virgilio Piñera* (1997). Para una discusión sobre las especificidades del ritual y la escritura masoquistas véase, de Gilles Deleuze, *Presentación de Sacher-Masoch. El frío y el cruel* (1973).

en tercera persona le dedicaba a su cuerpo, el espectáculo de esta carne no requiere tampoco de explicaciones. Sólo resta acumular la suma de detalles que inscribe una indetenible ausencia:

> Un nuevo portazo me anunció una nueva salida: en efecto, iniciaba la cuarta. La única diferencia con la anterior venía a radicar en el punto de elasticidad, es decir, que la capa, de las caderas hacia arriba, descontando aquellas pronunciadas hendiduras de los brazos, contorneaban asombrosamente toda la anatomía de mi vecino; pero, en cambio, de las caderas hacia abajo la tela de la capa se arremolinaba, formaba caprichosos pliegues como si debajo de ella no continuase su anatomía. (Piñera 1990a: 30)

Entre las continuas y tantálicas apariciones del vecino, el narrador construirá el crescendo de su deseo por una explicación que, claro, quedará insatisfecha. La explicación nunca llega y sólo discurre el deseo de ella a través del registro minucioso de los efectos del vacío bajo la tela de la capa. La carne no es la carne, la carne es un remolino de pliegues; en Piñera la carne se amontona, se arremolina. Su devenir-montón la torna oximorónicamente indistinguible, incluso invisible. *Allí* la carne se aprecia según transluce su vacío. En los devenires-animales de Kafka los personajes declaraban buscar una salida, sin embargo en Piñera algunos parecen salir para inmediatamente regresar al escondite. El deseo por saber del otro es un deseo por los fragmentos de ese cuerpo. El deseo por el fragmento que sería el cuerpo: dicho deseo, en consecuencia, se «sacia» cuando ese otro desembarca, descompone su cuerpo. La victoria del contacto entre los cuerpos es contrariamente la capa. El afán por penetrar la verdad de esa carne volverá opaca, fugitiva, la representación de un adentro que inmediatamente dejará de serlo:

> Entonces me lancé furiosamente a la puerta, le di un terrible empujón. Clavados con enormes pernos a la pared se veían las siguientes partes de un cuerpo humano: dos brazos (derecho e izquierdo), dos piernas (derecha e izquierda), la región sacrocoxígea, la región torácica, todo imitando graciosamente a un hombre que está de pie como aguardando una noticia. No pude mirar por mucho tiempo, pues se escuchaba la voz de mi vecino que me suplicaba colocar su cabeza en la parte vacía de aquella composición. Complaciéndolo de todo corazón, tomé con delicadeza aquella cabeza por

su cuello y la fijé en la pared con uno de esos pernos enormes, justamente encima de la región de los hombros. Y como ya la capa no le sería de ninguna utilidad, me cubrí con ella para salir como un rey por la puerta. (Piñera 1990a: 31)

Si existe algún relato sobre los modos de la carne en «Las partes», este es inseparable de una mirada que triunfa sobre el cuerpo deseado a partir del reconocimiento de la certidumbre de su final destitución. Una paradoja somática pulsa en los textos «carnales» de Piñera. En otras palabras, en «Las partes» se atisba la carne una vez fracasa la lucidez de la visión sobre su superficie. Es en esta resistencia a la explicitación o a la luminosidad de los posibles sentidos de lo carnal donde nos parece que se hallan las efectividades literarias de la escritura piñeriana.

Hago una breve reflexión sobre la noción de «frialdad» en la escritura de Piñera. Si bien «lo frío» puede filiar los textos piñerianos con una concepción masoquista de la escritura literaria, habría que volver sobre la obviedad y superficialidad de esta frialdad[10]. La nota introductoria a los célebres *Cuentos fríos* (nota inexplicablemente ausente en varias ediciones posteriores de sus cuentos) merece ser citada en su extensión:

> Como la época es de temperaturas muy altas, creo que no vendrán mal estos *Cuentos fríos*. El lector verá, tan pronto se enfrente con ellos, que la frialdad es aparente, que el calor es mucho, que el autor está bien metido en el horno y que, como sus semejantes, su cuerpo y su alma arden lindamente en el infierno que él mismo se ha creado.
> Son fríos estos cuentos porque se limitan a exponer los puros hechos. El autor estima que la vida no premia ni castiga, no condena ni salva, o, para ser más exactos no alcanza a discernir esas complicadas categorías. Sólo puede decir que vive; que no se le exija que califique sus actos, que les dé un valor cualquiera o que espere una justificación al final de sus días. En realidad, dejamos correr la pluma entusiasmados. De pronto las palabras, las letras se entremezclan, se confunden; acabamos por no entender nada, recaemos en la infancia, parecemos niños con caramelos en las bocas. Y entonces, espontáneo, ruidoso, brota ese misterioso balbuceo:
> ba, ba, ba, ba... (Piñera 1956: 1)

---

[10] Véase el capítulo 4, «Frialdad y masoquismo», en Valerio-Holguín 1997: 43-56.

6. «Del agua por todas partes»: carne, sensorio y *natura* política

La frialdad de estos cuentos (publicados originalmente en Buenos Aires en 1956) es primero una apariencia y luego una respuesta directa al contexto de su publicación. Por otro lado, la lectura de la nota esboza un itinerario de intensidades. Leer estos cuentos, parece decir la nota, es adentrarse en las altas temperaturas del contrasentido muy real que supone la quemadura del hielo del presente, o la sonoridad propia del balbuceo. Presente o contexto son un lugar de purgación dominado por altas temperaturas, por lo que acceder, mediante la lectura de los cuentos, a ese horno es participar de un cocimiento histórico. Fríamente exponer lo real («los puros hechos») a través de estos cuentos es armar un relato que prescinda de teleologías o redentorismos moralizantes. Una vez han sido descalificadas, de nuevo, las «explicaciones», el instante de la escritura abre las instancias de la confusión, la regresión infantil y el recuerdo del gozo. El final es la boca misma extrañada de cualquier sentido funcional. La frialdad del estilo es una suerte de depredación de la metáfora, casi de la forma, que convierte a las narraciones en intensidades térmicas de cocción y consumición. El calor es la ausencia, la metamorfosis de ese sol negro bajo los pliegues que queda más allá de las «descripciones», in-descripto sol de una agonía inseparable de la escritura[11].

En su ensayo «La carne de Virgilio» el escritor cubano Antón Arrufat ha llamado, con exactitud, a *La carne de René* un *Bildungsroman*, pero también añade que sería mejor colocarla «dentro de la categoría de las novelas de iniciación». Iniciarse en el misterio de la carne es ante todo enfrentarse a un proceso de construcción de un sentido institucional sobre esa zona de tensiones e intensidades. Arrufat insiste:

> Si el móvil principal de la conducta de René radica en su empeño de escapar a su propio cuerpo, y a cualquier contacto con los ajenos, el de los demás, incluidos sus propios padres, es aproximarse y chocar con el suyo.

---

[11] «Cuando escribí los cuentos que forman el volumen *Cuentos Fríos* (más o menos me llevó un año su escritura) sentí todo el tiempo que estaba condenado a la pena de muerte. Cada cuento, semejante a un verdugo, me hacía sentir sobre el cuello el frío de la cuchilla. Cada uno dirá lo que quiera respecto a la escritura, pero en lo que a mí se refiere puedo afirmar que su sola presencia angustia mi ser hasta la náusea» (Espinosa Domínguez 2003: 77).

> Sus vidas tienen un solo sentido: iniciar a René en el culto de la carne. Todos se sienten atraídos por ella. (Arrufat 1990: 45)

La carne, su posible frialdad, calentura o su ambiguo endurecimiento (condición que persigue a René durante toda la novela) es la zona donde se verifican los intentos absolutos de «formarlo» por dos tipos de saberes ante lo carnal a través de la novela. La pugna central que tensa la carne de René la articulan dos deseos institucionales que luchan por inscribir sus sentidos: aquéllos que desean iniciarlo en la carne como dolor (el mundo de su padre, su Causa y su Partido, su madre y la Escuela) y aquéllos que desean iniciarlo en la carne como placer (el mundo de la señora Pérez, su cama, su piano y sus interpretaciones musicales). Pero la carne de René se enfría entre el saber de la llaga (del padre) y el saber de las voluptuosidades de la cópula (la señora Dalia Pérez). Los que se debaten por consumir la carne de René, en la novela, son figuras institucionales que anhelan administrar e instituir sus sentidos. Los saberes institucionales que acosan a René lo hacen desde explícitas pedagogías carnales. Y dichas pedagogías carnales siempre comienzan sus lecciones rodeando a René de todo tipo de representaciones: Ramón, el padre de René, posee en su oficina (que se parece demasiado a la de un dentista) un cuadro de San Sebastián con la cara de su hijo. Dalia Pérez le muestra un álbum con figuras de jóvenes desnudos en «la clásica postura de los manuales de anatomía» (1985: 49). Más adelante, la señora Pérez le regalará este álbum a René y el padre alterará las fotos añadiéndole el rostro de René y llenando sus cuerpos de flechas.

De igual manera, en todos los baños de las «celdas» de la Escuela donde es internado René se encuentra un Cristo crucificado con la cabeza erguida y el rostro satisfecho. Añádase a todo esto el hallazgo que hace René de un maniquí en el baño de la señora Pérez que es su doble exacto. El enfriamiento y endurecimiento de la carne de René es su reacción ante los afanes de representación metafóricos que sobre su carne se ensayan:

> La boca se le llenó con una palabra, experimentó la angustiosa sensación de que se ahogaba. Sí, esa palabra era: ¡REPETICIÓN! Por repetición se le quería convencer y por repetición querían acostumbrarlo. Se vio hojeando infinitos álbumes en que se exhibían infinitos Renés. (Piñera 1985: 55)

6. «Del agua por todas partes»: carne, sensorio y *natura* política 375

Como el «ba, ba, ba, ba…» que cierra la nota introductoria de los *Cuentos fríos*, como las salidas al corredor de los vecinos en «Las partes», la repetición es el lugar donde habita el oxímoron y desde donde puede armarse una teoría de la representación de la carne en Piñera.

En efecto, el cuento «La carne» (1944) es un cuento frío cuya significación de lo carnal «crece» a partir de la repetición. La frialdad es el destilado de una escritura que subraya una y otra vez la repetición de una acción colectiva: el autoconsumo del cuerpo. Dicho autoconsumo corporal puede ser leído como un comentario a la gestación misma del cuento que procede a partir del recorte y la eliminación de los detalles y las causalidades. Este es el comienzo de «La carne»: «Sucedió con gran sencillez, sin afectación. Por motivos que no son del caso exponer, la población sufría de falta de carne» (Piñera 1990a: 17). La exposición del cuerpo *es lo que ocurre* desde el momento cuando el pueblo, ante la escasez de carne, entrega su gobernabilidad a la carne misma. La carne, por su parte, se dedica a gobernar la crisis acabando con todos los rituales de sociabilidad del pueblo.

El modo de la carne, en este cuento, es el proceder de un deseo que no es idéntico a su materialidad, sino que se activa a través de esa materialidad propia del mundo de las telas, los tejidos, los velos y de esos simultáneos y contrariados movimientos de exposición y ocultamiento: «Pronto se vio a señoras que hablaban de las ventajas que reportaba la idea del señor Ansaldo. Por ejemplo, las que ya habían devorado sus senos no se veían obligadas a cubrir su caja torácica, y sus vestidos concluían poco más arriba del ombligo» (1990a: 18). En otro momento de «La carne» se lee:

> Sólo se sabe que uno de los hombres más obesos del pueblo (…) gastó toda su reserva de carne disponible en el breve espacio de quince días (…). Después ya nadie pudo verlo jamás. Evidentemente se ocultaba… Pero no se ocultaba él, sino que otros comenzaban a adoptar idéntico comportamiento. De esta suerte, una mañana, la señora Orfila, al preguntar a su hijo –que se devoraba el lóbulo izquierdo de la oreja– dónde había guardado no sé qué cosa, no obtuvo respuesta alguna. Y no valieron súplicas ni amenazas. Llamado al perito en desaparecidos sólo pudo dar con un breve montón de excrementos en el sitio donde la señora Orfila juraba y perjuraba que

su amado hijo se encontraba en el momento de ser interrogado por ella. (1990a: 20)

Repetición, frialdad, amontonamientos, ya sea como marcas del estilo piñeriano o como situaciones narrativas o poéticas, son lógicas de construcción de sentido, devenires recurrentes en su obra. Y dichos devenires siempre están atados a aquéllos procesos de institucionalización que padecen los sujetos. Por ejemplo, estos juegos con los sentidos de la frialdad también son extensivos a la crítica literaria que practicó Piñera. El impresionante ensayo «Ballagas en persona» (1955) es toda una reconsideración, más bien una restitución de la especificidad de la carne literaria de Ballagas al interior de la literatura cubana. En este ensayo la frialdad es sinónima de esos modos de moralización que la crítica literaria puede desplegar en su afán por «pulir» una escritura tensa o plagada de contradicciones. Toda crítica es un modo de la moralización cuando la lectura es un rastreo de algún «modelo» escritural. Esta «crítica» desdibuja su objeto textual para a final de cuentas domesticarlo:

> No bien Ballagas murió, sus amigos comenzaron esa labor de enfriamiento que consiste en poner la personalidad del artista a punto de congelación; es decir, en nombre del sentimiento, de la moral, de la moral al uso, de las buenas costumbres, sobre todo, en nombre de ese precepto de gente bien nacida que dice «olvidemos sus imperfecciones y destaquemos sus perfecciones», Ballagas, al día siguiente de su muerte comenzó a enfriarse de tal manera, que no podía levantar un brazo ni abrir la boca a fin de impedir que sus amigos hicieran de él un personaje fabuloso. (Piñera 1994a: 192)[12]

Virgilio Piñera despliega en este ensayo una suerte de «epistemología del closet» en el cual vivió y escribió el poeta cubano Emilio Ballagas[13]. En ese sentido, este ensayo es pionero dentro de la crítica literaria cubana en lo que respecta a reflexiones que pongan en discusión las relacio-

---

[12] Este pasaje comparte similitudes con varios pasajes de *La carne de René*, sobre todo aquellos que recogen el enfriamiento de René ante las lamidas de Cochón, Mármolo y sus discípulos; véase el capítulo «La carne de René» (Piñera 1985: 94-123).

[13] Véase Quiroga 1993: 168-180.

6. «Del agua por todas partes»: carne, sensorio y *natura* política

nes de fuerza que tensan las mejores escrituras literarias. Además allí Piñera demuestra cómo la crítica literaria puede ser un lugar de fáciles y dosificados consensos políticos que tornan invisibles e inmovilizan el carácter impuro de las máquinas literarias y hasta el sentido de las épicas nacionales:

> Esa reciente historia es compromiso, paliativo, concesión y acomodamiento a nuestros provincianos procedimientos críticos. Así, Martí es puro, Maceo es puro, Gómez es puro y *tutti quanti*... ¡Cuanta pureza! ¿Y ni una gota de cieno? ¿Ni una? No, ni una, porque esas vidas no son las vidas de esos héroes sino nuestra propia tontería produciendo pureza en gran escala. (1994a: 193)

Por otro lado, Piñera no demuestra ningún temor en echar mano de su cotidianidad y relaciones personales con el autor para armar la contundencia de un argumento crítico que aspira redefinir, en Cuba, el sentido de la frase «amistad y vida literaria».

Pero volvamos, finalmente, al paradigmático «Discurso a mi cuerpo» a recoger lo inverificable, el apiñamiento y, añadamos ahora, la sordera del oximorónico *corpus* piñeriano:

> A veces doy en cavilar si esa especial conformación de las plantas de tus pies no es sino una grave advertencia que impide sea olvidado el principio de que todos vosotros estáis atados al sentido de la tierra; y que vuestra sordera sea la sordera de la tierra. Porque la voz me pertenece a mí enteramente. [...] lo que ella inflama, convoca o determina: La palabra, y puedo probártelo al decirte enfáticamente que eso eres tú: una palabra; la palabra Cuerpo. Y me harás caer en el artilugio de que entonces soy yo también otra palabra; la palabra Yo. Es en este punto donde se produce la hecatombe; tú eres una palabra y yo soy otra palabra, y así de nuestro matrimonio, sólo engendramos un hijo maldito que se llama Contradicción: tercera palabra de la vida. (Piñera 1990b: 36)

Esta casi arenga a la otredad irrefragable que es el cuerpo culmina en la explosión, en el reconocimiento de la caída, del escape final del cuerpo a pesar de las voluntades agónicas de la voz que desea nombrar. Si la ficción es de alguna manera el «procesamiento» de alguna parte de lo real, la opción-Piñera parte de la difícil e *in-tensa* carne señalando su *indiferencia*. De ahí que podamos leer los cuentos «El caso Acteón» (1944) y «La caída» (1944) como utopías donde se agita la intensidad casi en un estado puro. En «El caso Acteón» los cuerpos son ocupados, consumidos entre miradas, penetraciones y comentarios en torno al mito de Acteón, su encuentro con la diosa Artemis y la subsiguiente *devoración* por sus propios perros. Sin duda, el mito aludido es un mito sobre el secuestro de la imagen por el deseoso y la cacería que busca incorporar al otro y hacer emerger la forma misma de lo indeterminado en el cuerpo que se sacia. Uno de los personajes en «El caso Acteón» nos recuerda alguna de las razones para que se de el caso Acteón en Cuba: «la segunda razón es que no se sabe, que no se podría marcar, delimitar, señalar, indicar, precisar (y todos estos verbos parecían el pitazo de una locomotora) dónde termina Acteón y dónde comienzan sus perros» (1990a: 26). La cadena que es el mito, la carne y su interpretación, se actualiza en Cuba desde esa lógica de continuas y mutuas penetraciones[14]. Apenas pasa algo en este cuento mientras la carne (se) sucede. La carne se muestra, se muestran las secreciones, hay pequeñas alteraciones de la voz que no logran definirse ni como expresiones de dolor ni como expresiones de gozo. Al final los deseosos devienen «una sola masa, una sola elevación, una sola cadena sin término» (Piñera 1990a: 27). Los deseosos devienen zona indiferenciada como las mesetas y los desiertos de Deleuze y Guattari. La carne como la escritura de Piñera, como el salto al abismo de los escaladores de la montaña en «La caída», es indetenible una vez *se lanza* a los detalles de su transformación. «La caída» como sinécdoque de lo corporal en la obra de Piñera supone reconocer su inevitabilidad. La carne siempre está cayendo en ese cuento narrado por un pedazo (los ojos) que ha contemplado el desmembramiento de los cuerpos. «La caída» es narrado por dos ojos *procesados* por la experiencia del caer sin remedio, y estos ojos presencian además cómo los personajes «se entregan» al descuartizamiento de sus cuerpos sin emitir grito alguno de dolor. De hecho devenir fragmento es ser triturado por esa especie de remolino

---

[14] Resulta interesante constatar esa trabazón encadenada y repetida en la narración que hace Ramón, el padre de René, sobre el sentido su Causa o «la revolución mundial». Véase el capítulo «La causa» en 1990a: 31-40.

de piedras y salientes que es la pendiente de la montaña. De nuevo, al finalizar la caída son las contigüidades las que «salvan» y sostienen al cuerpo trozado: los ojos decretan la «victoria» final de aquella «hermosa barba gris de mi compañero que resplandecía en toda su gloria» (Piñera 1990a: 15). Los personajes piñerianos al caer por un abismo, al apreciar los remolinos que sobre los tejidos inscribe el vaciamiento del cuerpo, o al convertirse en un montón de carne, registran cómo estos estados del sentido son homólogos e intercambiables entre sí:

> ¿Tan dependientes eran unas carnes de las otras que se imponía a cierta altura de la vida (sí de la vida) el choque de una carne con otra, o de una carne con dos carnes, o con cuatro, o con diez, cien, mil, un millón...? ¡Qué abismo! Vio su pobre carne chocando contra un ejército de millones de carnes; vio su carne incrustándose en esas carnes; vio que a su vez, él formaba parte del ejército y chocaba contra otra carne solitaria, y que esa carne solitaria se incrustaba en su carne-ejército transformándose en otra carne ejército. (Piñera 1985: 148)

Ahora, que su obra atrae a incontables lectores que lo desentierran como un muerto que se niega a morir o como a un vivo que no dejó de morir «resucitando», habría que releer perversamente aquellos versos que le dedicara Piñera a Lezama al momento de su muerte: «Es tu inmortalidad haber matado / a ese que te hacía respirar / para que el otro respire eternamente» (Piñera 1988: 71).

El olor sabe arrancar las máscaras de la civilización: la nariz de Virgilio Piñera

Se agolpa al final una lógica discursiva que ha sensibilizado las imágenes que en el Caribe se pasean como «propias». Se trata de una recurrencia imaginaria e histórica: los discursos literarios con los que podría ensamblarse una meditación sobre lo caribeño parecen horadar (gústeles o no) la evidencia, el carácter empírico de lo caribeño: incluso podrían reunirse materiales para la «desconfianza» ante el peso geográfico, simbólico, de eso que se suele llamar isla, archipiélago, continente. Desde una olla que desdibuja junto a su guiso la imagen de Cuba en el ajiaco de Fernando Ortiz, la corrección masculinizante y autoritaria de la tierra puertorriqueña, la musa paradisiaca o el mar-cinturón en *Insularismo*, la enorme vagina que parió el Atlántico y la repetición en *La isla que se repite*, las geografías danzantes o los procesos de ingestión en el *Tuntún de pasa y grifería*, la dificultad imaginaria de la resaca insular lezamiana en *Coloquio con Juan Ramón Jiménez*, los itinerarios de gritos, hasta las aceleraciones delirantes y los vacíos en Glissant, entre otros, todos contribuyen a un relato sobre lo caribeño que insiste en complejizar el tejido de apariencias de lo dado en la comunidad sensorial caribeña. Ya sea como espacio pobre, firmado por la «pereza o laxitud» o las plenitudes contrariadas de un exceso que rebasa el nombre, pues «nacer es aquí una fiesta innombrable», o un espacio de yuxtaposiciones y engendros, «el ajiaco como imagen del espacio y el tiempo», el espacio caribeño es inscrito por una complejidad indisociable de importantes ejercicios de representación. Esta complejidad incluso insiste en los estereotipos y clisés que se le adjudican al archipiélago. Siempre hay un más allá, un resto, un exceso que estos discursos escenifican. Una banda exterior porosa que parece escapar a figuraciones previas o no haber sido «incorporada» en las visitas o vistas estéticas del trópico.

Ante este imaginario, en vez de preguntarme cómo se ve un texto caribeño, quizás hoy cabría preguntarme cómo se siente un texto sin gentilicio alguno. Virgilio Piñera atrapado por la circunstancial *maldición* (mala-dicción) acuática de su a-isla-*miento* cubano escribe «La isla en peso» en 1943. Atrapado por el mar, sin embargo, imagina salvaciones contra el Cielo desde un meticuloso trabajo con la sinestesia. Escritura de pliegues y voluptuosidades, palpa su ligadura con la muerte y el vacío y desde ellas lanza sus imágenes críticas. «La isla en peso», en particular, es la contracción poética de un imaginario ante «la mala dicción» de un cuerpo acuático que le imposibilita a los isleños contemplar ese *otro más allá* que en la oscuridad manifiestan esos mismos cuerpos. El poema-firma de Piñera parodia y desaloja las repetidas encíclicas sobre lo cubano.

> La maldita circunstancia del agua por todas partes
> me obliga a sentarme en la mesa del café.

6. «Del agua por todas partes»: carne, sensorio y *natura* política

> Si no pensara que el agua me rodea como un cáncer
> hubiera podido dormir a pierna suelta. (Piñera 2000: 37)

«La isla en peso» es una extensa meditación debida a la productividad que inauguran ciertos síntomas. Además, ¿cómo rodea un cáncer? ¿Cuál es la forma que adquiere este pensamiento obligado por las aguas? Acosado por la metástasis acuática, el mar en «La isla en peso» parece invadir y destruir algunos tejidos de la isla. Imagen para un recorrido, más bien para un merodeo bloqueado y agitado por el agua, este comienzo poemático es también imagen de concurrencia de dos aguas, las del café y la marina. En «La isla en peso» la detención subjetiva del isleño se nombra como varamiento, como una imposición de las aguas del litoral a la capacidad de movimiento del poeta. Sin embargo, este quedarse detenido ante lo que obliga el mar dará la señal de salida al pensamiento que escancia al poema.

La mala dicción que el sujeto piñeriano busca sortear es, en primer lugar, una condición segregada por el cerco de la mismidad tropical que saturan la cultura y espacio de la isla. Esta dicción que el poema busca descifrar comparte además el cuerpo con la dicción del poeta y será enfrentada *cuerpo a cuerpo* en más de una ocasión. Ese cerco marino es primero y mejor una circunstancia antes que una simple circunferencia. El cerco no es una correa marina, sino un «banda» exuberante y sintomática para un evento patológico isleño del que no escapa la propia enunciación del poeta. Una suerte de rizomático derramamiento malsano afecta la condición de los isleños:

> los siniestros manglares, como un cinturón canceroso,
> dan la vuelta a la isla,
> los manglares y la fétida arena
> aprietan los riñones de los moradores de la isla. (Piñera 2000: 42)

La enfermedad y su cerco arenoso es una condición compartida por la isla y sus habitantes. Así, un riñón apretado es un órgano dispuesto a *ex-presarse* en el litoral. Las secreciones de ese cuerpo cercado son una y otra vez sinestesias para los cuerpos y objetos isleños.

La sinestesia archipelágica en tanto figura, simultáneamente, muestra y esconde ese otro cuerpo emanado de la dicción acuática. La imagen sinestética relocaliza las sensaciones en un sentido que, por lo general, no acostumbra recibir ese tipo de imágenes o sensaciones e inclusive afecta la «visibilidad» de sus efectos. La sinestesia es un tropo que abandona un coto, una tradición, una propiedad sensorial para irrumpir en otro espacio de sentido, en otro cuerpo del sentido. Es esta la manera de su afectación. Tanto psicológica como biológicamente la sinestesia, en tanto mezcla de órdenes o dominios de sentido diferentes, es una suerte de disfunción, una patología en la medida que genera una sensorialidad superpuesta, heterogénea, desquiciada. Las consecuencias políticas de la sinestesia en el sentido comienzan en tanto la figura redefine el cuerpo sensible de lo histórico, como anota la corporalidad básica de las culturas de poder que hacen sensible un sujeto en la isla. La afectación sinestética busca colocar los cuerpos en el umbral de sus posibilidades de significación y sentido. La política de la sinestesia no es la mera aparición del tropo sino esta afectación de órdenes que su lógica genera en la tesitura (metafórica) de los textos. La sinestesia en manos de Piñera no será la fusión utópica de los atributos específicos de cada órgano perceptivo, que entonces entregaría la totalidad sensorial de algún objeto representado, sino todo lo contrario: la representación de un exceso perceptivo más allá de las nomenclaturas descriptivas. Se trata de una síntesis metafórica socavada en sus pretensiones descriptivas, pues aspira contrariadamente a paralizar y abrumar el tiempo de las sensaciones. Sobre todo, en lo que concierne a la abundancia de efectos de lo tropical, la sinestesia piñeriana persigue una contradicción productiva: la parálisis, el vacío o la negatividad que engendra o sostiene la demasía sensorial de los cuerpos «impúdicos» del poema.

Así en «La isla en peso» leemos que «El perfume de la piña puede detener a un pájaro» (2000: 38), «el olor sale por la boca de los instrumentos musicales» (2000: 48), «una mano en el *tres* puede traer todo el siniestro color de los caimitos», «Si hundieras los dedos en su pulpa creerías en la música» (2000: 39), «La claridad es una enorme ventosa que chupa la sombra» (2000: 45) o «el olor entra en el baile, se aprieta contra el güiro» (2000: 48). Esta alteración perceptiva ante elementos, objetos y causalidades es condición del *estar dentro del cerco*. El cerco hace a la isla y a la vez condiciona los hábitos del cuerpo de

6. «Del agua por todas partes»: carne, sensorio y *natura* política 383

sus moradores. Ahí residen los horrores y la promesa compartida por los cuerpos de lo insular.

El cerco obsede al sujeto poético con un testimonio que de inmediato se nombra irrealizable. El asedio a la circunstancia isleña devendrá parodia, figuración y propuesta. La llegada del poeta cubano a su entorno, en verdad, su colocación en él, será el reconocimiento de la temporalidad del sacrificio y el gasto que inaugura la fiesta de los negros. Las visiones que se experimentarán en la isla desfondan para siempre el relato beatífico del Origen o del *arkhé* isleño. El sujeto piñeriano, temprano en el poema, no podrá recordar el Jardín del Edén pues sus pupilas reciben otra dosis de cuerpos extasiados en plena ceremonia:

> La eterna miseria que es el acto de recordar.
> Si tú pudieras formar de nuevo aquellas combinaciones.
> devolviéndome el país sin el agua,
> me la bebería toda para escupir al cielo.
> Pero he visto la música detenida en las caderas,
> he visto a las negras bailando con vasos de ron en sus cabezas.
> [...] (2000: 37)

> Llegué cuando daban un vaso de aguardiente a la virgen bárbara,
> cuando regaban ron por el suelo y los pies parecían lanzas,
> justamente cuando un cuerpo en el lecho podría parecer impúdico,
> justamente en el momento en que nadie cree en Dios. (2000: 38)

Recordar el perdido origen adánico del sujeto e historicidad isleños es una imposibilidad categórica, del mismo modo que el país no podrá definir la forma de su exponerse en la historia. De igual manera, la saturación acuática condiciona, paradójicamente, la *dicción* del poeta quien ejercitará una lengua ácida ante cualquier relato que intente monumentalizar o santificar la singularidad isleña. En «La isla en peso» topamos otra vez con la saturación de las bocas, la contemplación de un ojo que captura y amalgama lo geográfico con lo temporal:

> Pero el mediodía se resuelve en crepúsculo y el mundo se perfila.
> A la luz del crepúsculo una hoja de yagruma ordena su terciopelo,
> su color plateado del envés es el primer espejo.

> La bestia lo mira con su ojo atroz.
> En este trance la pupila se dilata, se extiende
> hasta aprehender la hoja. (2000: 47)

Otra vez se está de frente a apretujamientos donde la muchedumbre antillana interpone sus cuerpos excesivos e ingestivos ante cualquier de Glorificación de sus especificidades.

> Las blancas dentaduras perforando la noche,
> y también los famélicos dientes de los chinos esperando el desayuno
> después de la doctrina cristiana.
> Todavía puede esta gente salvarse del cielo,
> pues al compás de los himnos las doncellas agitan diestramente
> los falos de los hombres.
> La impetuosa ola invade el extenso salón de las genuflexiones.
> Nadie piensa en implorar, en dar gracias, en agradecer, en testimoniar.
> La santidad se desinfla de una carcajada.
> Sean los caóticos símbolos del amor los primeros objetos que palpe,
> (2000: 39-40)

El «trópico» aparece, entonces, como una invasión perceptiva que desautoriza cualquier ordenanza hermenéutica de sus elementos. Se trata, en Piñera, de una paisajística dañada por el derramamiento universal del agua que, por su parte, no otorga ninguna superioridad o serenidad nominativa al sujeto que la contempla. Por eso la maldita circunstancia, más que cercado, es derrame e inundación. El trópico no deja mirar bien al poeta porque su superficie de in-diferencias caóticas inunda la mirada misma de aquel que lo investiga:

> El trópico salta y su chorro invade mi cabeza
> pegada duramente contra la costra de la noche.
> La piedad original de las auríferas arenas
> ahoga sonoramente las yeguas españolas,
> la tromba desordena las crines más oblicuas.
>
> No puedo mirar con estos ojos dilatados.
> Nadie sabe mirar, contemplar, desnudar un cuerpo.

6. «Del agua por todas partes»: carne, sensorio y *natura* política

Es la espantosa confusión de una mano en lo verde,
los estranguladores viajando en la franja del iris.
No sabría poblar de miradas el solitario curso del amor. (2000: 41)

En Piñera salir a la «Naturaleza Insular» es topar con la contrariada somatización líquida de un territorio y una temporalidad cotidianas que trastorna cualquier linealidad genealógica. El acoso de lo acuático es la alteración ineludible de la teluricidad isleña. El *sumergimiento* y la *saturación* son efectos del cerco (acoso) marino. Ambos son la mejor manifestación del bloqueo marítimo, y por lo tanto, la circunstancia elemental de la cultura de la isla y del poeta. Desde el comienzo del poema este sitio a la isla, decantará varios cuerpos isleños: los cuerpos de la claridad y los cuerpos de la noche, los cuerpos de la tierra adormecida por el mediodía y los cuerpos del olor refugiados en la noche erótica. La llegada de las pupilas del poeta al paisaje tropical coincide con su des-creencia subjetiva ante las nominaciones de una sintaxis del orden natural de la Isla. La sensorialidad del poeta es, por lo tanto, la perspectiva que le hará justicia al carácter amalgamado, incitado por la oscuridad nocturna.

El *sensorium* isleño en «La isla en peso» es una peculiar «organicidad» que recibe y se funde a lo percibido. Esta sensorialidad, esta capacidad para el sentido, en su acogimiento de lo insular, al incorporarlo, cancela las divisiones del adentro y el afuera y deviene cuerpo, *imagina* otro cuerpo habitando en sus sensaciones. La dilatación de las pupilas de Piñera acusan, además, arrebatos o la declinación de las luces. Pero Piñera, a diferencia de Palés Matos, no se lanza al exhibicionismo zafio de los efectos de la ingestión. La voz de Piñera, más bien sus intervenidos ojos, consignan por igual la sobre-inscripción que ha llevado a cabo la moral en la geografía y el *corpus cubensis*, como también anotan las implicaciones paradójicas de «la sobreabundancia» estética y ética de lo insular. Esa confusión de experiencias atizada por el bloqueo marino cuestiona, por igual, la solemnidad definitoria del pueblo, como la capacidad del poeta para «poner orden» sobre su cuerpo. Piñera no intenta de ningún modo recomponer alguna «memoria rota»:

El baile y la isla rodeada de agua por todas partes:
Plumas de flamencos, espinas de pargos, ramos de albahaca,

semillas de aguacate
La nueva solemnidad de esta isla.
¡País mío, tan joven, no sabes definir! (2000: 39)

[...]
Es la confusión, es el terror, es la abundancia,
es la virginidad que comienza a perderse.
Los mangos podridos en el lecho del río ofuscan mi razón,
y escalo el árbol más alto para caer como un fruto.
Nada podría detener este cuerpo destinado a los cascos de los caballos,
turbadoramente cogido entre la poesía y el sol. (2000: 40)

Cogido ahí en cualquier acepción del término el sujeto poético *cae por su peso*. La ofuscación es la mejor condición emotiva de ese cuerpo de imágenes que cae entre la manía desesperada y la ceguera. El sujeto isleño y su geografía, en «La isla en peso», están atrapados –«nadie puede salir, nadie puede salir»– en un territorio que es la cifra misma de una obligada tarea de ingestión y de inventario ontológicos. Nadie puede salir de la isla porque cada hombre se empeña en una empresa de definición y homenaje que lo engolfa todo, como el agua desbordada, como las bahías, como una boca ansiosa que duplica a la isla-bestia nacional:

Cada hombre comiendo fragmentos de la isla,
cada hombre devorando los frutos, las piedras y el excremento nutridor,
cada hombre mordiendo el sitio dejado por su sombra,
cada hombre lanzando dentelladas en el vacío donde el sol se acostumbra,
cada hombre abriendo su boca como una cisterna, embalsa el agua
del mar, pero como el caballo del barón Munchausen,
la arroja patéticamente por su cuarto trasero,
cada hombre en el rencoroso trabajo de recortar
los bordes de la isla más bella del mundo,
cada hombre tratando de echar a andar la bestia cruzada de cocuyos.
(2000: 43)

En «La isla en peso» rememorar el Origen de la isla, por lo tanto, carece de sentido y es una imposibilidad categórica, pues sólo se tiene la sensación consigo, la ingravidez del pálpito, la imposición del toqueteo,

6. «Del agua por todas partes»: carne, sensorio y *natura* política

la mordedura y el amontonamiento como marcas de la sensorialidad que se hizo historia y paisaje en la isla. Esta sensibilidad, afectada para siempre por la contaminación que supone ver-consumir los cuerpos agitados por sensaciones y tiempos «bárbaros», hace de la mezcolanza y el ofuscamiento perceptivo el horizonte paradigmático para la imagen piñeriana. Es ahí donde el sujeto poético combina con lo desaparecido para siempre «hacerse una historia»:

> Yo combino:
> el aguacero pega en el lomo de los caballos,
> la siesta atada a la cola de un caballo,
> el cañaveral devorando a los caballos,
> los caballos perdiéndose sigilosamente
> en la tenebrosa emanación del tabaco,
> el último gesto de los siboneyes mientras el humo pasa por la horquilla
> como la carreta de la muerte,
> el último ademán de los siboneyes,
> y cavo esta tierra para encontrar los ídolos y hacerme una historia.
> (2000: 41)

También esto puede entenderse en otra dirección contraria: la ausencia en la isla de una Verdadera Grandeza Mitologizante, de un Pasado Épico, el vacío o la nada de su estar allí sitiado facilitan que el sujeto eche mano de estos «valores» plenos para figurar las pretensiones de plenitud como un comienzo poético (vaciado) para la imagen isleña: «Ahora no pasa un tigre sino su descripción» (2000: 39).

No es extraño entonces que en el poema sea la luz enemiga voraz para toda perspectiva que aspire a distinguir perfiles o contornos. Pero igual a la ola en «salón de las genuflexiones», la claridad es un cuerpo que lo invade todo.

> ¡Hay que tapar! ¡Hay que tapar!
> Pero la claridad avanzada, invade
> perversamente, oblicuamente, perpendicularmente,
> la claridad es una enorme ventosa que chupa la sombra,
> y las manos van lentamente hacia los ojos.
> Los secretos más inconfesables son dichos:

> la claridad mueve las lenguas,
> la claridad mueve los brazos,
> la claridad se precipita sobre un frutero de guayabas,
> la claridad se precipita sobre los negros y los blancos,
> la claridad se golpea a sí misma,
> va de uno a otro lado convulsivamente,
> empieza a estallar, a reventar, a rajarse,
> la claridad empieza el alumbramiento más horroroso,
> la claridad empieza a parir claridad.
> Son las doce del día. (2000: 45-46)

La claridad (líquida) es la enfermedad nominativa de la isla caribeña que duplica en sus efectos el cerco marino:

> Todo un pueblo puede morir de luz como morir de peste.
> Al mediodía el monte se puebla de hamacas invisibles,
> y, echados, los hombres semejan hojas a la deriva sobre aguas metálicas.
> En esta hora nadie sabría pronunciar el nombre más querido,
> ni levantar una mano para acariciar un seno;
> en esta hora del cáncer un extranjero llegado de playas remotas
> preguntaría inútilmente qué proyectos tenemos
> o cuantos hombres mueren de enfermedades tropicales en esta isla.
> Nadie lo escucharía; las palmas de las manos vueltas hacia arriba [...]
> (2000: 46)

El paisaje tropical en «La isla en peso» es un escondite para la perdición o un tejido de escamoteos donde se ha perdido el rastro del origen del Cuerpo Supremo; sólo quedarán batallando, entre ahogos, los cuerpos del agua y los cuerpos devorantes que ante la luz se repliegan, Adán y Eva desalojados por alguna pareja en el platanal, los cuerpos del olfato y los cuerpos de la luz, la isla de la piel frente a la isla de la luz. Que los ojos sean bocas, que los ojos en las islas sean huecos, espacios de ingestión y expulsión, que la isla derive en una inmensa piel que se auto invagina ante el asedio de la luz no habría que concebirlo como un gesto emancipador ante las moralizaciones de la luz. Sin duda, es un respuesta ante la insidiosa eternidad de lo lumínico –«la claridad empieza el alumbramiento más horroroso, / la claridad empieza a parir claridad» (2000: 45)–, pero, como respuesta, esta iniciación en las intensidades corporales carecen de los tonos de la idealización civilista o la simplonería naturista. Los ojos de Piñera no se cierran entonces ante el imperio de la claridad, abrazan su enfermedad y con su nariz vislumbran una ética de la inconformidad y un trabajo con los instantes de gozo corporal isleños. Habrá que con ellos esperar el crepúsculo y acomodar allí la dilatación que el cuerpo presenta ante la noche. Se trataría de darle, por consiguiente, la bienvenida a ese saber *in-formal* del olor que arranca «las máscaras de la civilización» (2000: 49). En la noche la isla desvanece sus formas y cualquier *formalidad moral*. En la noche, ante las demandas in-formes de lo que invisible se huele, la sinestesia continúa su trabajo de interposición y amontonamiento. Las pupilas son relevadas ahora por las narices:

> Pero la noche se cierra sobre la poesía y las formas se esfuman.
> En esta isla lo primero que la noche hace es despertar el olfato;
> todas las aletas de todas las narices azotan el aire
> buscando una flor invisible;
> la noche se pone a moler millares de pétalos,
> la noche se cruza de paralelos y meridianos de olor,
> los cuerpos se encuentran en el olor,
> se reconocen en este olor único que nuestra noche sabe provocar [...]
> (2000: 48)

La búsqueda de los cuerpos no negocia la oscuridad, la invisibilidad ni la contundencia de sus (a)efectos. Se trata de una doble y misma piel —la de la noche y la del olor— que desdibuja el contorno y los límites de los objetos. Esta aprehensión de la noche ante las formas es la que agiliza que la noche sea los objetos que en ella se perciben:

> La noche es un mango, es una piña, es un jazmín,
> la noche es un árbol frente a otro árbol sin mover sus ramas,
> la noche es un insulto perfumado en la mejilla de la bestia. (2000: 48)

Lo misterioso de esos cuerpos lúbricos piñerianos no contradice su carcajada contra las aspiraciones civilizatorias del Insular-Patriótico. Pues el misterio de un cuerpo no se decide en su participación simbólica en algún ceremonial institucional que domestique sus sacudimientos, sino en la retirada de dicho gozo de los pabellones de lo Trascendental, y en su inserción en la «contundencia» de eso que vive en emanación y a la intemperie. El misterio de todo cuerpo es la promesa de su ética impúdica, pues en ella se materializa el verdadero cielo, más allá de las genealogías: «No hay que ganar el cielo para gozarlo, / dos cuerpos en el platanal valen tanto como la primera pareja» (2000: 49). Las políticas de estos cuerpos poéticos no son la traducción de unos *topoi* ideológicos o programáticos de algún *landscaping* literario. La potencia crítica de estas poéticas se juega en el transporte de la experiencia de lo sensorial que articula el poema sobre los métodos de subjetivación y los panoramas de representación que se han tornado dominantes. El desplazamiento y la amalgama sensorial que levantan estos paisajes sinestéticos no son la traducción banal y populista de sus «actividades» en el tejido de la realidad social, sino que forman parte de una experiencia poética de lo sensible y de lo cotidiano. Más aún, estas experiencias del sujeto poético asediado por la somaticidad de su isla no es un protocolo criollo o caribeño para la experimentación del «yo» o la densidad de mi vida interior sino la reconfiguración política en el tejido ciudadano de esas éticas/prácticas menores que hacen la vida no sólo olorosa, sino sabrosa. Se trata de la reterritorialización ética, salvaje, en el espacio civil de esas experiencias en donde la inmanencia sensorial se le manifiesta al cuerpo mismo que la consume. Esta inmanencia tampoco es un avatar esencial de lo que sería un sentido o una sensorialidad única, sino la cualidad inherente a ese pasar de las sensaciones, al traspaso abierto, múltiple e intrascendente de sus efectos. Es la creación de una posibilidad para intervenir en la política alejada de los rituales y los tonos (cualesquiera de ellos) que mimetizan el poder; de una consideración de ese cuerpo que, por dar un ejemplo, cuando echa un polvo no endeuda la viscosidad de su lengua o el trasunto de sus pasiones. Ni devota ni pedagógica, esta re-*flexión* literaria no se conforma con avalar la política editorial de los patronos de turno, o de los feligreses de paso por las islas. Estas opacidades sensoriales cancelan para el sujeto las divisiones entre lo ideal y lo posible, lo propio y lo impropio, lo limpio y lo sucio, lo real y lo imaginario. También estas torceduras sensoriales son frecuentes modos de existir sobre las islas, como esos «actos menudos» que durante sus últimos días

6. «Del agua por todas partes»: carne, sensorio y *natura* política

Piñera salvaba de la falsa sacralización de lo cotidiano llevada a cabo por la institucionalidad de la Revolución. Algunos de sus poemas podrían ser leídos como la inscripción de una realidad negada por la monumentalización revolucionaria del castrismo.

El saber poético, si se quiere, de cara al mar, enfrentado a su *archipélagos*, con el cuerpo expuesto a la verdad del mar, no es un conocer que se resuma en la contemplación. El poeta en condición archipelágica abraza y asume el reto corrosivo de las aguas marinas. En este sentido, la experimentación con las lógicas sensoriales frente al mar es inseparable, en «La isla en peso», de un ejercicio de cuestionamiento del *ethos* cultural y político de la isla. «La isla en peso» es, entre otras cosas, un imposible manual de resistencia anti-populista cuya apuesta política se decide en la confección de algunas imágenes con propensiones sinestéticas fuertes, o a través de sinestesias plenas. Son muchas las lecturas de este poema que insisten en esa circunstancia maldita como otra figuración del aislamiento o del encierro insular, perdiendo de vista, quizás, que el rodeo perceptivo de las aguas no se circunscribe a la costa. Lo sobresaliente, en «La isla en peso», es la recurrencia del agua «por todas partes». *Todas partes*. El acoso de las aguas se nos presenta como una omnipresencia isleña. Esta ubicuidad líquida adquiere la forma de lo saturado y no sólo se verifica en el litoral, también cambia su cuerpo con la luz, que por igual enferma a los habitantes de la isla.

El poema de Piñera lleva a cabo su contracción ética sobre la gloria insular, contorsiona los sentidos y los significantes asediados (modelados) por el agua como un modo de posibilitar otro cuerpo. Se contorsiona el cuerpo y la dicción maldita para darle paso a otro mar tropical, exponer otro cuerpo o para el daño de su maldición. En vez de recordar alguna gloria pasada o familiar, para el sujeto poético de lo que se trata es de secar. La justicia estética y vivencial se lleva a cabo con una esponja en la mano. Esta es una esponja puesta a trabajar contra el mar:

> Hay que saltar del lecho con la firme convicción
> de que tus dientes han crecido,
> de que tu corazón te saldrá por la boca.
> Aún flota en los arrecifes el uniforme del marinero ahogado.
> Hay que saltar del lecho y buscar la vena mayor del mar para desangrarlo.

> Me he puesto a pescar esponjas frenéticamente,
> esos seres milagrosos que pueden desalojar hasta la última gota
> de agua
> y vivir secamente. (2000: 37-38)

Toda maldición es siempre una dicción, una *descarga* corporal, una performance verbal en búsqueda de un efecto específico. Mal-decir, decir mal es lo que la contracción poética busca recomponer de otro modo, ahora sin la totalidad expansiva de las aguas. Sin embargo, esta recomposición sensorial no aspira ni a diagnosticar ni a colocarse por encima de la comunidad isleña. Acabar entonces con *la misma agua de siempre*, la que cunde por *todas partes*, el agua de todos los días, la idéntica, la siempre igual, la que ha hecho indistinguible un objeto del otro.

Sobremesa: La patria adentro

Comensal ceremonioso, Virgilio Piñera llegará a ser el indiscutido cocinero de los míticos spaghettis que acompañaban las tertulias caseras de varios escritores cubanos, «muertos en vida» por el régimen durante los años setenta del pasado siglo. Antón Arrufat ha narrado las respuestas de esta mesa íntima ante la calle revolucionaria como la confección de una mesa, de otra realidad inaugurada por los spaghettis piñerianos:

> Llegado el último de los contertulios, cerrada la puerta que daba a la calle, puesta la olla en el fogón, dispuestos spaghettis, ajíes, cebollas sobre la meseta de la cocina, decía Virgilio, alzando un dedo en el aire de la sala: «Por fin estamos en la realidad». Y era como la señal para empezar la lectura. (Arrufat 1994: 45)[15]

---

[15] Antonio José Ponte, por su parte, califica la ética cotidiana de los últimos días de Piñera del siguiente modo: «Su heroísmo de escribir hasta la muerte, cifrada apuesta en alguna posteridad reivindicadora, se entrelazó entonces con el heroísmo de agotar actos menudos bastante imposibles: unos dulces, juegos de mesa para cada día, el hábito de un restaurante, gestos de epicúreo en circunstancias estoicas. Se ocupaba en salvar, a contracorriente, lo que la revolución desterraba, postergaba, censuraba o

6. «Del agua por todas partes»: carne, sensorio y *natura* política

Muchos de los poemas de Piñera escritos en los años sesenta y setenta pueden ser leídos como la transcripción del daño ciudadano y del cierre de la experiencia pública democrática en Cuba. Incluso «la huida» de Piñera hacia los adentros de la amistad, la lectura y lo modesto es la respuesta poética a la represión y ocupación de lo que fuera el espacio público en la Cuba revolucionaria. Un poema fechado en 1962 por Virgilio Piñera inscribe otro avatar de soledad de cara al mar. El poema «En el duro», casi veinte años después, repite la situación subjetiva ante las aguas recogida en «La isla en peso» de 1943:

> Ayer yo estaba solito
> en la Avenida de Puerto,
> pensando en mi madre muerta
> y pensando en los deseos.
>
> Como un plato estaba el mar,
> pero yo estaba moviéndome.
> Es una cosa muy seria
> que el mundo tanto se mueva. (2000: 111)

La peculiar escenografía poética que editan tanto los versos iniciales de «La isla en peso» como «En el duro» es uno de los modos que el escritor ensayó al momento de darle cuerpo a su teoría cultural y política en Cuba. Parecería que para este poeta, en específico, darle cuerpo a su teoría política implica localizar y meditar –de cara al mar– en torno a la materialidad de su isla. Ya sea en «en peso» o «en el duro» la política-poética piñeriana es un asunto perceptivo que se desata ante el litoral. Por su parte, «En el duro» el mar termina siendo la figuración misma del endurecimiento y la congelación que el sujeto percibe, luego de su intercambio con un habanero de paso por la avenida.

Sin embargo, veinte años después, en la Avenida del Puerto, el encuentro con una cara habanera anota ya una definición, una decantación, entre el sujeto y la mar. Quizás se trate de la peor de las definiciones.

---

prohibía: las recompensas más inmediatas, el arte de vivir, la memoria del cuerpo» (Ponte 1999: 16).

«En el duro» la mar ha abandonado su ubicuidad metamórfica y ha devenido cristalización retórica, genuflexión rígida de absolutos. El mar «En el duro» es todavía un espacio indiferenciado, indiferente, pero ahora su imagen no acicatea confusiones sino que es la forma misma de la rigidez. Un espacio cristalizado por la decantación guerrera sólo es capaz de diseñar un litoral bipolar, donde apenas existen ellos o por eliminación nosotros. Esta mar *dura* es el subrayado bélico de la sensorialidad del poder, dedicada a suprimir la aparición del otro. «En el duro» hallamos un mar helado que suprime el frágil límite que lo distinguía de la tierra. Toda diferencia entre la tierra y la mar es un asunto de fluidos, de corrientes, de emanaciones, de secreciones. El mar frío de «En el duro» (1962) es la traducción sensorial que las aguas hacen de una *sociabilidad mundial* firmada ahora por ese discurso que pasea «polos», «frentes», «bloques», «murallas», «territorios». El mar escribe sobre su cuerpo el sentido de lo enemigo, de la enemistad, elevando ahora una indiferenciación intransigente. La parálisis, la sujeción inmovilizadora acaba con cualquier mar tropical. Una mar endurecida no se transforma en tierra, es la nada endurecida. Un mar endurecido es la fulmi*Nación* de las apetencias del oxímoron:

>Mi socio, no sé lo que está pensando,
>pero yo sé lo que pienso;
>este mundo está en el duro
>y ojalá se nos deshiele;
>porque de no ser así,
>nos matará la dureza;
>ya las palabras son balas y las miradas hogueras.
>
>¿No le parece, mi socio?
>—me dijo y me tocó el pecho;
>yo lloraba como un niño,
>y el mar se fue endureciendo. (2000: 111-112)

Ahora le corresponde al sujeto poético ser el cuerpo de agua, cuerpo de fluidos e interponer su afecto negativo como la única imagen de fluidez en La Habana.

La interposición de estos cuerpos isleños ante lo que genera el archipiélago es, en un primer nivel, la representación de un archipiélago cultural contaminado y saturado por tiempos y espacios heteróclitos. También se trata de su aparición en un espacio otro, en un espacio (aparte) que, sin embargo, clama por ser incorporado. Se trata de la poetización de formas de vida y contaminación para el cuerpo insular. Esa contaminación no es exactamente ni una feliz *summa* guisada ni un eterno eje vacío y caótico que pudiera remedarle a alguien una enorme vagina paridora de Océanos o Pueblos del Mar. La entrega del cuerpo isleño a su somaticidad es, en estos poemas, apenas una posibilidad para el contacto. Como el hablante palesiano cogido entre la comilona y la marisma antillanas, el sujeto piñeriano confía su cuerpo al *con-tacto* de esos cuerpos deseosos, henchidos de impudicia ante los ceremoniales de la reverencia.

La obligatoriedad ética y sensorial de las aguas idénticas a sí mismas del Caribe se *explaya* sobre los habitantes y los panoramas de la isla y no reduce su campo de acción al litoral. De cara a la natura isleña, el sujeto poético piñeriano desata indagaciones implacables. Ante la densidad de sentidos, incluidos los éticos que sujeta la *natura*[16] insular, las indagaciones piñerianas persisten en revelar la indistinción, y la problemática indiferencia, la identidad entre la fauna y flora isleña y el *ethos* isleño.

> Es preciso que de una vez
> descubramos la palma
> que tiene negro el penacho.
> Nuestros muertos en su cimera
> esperan ser enterrados.
> Allá arriba están en sus lamentos
> que el viento propaga implacable.
> En la sabana todo parece verde,
> pero esa palma, ¡oh, esa palma! (2000: 105)

---

[16] *Natura*: vetusta palabra que prefiero ante estos paisajes de Piñera en vez de la escueta «naturaleza», pues más que un sinónimo del ser o la esencia de las cosas, en el vocablo «natura» todavía se arrastran los sentidos de disposición, calidad, orden y propensión de las cosas y los cuerpos de este mundo.

Estas son las estrofas iniciales del poema «Palma negra». De nuevo, la indistinción entre las cosas y la particularidad natural del paisaje por igual separa los signos del paisaje del orden sensible, como los camufla hasta tornarlos imperceptibles. Peor aún, este camuflaje que hermana el negro con el verde es lo que hace invisible a la palma. Esta imposibilidad perceptiva es –ética y políticamente– nefasta pues evita que la comunidad lidie con la negatividad ineluctable, con los itinerarios de duelo que demandan los muertos. «Palma negra» es un inquietante poema del revelador año de 1962, pues en este año Piñera fechó sus poemas «En el duro» y «Los muertos de la patria». Sobre un «árbol terrible» se posan los muertos en el poema «Los muertos de la patria»:

> Vamos a ver los muertos de la Patria.
>
> Verlos con nuestros ojos dilatados por la vida.
> Hay que tocarlos con nuestras manos.
> Están como aves posadas en el árbol terrible,
> donde el viento no suena,
> y en donde la noche misma
> se aleja vencida por la Nada. (2000: 103)

Estos poemas comparten la enigmática proposición ya establecida en «La isla en peso» en torno a la imposible tarea de discernir en la natura isleña un cuerpo del otro, una naturaleza de la otra, un signo o un objeto separado de aquello que lo rodea. Las correspondencias absolutas entre identidades son figuraciones insistentes para el acabose, para la repetición vacía de lo idéntico, en tanto escriben entre los vivos la redundancia mortífera de lo eterno igual:

> Vamos a ver los muertos de la Patria.
>
> En la pradera del silencio los árboles,
> las aves, los saludos
> son también muertos que a muertos corresponden.
> Fusiles, metralletas y las manos empuñadoras
> son sueños arrugados que soñara
> Un muerto nacido al mundo de los muertos. (2000: 103)

6. «Del agua por todas partes»: carne, sensorio y *natura* política

Así la búsqueda (averiada) de la ubicua «palma negra», escondida en el verdor negativo de la sabana es, por igual certificada como entorpecida por un sensorio incansable en la exhibición narcisista de su universalidad, idéntica a la palma, y por supuesto idéntica a sí misma. La existencia de la palma negra es idéntica a su invisibilidad, de ahí su desaparición en el paisaje. El paisaje familiar, su verdor, es el mejor camuflaje de la palma negra. En verdad la palma negra son todas las palmas de todos los días:

> Si no es ésa, si no es aquélla,
> si el zapatero del barrio
> jura por todos los santos
> que su perro la ha olfateado;
> si la señora de la esquina
> caracolea sin descanso
> dando voces a su Pedro
> que está allá arriba en la palma;
> si el telón de fondo verde encabrita los caballos,
> ¿cómo dar caza a la palma? (2000: 106)

Sentir, mirar, palpar bajo estas condiciones naturales, en medio de este hábitat donde todo es igual, es una operación igual de fútil como inconsecuente. Seguir usando el cuerpo del mismo modo, ejercitarlo desde la disciplina de lo idéntico, no nos hará sensible el desastre ético y político que arrastra toda naturalización que cancela las heterogeneidades tornándolas identidades. Nada puede ser perceptible, incluso nada será inteligible donde inclusive las realidades enemigas deban amigarse bajo la mismidad patriótica, fusionadas siempre en alguna Totalidad Suprema, totalidad siempre espiritual y moral, representada siempre en mayúsculas llámese el Paisaje, la Tierra, la Patria, la Revolución. El poema por lo tanto, un poema en condición archipiélaga, estos poemas de Piñera, son la exposición crítica de esta sensorialidad amalgamada, incapaz de registrar diferendos o criterios, intimidada, en casos particulares, por el poder marcial de los vencedores. La política literaria de Piñera es una poética empeñada en el derrumbe sensorial de toda concepción que fetichice, o espiritualice, la vida y espacio isleños. La «cubanía», presentada como acto de nigromancia o sujeción moral, es un horizonte terrible que el sujeto poético piñeriano, una y otra vez, expone. En Piñera toda cubanidad (identidad a fin de cuentas) entendida como genuflexión y ñoñería moral, o como naturalización heroica del sacrificio supremo, se sabrá avasallada por una poética inclemente que nunca esconde lo que los cuerpos son y lo que los cuerpos dicen. Allí donde esta cultura del poder despliega sus mortandades con la naturalidad de quien ya proyecta homenajes y monumentos, el sujeto poético arremete exponiéndola como lo que es, una cultura de muerte, una instalación azarosa que ha adquirido su definición mejor justo cuando en ella parpadea la verdad de su sinsentido:

Y tú
—muerto tirado en esa zanja,
con un zapato como casco guerrero en tu cabeza—
¿qué mago consultaste para estar ahora
de cara al Tiempo y con la Patria adentro?

Vamos a ver los muertos de la patria. (2000: 104)

No lo dudo: los relatos identitarios y las nominaciones imperiales simultáneamente paralizan el tiempo y el cuerpo de la isla en el mar, y echan a andar algunas poéticas archipelágicas. Poéticas que gustan trabajar una sombría heterotopía emotiva. En la sombra, traban una singularidad caribeña que no depone ni la opacidad de sus cuerpos ni la bajura de las pasiones que se diluyen en los olores o por igual hacen de la burundanga su condición de fuga y declinación. En algunos poemas de estas poéticas la sonoridad de las islas arrastra un color, el paso de un olor el agite de un espacio, el paladeo de una textura trae plegado un timbre. Estas poéticas producirían una «antillanía» difícil en su donación de colindancias y azotes. El archipiélago en ellas es a veces la atopía del olor que vincula a las islas palesianas con las islas piñerianas, por ejemplo. O quizás se trate de un archipiélago extendido entre bamboleos terribles que tal como lo muestran lo imaginan impreciso. Archipiélago de barahúndas, murmullos y meneos que salvan al isleño ya sea de la beatitud celestial, en el caso de Piñera, o de la fijación y chatura colonial, en el caso de Palés Matos. El saber poético del archipiélago caribeño encuentra, tal vez, un somático cuadrante de navegación en las lenguas equívocas, entre el sopor y la lujuria, entre el desespero y la languidez, que algunos poetas le dedican a los sujetados por las islas.

Isla

> cada palma derramándose insolente en un verde juego de aguas
>
> Virgilio Piñera, «La isla en peso» (2000: 44)

¿Y si después de tantas palabras devenimos montículo, tierra entre las aguas del mar? La posibilidad de apalabrar poéticamente la condición insular, en el caso particular de Piñera, es, con insistencia, un frágil pacto corporal con una geografía relacional. No se trata con exactitud de una relación con una geografía «natural». Esa geografía del poeta aparece en varios textos como una metáfora para las posibles relaciones electivas y afectivas de un autor con la tradición o las tradiciones que le acercan las aguas. En ese sentido, lo que importa de esta isla son las zonas de contacto y de metamorfosis de lo evidente, los puertos, la noche, las corrientes, el platanal, la playa y, sobre todo, esa paradójica mutación que dichas zonas desatan en el cuerpo del poeta; esa extraña capacidad de mímesis corporal ante las aguas o el paisaje donde el cuerpo del poeta se transforma de acuerdo a la comunicabilidad posible, o a los criterios desplegados ante el embate de los «influjos» en las costas[17]. Así de la geografía, a la isla piñeriana que levantan sus poemas, le queda apenas la grafía del cuerpo. Más que geografía, en Piñera, la naturaleza isleña es atracadero y el cuerpo, entendido como dársena, es el espacio

---

[17] En un ensayo de 1941, «Gertrudis Gómez de Avellaneda: revisión de su poesía», establecía Piñera: «La geografía del poeta es ser isla rodeada de palabras por todas partes; una isla donde tocan numerosos barcos lastrados de influjos, después dispersados por la furiosa resaca de sus costas. Pero conviene añadir que no siempre tales influjos son conjurados; a veces las defensas del poeta desmayan, con resultados metamórficos de isla en atolón coralino o alargada península que conduzca a fáciles o viciosas alianzas. Así, la poesía a sus poetas ofrece con la misma mano la gracia o la condenación: gracia que procura creación; imitación procurada que condena» (Piñera 1994b: 148).

privilegiado al momento de experimentar las imágenes. Así, la isla, los paisajes isleños desde donde Piñera piensa las posibilidades de la escritura literaria, no aspiran a copiar burdamente las formas o las lógicas de lo natural halladas en su entorno. La isla en Piñera es una escritura de posibilidades, un dispositivo literario de resistencias o de entregas de un cuerpo poético empeñado en reconfigurar la potencialidad del sensorio isleño. En uno de sus últimos poemas, titulado «Isla», el sujeto poético se entrega a su inevitable devenir insular:

> Se me ha anunciado que mañana
> a las siete y seis minutos de la tarde,
> me convertiré en una isla,
> isla como suelen ser las islas.
> Mis piernas se irán haciendo tierra y mar,
> y poco a poco, igual que un andante chopiniano,
> empezarán a salirme árboles en los brazos,
> rosas en los ojos y arena en el pecho.
> En la boca las palabras morirán
> para que el viento a su deseo pueda ulular. (2000: 236)

Escrito el año de su muerte (1979), «Isla» es un poema premonitorio, quizás un canto de rendición ante la contundencia contaminante de la isla. La voz parecería ceder ante el *dictum* profético en torno a la plenitud insular que, en el campo intelectual cubano, tuvo en el grupo de *Orígenes* durante la década de los años cuarenta uno de sus momentos definitorios. Se pueden además repasar las diversas intervenciones críticas, ensayos y poéticas de Piñera, entonces y después, donde puso en entredicho las epifanías morales de la teleología insular lezamiana. En este poema, sin embargo, aunque sin ensayar ese tono tan caro a los origenistas, el sujeto poético se entrega a la verdad irrevocable del devenir isla, a la encarnación de lo insular en su cuerpo, al aislamiento perceptivo de su cuerpo irremediablemente convertido en paisaje insular.

Sin embargo, la transformación en isla del sujeto poético, en este poema, evita cualquier genuflexión moral. Parecería que darle cuerpo a su teoría política de lo poética, implica localizar y trabajar con la materialidad histórico-metafórica de la isla. Esta meditación ocurre en ocasiones importantes de cara al mar o con el cuerpo vuelto hacia el paisaje isleño. Ante la mar, en el litoral caribeño, poéticas matrices ejercitan devenires del espacio, ensamblan lugares, articulan *dondes* (me diría el escritor puertorriqueño Eduardo Lalo) para el cuestionamiento de sus sitios. Pero también estas poéticas construyen lugares de indistinción entre el espacio y las subjetividades que habitan la isla. A la costa caribeña cierto sujeto poético va dudar de su unicidad, a complicar y complejizar su supuesta relación armónica con el entorno cultural. De cara al archipiélago, en efecto, ciertos poetas *hacen política* desde la tesitura elemental de su lengua; allí repiensan la confusión y la metamorfosis des-espiritualizada de los cuerpos isleños, trabajando con su cercanía, sus hábitos, exponiéndose inclusive a sus efectos. En específico, Piñera ante la mar parece preguntarse: ¿Qué son capaces de hacer estos cuerpos en medio de una *polis* sumergida? ¿Cómo pueden seguir respirando con tanta naturalidad?

El poeta que imagina, el poeta que genera imágenes con el cuerpo vuelto hacia el archipiélago, lidia con la sujeción histórica que le ofrece la cultura en la orilla. Hecho de «tierra y mar», la mar es un reto perceptivo, una exterioridad insumisa y no meramente un límite, un contorno. Las aguas además no son una dimensión o fuerza que se ajusta al lugar que ocupa el mar en la geografía. El saber poético, si se quiere, de cara al mar, enfrentado a su *archi-pélagos*, con el cuerpo expuesto a la verdad del mar, no es un conocer que se resuma en la contemplación o en el conteo de los atributos compartidos de las islas, es un esfuerzo por des-sujetarse de las moralidades y prescripciones identitarias.

Más allá o acá de las tierras, me interesó pensar cuándo devienen sentido y sensación los cuerpos caribeños, cuando (poética y políticamente) emergen las imágenes como indicios de la singularidad del archipiélago (Caribe) ( ). Ahora imagino que me encuentro en el litoral, en la orilla que me permite por igual un cuerpo de percepciones y, por supuesto, la relación de mi sensorio con sus límites. Antes de que se distinga algo en el horizonte, el cuerpo que ha contemplado las aguas, el cuerpo que viaja por o hacia ellas, imagina desde la orilla que al océano algo le falta ( ). Lo que falta, sin duda, ya está allí por ausencia y como expectativa, sumergido quién sabe dónde. Sin embargo, es la relación oceánica, el distendido de las aguas, lo que habilita el cuerpo de sensaciones. La mar, el océano como un oxímoron teórico, la extensión vacía-saturada de pliegues e indiferencias, vacía y generatriz de lo que está por venir para un cuerpo entre islas o puertos. Lo acuático ha servido en demasiados textos del Caribe como el límite que subraya lo que le falta o desconoce la tierra. Sin embargo, podría repensarse lo acuático como lo que facilita la mudanza de certidumbres y evidencias de la tierra. Lo acuático vuelto invisible o traslúcido, aéreo o terrestre, sobre la tierra o en su litoral, dispone entonces la saturación de sus cuerpos sensibles como abertura, como inquietud. ¿No será la inundación una condición perceptiva en lo archipelágico? ¿Podría pensarse, en otra dirección, el carácter relacional del archipiélago como la manifestación de un hueco inundado, «un desierto húmedo» que siempre ha insistido en abrirse allí donde se sirven relatos para la plenitud o la naturalización de la autenticidad voluptuosa del Caribe?

Una ficción hermenéutica continúa su paso arrollador, su oleaje, entre jóvenes y no tan jóvenes, pero igual, intensos estudiosos del Caribe. *El Caribe sabe a identidad. El Caribe, el verdadero, vive orgulloso de sus raíces.* Anoto que aunque en el Caribe literalmente nos comemos las raíces, la ficción se reproduce gozosa entre identidades alternas, aduanas culturalistas y protocolos académicos. Cabe quizás conjeturar que la productividad de esta ficción se deba además, en ocasiones, a una confusión de especificidades y al bloqueo interpretativo que manifiestan algunos ante la bruma innegociable del archipiélago. La pregunta en torno a cómo se constituye la singularidad de lo real (caribeño) se ha confundido, a veces, con una pregunta docente en torno al origen tropológico de la identidad caribeña. Ensayar una respuesta ante la pregunta sobre la singularidad plural de las formas de vivir que ensaya una cultura no implica necesariamente hacer un inventario de las evidencias de su realidad, sino que, en otro horizonte, podrían desplegarse los modos de figurar y cuestionar la realidad material de las subjetividades que acicatea. La pregunta convertida entonces en una reflexión sobre los protocolos de *la mismidad diversa*, compleja o re-significada, llamada «identidad caribeña» o cualquier otra, casi siempre encontrará «respuestas» a partir de un recorrido archivístico que, por su parte, irá cristalizando sus efectos bajo el signo de lo predecible y el aburrimiento didáctico (perdonen la redundancia). Esta ficción hermenéutica ahora es una nota erudita para la ontología Caribe y sus episodios de verificación asediarán no sólo el canon literario, las prácticas cotidianas, las revelaciones antropológicas, sino que también incluirán los estudios de los estudios de los estudios dedicados al estudio de lo que el Caribe alguna vez fue o debe ser. Esta ficción opera con gusto y fruición, además, cuando discute las insuficiencias disciplinarias ensayadas ante los intentos de significar lo real en el archipiélago. Se sabe que es una tarea imposible, obtusa. Ya sea una consideración general o regional, que considere *lo caribe* una topografía social, lingüística, cultural o racial, los aterrizajes analíticos sobre zonas o sobre «el todo» del archipiélago parecen no poder disolver un gesto declarativo ahogado en el mar de su obviedad: el Caribe es ancho y ajeno, y la tropología disciplinaria de turno apenas puede dar cuenta de su heterogeneidad.

Siguen siendo para muchos los arribos los que le dan el cuerpo al mar, y desde ellos también las salidas al mar han activado un imaginario para representar alguna habilidad para dar (el) cuerpo y para sentirlo a través del archipiélago. *Darle cuerpo al mar, darse al mar, darle a la mar el cuerpo*: la verdad de la hoja marina, el piélago caribe. Estos traslados los han llevado a cabo por igual habitantes como viajeros, nativos como extranjeros, conquistadores como conquistados, colonizados como descolonizados. Rebasar la mar para llegar a sus ciudades, a sus tierras, recorrer su doble aéreo –el cielo– no es lo que quedará atrás, en la historia del sujeto, una vez comprenda lo que el límite del litoral le significa. La hoja de mar es aquello que ya invade su malla sensorial y la temporalidad de su saber estar *allí*, cuando (por un instante al menos, o tal vez fuera de sí mismo) deseara, ante las aguas, disponer el cuerpo.

Bibliografía

Adorno, Theodor W (1986): *Dialéctica negativa* [traducción de J. M. Ripalda & J. Aguirre]. Madrid: Taurus.

Agamben, Giorgio (1991): *Language and death. The place of negativity* [traducción de K. E. Pinkus and M. Hardt]. Minneapolis / Oxford: University of Minnesota Press.

— (1993): *The coming community* [traducción de M. Hardt]. Minneapolis / London: University of Minnesota Press.

— (1999): *The end of the poem. Studies in poetics* [traducción de D. Heller-Roazen]. Stanford: Stanford University Press.

— (2007): *La potencia del pensamiento. Ensayos y conferencias* [traducción de F. Costa & E. Castro]. Buenos Aires: Adriana Hidalgo Editora.

— (2010): *Ninfas* [traducción de A. G. Cuspinera]. Valencia: Pre-Textos.

— (2011): *Desnudez* [traducción de M. Ruvituso & M. T. D'Mez]. Buenos Aires: Adriana Hidalgo.

— (2015): «¿A quién se dirige la poesía?». En *Infrapolitical Deconstruction Collective*: <https://infrapolitica.wordpress.com/2015/04/22/a-quien-se-dirige-la-poesia-giorgio-agamben/>.

Alberto, Eliseo (1996): *Informe contra mí mismo*. México D.F.: Alfaguara.

Anderson, Thomas (2010): *Everything in its place. The life and works of Virgilio Piñera*. Lewisburg: Bucknell University Press.

Aponte alsina, Marta (2011): «La patria líquida». En <http://angelicafuriosa.blogspot.com/2011/02/la-patria-liquida.html>.

Arrufat, Antón (1990): «La carne de Virgilio». En *Unión* III (10): 44-47.

— (1994): *Virgilio Piñera: entre él y yo*. La Habana: Unión.

— (2000): «Notas prologales». En Piñera, Virgilio: *La isla en peso. Obra poética*. Barcelona: Tusquets Editores, 9-16.

Austin, John Langshaw (1962): *How to do things with words*. London: Oxford University Press.

Bartís, Sebastián (2013): «La mirada del pelícano: Hacia una política de lo sensible en *Tuntún de pasa y grifería* de Luis Palés Matos». En *Radical*

Caribbeans / Los Caribes radicales. Tulane University. New Orleans: ensayo en preparación.

BATAILLE, Georges (1970): *VIII. Dossier Hétérologie*. En *Oeuvres Complètes*, Vol. II. Paris: Gallimard, 165-202.

BENÍTEZ ROJO, Antonio (1998): *La isla que se repite. Edición definitiva*. Barcelona: Casiopea.

— (2010): «El último de los archipiélagos». En *Archivos de los pueblos del mar*. San Juan: Callejón, 101-109.

BENÍTEZ, José Gautier (1960): *Obra completa*. Palma de Mallorca: Imprenta Mossén Alcover.

BENJAMIN, Walter (1980): *Poesía y capitalismo. Iluminaciones II* [traducción de J. Aguirre]. Madrid: Taurus.

— (1987): *Dirección única* [traducción de J. J. del Solar & M. Allendesalazar]. Madrid: Taurus.

— (1990): *El origen del drama barroco alemán* [traducción de J. Muñoz Millanes]. Madrid: Taurus.

— (1999): *Selected writings. Volume 2: 1927-1934* [traducción de R.A. Livingstone]. Cambridge / London: The Belknap Press of Harvard University.

— (2002): «The work of art in the age of its technological reproducibility (second version)». En H. Eiland & M.W. Jennings (eds.): *Selected writings. Volume 3 1935-1938* [traducción de E. Jephcott, H. Eiland *et alia*]. Cambridge / London: The Belknap Press of Harvard University, 101-133.

— (2011): *Libro de los pasajes. Apuntes y materiales* [traducción de L. Fernández Castañeda, I. Herrera y F. Guerrero]. Madrid: Akal.

BERNABÉ, Mónica (2009): «Un puente, un gran puente: ciber-entrevista a Antonio José Ponte». En Teresa Basile (ed.): *La vigilia cubana. Sobre Antonio José Ponte*. Rosario: Beatriz Viterbo, 249-265.

BLANCHOT, Maurice (1995): *The work of fire* [traducción de C. Mandell]. Stanford: Stanford University Press.

— (1999): *La comunidad inconfesable* [traducción de I. Herrera]. Madrid: Arena Libros.

BLOCH, Ernst (1988): *The utopian function of art and literature. Selected essays* [traducción de J. Zipes and F. Mecklenburg]. Cambridge / London: MIT Press.

BLUMENBERG, Hans (1997): *Shipwreck with spectator: Paradigm of a metaphor for existence* [traducción de S. Rendall]. Cambridge: MIT Press.

BOSCH, Juan (1985): *De Cristóbal Colón a Fidel Castro. El Caribe frontera imperial*. Madrid: SARPE.

Bosteels, Bruno (2010): «Politics, infrapolitics, and the impolitical: Notes on the thought of Roberto Esposito and Alberto Moreiras». En *CR: The New Centennial Review* 10 (otoño): 205-238.
Brathwaite, Edward Kamau (1982): *Sun Poem*. Oxford: Oxford University Press.
— (1993): «History of the voice 1979/1981». En *Roots*. Ann Arbor: University of Michigan Press, 259-304.
Braunstein, Néstor (2006): *El goce: Un concepto lacaniano*. México DF: Siglo xxi.
Buck-Morss, Susan (1979): *The origins of negative dialectics*. New York: The Free Press.
— (1990): *The dialectics of seeing. Walter Benjamin and the arcades project*. Cambridge / London: MIT Press.
Burgos, Julia de (1979): *Antología poética*. San Juan: Coquí.
— (1981): *El mar y tú. Otros poemas*. Río Piedras: Huracán.
— (1982): *Canción de la verdad sencilla*. Río Piedras: Huracán.
— (2014): *Cartas a Consuelo. Julia de Burgos*. San Juan: Folium.
Butler, Judith (1993): *Bodies that matter. On the discursive limits of sex*. New York / London: Routledge.
Cacciari, Massimo (1999): *El Archipiélago. Figuras del otro en Occidente* [traducción de M. B. Cragnolini]. Buenos Aires: Eudeba.
Camprubí, Zenobia (1991): En *Diario, vol. 1: Cuba (1937-1930)*. Río Piedras: Editorial de la Universidad de Puerto Rico.
Centro de investigaciones de la Casa de las Américas (1971): *Interrogando a Lezama Lima*. Barcelona: Anagrama.
Classen, Constance & Howes, David & Synott, Anthony (1994): «Chapter 3. Universes of odour». En *Aroma*. London / New York: Routledge, 95-122.
Colorado, Antonio J. (1964): *Luis Palés Matos. El hombre y el poeta*, vol. IV. Río Piedras: Rodadero.
Condé, Marysse (2006): «A conversation at Princeton with Maryse Condé». En Broichhagen, Vera & Lachman, Kathryn & Simek, Nicole (eds.): *Feasting on words. Maryse Condé, cannibalism and the Caribbean text*. Princeton: The Program in Latin American Studies, 1-28.
Corbin, Alain (1987): *El perfume y lo imaginario. El olfato y lo imaginario social. Siglos xviii y xix* [traducción de C. Vallée Lazo]. México DF: Fondo de Cultura Económica.
Crapanzano, Vincent (1997): «Translation: Truth or metaphor». En *Anthropology and Aesthetics* (32): 45-51.

Cruz-Malavé, Arnaldo (1994): *El primitivo implorante*. Amsterdam: Rodopi.
Darío, Rubén (1984): *Poesías completas*. México DF: Fondo de Cultura Económica.
De Certeau, Michel (1984): *The practice of everyday life* [traducción de S. Rendall]. Berkeley: University of California Press.
— (1996): *La invención de lo cotidiano 1. Artes de hacer* [traducción de A. Pescador]. México DF: Universidad Iberoamericana.
De Diego Padró, J. I. (1973): *Luis Palés Matos y su trasmundo poético*. Río Piedras: Ediciones Puerto.
De la Campa, Román (1999): «Mimicry and the uncanny in the caribbean discourse». En *Latin Americanism*. Minneapolis and London: University of Minnesota Press, 85-120.
Deleuze, Gilles (1973): *Presentación de Sacher-Masoch. El frío y el cruel* [traducción de A. M. García Martínez]. Madrid: Taurus.
— (2005): *La isla desierta y otros textos. Textos y entrevistas (1953-1974)* [traducción de J. L. Pardo]. Valencia: Pre-Textos.
Deleuze, Gilles y Guattari, Félix (1983): *Kafka. Por una literatura menor* [traducción de J. Aguilar Mora]. México DF: Ediciones Era.
— (1997): *Mil mesetas. Capitalismo y esquizofrenia* [traducción de J. Vázquez Pérez & U. Larraceleta]. Valencia: Pre-Textos.
Derrida, Jacques (1984): «Kafka: Ante la ley». En J. Derrida: *La filosofía como institución* [traducción de A. Azurmendi]. Barcelona: Ediciones Juan Granica, 93-144.
— (1994): *Sobre un tono apocalíptico adoptado recientemente en filosofía* [traducción de A. M. Palos]. México DF: Siglo XXI.
— (1997a): «Fe y saber. Las dos fuentes de la "religión" en los límites de la razón». En Derrida, Jacques & Vattimo, Gianni (eds.): *La religión. Con la participación de Maurizio Ferraris, Hans-Georg Gadamer, Aldo Gargani, Eugenio Trías y Vincenzo Vitiello* [traducción de C. de Peretti y P. Vidarte]. Buenos Aires: La Flor, 7-106.
— (1997b): *Mal de archivo. Una impresión freudiana* [traducción de P. Vidarte]. Madrid: Trotta.
— (1997c): *Monolingüismo del otro o la prótesis del origen* [traducción de H. Pons]. Buenos Aires: Manantial.
Derrida, Jacques & Ferraris, Maurizio (2001): *A Taste for the Secret* [traducción de G. Doni]. Cambridge: Polity Press.
Díaz Quiñones, Arcadio (1982): *El almuerzo en la hierba. Lloréns, Torres, Palés Matos, René Marqués*. Río Piedras: Huracán.

— (1991): «Pedro Henríquez Ureña: La persistencia de la tradición (Extractos)». En *Revista de Crítica Literaria Latinoamericana* XVII (33): 21-28.
— (1993): *La memoria rota. Ensayo sobre cultura y política*. Río Piedras: Ediciones Huracán.
— (2002-2003): «Cuba y Puerto Rico no son». En *Encuentro de la cultura cubana* 26/27 (otoño-invierno): 209-222.
— (2007): «Caribe y exilio en La isla que se repite de Antonio Benítez Rojo». En *Orbis Tertius* XII (13): 1-17.
DUCHESNE WINTER, Juan (1991): «Europa habla, Caribe come». En *Revista de crítica literaria latinoamericana* XVII (33): 318-319.
— (1996): «Acariciarás el objeto como a ti mismo. Para un cuerpo inhumano [Luis Rafael Sánchez, Thomas Pynchon]». En *Política de la caricia. Ensayos sobre corporalidad, erotismo, literatura y poder*. San Juan: Libros Nómadas / Decanato de Estudios Graduados e Investigación de la Universidad de Puerto Rico, 1-47.
— (2005): «Glosas incomunistas I». En *Fugas incomunistas. Ensayos*. Puerto Rico: Vértigo, 37-58.
— (2012): *Manuel de Landa: chamán de la razón sintética*. En *80 grados*: <http://www.80grados.net/manuel-delanda-chaman-de-la-razon-sintetica/>.
ENZENSBERGER, Hans Magnus (1985): «Turismo revolucionario». En *El interrogatorio de La Habana y otros ensayos* [traducción de M. Faber-Kaiser]. Barcelona: Anagrama, 107-137.
ESPINOSA DOMÍNGUEZ, Carlos (2003): *Virgilio Piñera, en persona*. Denver: Término.
ESPOSITO, Roberto (1996): *Confines de lo político. Nueve pensamientos sobre política* [traducción de P. L. Ladrón de Guevara]. Madrid: Trotta.
FISCHER, Sibylle (2004): *Modernity disavowed. Haiti and the cultures of slavery in the age of Revolution*. Durham / London: Duke University Press.
FOSTER, Hall (1988): *Vision and visuality*. Seattle: Bay Press.
FOUCAULT, Michel (1983): *El nacimiento de la clínica. Una arqueología de la mirada médica* [traducción de F. Perujo]. México DF: Siglo XXI.
— (1999): «¿Qué es un autor?» En *Entre filosofía y literatura. Obras esenciales. Volumen I* [traducción de M. Morey]. Barcelona / Buenos Aires / México DF: Paidós, 329-360.
FRANCO, Jean (1984): «South of your border». En Aronowitz, Stanley & Jameson, Fredric & Sayers, Sohnya & Stephanson, Anders (eds.): *The 60's without apology*. Minneapolis: University of Minnesota / Social Text, 324-326.

Frow, John (1991): «Tourism and the semiotics of nostalgia». En *October* (57): 123-151.
Fuente, Alejandro de la (2001): *A nation for all: Race, inequality and politics in twentieth century Cuba*. Chapell Hill: The University of North Carolina Press.
García Marruz, Fina (1997): *La familia de «Orígenes»*. La Habana: Unión.
Gelpí, Juan G. (1993): *Literatura y paternalismo en Puerto Rico*. Río Piedras: Editorial de la Universidad de Puerto Rico.
Glissant, Édouard (1990): *Poétique de la Relation. Poetique III*. Paris: Gallimard.
— (1997): *Traité du Tout-Monde*. Paris: Gallimard.
— (2002): *Introducción a una poética de lo diverso* [traducción de L. C. Pérez Bueno]. Barcelona: Ediciones del Bronce.
— (2005): *El discurso antillano* [traducción de A. M. Boadas & A. Hernández]. Caracas: Monte Ávila.
— (2006): *Tratado del todo-mundo* [traducción de M.T. Gallego Urrutia]. Barcelona: Ediciones El Bronce.
Gombrowicz, Witold (1990): «En Cuentos fríos Piñera recoge...». En *Unión* III (10): 75.
González-Echevarría, Roberto (2008): «Lezama's fiestas». En *Ciberletras*: <http://www.lehman.cuny.edu/ciberletras/v20/gonzalezechevarria.html>.
Guerra, Félix (1994): *José Lezama Lima: Amo el coro cuando canta*. Boulder: Society of Spanish and Spanish-American Studies.
— (1998): *Para leer debajo de un sicomoro. Entrevistas con José Lezama Lima*. La Habana: Letras Cubanas.
Guillén, Nicolás (1981): «Digo que yo no soy un hombre puro». En Desnoes, Edmundo (ed.): *Los dispositivos en la flor. Cuba: Literatura desde la revolución*. Hanover: Ediciones del Norte, 419.
Henríquez Ureña, Pedro (1978): *La utopía de América*. Caracas: Biblioteca Ayacucho.
Herrington, Susan (2009): *On landscapes*. New York / London: Routledge.
Huidobro, Vicente (1978): «Monumento al mar». En *Cagliostro y poemas*. Santiago de Chile: Editorial Andrés Bello, 125-129.
James, C. L. R. (1989): «From Toussaint L'Ouverture to Fidel Castro». En *The black jacobins. Toussaint L'Overture and the San Domingo Revolution*. New York: Vintage Books, 391-418.
— (2013): *Modern politics*. Oakland: PM Press / C.H. Kerr Company.

JONES, Caroline A. (2003): «Synaesthesia». En *Sensorium. Embodied experience, tecnology, and contemporary art*. Cambridge / London: The MIT List Visual Art Center & The MIT Press, 216-219.
KAFKA, Franz (1990a): «Chacales y árabes». En *Bestiario. Once relatos de animales* [traducción de J. R. Wilcock]. Barcelona: Anagrama, 29-33.
— (1990b): «Informe para una academia». En *Bestiario. Once relatos de animales* [traducción de M. R. Oliver]. Barcelona: Anagrama, 39-50.
KINCAID, Jamaica (1988): *A small place*. London and New York: Virago Press & Farrar, Straus & Giroux.
KOSSLYN, Stephen M. (2006): «Mental Image». En Jones, Caroline A. (ed.): *Sensorium: Embodied experience, technology, and contemporary art*. Cambridge / London: The MIT Visual Arts Center / The MIT Press, 170-171.
LACAN, Jacques (1995): «La pregunta histérica (II): "¿Qué es una mujer"». En *El Seminario de Jacques Lacan. Libro 3* [traducción de J.L. Delmont-Mauri & D. S. Rabinovich]. Buenos Aires: Paidós.
LAIR, Clara (1983): *Trópico amargo*. San Juan: Biblioteca de Autores Puertorriqueños.
LALO, Eduardo (2005): *donde*. San Juan: Tal Cual.
LAMMING, Georges (1991): *The pleasures of exile*. Ann Arbor: University of Michigan Press.
LEVIN, David Michael (1993): *Modernity and the hegemony of vision*. Berkeley / Los Angeles: University of California Press.
LEZAMA LIMA, José (1938): *Coloquio con Juan Ramón Jiménez*. La Habana: Secretaría de Educación.
— (1972): *Paradiso*. Buenos Aires: La Flor.
— (1975): *Obras completas I*. México DF: Aguilar.
— (1977): *Obras completas II*. México DF: Aguilar.
— (1985): *Poesía completa*. La Habana: Letras Cubanas.
— (1993): *La expresión americana*. México DF: Fondo de Cultura Económica.
LLOPIS, Rogelio (1964): «*Pequeñas maniobras* [de] Virgilio Piñera». En *Casa de las Américas* IV (24): 106-107.
LUPI, Juan Pablo (2012): *Reading anew: José Lezama Lima's rhetorical imaginations*. Madrid / Frankfurt: Iberoamericana / Vervuert.
MARQUÉS, René (1959): *La víspera del hombre*. Río Piedras: Editorial Cultural.
MARTÍ, José (1991). *Obras completas. Cuaderno de apuntes*, Vol. XXI. La Habana: Editorial de Ciencias Sociales.
— (1993): *Poesía completa. Edición crítica*. La Habana: Letras Cubanas.

MARTURANO, Jorge (2015): «La resaca de la insularidad». En Lupi, Juan Pablo & Hernández-Salván, Marta & Marturano, Jorge (eds.): *Asedios a lo increado: Nuevas perspectivas sobre José Lezama Lima*. Madrid: Verbum, 19-44.

MATOS PAOLI, Francisco (1945): «El paisaje en la poesía de Luis Palés Matos». En *Alma Latina* XV, 24 de febrero: 31.

MERLEAU-PONTY, Maurice (1966): «El entrelazo–El quiasmo». En *Lo visible y lo invisible. Seguido de notas de trabajo* [traducción de J. Escudé]. Barcelona: Seix Barral, 163-192.

— (1970): *Lo visible y lo invisible* [traducción de J. Escudé]. Barcelona: Seix Barral.

MINTZ, Sidney (Spring 1974): «The Caribbean region». En *Daedalus*. 103 (2): 45-71.

MITCHELL, W. J. T. (ed.) (2002): *Landscape and power*. Chicago / London: The University of Chicago Press.

MOREIRAS, Alberto (2006): *Línea de sombra. El no sujeto de lo político*. Santiago de Chile: Palinodia.

— (2010) «Infrapolitical Literature: Hispanism and the Border». En *The New Centennial Review* 10 (2): 183-203.

— (2015a): «Infrapolitics: the Project and its Politics. Allegory and Denarrativization. A Note on Posthegemony». En *Transmodernity* 5 (1): 9-35.

— (2015b): «Infrapolítica y política de la infrapolítica». En *Debats. Revista trimestral* 128: 53-72.

MOREIRAS, Slow Poke (2016): Comentario a la pregunta de Bram Acosta: «Is Donald Trump not a most singular instance of the infra political?». En *Infrapolítica: Discussion Group, Facebook*, 4 de agosto: <https://www.facebook.com/groups/446019398878033/>.

MUÑOZ RIVERA, Luis (1925): *Campañas Políticas,* Vol. 1. Madrid: Editorial Puerto Rico.

NANCY, Jean-Luc (2006): *Noli me tangere. Ensayo sobre el levantamiento del cuerpo* [traducción de M. Tabuyo & A. López]. Madrid: Trotta.

— (2014): *Embriaguez* [introducción y traducción de Cristina Rodríguez Marciel y Javier de la Higuera Espín]. Granada: Editorial Universidad de Granada.

NAVARRO TOMÁS, Tomás (1999): «El mar y la mar». En *El español en Puerto Rico. Contribución a la geografía lingüística Hispanoamericana*. Río Piedras: Editorial de la Universidad de Puerto Rico, 279.

NIETZSCHE, Friedrich (2000): *Sobre verdad y mentira en sentido extramoral* [traducción de L.L. Valdés & T. Orduña]. Madrid: Tecnos.

ONFRAY, Michel (2007): *La potencia de existir. Manifiesto hedonista* [traducción de L. Freire]. Buenos Aires: La Flor.
— (2008): *La comunidad filosófica. Manifiesto por una Universidad popular* [traducción de A. García Castro]. Barcelona: Gedisa.
ORFILA REYNAL, Arnaldo (1965): «Nada más que un recuerdo». En *Casa de las Américas* 33 (nov.-dic.): 17-24.
ORTIZ, Fernando (1996): «Los factores humanos de la cubanidad (1940)». En Ortiz, Fernando & Suárez, Norma (eds.): *Fernando Ortiz y la cubanidad*. La Habana: Unión, 1-35.
— (2005): *El huracán. Su mitología y sus símbolos*. México DF: Fondo de Cultura Económica.
PALÉS MATOS, Luis (1984): «Estampas del sur». En *Luis Palés Matos: Obras 1914-1959. Tomo II: Prosa*. Río Piedras: Editorial de la Universidad de Puerto Rico, 233-235.
— (1993): *Tuntún de pasa y grifería*. San Juan: Editorial del Instituto de Cultura Puertorriqueña/Editorial de la Universidad de Puerto Rico.
— (1995): *La poesía de Luis Palés Matos. Edición crítica*. San Juan: Editorial de la Universidad de Puerto Rico.
— (2013): *Litoral. Reseña de una vida inútil*. San Juan: Folium.
PALÉS MATOS, Luis & BROWN, Roy (1979): «Aires bucaneros». En *Aires bucaneros*. San Juan / New York: Discos Lara-Yarí.
PEDREIRA, Antonio S. (2001): *Insularismo. Ensayos de interpretación puertorriqueña*. San Juan: Plaza Mayor.
PEDREIRA, Antonio S. & BLANCO, Tomás (2001): *Sobre ínsulas extrañas: el clásico de Pedreira anotado por Tomás Blanco*. San Juan: Editorial de la Universidad de Puerto Rico.
PÉREZ Jr., Louis A. (1985): «The Cuban Revolution twenty-five years later: A survey of sources, scholarship, and state of the literature». En Halebsky, Sandor & Kirk, John M. (eds.): *Cuba: Twenty-five years of Revolution, 1959-1984*. New York: Praeger, 393-412.
PÉREZ-FIRMAT, Gustavo (1989): «Mr. Cuba». En *The Cuban condition. Translation and identity in modern Cuban literature*. Cambridge: Cambridge University Press, 16-33.
PIGLIA, Ricardo (1980): «Notas sobre Facundo». En *Punto de Vista* 3 (8): 15-18.
PIÑERA, Virgilio (1941): «Dos poetas, dos poemas, dos modos de poesía». En *Espuela de plata* 6: 16-19.
— (1945): «El secreto de Kafka». En *Orígenes* III (8): 42-43.
— (1956): *Cuentos fríos*. Buenos Aires: Losada.

— (1985): *La carne de René*. Madrid: Alfaguara.
— (1988): *Una broma colosal*. La Habana: UNEAC.
— (1990a): *Cuentos*. Madrid: Alfaguara.
— (1990b): «Discurso a mi cuerpo». En *Unión* III (10): 35-36.
— (1994a): «Ballagas en persona». En *Poesía y crítica*. México DF: Consejo Nacional para la Cultura y las Artes.
— (1994b): «Gertrudis Gómez de Avellaneda: revisión de su poesía». En *Poesía y crítica*. México DF: Consejo Nacional para la Cultura y las Artes, 145-169.
— (2000): *La isla en peso. Obra poética*. Barcelona: Tusquets Editores.
Poe, Edgar Allan (1975): «Ulalume». En *Complete tales and poems*. New York: Vintage, 951-954.
Ponte, Antonio José (1999): «La ópera y la jaba». En *Encuentro de la cultura cubana* 14 (otoño): 14-17.
— (2002): «La lengua de Virgilio». En Molinero, Rita (ed.): *Virgilio Piñera. La memoria del cuerpo*. San Juan: Plaza Mayor, 103-108.
Pratt, Mary Louise (1992): *Imperial eyes. Travel writing and transculturation*. London: Routledge.
Quintero Herencia, Juan Carlos (2002): *Fulguración del espacio. Letras e imaginario de la Revolución cubana (1960-1971):* Rosario: Beatriz Viterbo.
— (2005): *La máquina de la salsa. Tránsitos del sabor*. San Juan: Vértigo.
— (2011): «De la queda(era) 1-3». En *Cruce. Crítica Socio-cultural contemporánea*: <http://www.revistacruce.com/letras/de-la-quedaera-1.html>; <http://revistacruce.com/letras/de-la-quedaera-2-el-perro-de-piedra.html>; <http://revistacruce.com/letras/de-la-quedaera-3-una-cresta-de-ola.html>.
Quiroga, José (1995): «Fleshing out Virgilio Piñera from the closet». En Bergmann, E. L. & Smith, P. J. (eds.): *¿Entiendes? Queer readings, hispanic writings*. Durham / London: Duke University Press, 168-180.
Ramos, Julio (1996): «Cuerpo, lengua, subjetividad». En *Paradojas de la letra*. Caracas: eXcultura, 23-35.
Ramos Otero, Manuel (1994): *Invitación al polvo*. Río Piedras: Plaza Mayor.
Rancière, Jacques (1992): «Transports de la liberté». En Badiou, Alain & Rancière, Jacques (eds.): *La politique des poètes. Pourquoi des poètes en temps de détresse?* París: Albin Michel, 87-130.
— (2000): *Le partage du sensible: Esthétique et politique*. Paris: La Fabrique.
— (2004): *The politics of aesthetics. The distribution of the sensible* [traducción de G. R. Rockhill]. London / New York: Continuum.
— (2006a): «Diez tesis sobre la política». En *Política, policía, democracia* [traducción de M. E. Tijoux]. Santiago: LOM, 59-79.

— (2006b): *El inconsciente estético* [traducción de S. Duluc, S. Costanzo & L. Lambert]. Buenos Aires: Del Estante.
— (2007): *En los bordes de lo político*. Santiago de Chile: Escuela de Filosofía Universidad ARCIS.
— (2009): *El reparto de lo sensible. Estética y política* [traducción de C. Durán, H. Peralta, C. Rossel, I. Trujillo & F. de Undurraga]. Santiago: LOM.
— (2010): «Ten theses on politics». En *Dissensus. On politics and aesthetics* [traducción de S. Corcoran]. London / New York: Continuum.
RIBAS, Albert (2008): *Biografía del vacío. Su historia filosófica y científica desde la Antigüedad a la Edad Moderna*. Barcelona: Sunya.
RIMBAUD, Arthur (1985): *Una temporada en el infierno* [traducción de G. Celaya]. Madrid: Visor.
RÍOS ÁVILA, Rubén (2002): *La raza cómica. Del sujeto en Puerto Rico*. San Juan: Callejón.
— (2005): «Julia de Burgos y el instante doloroso del mundo». En *Casa de las Américas* 240 (julio-sept): 89-95.
— (2008): «El Caribe en fuga». En *Hotel Abismo* (2): 166-169.
ROBERTS, Brian Russell & STEPHENS, Michelle (2013): «Special forum: Archipelagic American studies and the Caribbean». En *Journal of Transnational American Studies* 5 (1): 1-20.
RODRÍGUEZ JULIÁ, Edgardo (2002): «Cenando con Nietzsche y Fidel el 12 de enero de 2000». En *Caribeños*. San Juan: Editorial Instituto de Cultura Puertorriqueña, 307-330.
— (2003): *Mapa de una pasión literaria*. San Juan: Editorial de la Universidad de Puerto Rico.
RODRÍGUEZ VECCHINI, Hugo (1995): «La biblioteca negra de Palés». En *Nómada* 2 (octubre): 49-59.
RODRÍGUEZ SANTANA, Ivette (2005): *Conquests of death. Disease, health and hygiene in the formation of a social body (Puerto Rico, 1880-1929)* [tesis de doctorado]. New Haven: Sociology Department, Yale University.
ROJAS, Rafael (1998): *El arte de la espera. Notas al margen de la política cubana*. Madrid: Colibrí.
— (2004): «Contra el homo cubensis: Transculturación y nacionalismo en la obra de Fernando Ortiz». En *Cuban Studies* (35): 1-23.
SÁNCHEZ EPPLER, Benigno (1986): *Habits of poetry. Habits of resurrection: The presence of Juan Ramón Jiménez in the work of Eugenio Florit, José Lezama Lima and Cintio Vitier*. Woodbridge: Tamesis.

Sarlo, Beatriz (1980): «Angel Rama y Antonio Cornejo Polar: tradición y ruptura en América Latina». En *Punto de Vista* III (8): 10-14.

Simmel, Georg (1986): «Filosofía del paisaje». En *El individuo y la libertad. Ensayos de crítica de la cultura* [traducción de S. Mas]. Barcelona: Península, 175-186.

Sotomayor, Áurea María (2005): *Diseño del ala*. San Juan: Callejón.

Syrotinski, Michael & Maclachlan, Ian (2001): *Sensual Reading. New approaches to reading on its relations to the senses*. Lewisburg / London: Bucknell University Press / Associated University Presses.

Taussig, Michael (2002): «The beach (A fantasy)». En Mitchell, W. J. T. (ed.): *Landscape and power*. Chicago: The University of Chicago Press, 317-346.

Ternaux, Jean-Pierre (2003): «Synesthesia: A Multimodal Combination of Senses». En *Leonardo* 36 (4): 321-322.

Torres-Saillant, Silvio (2011): «Conocimiento. legtimidad y el sueño de unidad caribeña». En *Cuadernos de Literatura* 30 (julio-diciembre): 21-39.

Valerio-Holguín, Fernando (1997): *Poética de la frialdad. La narrativa de Virgilio Piñera*. Lanham / New York / London: University Press of America.

Vattimo, Gianni (1996): *Creer que se cree* [traducción de C. Revilla. Barcelona: Paidós.

Vera-León, Antonio (1991): «Juan Francisco Manzano: el estilo bárbaro de la nación». En *Hispamérica* XX (60): 3-22.

Villaverde, Cirilo (1979): *Cecilia Valdés. Novela de costumbres cubanas*. México DF: Porrúa.

Vitier, Cintio (1945): «Virgilio Piñera. Poesía y prosa, La Habana 1944». En *Orígenes* I (5): 47-50.

Walcott, Derek (1986): *Collected Poems: 1948-1984*. New York: Farrar, Straus & Giroux.

— (1998): *What the twilight says. Essays*. New York: Farrar, Straus & Giroux.

Žižek, Slavoj (1992): *El sublime objeto de la ideología* [traducción de Vericat Núñez]. México DF: Siglo Veintiuno.

— (1993): *Tarrying with the negative. Kant, Hegel and the critique of ideology*. Durham: Duke University Press.

Agradecimientos

Este libro no hubiera adquirido forma sin el amor y la pasión de mi familia y amigos. Amores cosidos en el comienzo a los litorales del Viejo San Juan, Luquillo, Isabela y Vega Baja, luego a amores en otros puertos. Así la escucha y cuerpo de mi interlocutora y amada Ivette, cual oleaje su cuerpo, junto a las sonrisas de nuestros hijos Gustavo Andrés y Daniela Isabel.

Las ideas que recorren este libro también fueron estimuladas por un sinnúmero de conversaciones con amigos e interlocutores de diversas latitudes. Mis estudiantes en la Universidad de Maryland por igual acogieron y lucharon con mis clases y textos. Un abrazo fuerte vaya a todos los estudiantes graduados del programa graduado de Español de la Universidad de Maryland, en especial a Laura Maccioni, Chris Lewis, Sebastián Bartís, Rebeca Moreno, Vivianne Salgado, Ricardo Amador, Álvaro Enrigue, Gustavo Fierros, Elena Campero, Cristina Burneo, Jason Bartles, Norman González, María Cristina Monsalve, Inés Rivera, Allison White, Vineeta Singh y Matthew Goldmark. La lectura e intercambios con panas y colegas han sido un oasis en medio de tantos menesteres universitarios. Un abrazo a mis compinches en Maryland: Eyda Merediz, Sandra Cypess-Messinger, Manel Lacorte, Roberta Lavine y Ryan Long. Otro abrazo a todos aquellos que me invitaron a leer mi trabajo o tuvieron que sufrir alguna versión del mismo: Juan Duchesne Winter, Ivette Hernández-Torres, Francisco Morán, Luis Avilés, Eduardo Lalo, Yolanda Martínez San Miguel, Aurea María Sotomayor, Yolanda Izquierdo, Jossianna Arroyo, Jorge Marturano, Marta Hernández-Salván, Teresa Basile, Nancy Calomarde, Rubén Ríos-Ávila, Rafael Rojas, Carlos Pabón, Florencia Garramuño, Álvaro Fernández-Bravo, Margarita Pintado, José Quiroga, Jaime Rodríguez Matos, Julio Ramos, Abilio Estévez, Juan Pablo Lupi, Israel Ruiz Cumba, Lena Burgos-Lafuente y Noel Luna. Sin sus preguntas, silencios y cuestionamientos este libro no hubiera sido. De ningún modo comparto con ellos o los responsabilizo de los disparates que aquí se hayan escrito. La señora Edny Santiago Franceschi tuvo la gentileza de dejarme investigar en la Sala Luis Palés Matos de la Universidad Interamericana, recinto de Guayama, a pesar de estar la sala entonces en obras. Y el entrañable amigo Juan Guillermo Gelpí me permitió husmear los archivos palesianos del Seminario de Estudios Hispánicos de la Universidad de Puerto Rico, Río Piedras. Agradezco el apoyo institucional de la Office of Research and Graduate Studies de la Universidad de Maryland, así como la John Simon Guggenheim Foundation, Latin America and Caribbean Competition Humanities, Literary Studies Fellowship, por conceder sendas becas durante el año 2010. Y claro está, vaya un abrazo a mi gente en Almenara Press, sobre todo a Waldo Pérez Cino, quien sin haberme estrechado las manos aún, abrazó y creyó en este libro. Como decía el sonero, muchísimas gracias y se les quiere de gratis.

Silver Spring, Maryland y septiembre de 2016

Partes y secciones muy preliminares de este libro fueron publicadas como:
— (2002): «Virgilio Piñera: los modos de la carne». En Molinero, Rita (ed.): *Virgilio Piñera. La memoria del cuerpo.* San Juan: Plaza Mayor, 403-425
— (2004): «La tarea del sabor: Un menú». En *La Habana Elegante.* Madrid: Verbum, 17-26.
— (2007): «Paisajes digestivos: Poética y política de Luis Palés Matos». En *Revista de Estudios Hispánicos* XLI (2): 155-172.
— (2012): «Paisajes digestivos, islas interpuestas: Poéticas y políticas de Luis Palés Matos y Virgilio Piñera». En Quintero Herencia, Juan Carlos (ed.): *Caribe abierto ( ) Ensayos críticos.* Pittsburgh: *Revista Iberoamericana*/Instituto Internacional de Literatura Iberoamericana, 197-224
— (2012): «La Patria adentro: Natura política de Virgilio Piñera». En *La Habana Elegante (segunda época)* 52, Otoño-Invierno: <http://www.habanaelegante.com/Fall_Winter_2012/Dossier_Pinera_QuinteroHerencia.html>
— (2013): «Del agua por todas partes: Sensorio y política en Virgilio Piñera». En Izquierdo, Yolanda (ed.): *Pequeñas Maniobras: Memorias del Centenario de Virgilio Piñera 21 de sept-28 de octubre de 2012.* Río Piedras: Sala Teatro Beckett y Fundación Puertorriqueña de las Humanidades, 77-83.

www.ingramcontent.com/pod-product-compliance
Lightning Source LLC
Chambersburg PA
CBHW021929290426
44108CB00012B/770